国家社会科学基金青年项目
“明清总集文体分类与文体观念研究”

教育部人文社会科学研究青年基金项目
“中国古代总集分类体例研究”

陕西师范大学中央高校基本业务费专项资金项目
“宋元总集分体与分类研究”阶段性研究成果

陕西师范大学中国语言文学“世界一流学科建设”成果

陕西师范大学优秀著作出版基金资助出版

陕西师范大学中国语言文学

宋元文章总集
分体与分类研究

蒋旅佳 ——————— 著

中华书局

图书在版编目(CIP)数据

宋元文章总集分体与分类研究/蒋旅佳著. —北京:中华书局,2021.2
(陕西师范大学中国语言文学"世界一流学科建设"成果)
ISBN 978-7-101-15008-7

Ⅰ.宋⋯　Ⅱ.蒋⋯　Ⅲ.文章学–研究–中国–宋元时期
Ⅳ.H15

中国版本图书馆 CIP 数据核字(2020)第 272570 号

书　　名	宋元文章总集分体与分类研究
著　　者	蒋旅佳
丛 书 名	陕西师范大学中国语言文学"世界一流学科建设"成果
责任编辑	葛洪春
出版发行	中华书局
	(北京市丰台区太平桥西里 38 号　100073)
	http://www.zhbc.com.cn
	E-mail:zhbc@zhbc.com.cn
印　　刷	北京市白帆印务有限公司
版　　次	2021 年 2 月北京第 1 版
	2021 年 2 月北京第 1 次印刷
规　　格	开本/920×1250 毫米　1/32
	印张 16½　插页 2　字数 450 千字
国际书号	ISBN 978-7-101-15008-7
定　　价	98.00 元

总　序

　　陕西师范大学中国语言文学学科至今已经走过了70多年的发展历程。数代学人培桃育李、滋兰树蕙,在学科建设、人才培养、科学研究以及社会服务等方面取得了令人瞩目的成就,涌现出了一批蜚声海内外的硕学鸿儒,形成了"守正创新、严谨求实、尊重个性、兼容并包"的学术传统和"重基础训练、重理论素质、重学术规范、重人文教养、重社会实践、重能力提高"的人才培养特色,铸就了"扬葩振藻、绣虎雕龙"的学院精神。数十年来,全体师生筚路蓝缕、弦歌不辍,获得中国语言文学一级学科博士授予权,中国语言文学一级学科博士后科研流动站,中国古代文学学科也跻身于国家重点学科;建成"国家文科(中文)基础学科人才培养和科学研究基地",教育部、国家外国专家局"长安与丝路文化传播学科创新引智基地",教育部"2019年全国普通高校中华优秀传统文化传承基地","陕西师范大学语言资源开发研究中心","陕西文化资源开发协同创新中心"等多个省部级科学研究平台;汉语言文学专业为教育部特色建设专业、陕西省名牌专业,入选陕西省"一流专业"建设项目,秘书学专业和汉语国际教育专业也入选陕西省"一流专业"培育项目;形成了从本科、硕士、博士到博士后完整的人才培养和科学研究体系,中国语言文学学科走上了稳健、持续发展的道路。

　　2017年,中国语言文学学科被教育部列入"世界一流学科"建设学科,迎来了难得的发展机遇。中国语言文学学科全体师生深知"一流学科"建设不仅决定着我校中国语言文学学科能否在新时代开创新局面、取得新成就、达到新高度,更关乎陕西师范大学的整体发展。在学校的正确领导下,各有关部门同心协力,兄弟院校及合作机构鼎力支持,文学院同仁更是呕心沥血、发愤图强,学科建设取得了显著成效。为了及时汇总建设成果,展示学术力量,扩大学术影响,更为了请益于大方之家,与学界同仁加强交流,实现自我提高,我们汇集本学科师生的学术著作(译作)、教材等,策划出版"陕西师范大学中国语言文学世界一流学科建设成果"丛书和"长安与丝路文化研究"丛书,从不同的方面体现我们的研究特色。

　　丛书的出版得到了陕西师范大学学科建设处、社会科学处以及有关出版机构的大力支持,在此一并致谢!

　　作为陆路丝绸之路的起点与丝路文化中心城市高校,我们既承载着历史文化的传统与重托,又承担着新时代的使命与责任。作为新时代的中国语言文学学科,既古老又年轻,既传统又现代,包容广博,涵盖古今中外的语言与文学之学。即使是传统的学术学科,也是一个当下命题,始终要融入时代的内涵。用一种人人参与、人人分享的形式,借助于具体可感的学术载体,传播中华优秀传统文化,发扬中华优秀传统文化,彰显中华现代文明,这是新时代人文社会科学工作者的重要使命。"士不可以不弘毅,任重而道远。""一流学科"建设永远在路上,中华优秀文化的发扬光大永远在路上。我们将不忘初心,不辱使命,努力前行!

陕西师范大学文学院院长　张新科

2019年10月30日

目　录

上编　宋元文章总集分体与分类研究

上　编
宋元文章总集分体与分类研究

绪言:宋元文章总集分体与分类 研究的空间与维度

中国古代总集的出现、形成至其概念和内涵的相对确定,经历了一个长期的发展变化过程。总集以汇聚不同作者作品成集,或单选一体之作,或综录多体文章。因此,如何运用合理的分类体例来实现一部总集的编纂目的和实用功能,是编者最先考虑的重要问题。总集的体类设置,集中反映出编纂者对文学作品主题类别、功能价值、技艺层次以及文体特性的认识水平。总集体类名目的调整变化,既可见出文体创作的消长之势,反映文体观念的新变,同时也是编纂者分类思想、文学观念的体现。

第一节 总集编纂体例与文体分类渊源

《隋书·经籍志》视挚虞《文章流别集》为最早的总集形态,《四库全书总目》亦曰:"体例所成,以挚虞《流别》为始。"①《文章流别集》"类聚区分""分体编录"之体例,萧统《文选》沿用并定型,成为中国古代总集基本的选文分类方式之一。后之《文苑英华》《唐文粹》《宋文鉴》《元文类》《明文衡》《文章辨体》《文体明辩》《清

---

① (清)永瑢等:《四库全书总目》卷186,北京:中华书局,1965年,第1685页。

文颖》等皆采用此类方式编次作品,历代编纂者大都遵循"有文必类,按类选文"①的体例传统。特别是总集编纂与文体分类,从一开始便相因相成:总集编纂成为文体分类的胚胎,文体分类成为总集编纂的根据②。从编纂实践层面来看,总集编纂需要文体辨析,溯众体之源流,明各体之正变,文体的分类是为总集编纂服务的。同时,总集作为文体分类的实践性操作③,又对文体分类的兴盛起着推动作用,总集是文体分类之渊薮。

　　从分类批评上看,后人在衡量一部总集编纂体例是否科学之时,必以考量其文体分类方式、类目排列序次是否合理为前提。历代对于总集文体分类失当而造成编纂体例乖舛多有批评。苏轼曾就《文选》的选文分类,提出"编次无法,去取失当"④的批评。《四库全书总目》批评《明文海》"分类殊为繁碎,又颇错互不伦",如"议"已别立一门,而"奏疏"内复出此体,诸如此类"编次糅杂"⑤之病多有之;又批评《文章类选》"标目冗碎,义例舛陋,不可枚举"⑥,指出《元诗体要》分类方式"或以体分,或以题分,体例颇不画一"⑦等弊病。《文章辨体汇选》"祝文"体后附"致语",后复有"致语",犯一体两出之忌;"上书"外又设"上言","墓表"后复有"阡表","记"与"纪事""纪"并列,则是一体强分为二;王褒《僮

①钱仓水:《文体分类学》,南京:江苏教育出版社,1992年,第178页。
②郭英德:《中国古代文体学论稿》,北京:北京大学出版社,2005年,第102页。
③吕逸新:《汉代文体问题研究》,济南:齐鲁书社,2011年,第130页。
④(宋)苏轼:《东坡志林》卷1,《景印文渊阁四库全书》子部,第863册,台北:台湾商务印书馆,1983年,第23页。
⑤(清)永瑢等:《四库全书总目》卷190,第1729页。
⑥(清)永瑢等:《四库全书总目》卷191,第1739页。
⑦(清)永瑢等:《四库全书总目》卷189,第1714页。

约》,"约""杂文"两收;孔璋《请代李邕表》,"表"与"上书"兼录;如此等等,《四库全书总目》皆一一列出,明示贺复征文体分类不精之处。由此可见,总集编纂分类过程中,同一级次分类应保持同一标准,即采用一种分类方式,不可"体""题"兼用,类目设置上也应注意命名的合理性,避免繁碎无当。

总集分类体例是否合理,不仅体现在分类标准以及类目名称设置上,文体类目的排序亦是重要方面。赵文在《〈文选补遗〉序》中批评《文选》"以'诗赋'先'奏疏',矧'诏令'","是君臣失位,质文先后失宜"①。针对萧统《文选》文体类目的排列顺次不伦不类,《文选补遗》首立"诏诰"体,以正君臣之位。清人章学诚以总集类例关乎"编辑纂次之得失"②,批评《文选》以"赋"居首的序次,将文体类次与义例齐观。《四库全书总目》卷一九三《荆溪外纪》提要,虽欣赏此书"采摭颇为详赡",又批评其"诗以绝句居律体前,律体居古风前,稍为失次。又四言亦谓之绝句,而七言古诗之外又别出歌行为二门,亦非体例"③。以上这些批评,都从反面说明文体类目次序与总集编纂体例的密切关系。郭英德先生曾将历代"文选"类总集中,各类文体"以类相从"所构成的文体序列加以归纳总结,认为其大体遵循着"先文后笔""先源后流""先公后私""先生后死""先雅后俗"的基本规则,"文选"类总集文体排序在历代总集的体类排序中具有普适性④。

①(宋)赵文:《〈文选补遗〉序》,(宋)陈仁子:《文选补遗》,《景印文渊阁四库全书》集部,第1360册,第3页。
②(清)章学诚著,叶瑛注:《文史通义校注》,北京:中华书局,1994年,第82页。
③(清)永瑢等:《四库全书总目》卷193,第1766页。
④郭英德:《论"文选"类总集文体排序的规则与体例》,《北京师范大学学报(社会科学版)》,2005年第3期。

以总集为代表的文体分类,在古代文体分类史上占有极其重要地位。总集是研究中国古代文体分类的基本文献。现存总集大都保存编纂之时的分类原貌,这为分析其分类体例提供了相对确定的文献参照。古代总集的文体分类,自始至终并未有一个统一严格的分类标准,或依体裁,或就内容,或据题名,或依功用,或混用多种方式分类;分类级次又有不同,或体裁之下按内容细分二级三级,或体裁之下再按体裁细分,其层次复杂多达五级之多;文体分类是一个动态的发展过程,分类标准因时、因人而异,不同时期或者同一时期不同编者,又或同一编者不同时期所纂总集的分类体例皆有不同,这与时代潮流、编纂目的、编者分类观念以及其他众多因素有关。因此,围绕总集编纂体例展开文体分类研究,须立足于总集个案分析,即弄清每部总集的文体分类特点,在此基础上,纵向梳理总集文体分类的发展演变趋势,见出历代总集文体分类的延续性和共通性,并将其与古代文体分类学联系起来。

第二节　"异体"分类与"同体"分类——
总集文体分类的两个维度

毋庸置疑,《文章流别集》《文选》"分体编录"作品的方式,从一开始就作为总集最重要的编纂体例,被历代沿用相承。与之相随,以《文章流别集》《文选》为代表的多体总集,自然也就成为文体分类最为重要的文献资料,被学者关注研究。长期以来,学术史似乎形成一个习惯性的认知:"文体分类",一般意义上指称的是"多种文体"之间的分类,即采用一定方式标准,将涵括众多文体作品的总集按体类差异区分编次。具体落实到研究对象上,即通常将收录多种文体作品的总集作为研究对象,考察其编纂时采用何种方式、标准将众多作品"分体编录",关注不同文体类目之间的排列序次,以及分类层级所构成的框架体系等问题,借此探究其中所蕴含的分类思想与文体观念。

相对来说,诸如《玉台新咏》《乐府诗集》《古赋辩体》等收录某一种文体作品的单体总集,则长期被弃置于文体分类的研究对象之外。诚然,研究多体总集的文体分类,可以体现一定时期的文体观念,以及编者对于各种文体类别、文体功能性质以及文体间相互关系的全面探索。单体总集的编纂体例和分类方式,则更能体现出某一种文体内部更细层次的体式演变、作品题材的拓展情况,以及创作技艺水平的多个面向。探究多体总集的文体分类,有利于宏观上把握全部文体的整体发展水平,而具体文体的微观深入研究亦是文体学和文体分类学不可或缺的重要组成部分①。

在进入总集文体分类研究之前,我们首先需要明确总集文体分类的具体内涵。总集分体应包含两个维度:"异体"分类与"同体"分类②。

顾名思义,"异体"分类最直接的理解应为针对不同文体之间的分类,即我们通常意义上理解的文体分类。反映到总集中,即以多体总集为研究对象,通过考察总集的编纂体例,包括文体分类的标准方式、文体类目的设置命名方法、文体类目的排列顺次

---

① 朱迎平:《单体总集编纂的文体学意义——以唐宋元时期为例》,《中山大学学报(社会科学版)》,2013年第5期。

② 蒋旅佳:《中国古代总集文体分类研究的历史、现状与展望》,《中南民族大学学报(人文社会科学版)》,2015年第4期;蒋旅佳:《异同分体与体类并重——唐宋总集分类体例与文学观念研究新论》,《青海社会科学》,2019年第6期。

以及文体分类的级次结构等多方面内容,来分析总集分类所体现的文体观念。如总集文体类目名称的变化,直接反映新旧文体的交替变更;以新文体类目为线索,针对具体的文体形态,从文体学的角度,融合历史学、文献学与图书编纂学的知识与理论,对文体兴起之原因与命名由来、文体生成及特征进行追溯与考察,能够丰富中国古代文体形态研究。又如,文体排序体现总集编纂者的文体价值判断,背后隐藏着深刻的文化观念。诸如此类,前辈学者多有关注,也取得了一定的成果。下文将详细介绍,此不赘述。

　　"同体"分类的关注视野,则在微观上以某一种特定文体的细化分类为考察。既然"同体"分类是以某一种文体的细化分类作为研究对象的,那么,单体总集则是"同体"分类最直接也是最主要的研究对象。单体总集以汇集某一种文体作品为集,编纂者通常都会按照一定的分类标准和方式将文学作品编排,使之具有一定的分类体例。统观此类总集的编纂体例可知,各个总集所采用的分类方式不尽相同。即便是同类单体总集,如历代唐诗选本,诗歌分类方式也复杂多样。一些单体总集经由初次分类后再次分类,形成文体类目之下的多层分类结构,呈现出文体纵向发展的深度。上述分类现象所蕴含的分类观念,我们可细加论述。当然,不能忽视的重要一点是,多体总集最初如《文章流别集》《文选》等在"分体编录"时,于部分文体类目之下再次分类,如《文章流别集》"诗""赋""铭""颂"体之下又加以细分。挚虞论诗,分三言、四言、五言、六言、七言、九言①,各以具体诗句为例;赋分"古诗之赋"与"今之赋"两种。《文选》"赋"体细分京都、郊祀、耕籍等

---

① (唐)欧阳询撰,汪绍楹点校:《艺文类聚》卷56,上海:上海古籍出版社,1965年,第1018页。

十五小类,"诗"体下有补亡、劝励①、招隐、反招隐、游览、杂拟等二十四小类②。《文章流别集》《文选》等多体总集,在经由初步地"异体"分类后,于某一文体内部再次细分,在分类性质上与前述单体总集并无二致,也属于"同体"的范畴。"同体"分类具有独特的文体学意义。

首先,它有助于细化文体分类。《文选》文体类目下的细目名称,除"诗"之"乐府""杂拟"等目外,大致是按照题材内容细分的。这一方面便于读者按类检索,进行赏读借鉴;同时,以题材内容分类,也可见出作品主题的涵括度,研究者通过对比,探究后人在诗歌内容题材层面的拓展情况。另一方面,它还可在分类体例上为其他总集提供参照和延伸的空间。如方回编《瀛奎律髓》时,其作品编次方式仿效《文选》而踵事增华,将集中唐宋律诗分为"登览""朝省""怀古""风土""升平""宦情""风怀""宴集""老寿""春日""夏日""秋日""冬日""晨朝""暮夜""节序""晴雨""茶""酒""梅花""雪""月""闲适""送别""拗字""变体""着题""陵庙""旅况""边塞""宫阃""忠愤""山岩""川泉""庭宇""论诗""技艺""远外""消遣""兄弟""子息""寄赠""迁谪""疾病""感旧""侠少""释梵""仙逸""伤悼"四十九类。这里,多体总集二级分类方式被后之编者吸收运用于单体总集编次体例之中。

其次,见出文体发展演变的历程。《文章流别集》曰:"诗之流

_____

① 马建智《中国古代文体分类研究》列作"劝勉",误。见马建智:《中国古代文体分类研究》,北京:中国社会科学出版社,2008年,第204页。
② 褚斌杰《中国古代文体概论·绪论》列"诗"为22类,漏"反招隐""赠答"两类。见褚斌杰:《中国古代文体概论(增订本)》,北京:北京大学出版社,1990年,第21—22页。

也,有三言、四言、五言、六言、七言、九言。古诗率以四言为体,而时有一句两句,杂在四言之间,后世演之,遂以为篇。"①挚虞"诗"体之下按体式划分,指出源流关系,推崇四言正体。至于"赋"体,挚虞称:

> 赋者,敷陈之称,古诗之流也。前世为赋者有孙卿、屈原,尚颇有古之诗义。至宋玉则多淫浮之病矣。楚词之赋,赋之善者也。故扬子称赋莫深于《离骚》。贾谊之作,则屈原俦也。②

> 古诗之赋,以情义为主,以事类为佐。今之赋,以事形为本,以义正为助。情义为主,则言省而文有例矣;事形为本,则言富而辞无常。文之烦省,辞之险易,盖由于此。夫假象过大,则与类相远;逸辞过壮,则与事相违;辩言过理,则与义相失;丽靡过美,则与情相悖。此四过者,所以背大体而害政教。是以司马迁割相如之浮说,扬雄疾"辞人之赋丽以淫"。③

挚虞因"赋"之"假象尽辞,敷陈其志"的性质分其为"古诗之赋""今之赋"两类。孙卿、屈原之赋颇有古诗之义,发展至宋玉则多淫浮之病,认为《楚辞》为赋之善者。《文章流别集》"古诗之赋"与"今之赋"的对比分类,在元祝尧《古赋辩体》中得到进一步的发展,详情可参看第三章。

"异体""同体"分类概念之分仅仅是文体分类的两个维度,当以这两个维度来研究总集文体分类时,切不能将此作为总集研究

---

① (唐)欧阳询撰,汪绍楹点校:《艺文类聚》卷56,第1018页。
② (宋)李昉等:《太平御览》卷587,北京:中华书局,1960年,第2644页。
③ (唐)欧阳询撰,汪绍楹点校:《艺文类聚》卷56,第1018页。

对象畛域分明的划分标准，而走向另一个研究误区：总集的"异体"分类指向多体总集，而"同体"分类则仅限于单体总集。诚如上文所述，一些多体总集经由"异体"分类后，编者在具体文体中加以层层细化分类，形成文体分类的级次框架，举凡此类总集在分类性质上与单体总集并无二致，也是"同体"分类的研究对象。"异体"分类与"同体"分类，前者适用于诸多文体之间，而后者则限同一文体内部。除了单体总集作为"同体"分类的最直接和最主要的研究对象外，诸多进行文体次级分类的多体总集也是"同体"分类关注的重点。依此可见，从历代总集数量统计上看，"同体"分类所涉及的总集文献要远远多于"异体"分类。

　　总集"异体"分类即通过辨析文体类别，将众多作品按"文体"类别编次，分类标准和分类方式趋于固定。总集"同体"分类的方式和标准则明显呈现出多样化的特点。

　　或以"题"分类，即按照作品题材内容加以区分，诸如《文选》"赋""诗"体下的二级分类，唐顾陶《唐诗类选》①、宋赵孟奎《分类唐歌诗》以及明张之象《唐诗类苑》等皆以主题类分唐诗。

　　或按"体"区分，即以收录作品的文体内在"体式"分类，如唐皮日休、陆龟蒙《松陵集》分"往体诗""今体五言诗""今体七言诗""今体五七言诗""杂体诗"；明高棅《唐诗品汇》分体为"五言古诗""七言古诗（长短句附）""五言绝句（六言绝句附）""七言绝句""五言律诗""五言排律""七言律诗（七言排律附）"。

　　宋郭茂倩《乐府总集》以音乐曲调为分类标准，将宋前乐府划分为"郊庙歌辞""燕射歌辞""鼓吹曲辞""横吹曲辞""相和歌辞"

---

① 《唐诗类选》是按照题材加以分类的唐诗总集，已佚。《文苑英华》中现存《〈唐诗类选〉序》《〈唐诗类选〉后序》二篇。

"清商曲辞""舞曲歌辞""琴曲歌辞""杂曲歌辞""近代曲辞""杂谣歌辞""新乐府辞"十二类。

或以"时（人）"序次，现存"唐人选唐诗"通常以人系诗，以作家先后为序。元祝尧《古赋辩体》正集中将"古赋"按历史朝代分"楚辞体""两汉体""三国六朝体""唐体""宋体"五类，每类之中遴选数位赋家作品，编次成集。

或依"韵"编排，现存诸多唱和诗集多以"韵"编次作品，如明康麟编《雅音会编》以平声三十韵为纲，按韵分隶。

此外，总集中尚有以"辞格"区分作品，如宋魏天应《论学绳尺》。宋蒲积中《古今岁时杂咏》以"节气时令"类编诗歌。明沈易编《幼学日诵五伦诗选》分"父子""君臣""夫妇""兄弟""朋友"五伦编次作品。

综上来看，相对于"异体"分类标准的确定性来说，总集"同体"分类所采用的分类方式和标准不一，不同总集采用分类标准方式大不相同；甚至一部多体总集，针对不同的文体采用"同体"分类的标准也不一样。"同体"分类更多时候并不遵循分类学的排他性和同一性原则，即每一次分类只能采用一种分类方式和一个标准。事实上，中国古代"同体"分类更多地采用两个或两个以上的标准，以至于分类产生的子目指代不清，而造成不同类别篇章作品相互包容杂糅的含混现象。如《元诗体要》分体为"四言""骚""选""乐府""柏梁""五言古""七言古""长短句""杂古""言""词""歌""行""操""曲""吟""叹""怨""引""谣""咏""篇""禽言""香奁""阴何""联句""集句""无题""咏物""五言律""七言律""五言长律""七言长律""五言绝句""六言绝句""七言绝句""拗体"。类目"或以体分，或以题分，体例颇不画一。其以体分者，《选》体别于五言古，吟叹怨引之类别于乐府，长短句别于杂古体，未免治丝而梦。其以题分者,香奁、无题、咏物,既各为类,则行役、边塞、赠答诸门,将不胜载,更不免于挂漏"①。每一部总集分类方式所体现的文体观念以及文体纵向内化的发展程度,是"同体"分类的研究范围之一。

"同体"分类另一个重要的特点,就是门目命名变动性强。不同的分类标准方式,会产生不同的文体次级细目,其命名设置方式以及排序亦是"同体"分类的重要关注点之一。"异体"分类产生的文体名称,是基于特定历史时期文体发展实质情况而命名设置的,如《文选》三十九类、《文苑英华》三十八类、《唐文粹》二十六类、《文章辨体》五十九类、《明文衡》四十一类、《文体明辩》一百二十六类②、《明文在》四十六类,总集文体类目的变更直接反映文体发展演变情况,新文体的出现,旧文体的淡出,都可以在总集"异体"分类中有直接的体现。某种文体一旦被命名确立,则具有约定俗成的恒定性,除特定时代称谓有变,如《文苑英华》变更《文选》"移(移书)"为"移文",变"弹事"为"弹文"等,大部分文体类目名称,历代总集分类时皆相沿用。

"同体"分类,文体细目命名设置虽有一定的历史延续性,但在很大程度上亦有变动性。《文苑英华》"诗"在《文选》二十四类的基础上分天部、地部、帝德、应制、应令、应教、省试(附州府试)、朝省、乐府、音乐、人事、释门、道门、隐逸、寺院附塔、酬和、寄赠、送行、留别、行迈、军旅、悲悼、居处、郊祀、宿斋、祠堂、花木、禽兽二十八类;《文苑英华》"赋"分天象、岁时、地类、水、帝德、京都、邑

---

① (清)永瑢等:《四库全书总目》卷 188,第 1714 页。
② 关于《文章辨体汇选》的文体种类,笔者统计和四库馆臣以及曾枣庄《中国古代文体学》略有出入,有待进一步考证。

居、宫室、苑囿、朝会、禋祀、行幸、讽谕、儒学、军旅、治道、耕籍附田农、乐、钟鼓、杂伎、饮食、符瑞、人事、志、射、博弈、工艺、器用、服章、图画、宝、丝帛、舟车、薪火、猎渔、道释、游览、哀伤、鸟兽、虫鱼、草木四十一类①，二级类目数量远丰富于《文选》"赋"的十五类。《文苑英华》在沿用《文选》"赋""诗"类目的基础上加以替换、增设，反映了唐代诗赋表现内容的扩展，同时也可以看出，二级类目的设置也在一定程度上带有编者的主观随意性。

　　区别于多体总集横向严分体制，单体总集纵向细别品类。以"同体"分类为线索，首先可以结合作品与凡例、序跋、序题等副文本，来探究编者的文体观念与文学思想；其次，亦可与采用同种分类方式编排作品的单体总集进行比较研究，研究体式类别设置的分类智慧和价值意义，便于研究者按某一维度对总集作品进行深入研究。

　　可见，"异体"与"同体"分类是考察总集文体分类两个重要的维度，缺一不可。总集的"异体"分类有利于宏观上把握一定时期的文体观念以及编者对于各种文体类别、文体功能性质以及文体间相互关系的全面探索，而"同体"分类则在微观上以某一种特定文体的细化深入分类作为考察。总集文体分类既需要在宏观视野上关注文体之间的区别关联，亦需在微观上透视文体内部的纵深演变细节。

第三节　"体""类"相兼——宋元文章总集分体与分类研究论纲

　　宋元总集的编撰与出版研究，一直是中国古代文学与文献研

---

① (宋)李昉等编:《文苑英华》,北京:中华书局,1966年。

究的热点。就已有的研究成果而言,学者更加重视总集作品的去取方式与原则、序跋对编纂宗旨的标榜宣扬以及诗文评点中趣味的玩赏等方面,而于总集编纂体例的关注则相对不足①。总集的体类设置,集中反映出编者对文学作品主题类别、功能价值、技艺层次以及文体特性的认识水平。总集体类名目的调整变化,既可见出文体创作的消长之势,反映文体观念的新变,同时也是编者分类思想、文学观念的体现。宋元总集在承继前人分类观念与分类实践的基础上,极大地丰富了总集分类方式和分类层次。宋元总集多样化编次体例与分类方式既是编者分类思维和文学(文体)观念的体现,同时也是时代特点、文化倾向的影响使然。因此,通过爬梳宋元总集体类设置,考察总集分类体例,来探究宋元总集分类观念,这既是建构中国古代总集分类学不可或缺的一环,更是凸显总集分类观念的重要保障。为了更好地推动学术史的持续发展,有必要对宋元总集分类体例研究做一番简单的回顾与总结。

一、从文献描述趋于理论探究——宋元总集分类体例研究的历史与现状

受时代、受众、选入作品特质以及诸多因素影响,编者选择的分类方式各异,从而产生不同的类目、序列与分类体系。合理的分类方式,不仅能够帮助总集编者表达文学与文体观念,实现编纂宗旨和目的,便于读者取资检索,同时还能在编纂体例上为后出总集分类提供借鉴范式。

---

① 张伯伟:《中国古代文学批评方法研究》,北京:中华书局,2002年,第296—325页。

　　已有的研究成果，多从具有现代意识和西方文化传统的文体分类学科体系介入，认为中国古代总集类目划分存在标准不一、不成体系等问题。这种忽略中国文化传统和思维方式区域性、民族性特点的研究思路，很大程度上阻碍了总集体类研究的深入发展。郭绍虞先生 1981 年于《提倡一些文体分类学》文中，正式呼吁建立文体分类学①。文体分类学的正式提出，一方面得益于各种边缘学科不断涌现、多元分支学科应运而生的文化背景，另一方面也是学科内部的学术发展的必然趋势。具体说来，宋元总集分体与分类研究的历史与现状以新世纪为分界，划分为两个阶段。

　　1934 年，薛凤昌于《文体论》（王云五主编《百科小丛书》系列丛书之一）第一章"历代辨别文体的著作"中，通过简单梳理《文苑英华》《唐文粹》《宋文鉴》《文章正宗》体类名目，来呈现文体的流变情况②。金振邦《文章体裁辞典》中介绍了《河岳英灵集》《乐府诗集》《文章正宗》《唐文粹》《宋文鉴》《古文苑》的体类情况③。曾枣庄在《古籍整理中的总集编纂》文中，回顾和检讨我国历代总集的体例得失，指出中国古代总集（特别是大型总集）具有"分类琐屑，类目不清""体例不纯，标准不一"④的通病，宋元总集诸如《才调集》《文苑英华》《成都文类》《五百家播芳大全文粹》等在体类设置上多少存在一些问题。褚斌杰《中国古代文体概论》1990 年的增订本附录《古代文体分类》详细列出《文选》《文苑英华》《乐府诗

<hr>

① 郭绍虞：《提倡一些文体分类学》，《复旦学报》，1981 年第 1 期。
② 薛凤昌：《文体论》，上海：商务印书馆，1934 年。
③ 金振邦：《文章体裁辞典》，长春：东北师范大学出版社，1986 年。
④ 曾枣庄：《古籍整理中的总集编纂》，《四川大学学报（哲学社会科学版）》，1986 年第 3 期。

集》《唐文粹》《宋文鉴》等总集的文体分类条目,为后学介入总集文体分类研究提供参考①。钱仓水《文体分类学》第三章"文体分类学的意义"指出文体分类对于总集编纂具有重要意义,并分析《文选》"类聚区分"的分类体例对于历代总集编纂的影响②。至此,中国古代文体分类研究成为新兴的学科门类,向学者敞开。

在新的学术意识的推动下,古代文体学研究成为古代文学研究的新视角之一。吴承学先生明确指出古代文体分类学与文体类型学研究是文体学史研究的重点③。21世纪以来,随着古籍整理工作的推进和文献数字化的发展,宋元总集分体与分类研究取得了一些研究成果,可以从以下几个方面来看:

第一,学者关注宋元总集体类研究,多集中于论述某一部总集的文体分类成就。

巩本栋先生《〈文苑英华〉的文体分类及意义》指出《文苑英华》分体反映出宋代文体和文学发展的若干消息,文体之下又按题材内容分类,既可见出文体演变的痕迹,还能充分地展现自然和人类社会的结构和秩序,反映出时人对事物的普遍认识水平④。鲁东大学2012年三篇硕士学位论文,郭洪丽《〈文苑英华〉赋类目研究》、孟婷《〈文苑英华〉散文类目研究》与高娟《〈文苑英华〉诗歌类目分类体系研究》集中关注总集文体内部细目分类研究。任竞泽《〈文章正宗〉"四分法"的文体分类史地位》认为真德

---

① 褚斌杰:《中国古代文体概论(增订本)》,北京:中华书局,1990年。
② 钱仓水:《文体分类学》,南京:江苏教育出版社,1992年。
③ 吴承学、沙红兵:《中国古代文体学学科论纲》,《文学遗产》,2005年第1期。
④ 巩本栋:《〈文苑英华〉的文体分类及意义》,《中山大学学报(社会科学版)》,2015年第6期。

秀"四分法"融合功用性分类、功能性分类和形态性分类三种分类方式，其实暗合了现代文学分类法①。汪雯雯《初唐总集编纂的大国气象与文化输出——以〈文馆词林〉版本环流与分类结构为中心》关注到《文馆词林》"部""类"统摄的体类结构所彰显的新兴王朝囊括宇宙的霸气和生命力②。蒋旅佳《〈文馆词林〉文体分类建树与影响》指出《文馆词林》扩展《文选》二次分类至"文体——部——类（大）——类（小）——作品"多级分类结构，在部、类命名和分类标准上趋于统一，更具体系，为后世总集文体分类方式和体类结构提供示范之本③。朱我芯《郭茂倩〈乐府诗集〉关于唐乐府分类之商榷》（《北京大学学报（哲学社会科学版）》2002 年第 S1期）对《乐府诗集》中唐代乐府诗歌的分类提出自己的看法。以上研究成果多是针对学界较为熟悉，或是在分类实践上有突出建树的总集进行个案研究。

　　第二，一些研究者在个案研究的基础上，开始关注类别研究，并有意识地进行理论总结。在个案差异的基础上，关注共性趋同。

　　郭英德先生选取宋代《文选》类总集作为研究对象，探讨《文苑英华》《宋文鉴》《唐文粹》文体分类的方式与体类排序规则，挖掘宋代总集二级分类的基本体式及其分类原则与分类实践，研究

---

① 任竞泽：《〈文章正宗〉"四分法"的文体分类史地位》，《北方论丛》，2011 年第 6 期。
② 汪雯雯：《初唐总集编纂的大国气象与文化输出——以〈文馆词林〉版本环流与分类结构为中心》，《佳木斯大学社会科学学报》，2016 年第 5 期。
③ 蒋旅佳：《〈文馆词林〉文体分类建树与影响》，《湖北民族学院学报（哲学社会科学版）》，2013 年第 5 期。

其与中国古代传统思维方式之间的密切因缘关系①。汪超《论〈文选〉对两宋总集编纂的影响》从总集编纂的技术层面指出，《文选》"分体次文"的原则对宋代总集编纂产生直接的影响②。

　　第三，选取某一具体时期，通过整体考察总集分类情况，探究该时期的文体分类观念及其文体学意义。

　　这类研究，以吴承学先生《宋代文章总集的文体学意义》为代表。该文从宋代文章总集的文体分类所反映的新旧文体的衍生、变迁，研究宋代文体与文学发展的新态势，总结出宋代文章总集大致有"以体叙次、以人叙次、以类叙次和以技叙次"几种类型，体现出实用的文体观念③；这篇文章为后学从事总集分类研究提供了研究思路和研究方法等方面指导，具有学术开拓之意义。蒋旅佳、汪雯雯《科考视野下南宋总集分类的文章学意义》得益于此文启示，分别探讨南宋时期文章总集"以人叙次""按时编排""分体编录""以技叙次""依格编次"分类体例反映出编纂者独特的关注视角和分类观念，以及统观在以古文为时文的科考视野下所彰显的文章学意义④。王晓鹃《〈古文苑〉与〈文选〉赋体分类管窥》（《西北大学学报（社会科学版）》2012年第5期）将宋元时期具体的某一部总集分类体例与《文选》加以比较，从而论述该总集分类体例何以在承袭的基础上建构，这也是另外一种研究思路。

　　第四，少数研究者注意到宋元类编总集和地域总集分类体例

①郭英德：《中国古代文体学论稿》，第198—216页。
②汪超：《论〈文选〉对两宋总集编纂的影响》，《沈阳师范大学学报（社会科学版）》，2008年第4期。
③吴承学：《宋代文章总集的文体学意义》，《中国社会科学》，2009年第2期。
④蒋旅佳、汪雯雯：《科考视野下南宋总集分类的文章学意义》，《海南大学学报（人文社会科学版）》，2017年第2期。

的特殊性。

张巍《论唐宋时期的类编诗文集及其与类书的关系》,将唐宋时期类编诗文集与类书联系起来,从诗文集形成的过程与类书编纂体例之影响,以及便于检索和学术研究的功能等方面,来探索唐宋时期类编诗文集编纂体例与类书的关系①。

宋代地域总集编纂兴起,部分学者开始关注地域总集的分类体例与特色。蒋旅佳《南宋方志与地域总集编纂关系论——以李兼台州、宣城地域文化建树为中心》指出,李兼担任地方长官时,凭借方志与地域总集的文献整理与编纂实践经验,发现方志与地域总集在辑录诗文文献史料上,具有相互借鉴影响的密切关系,肯定了诗文总集在辑录文史资料上对方志的补充,并且二者编纂目的一致②。值得注意的是,中国社会的地方观念在宋代逐步形成和强化,形成一种地志文学③。宋代地方志的人文化特点,使其兼有地理志和地域总集的双重性质,而趋于定型的类目体例以及多样化的诗文编录方式,又为宋代地域总集的编纂体例提供了借鉴。如《会稽掇英总集》《成都文类》取资地方志设置类目名称,《宣城总集》《吴都文粹》《赤城集》仿效地方志类目体例编排作品④。

---

① 张巍:《论唐宋时期的类编诗文集及其与类书的关系》,《文学遗产》,2008年第3期。

② 蒋旅佳:《南宋方志与地域总集编纂关系论——以李兼台州、宣城地域文化建树为中心》,《文艺评论》,2015年第4期。

③ 叶晔:《拐点在宋:从地志的文学化到文学的地志化》,《文学遗产》,2013年第4期。

④ 蒋旅佳:《论宋代地域总集编纂分类的地志化倾向》,《中山大学学报(社会科学版)》,2016年第3期。

二、宋元总集分类体例与文学观念研究亟待解决的问题

宋元总集编选活动贯穿整个社会发展始终。宋元总集编纂者众多,数量倍增于前,编者在汲取前人总集编纂方法时又不懈地探索创新,总集体例状貌也逐渐丰富而呈现新的特点。纵观前辈学人宋元总集体类研究的历史,虽取得了一定的研究成果,然从整体上看,宋元总集体类研究尚存在较大的研究空间,亟待接下来的学者继续探索。下文拟就宋元总集分类体例中具有重要学术价值,但尚未获得学界关注或关注不够充分的若干问题略陈浅见。

第一,宋元总集文献资料整理需要进一步推进。

前辈学者对中国宋元总集文献资料作了一些基本的整理工作,诸如张涤华《古代诗文总集选介》(上海古籍出版社 1985 年版)与金开诚、葛兆光《古诗文要籍叙录》(中华书局 2005 年版)已经就《唐文粹》《乐府诗集》等部分宋元时期总集分别加以介绍。祝尚书《宋人总集叙录》(中华书局 2004 年版)力求完整地叙录宋人总集,对现存的以及可考究的宋人总集一一叙录,内容包括总集名称、编者的考证,编纂背景,版本流传以及现存馆藏情况等。

相对于宋元总集的数量与价值而言,现有的文献整理工作还存在一定程度的滞后,一些在总集分类体例上颇有成就的总集,至今尚未走进学术界的视野。可以想象,受文献资料掌握程度的限制,一些基本的学术论断如今看来多有可商榷之处。资料的掌握不足导致视野的拓展缺少推力。因此,眼下迫切需要对宋元总集分类情况作出基本的梳理,为接下来的进一步研究提供文献依据。

第二,宋元总集分体与分类研究的视野和格局尚不够开阔。

已有的研究成果,多为就事论事,且多止于平面性的描述和常识性的介绍。部分成果缺乏深刻的问题创新意识和深入探析问题的能力。以个案研究为重点,所涉总集的数目依旧有限。相当数量的成果,存在重复研究的现象,《文苑英华》《古文苑》《唐文粹》《宋文鉴》《文章正宗》《乐府诗集》《古赋辩体》等总集的分类体例被反复论及。即便是针对一部总集的个案研究,也还存在钻探不够深透、联系不够广泛的缺憾。宏观视角的切入明显不足,一些学人虽已采用圈定相同类别的宋元总集开展研究,但缺少整体把握研究对象的视野,或就历史朝代划分研究对象,或以总集属性择取同类总集,但将宋元时期总集综合起来从宏观视野切入,针对宋元总集特有的分类现象、分类趋势,做整体的、动态的考察分析的理论研究成果尚少。

第三,受早期总集基本分类体例的影响,学者多关注宋元总集初次分类的分体编录方式,而于其他分类方式以及多次分类而产生层级结构等问题研究不多。

《文章流别集》将古文章类聚区分,分体编录。《文选》作为现存最早的诗文总集,"诗""赋"分体之外再以细类区分①。吴承学、何诗海《文章总集与文体学研究》指出总集的文体学价值,首先表现在文体分类上,分体编次的传统,决定了古代文章总集在文体分类学上的研究价值②。相比而言,目前学者们对于总集

①(南朝梁)萧统《〈文选〉序》:"凡次文之体,各以汇聚。诗赋体既不一,又以类分。类分之中,各以时代相次。"(南朝梁)萧统编,(唐)李善注:《文选》,北京:中华书局,1977年,第2页。
②吴承学、何诗海:《文章总集与文体学研究》,《古典文学知识》,2013年第4期。

"分体"之外的其他"分类"体例关注甚少。总集作为中华文化基本典籍的一种,编纂体例和分类方式呈现多样化的特点。宋元总集初次分类所体现的各种分类依据与分类标准,除按"文体"类别差异区分之外,尚有以"主题事类""创作技法""修辞格目""时代作家""音乐类型""声辞韵律"分编等方式标准,不同的总集编者根据各自的编纂目的选择合适的分类方式,从而产生不同的类目名称以及类目排序。不仅如此,宋元总集还在《文章流别集》《文选》所确立的二级分类结构的基础上,进一步丰富选文作品的分类级次。这些都是可以继续深入研究的。

第四,前人宋元总集体类研究方法比较单一,多数倾向于采用文献梳理、理论阐释等方法进行文献史料描述,或运用文体分析与比较等相对传统的研究方法介入研究。而于中国古代总集分类体例对其他典籍(地方志、类书等)编纂体例的借鉴,及其与文学思潮、文化现象的双向互动关系等外部文化透析与关照方面的研究相对不足。因此,丰富和完善研究方法,将文学文体学与文化文体学的研究方法植入总集分体与分类研究当中,亦是后之学者努力的方向。

三、多维视野下宋元文章总集分体与分类研究的若干想法

区别于传统的总集研究侧重于正文本的阐释解读,关注文学作品体现的文学思想与文献价值,当下总集研究开始出现论述分析总集分类体例的选择设置及其所蕴含的分类观念、文学意义、文学批评信息的倾向。针对上文所述的研究现状,宋元总集分体与分类研究,可从以下几个方面开展。

第一,文献整理层面,亟待撰写宋元总集分类体例叙录。

宋代总集见于宋、明目录的就有三百多种。今人祝尚书《宋

人总集续录》叙宋人总集八十五部，附录又考证散佚总集一百八十部①。大多存世可观的宋元总集为我们考察其分类体例提供给了最基本的文献参照。

宋元存世总集之清单的开列，分类体例叙录的撰写，遗佚总集的钩沉与考索，以及序跋、凡例、目次等文献资料集成，是研究得以顺利进行的基本保障。宋元总集分类体例叙录，即全面搜集宋元总集文献资料，以个案为中心，通过阐释总集作品分类的标准依据、分类级次建构、类目序列编排等问题来呈现总集分类特点，探究编纂者的分类观念与文学思想，建立起以"叙录"为基础的宋元总集分类体例文献资料库，便于后人检索研究。

第二，拓宽个案研究的对象类型，加强细化研究。

当下宋元总集分类体例研究成果几乎多集中在少数几部学界熟识的诗文总集和诗歌总集上，词总集、赋总集、乐府总集（以上为单体总集）以及包括类编总集、地域总集等在内的其他类型总集，则关注甚少。受《隋书·经籍志》总集观念和著录次序对于总集体例优劣判断的影响，目前存录的单体总集尚未完全走入学界的研究视野。因此，需要全面拓展宋元总集研究对象类型，将诗歌体裁之外的单体总集和众多学术界尚未触碰的多体总集纳入研究范围，才能呈现出宋元总集分类体例的整体特点。

第三，转变研究思路，放宽研究视野，宏观介入类型研究。

南宋时期的文章总集，虽有"以人叙次""按时编排""分体编录""以技叙次""依格编次""按类四分"等多种分类体例，但统观在宋代科举考试的文化背景下，每一种分类方式都反映出编纂者独特的关注视角和分类观念，同时也传递给读者不同的阅读感

---

①祝尚书：《宋人总集叙录》，北京：中华书局，2004年。

受,具有重要的文章学意义。

宋元地域总集是一个值得探索的广阔学术空间。唐五代存世与亡佚地域总集五种左右,宋代约有五十种,而目前学术界对宋元地域总集分类体例关注不足,研究成果偏少。从目录学分类来看,地方志与地域总集分属于"史部"和"集部"两个不同的文献系统,然二者以"地域"为断的辑存文献方法和保存地域诗文史料、弘扬地域文化的价值功用层面取向一致,二者关联密切。宋代地域总集编纂兴起,尚未形成相对成熟稳定的分类体例。宋代地域总集纂者在承继前人分类成果的基础上,摸索出一种既能彰显文学作品地理空间特质,又能体现总集编纂宗旨和功用价值的分类方式,就是借鉴于地方志类目体例。孔延之《会稽掇英总集》与袁说友、程遇孙、扈仲荣等《成都文类》二级类目命名借鉴地方志,李兼《宣城总集》、郑虎臣《吴都文粹》、林表民《赤城集》仿效地方志体例编排作品。从整个古代地域总集的分类体例来看,多数类目体例与普通总集并无二致。宋代地域总集类目命名设置上取则地方志而凸显地域色彩,特别是直接仿效地方志类目体例编次作品的意识观念,在明清时期地域总集编纂分类中得以实现运用,明钱毅《吴都文粹续集》、清顾沅《吴郡文编》套用地方志类目编次诗文作品,并逐步定型、完善,建构起类目清晰、层次分明的分类体例①。

第四,从"异体"与"同体"两个维度深化宋元总集文体分类研究。

《隋书·经籍志》在著录顺序上赋予《文章流别集》《文选》类

────────────

① 蒋旅佳:《从地方志到地域总集——论〈吴郡文编〉的选文分类新变》,《学术研究》,2016年第6期。

多体总集优先重要的地位。中国古代总集分类体例与文学观念研究，历来对于单体总集多有忽略①。而事实上，无论从总集数量上，还是分类体例上，单体总集细化分类都是总集分类研究的重要组成部分。因此，总集"分体"可划分为两个维度，"异体"分类和"同体"分类②。目前，学人多由此介入宋元总集体类研究。

宋元总集文体分类，一方面保持了传统的发展态势，另一方面又体现出鲜明的时代特色。宋元"分体编录"类总集的文体类目在《文选》三十九类基础上增减，大体呈现文体分类越来越精细，类目越来越繁多的发展演变趋势。宋元总集在拓展二次分类范围、丰富二次分类方式以及建立多层分类结构等方面，比前人走得更远。宋魏齐贤、叶棻《圣宋名贤五百家播芳大全文粹》"青词""朱表""上梁文""祭文""乐语"之下按题材内容进行二级分类；"生辰赋颂诗"以关涉文体应用场合和诸体内容命名，其二级分类先以"赋颂"与"诗"二分，于"生辰诗"下再以"五言长篇""五言八句""七言长篇""七言八句""七言四句"等体式细分类目。诸如此类总集复杂多样的分类方式，反映了宋元时期总集分类标准与分类思想观念的多样性特点。

第五，"体""类"相兼，注重宋元总集"分体"之外其他"分类"体例的文学观念与文化意义探究。

宋元总集在承继前人分类成果的基础上，极大地丰富了总集分类方式。多样化编次体例与分类方式既是编者的分类思维和

①朱迎平：《单体总集编纂的文体学意义——以唐宋元时期为例》，《中山大学学报（社会科学版）》，2013年第5期。
②蒋旅佳：《中国古代总集文体分类研究的历史、现状与展望》，《中南民族大学学报（人文社会科学版）》，2015年第4期。

文学(文体)观念的体现,同时也受时代特点、文化倾向的影响。仅以南宋与科举颇相关联的总集分类来看,就有以"人"叙次(《增注东莱吕成公古文关键》)、以"时"分类(《崇古文诀》)、以"体"区分(《古文集成》)、以"类"编次(《文章正宗》)、以"技"叙次(《文章轨范》)、以"格"分类(《论学绳尺》)六种分类方式。这其中,"分体编录""以时叙次""以人叙次"以及"以题区分"四种分类方式,前人总集多有运用,而以"技""格"分类,则是宋人总集中最先使用的。这两种分类方式根深于宋代文章学对于文章章法技巧的重视,以及科举时文创作借鉴需要的双重历史文化语境,当其运用到《文章轨范》《论学绳尺》作品编次中,更能体现编纂者在充分把握文章创作规律和读者心理接受层次的基础上,将创作技巧通过范文示例和评点注解结合起来的编纂用心,当然也更具实用性。

　　分类学认为,对事物作怎样的分类,首先取决于研究的目的。研究的目的不同,分类的依据和分类的标准也随之做出相应的变化,自然划分的类目也千差万别。如何透过总集缤纷多彩的分类现象见出编纂者的分类观念,这是总集分类研究的重要内容。部分宋元时期的总集编纂者,在同一级分类之中,背离了分类的同一性和排他性原则,将作品文体类别、主题内容、功能价值等分类标准杂糅起来确立体类,实际上是借鉴了地方志、类书等其他典籍的体例方式。

　　基于此,通过爬梳整理总集编纂体例的相关文献资料,撰写宋元总集分类体例叙录,为宋元总集体类研究提供基础的文献保障;在关注总集文体分类实践、文体分类特点与文体分类建树的同时,考察分析其他分类方式;从外部文化透析的角度,揭橥宋元总集体类名目和分类方式对于类书、地方志等典籍的体例借鉴,使我们对宋元总集分类有一个更为鲜活和准确的认识。每一部总集的分类体例在继承前人分类成果的基础上，又不可避免地打上编者所处时代文化背景的烙印。因此，将总集分类与文学史（文学思潮、文学流派与文艺运动）和文学批评史研究结合起来，发掘彼此之间的密切联系和相互影响促进的规律，还原总集分类背后的历史文化语境；最终从内部的体类分析与外部的文学观照两个方面介入宋元总集分体与分类研究，以期获得更多的发现，并尽力贡献给学术界新的研究成果。

第一章　宋元分体编录类总集的文体分类考察

郭英德先生将以《文选》为编纂体例蓝本的总集称之为"历代《文选》类总集",通过考察《文苑英华》《唐文粹》《宋文鉴》《元文类》《文章辨体》《明文衡》《文体明辩》《明文在》的编纂体例与选文范围、分类归类、体类排序的规则与体例、分类的体式与原则(以文体二级分类为中心)等内容,归纳此类总集分类的基本体例规律①。"历代《文选》类总集"这一名称,主要是从《文选》与后世总集分类体例关系的层面加以总结、归纳的,具有特殊的指示意义。然而,从字面上容易使人产生这样一种理解:凡涉与《文选》编纂体例密切关联的总集皆可称为"《文选》类总集"。实际上,这一名称也有它的偏狭之处。后世删摘、选录《文选》并独立成书的总集,以及在《文选》选文基础上加以广续、补遗重新编纂的总集,成书与《文选》关系最为密切,以"《文选》类总集"称之,则较为恰当,如元方回《文选颜鲍谢诗评》、明余国宾《文选删注》、胡震亨《续文选》等。但另一部分总集,仅体例上仿效《文选》,与它的密切程度远不如上述两类总集。如宋《文苑英华》上承《文选》收录作品的断限进行启下续编而单独成集,《文馆词林》《唐文粹》《宋文鉴》

①郭英德:《中国古代学论稿》,第113—116页。

《圣宋名贤五百家播芳大全文粹》《元文类》《文章辨体》《明文衡》《文体明辩》《明文在》等以"删汰繁芜"为编纂宗旨的总集,仅在分类体例上与《文选》相似,称之为"《文选》类总集"似乎并不十分恰当。

再者,中国古代总集"分体编录"的编纂体例并不始于《文选》,挚虞《文章流别集》即已开总集"类聚区分""分体编录"的体例之端,在这个层面上说,称名"《文章流别集》类总集"似更为准确。既然后世《文馆词林》《文苑英华》《唐文粹》《宋文鉴》《古文苑》《成都文类》《圣宋名贤五百家播芳大全文粹》《天下同文集》《元文类》《文章辨体》《明文衡》《文体明辩》《皇明文选》《皇明文征》《文章辨体汇选》《明文在》《南宋文苑》等总集,是在《文章流别集》《文选》所确立的总集编纂经典范式影响下另起炉灶自行编纂成书,皆采用"分体编录"的方式编次作品,那么,以"分体编录"类总集称之,似更为准确合理。

第一节　《文选》与总集文体分类基本体例的确立

传统目录学著作一般都将挚虞《文章流别集》视为总集编纂体例之始,《隋书·经籍志》《四库全书总目》等皆有此说①。《文

---

① 《隋书·经籍四》:"总集者,以建安之后,辞赋转繁,众家之集,日以滋广,晋代挚虞,苦览者之劳倦,于是采摘孔翠,芟剪繁芜,自诗赋下,各为条贯,合而编之,谓为《流别》。是后文集总钞,作者继轨,属辞之士,以为覃奥,而取则焉。"《隋书》卷35,北京:中华书局,1973年,第1089—1090页;《四库全书总目》曰:"文籍日兴,散无统纪,于是总集作焉。……《三(转下页注)

章流别集》开创运用的"类聚区分"①"分体编录"②之法被《文选》
采用。《〈文选〉序》:"远自周室,迄乎圣代,都为三十卷,名曰《文
选》云耳。"③萧统秉承"事出于沉思,义归乎翰藻""能文为本"的
选录原则,收录先秦至南朝梁时期作家一百三十人的作品七百余
篇。在编纂体例上,坚持"凡次文之体,各以汇聚"的标准,又因
"诗赋体既不一",故"又以类分。类分之中,各以时代相次"④。
现以《〈文选〉序》为依据,参照《文选》目录、篇章,对《文选》文体分
类情形作一归纳。

一、次文之体,各以汇聚——初次分类以体区分

《文选》将所选作品按文体类别编排。目前,学界就所分文体
类别的数量存在分歧。大体而言,主要有三种说法:三十七类、三
十八类和三十九类。曹道衡先生于《关于〈文选〉的篇目次第及文
体分类》一文中将上述三种说法的提出与争论做了大致的说明;
傅刚先生在《〈昭明文选〉研究》一书中,设《文选》的分类"一节,
对这一问题做了更加细致的论说⑤,此不赘述。值得注意的是,

(接上页注)百篇》既列为经,王逸所裒又仅《楚辞》一家,故体例所成,以挚虞
　《流别》为始。其书虽佚,其论尚散见《艺文类聚》中,盖分体编录者也。"
　(清)永瑢等:《四库全书总目》卷186,第1685页。
①《晋书》卷51,第1427页。
②(清)永瑢等:《四库全书总目》卷186,第1685页。
③(梁)萧统编,(唐)李善注:《文选》卷首,第2页。
④(梁)萧统编,(唐)李善注:《文选》卷首,第2页
⑤曹道衡:《关于〈文选〉的篇目次第及文体分类》,《齐鲁学刊》,1996年第3
　期,第18—21页;傅刚:《〈昭明文选〉研究》,北京:中国社会科学出版社,
　2000年,第185—192页。

刘永济先生在《十四朝文学要略·叙论》中指出："按梁昭明太子萧统《文选》有赋、诗、骚、七、诏、册、令、教、文、策问、表、上书、启、弹事、笺、奏记、书、移书、檄、难、对问、设论、辞、序、颂、赞、符命、史论、史述赞、论、连珠、箴、铭、诔、哀文、碑文、墓志、行状、吊文、祭文,共四十目。"①刘先生将"策文"分为"文""策问"二体,惜文中未标明以何本为据。

因三十九种之说有南宋陈八郎本《五臣注文选》为依据,且《文选》以时代相次编排作品,故学界较为认可《文选》收录赋、诗、骚、七、诏、册、令、教、策文、表、上书、启、弹事、笺、奏记、书、移、檄、对问、难、设论、辞、序、史论、史述赞、论、颂、赞、符命、连珠、箴、铭、诔、哀、碑、墓志、行状、吊文和祭文,计三十九种文体。

从现存《流别论》佚文以及相关文献记载中可知,《文章流别集》类分的文体有赋、诗、颂、七、箴、铭、诔、哀辞、哀策、文(对问)、碑、图谶、述(汉述)②十三体③。当然,这十三体仅仅为原集的一

---

① 刘永济:《十四朝要略》,北京:中华书局,2010年,第4页。
② 《文心雕龙·颂赞》云:"及迁《史》固《书》,托赞褒贬。约文以总录,颂体以论辞;又纪传后评,亦同其名。而仲治《流别》,谬称为述,失之远矣。"(南朝梁)刘勰撰;詹锳义证:《文心雕龙义证》,上海:上海古籍出版社,1989年,第342页。《汉书》卷一百下"叙传第七十下"云:"……故探纂前记,缀辑所闻,以述《汉书》……其叙曰:……"颜师古注曰:"自'皇矣汉祖'以下诸叙,皆班固自论撰《汉书》意,此亦依放《史记》之叙目耳。……但后之学者不晓此为《汉书》叙目,见有述字,因谓此文追述《汉书》之事,乃呼为'汉书述',失之远矣。挚虞尚有此惑,其余曷足怪乎!"《汉书》卷100,北京:中华书局,1962年,第4236页。
③ 郭英德列出的13体中多出解嘲、应宾、连旨、应间四体,而少哀策、图谶、文(对问)、述(汉述)四体。参见郭英德:《中国古代文体学论稿》,第78页。

部分。另外，据统计，《后汉书》所著录的文体有四十余种①，而魏晋时期，群文滋长"倍于往者"②，由此可推知，《文章流别集》所收录文体应相当丰富。邓国光先生推测《文章流别集》所录文体应在二十五类至四十一类之间③。

《文选》收录三十九种文体中，诗、赋、七、颂、赞、箴、铭、诔、哀辞、吊文、祭文等，文体之间界限分明，且前人总集已立其体，故《文选》将其分体编录，是符合当时文体的发展实质的。而"策文""移""难""对问""史论""史述赞""符命"等，此前总集并未单独立体，《文选》首立其体，选录相关作品，则体现出萧统较为自觉的文体分类意识。

二、诗赋体既不一，又以类分——诗赋体下按类细分

萧统《文选》初次分类以文体类别区分，除"诗""赋"外，其余三十七类文体下直接按时间先后顺序编次作品。"诗""赋"收录作品数量众多，为便捷检索阅读，萧统进行了二次分类，"诗""赋"体下再分细类。

萧统将赋分甲、乙、丙、丁、戊、己、庚、辛、壬、癸十部，十部中细分"京都""郊祀""耕籍""畋猎""纪行""游览""宫殿""江海""物色""鸟兽""志""哀伤""论文""音乐""情"十五个二级类目。诗类分甲、乙、丙、丁、戊、己六部，共有"补亡""述德""劝励""献诗""公宴""祖饯""咏史""百一""游仙""招隐""反招隐""游览""咏怀"

---

① 郭英德：《中国古代文体学论稿》，第73—74页。
② （晋）葛洪撰，杨明照校笺：《抱朴子外篇校笺》卷50，北京：中华书局，1997年，第660页。
③ 邓国光：《挚虞研究》，香港：学衡出版社，1990年，第239—242页。

"临终""哀伤""赠答""行旅""军戎""郊庙""乐府""挽歌""杂歌""杂诗""杂拟"二十四小类。

从"诗""赋"体下所分的细目名称来看,大致是以诗、赋作品的题材内容为分类标准,如"诗"分咏史诗、游览诗、咏怀诗等,"赋"分京都赋、江海赋、鸟兽赋等;同时也应该注意到其他的分类依据,如"诗"中"乐府""杂歌""杂拟"等类目,则是采用以"体"区分的方式再次分类。这说明《文选》的二级分类并没有执行严格统一的分类标准。

"赋""诗"二级分类以作品题材内容划分细目,这与传统目录学分类著录之法颇有关联。刘歆《七略》分诗赋为"屈原赋""陆贾赋""荀卿赋""杂赋""歌诗"五类。刘师培发扬章学诚、章太炎余说,指出:"而分集之赋,复分三类:有写怀之赋,有骋辞之赋,有阐理之赋。写怀之赋,屈原以下二十家是也。骋辞之赋,陆贾以下二十一家是也。阐理之赋,荀卿以下二十五家是也。"[1]赋分屈原赋、陆贾赋、荀卿赋三类,隐含着抒情、说理、效物的区别。杂赋类分"客主赋""杂行出及颂德赋""杂四夷及兵赋"等十二种,则是以"赋"体作品的主题内容分类设置。《文选》诗赋体下以题材内容差异进行二级分类,在一定程度上是借鉴了类书的编纂体例[2]。通过考察《文选》成书前后萧梁皇室所编纂的总集和类书情况,可以进一步了解编纂主体的文化心态和编纂宗旨[3]。

---

①刘师培:《论文杂记》,北京:人民文学出版社,1959年,第115—116页。

②方师铎:《传统文学与类书之关系》,天津:天津古籍出版社,1986年,第107—118页。

③屈守元:《略谈〈文选〉成书前后萧梁皇室所纂辑的一些类书和总集》,《文史杂志》,1991年第5期。

总的来说,《文选》的文体分类方法,可以概括如下:

"诗""赋"文体分类结构:文体——类——作品(时代相次)

"诗""赋"以外三十七体的文体分类结构:文体——作品(时代相次)

三、《文选》对后世总集编纂与分类之影响

唐代兴起的"文选之学",对后世影响颇大。反映到总集编纂方面,编纂者往往以《文选》为参照对象,借鉴其体例。归纳起来,《文选》的影响主要有以下几点:

第一,总集成书来源于《文选》。这其中包括两种:第一种是将《文选》收录的作品摘录删选部分独立成书,如明邹思明《文选尤》、张溥《文选删》、李淳《选文选》、蒋孟育《精摘梁昭明太子文选崇正编》《文选采奇》等。陈振孙《直斋书录解题》卷十五、卷二十二分别著录《选诗》七卷、高似孙《选诗句图》一卷;《千顷堂书目》卷三十一载刘履《选诗补注》八卷、方回《文选颜鲍谢诗评》四卷等,则以《文选》"诗"为本,单独成集。第二种则将《文选》作品单独列为一类,归入总集,如《丽泽集诗》选录《文选》中的汉魏古词,将其列为一卷①。

第二,历代广续补遗《文选》类总集层出不穷。唐代即有按《文选》义例续补《文选》的多种集子,如孟利贞《续文选》十三卷、卜长福《续文选》三十卷及卜隐之《拟文选》三十卷。宋有陈仁子《文选补遗》,明有刘节《广文选》、马继铭《广文选》、周应治《广广文选》、汤绍祖《续文选》、胡震亨《续文选》,一直到近代,还有雷瑨编著《续文选》十二卷流传。另一类总集,为广续补遗《文选》"诗"

---

① 参见汪超:《〈文选〉在两宋之流布与影响》,广西师范大学2006年硕士学位论文。

类,如元刘履《选诗补遗》二卷、《选诗续编》四卷以及明杨慎《选诗外编》九卷等。

第三,后世总集多以序文形式称评其编纂承效《文选》,并与之媲比。胡维新《〈文苑英华〉序》曰:"坟经义邈,词华郁蔓,延刘汉而接萧梁,昭明之《选》备矣。《苑》之集始于梁,而部系类分悉宗《选》例,非嗣文以承统乎?"①《文苑英华》上承《文选》收录作品断限,进行启下续编。刘克庄《迂斋标注古文序》评价《崇古文诀》云:"矫诸儒相反之论,萃历代能言之作,可以扫去《粹》《选》而与《文鉴》并行矣。"②赵汝腾评汤汉《妙绝古今》曰:"铢两之必较,毫发之不差,轶梁统之《选》而过之精矣。"③刘、赵二氏皆认为所序总集选文之精审当媲美《文选》。《〈文章正宗〉跋》谓:"是书行,《选》《粹》而下,皆可束之高阁。"④可知,刘克庄已然体认出真德秀《文章正宗》是以超越《文选》为其纂集选文目标的宗旨用意。

第四,延用《文选》分类体例另行编纂总集。《四库全书总目》分总集为"网罗放佚,使零章残什,并有所归"与"删汰繁芜,使菁秭咸除,菁华毕出"⑤两类。《文选》甄选先秦至南朝梁一百三十家七百余篇作品,成为后出"删汰繁芜"式总集编纂的蓝本。历代总集如《文馆词林》《文苑英华》《唐文粹》《宋文鉴》《圣宋名贤五百家播芳大全文粹》《元文类》《文章辨体》《明文衡》《文体

---

①(明)胡维新:《重刻〈文苑英华〉序》,(宋)李昉等:《文苑英华》,上海:上海古籍出版社,1987年,第5页。

②(宋)刘克庄:《后村先生大全集》卷96,《四部丛刊》本。

③(宋)赵汝腾:《〈妙绝古今〉序》,(宋)汤汉编:《妙绝古今》,《景印文渊阁四库全书》集部,第1356册,第784页。

④(宋)刘克庄:《后村先生大全集》卷100,《四部丛刊》本。

⑤(清)永瑢等:《四库全书总目》卷186,第1685页。

明辩》《明文在》《清文颖》《南宋文苑》等，皆沿用《文选》的选录方式与选文范围、分类归类、体类排序的规则与体例、分类的体式与原则（次级分类）等体例编选作品成书。

《文选》选文不涵括经、子以及史籍中的言辞、记事之文，以"事出于沉思，义归乎翰藻"为录文标准，采用"次文之体，各以汇聚"这一方式分体编录作品，各文体类目按照一定的顺序加以排列，"诗""赋"体下再以"类"分，各体之下作品按作者时代先后顺序编次，这些选文分类体例深刻地影响着后世文章总集的编纂分类。下文我们将以《文选》文体分类体例为参照，考察宋元时期"分体编录"类总集以及《文选》广续补遗本总集，是如何在承继《文选》经典模式下加以超越建构，并尝试探求此类总集不同分类体例所蕴含的文体观念及其分类意义。

第二节　宋元"分体编录"类总集的分类体例与文体观念

前述《中国古代文体学论稿》旨在通过探究诸本总集文体分类的共性，归纳出总集分类的规律性认知。故该书于考察对象的选择上，存在甄别典型的倾向性，关注重点在于异中求同。而本节则以经典的承继与超越为研究视角，在关注分类体例之"同"时，将之与《文选》进行比较，发掘"异"样现象，以探求宋元"分体编录"类总集的文体分类观念和文体学意义。

一、文体生灭盛衰与宋元"分体编录"类总集文体类目的变迁

《中国古代文体概论（增订本）》以附录的形式，列举了历代文体分类方面的文献资料，关注《文选》《文苑英华》《乐府诗集》《唐

文粹》《宋文鉴》《元文类》《文章辨体》《文体明辩》《明文衡》《唐宋
十大家类选》《宋文苑》《古文辞类纂》《骈体文钞》《六朝文絜》《经
史百家杂钞》《涵芬楼古今文钞》等总集的文体分类细节①。《中
国古代文体学论稿》以《文选》类总集为考察，制成"历代《文选》类
总集文体分类对照表"②。一般说来，学界对以上总集分类而产
生的文体数目已达成基本共识。当然，因所据版本或统计方法之
别而产生的差异，我们姑且搁置不议。

《文选》分体三十九类：赋、诗、骚、七、诏、册、令、教、策文、表、上
书、启、弹事、笺、奏记、书、移、檄、对问、难、设论、辞、序、颂、赞、符
命、史论、史述赞、论、连珠、箴、铭、诔、哀、碑、墓志、行状、吊文和祭文。

《文苑英华》分体三十八类：赋、诗、歌行、杂文、中书制诰、翰
林制诏、策问、策、表、判、笺、状、檄、露布、弹文、移文、启、书、疏、
序、论、议、连珠、喻对、颂、赞、铭、箴、传、记、谥哀册文、谥议、诔、
碑、志、墓表、行状、祭文。

《唐文粹》分体二十类：古赋、古调、颂、赞、表、书、疏、状、制
策、文、论、议、古文、碑、铭、记、箴诫铭、书、序、传录纪事③。

《宋文鉴》分体五十三类：赋、律赋、诗、诏、敕、赦文、册、御札、

①褚斌杰：《中国古代文体概论（增订本）》，第484—511页。
②郭英德：《中国古代文体学论稿》，第123—131页。
③详见《四部丛刊》初编元翻宋刻小字本《文粹》一百卷。《〈文粹〉序》所列的
　"乐章""歌诗""箴""传""录"在《唐文粹》的一级分类中并未有见。褚斌杰
　先生将"古调"下的次级类目"古今乐章""乐府辞""古调歌篇"与"古赋"并
　列成一级类目；同时将表、书、疏、状合并为"表奏书疏"，附录中檄、露布列
　为一级目录，将"箴诫铭"拆分为"箴""诫""铭"三类，故而统计分类数目为
　23类，其中"铭"类重复。郭英德先生在褚斌杰先生基础上拆分"表奏书
　疏"为"表""书奏""书""奏状"，故统计为26类。

批答、制、诰、奏疏、表、笺、箴、铭、颂、赞、碑文、记、序、论、义、策、议、说、戒、制策、说书、经义、书、启、策问、杂著、对问、移文、连珠、琴操、上梁文、书判、题跋、乐语、哀辞（附诔）、祭文、谥议、行状、墓志、墓表、神道碑表、神道碑铭、神道碑、传、露布①。

《元文类》分体四十三类：赋、骚、乐章、四言诗、五言诗、乐府歌行、七言古诗、杂言、杂体、五言律诗、七言律诗、五言绝句、七言绝句、诏赦、册文、制、奏议、表、笺、箴、铭、颂、赞、碑文、记、序、书、说、题跋、杂著、策问、启、上梁文、祝文、祭文、哀辞、谥议、行状、墓志铭、墓碑、墓表、神道碑、传。

以上几部总集外，《古文苑》《五百家播芳文粹大全》《成都文类》《天下同文集》皆采用"分体编录"的方式编次作品，诸集分类情形如下所示。

《古文苑》，不著编者姓氏。九卷本《古文苑》共收录七十四位作家（包括无名氏）的二百三十三篇作品。二十一卷本《古文苑》选入"始于周宣石鼓文，终于齐永明之唱和，上下一千三百年间"②共八十五位作家（包括六位无名氏）二百六十四篇作品③。因所据版本各异，历代对《古文苑》所分文体类目的数量颇有差

---

① （宋）吕祖谦编，齐治平点校：《宋文鉴·目录》，北京：中华书局，1992年，第1—102页。郭英德先生将"诗"下的8个二级类目"四言古诗""五言古诗""七言古诗""乐府歌行（附杂言）""五言律诗""七言律诗""五言绝句""七言绝句"并列于其他类目之中，"策问""杂著"同为第42类，故而统计为60类。今检《四库全书》影印本与中华书局点校本《宋文鉴》，皆以"诗"为一级文体类目，诚以54类为确。

② （宋）章樵：《〈古文苑〉序》，（宋）章樵注，（清）钱熙祚校勘：《古文苑》，《守山阁丛书》，清道光二十四年（1844）本。

③ 章樵新增加诗文三十二篇，又不慎脱去张衡《羽猎赋》。

异①。总的来看,学界对九卷本《古文苑》文体数量分歧较少。一般认为其收录"文""赋""诗""歌""曲""敕""启""状""书""对""颂""述""赞""铭""箴""杂文""叙""记""碑""诔"二十体②。章樵厘分《古文苑》为二十一卷时,对九卷本的篇目排列次序做了调整③,其注本《古文苑》收录作品比九卷本丰富,文体

① (宋)章樵《〈古文苑〉序》:"歌、诗、赋、颂、书、状、箴、铭、碑、记、杂文,为体二十有一,为编二百六十有四,附入者七"。(宋)晁公武《郡斋读书志》录曰:"《古文苑》九卷……自石鼓文而下,曰赋,曰诗,曰歌,曰曲,曰敕,曰书,曰对,曰颂,曰箴,曰铭,曰赞,曰记,曰碑,曰杂文,皆周、秦、汉人之作也。"(宋)晁公武撰,孙猛校证:《郡斋读书志校证》,上海:上海古籍出版社,1990年,第1214页。《百川书志》卷十九:"为体二十有一,为编二百六十四,附七,上下千三百年,诸人文集,今亦罕传。"(明)高儒:《百川书志》,上海:上海古籍出版社,2005年,第287页。《天禄琳琅书目后编》卷七:"所录自周迄南齐,诗、赋、杂文凡二百六十余首,皆史传,《文选》所不载。书九卷,末有淳熙六年韩元吉记"。(清)彭元瑞等:《天禄琳琅书目后编》,《清人书目题跋丛刊》(第十册),北京:中华书局,1995年,第327页。《万卷精华楼藏书记》:"《古文苑》九卷……凡赋五十七首,诗五十八首,文一百五篇"。(清)耿文光:《万卷精华楼藏书记》,《清人书目题跋丛刊》(第九册),北京:中华书局,1993年,第1138页。

② 此处之"文"则指卷一收录《石鼓文》《诅楚文》《秦二世峄山刻石文》《魏晋侯碑阴文》四篇。详见于清孙氏重刊宋淳熙本《古文苑》目录。

③ 卷1保留《石鼓文》《诅楚文》《峄山刻石文》3篇石刻文,将《魏敬侯碑阴文》抽出放入卷17"杂文"中;同时把9卷本《古文苑》中卷2至卷3所收赋作,重新别为6卷,宋玉赋与扬雄赋独为1卷,其余赋作按时代先后分为4卷,即"汉臣赋十二首""汉臣赋九首""汉臣赋六首""赋十一首",另增5篇赋作(枚乘、路乔如、公孙乘、中山王、陆机),却不慎遗漏张衡《羽猎赋》,故21卷本比9卷本多收4首赋;卷8与卷9为诗,共计84首;卷10至卷20收录37位作者之文116篇。另外,章樵将9卷本"歌""曲"与"诗","书"与"状"的次序互换,取消9卷本"叙"类(仅《董仲舒集叙》一篇),合并入"杂文"类。此外,章樵还将9卷本所录的残缺诸篇,全部抽出列入卷21,定名为"杂赋十三首"。

实比九卷本《古文苑》少"叙"这一体。章樵自序称《古文苑》"二十一"体,现存《守山阁丛书》本《古文苑》除已列出歌①、诗、赋、颂、书、状、箴、铭、碑、记、杂文十一体之外,还收录敕、启、对、述、赞、诔、杂赋(残阙篇章)②。若依《序》述"二十一体",则章樵把卷一收录的三篇石刻之文各为一体,实够"二十一体"之数。由此可蠡测出章樵的"二十一体"之说则为:石鼓文、诅楚文、刻石文、赋、歌曲、诗、敕、启、书、对、状、颂、述、赞、铭、箴、杂文、记、碑、诔、杂赋③。同为章樵二十一卷版本系统,龙溪精舍本《古文苑》文体分类又有不同,有文、赋④、歌、曲、诗、敕、启、书、对、状、颂、文⑤、述、赞、铭、箴、杂文、记、碑、诔。此本《古文苑》将卷一收录的三篇刻石文归类为"文"体,"歌曲"二分为"歌"和"曲",蔡邕《九惟文》中"九惟之一"另立为"文",卷二十一收录的残缺之文(赋十三篇)统称为"赋",傅毅《东巡颂》与蔡邕《东巡颂》《南巡颂》《九惟文》,则分别录入"颂""文"类,仅录题目而不再录正文。王晓鹃认为章樵二十一卷本《古文苑》收录文体,大致可以分为刻石文、辞赋、诗歌、散文四大类。刻石文指卷一收录的《石鼓文》《诅楚文》《峄山刻石文》。辞赋主要包括宋玉等人的六十一篇赋作。诗歌分诗、歌、曲三类,共八十四首。散文则以箴、铭、证、碑、颂体为主体,共有十四类一百一十六

---

①《守山阁丛书》本《古文苑》目录为"歌曲"。
②卷二十一收录残缺篇章有赋13首、颂3首以及蔡邕《九惟文》。《守山阁丛书》本《古文苑》以及《丛书集成初编》本《古文苑》皆题为"杂赋"类。
③此处用《守山阁丛书》本及《丛书集成初编》本《古文苑》所题。
④卷二十一所收作品统一归类为"赋"。
⑤此本以蔡邕《九惟文》另为"文"一体,不同于卷一收录三篇刻石文之"文"。

篇①。王晓鹃将《周宣王石鼓文》《秦惠文王诅楚文》《秦始皇峄山刻石文》归为"刻石文",把"歌曲"分"歌"与"曲",使"杂赋"归为"赋"体类②。这样统计,则二十一卷本《古文苑》分体"刻石文""赋""歌""曲""诗""敕""启""书""对""状""颂""述""赞""铭""箴""杂文""记""碑""诔"十九类。

　　《圣宋名贤五百家播芳文粹大全》,宋魏齐贤、叶棻同编。《宋集珍本丛刊》录宋刻本《圣宋名贤五百家播芳大全文粹》一百卷,卷首《播芳大全杂文之目》录表、启、制辞、奏状、奏劄、封事、长书、叠幅小简、四六劄子、叠幅劄子、尺牍、慰书、青词、朱表、释疏、祝文、婚启、生辰赋颂诗、乐语、劝农文、檄文、杂文、上梁文、祭文、挽词、记、序、碑、铭、赞、箴、颂、题跋三十三类目;其后所附的《圣宋名贤五百家播芳大全文粹门类》变《播芳大全杂文之目》中"制辞"为"制诰","叠幅小简"为"叠幅内简","封事"为"万言书",合并《播芳大全杂文之目》"四六劄子""叠幅劄子"为"劄子","尺牍"之外衍出"道释尺牍"一体,"青词"两出,缺"奏劄"体;每大类之下细分若干小类。实际上《圣宋名贤五百家播芳大全文粹》正文实为三十二类,即卷六十二"四六劄子""叠幅劄子"为"劄子"类下的二级类目,故分类文体应以正文为准。《宋集珍本丛刊》另收的清钞本《圣宋名贤五百家播芳大全文粹》一百五十卷则未有误。是本少一百卷本《播芳大全杂文之目》,其《播芳文粹类目》与正文相一

---

① 王晓鹃:《〈古文苑〉研究》,西北师范大学 2008 年博士学位论文,第 82 页。
② 王晓鹃以"杂赋"中十三首赋篇制短小、残缺不全,并据以章樵注"旧编载此诸篇,文多残缺,搜检他集,互加参证,或补及数句,犹非全文。姑存卷末,以俟博访"为由,将"杂赋"归为"赋"体。参见王晓鹃:《〈古文苑〉研究》,第 86 页。

致,除将"四六劄子""叠幅劄子"合为"劄子"外,类目设置与一百卷本略有不同,但类目总数则同为三十二种:表、笺、启、状①、制诰、奏状、奏劄、上皇帝书、书、叠幅小简、劄子、尺牍、青词、疏、祝文、婚书、生辰赋颂诗、乐语、劝农文、檄文、杂文、上梁文、祭文、挽词、记、序、碑、铭、赞、箴、颂、题跋。相比之下,一百五十卷本《圣宋名贤五百家播芳大全文粹》变一百卷本"制辞"为"制诰",变"万言书(封事)"为"上皇帝书","长书""慰书"换为"书",且少一百卷本"朱表",并析出一百卷本"表"中二级类目"皇帝表笺"为"笺"类,这样在类目总数上与一百卷本相同。相对而言,一百五十卷本文体分类更为科学严谨。

《成都文类》,宋袁说友、程遇孙、扈仲荣等编②都文类》选文

---

① 《圣宋名贤五百家播芳大全文粹》一百五十卷"提要"以"启状"名之,然一百五十卷《播芳文粹类目》则"启""状"分开。正文中无"状"或"启状"一级类目,而所选之文编次于"回启"二级类目之后。今观其所收之文或为《迎蔡相裕陵还阙状》(《迎……状》)之类,或为《违文太师状》(《违……状》)之类,以及《任满辞太守状》《回两制辞状》《回入国王侍郎辞状》《回谢生日寿香状》《到阙兴侍从先状》《太守入境与文太师先状》,中杂入《迎户部陆侍郎启》《违文太师致仕启》和《违奉使启》。《圣宋名贤五百家播芳大全文粹》一百卷本则将以上篇目列入"启"下"远迎攀违先状"类,编次于"回启"这二级类目之后。而《景印文渊阁四库全书》中一百一十卷本则为"状"体下"远迎、攀违、辞、先状"此二级类目之下。此处分类归属,各版本皆不同。
② 历来诸家著录编者有三:其一,尤以袁说友编且续者为多,明曹学佺《蜀中广记》《(雍正)四川通志》、清秾璜《续文献通考》、清阮元《文选楼藏书记》、清郑杰《闽诗录》皆题为袁说友编。又一说程遇孙等编,如丁仁《八千卷楼书目》、秾璜《续通志》录"宋程遇孙等八人同编抄本",陆心源《丽宋楼藏书志》录"程遇孙等编集"。还有一说,即傅仲容编,明孙能传《内阁藏书目录》录"傅仲容编"、朱睦㮮《万卷堂书目》录"扈仲荣"编。据《《成都文类》序》记载,知其人应为扈仲荣。关于编者归属问题的争论,《四库(转下页注)

上起西汉,下迄孝宗淳熙年间,益都之文"滋备"①。其中,赋一卷,诗十四卷,文三十五卷。编者分体编录,共有"赋""诗""诏策""铁券""赦文""敕""诏敕""制""表""疏""笏记""书(附笺、奏记)""序""记""檄""难""牒""箴""铭""赞""颂""杂著""诔""哀辞""祭文"二十五类②。

《会稽掇英总集》二十卷,宋孔延之编。孔延之选录自秦始皇三十七年至宋熙宁年间与会稽有关的诗文作品八百〇五篇,使之"各有类目"③。卷一至卷十五录"诗"七百五十四首,后五卷收"史辞""颂""碑""碑铭""记""序""杂文"类作品五十一篇。

(接上页注)全书总目》多有详论:"此集之编,出说友之意。此集之成,则出八人之手。当时旧本题识本明,后人以《序》出说友,遂并此书而归之,非其实也。"(清)永瑢等:《四库全书总目》卷187,第1699页。古人编书,以组织者领衔,实属常事。

① (宋)袁说友:《〈成都文类〉序》,《东塘集》卷18,《景印文渊阁四库全书》集部,第1154册,第371页。

② 《四库全书总目》:"所录凡赋一卷,诗歌十四卷,文三十五卷。上起西汉,下迄孝宗淳熙间,凡一千篇有奇,分为十有一门,各以文体相从,故曰《文类》。"(清)永瑢等:《四库全书总目》卷187,第1699页。朱彝尊:《书〈成都文类〉后》亦以其"分门十一,颇为详整"评之。(清)朱彝尊:《曝书亭集》卷44,《四部丛刊》本。现以四库本查录,实为二十五门。"十一门"之说,有待考证。类目名称多以文题区分,分类并不严格,如卷十六收录"诏策""铁券""赦文""敕"类,卷十七又有"诏敕""制"类目,究其原因则是《成都文类》以时间先后编次作品,卷十六收录汉至明德元年(934)作品,卷十七续收而下。故所分类目,则据文题更改。"诏策"类实为"诏"类与"策"类作品合称,细看篇章目录,"诏敕"亦是如此。然其所选,卷十六十七多为政令类文体,故而编次相临,亦体现了编者按体分类的编纂思想,只不过分类思想不是那么明确,分类标准也不尽统一。

③ (清)永瑢等:《四库全书总目》卷186,第1694页。

卷十六"史辞"截录《史记·越王勾践世家》部分文字,并将其命名为《越世家史辞》,"颂"收李斯《秦德颂》一篇,"碑"体选入邯郸淳《曹娥碑》等七篇。卷十七"碑铭"收文十一篇,卷十八至卷十九"记"体收文十九篇,卷二十收"序"体作品七篇,"杂文"五篇。《会稽掇英总集》分"诗""史辞""颂""碑""碑铭""记""序""杂文"①八体。

《天下同文集》五十卷,元周南瑞编。《天下同文集》与《唐文粹》《宋文鉴》等同为"一代文章"之书,分体编录,有制诰、表笺、献书、歌颂、记、碑、序、赋、论、传、书、启、牒、状、说、赞、颂、箴、铭、题跋、祝文、祭文、辞、志碣、墓志、杂著、诗、词二十八类。

(一)文体类目数量与宋元总集文体分类趋势

从文体类目的数量上看,从六朝时期《文选》三十九类,到宋代《文苑英华》三十八类、《古文苑》十九类、《唐文粹》二十类、《宋文鉴》五十三类、《圣宋名贤五百家播芳大全文粹》三十二类,再到元代《元文类》四十三类、《天下同文集》二十八类,宋元"分体编录"类总集文体分类虽体目数量多少不一,但总体呈现出分类越来越精细,类目越来越繁多的趋势。宋元"分体编录"类总集文体分类之所以呈现这种趋势,原因有二:一是文学创作中新文体不断出现,二是宋元文学批评中辨体意识的增强。诚如徐

---

① 《景印文渊阁四库全书》本《会稽掇英总集》"史辞""颂""碑""碑铭""记""序"类,均未标目。然其所选,则以同类作品归并。故以"史辞""颂""碑""碑铭""记""序"名之。新出的点校本《会稽掇英总集》则有明确的文体分类体例。见(宋)孔延之编,邹志方点校:《〈会稽掇英总集〉点校》,北京:人民出版社,2006年。

师曾《〈文体明辩〉序》所言:"盖自秦汉而下,文愈盛;文愈盛,故类愈增;类愈增,故体愈众;体愈众,故辩当愈严。"①文学创作中新文体的出现和定名,在一定时期内得以传播和接受,总集是最为集中的体现方式之一。反映到"分体编录"型的总集中,则是新的文体类目得以确立。而在文学批评上,宋元兴起的辩体意识高涨,文体之间的界限愈加分明,文体区分更加细密,总集编纂中文体类目也就更加丰富。

宋元总集在分类体例上借鉴《文选》"分体编录"的形式编次作品,文体分类大致呈现趋繁的发展态势,然具体的分类实践所产生的文体类目各有不同。一些基础文体诸如"赋""表""笺""书""序""论""赞""颂""箴""铭""碑文""诔""祭文"等在后世大多数总集中均有出现②。而另一些文体如"判文""律赋""上梁文""记"等则是在特定历史时期的总集中才被确立下来;还有一些文体类目如"令""教""史述赞"等在《文选》中确立成类,后世总集不再选录③。吴承学先生从文体学的角度考察宋代文章总集,指出:"宋代文章总集具体而准确地反映出宋人的文体观念以及

①(明)徐师曾撰,罗根泽校点:《文体明辩序说》,北京:人民文学出版社,1962年,第78页。
②个别总集在选文上不录"诗""赋",则不在统计范围之内。
③郭英德先生曾参照《文苑英华》《唐文粹》《宋文鉴》《元文类》《文章辨体》《明文衡》《文体明辩》《明文在》文体类目,将《文选》39类文体分体归类为6种类型:(1)古有定名、历代相承不变的文体,赋、表、笺、书、移、檄、序、颂、赞、论、连珠、箴、铭、行状。(2)古有定名、后世衍生繁滋的文体,《文选》有诗、碑文、墓志。(3)古有定名、历代分合有异的文体,骚、七、诏、册、策、上书、启、弹事、对问、诔、哀、吊文、祭文。(4)古有定名、后世未再列类的文体,令、教、奏记。(5)始立其名、后世并入他类的文体,难、设论、辞、符命。(6)始立其名、后世未再列类的文体,史论、史述赞。

相关的文学观念。从新、旧文体的衍生、变迁来看，唐宋新文体的出现、定名、传播和接受，正是通过宋代文章总集的编录得以集中体现。一些文体的边缘化、演变、增殖以及文体内涵的变化，也在文章总集的编纂中反映出来。"①因此，每一部总集在借鉴《文选》分类方式的基础上都形成一个文体分类个案。从宋元分体编录总集文体类目出发，通过对比分析，可以考察新旧文体变迁过程、文体增殖现象以及内涵变化所体现的文体观念。

（二）文体类目变迁与文体的衍生和消亡

《文苑英华》一级文体类目与《文选》完全相同的有二十种。有一些文体名称受时代等因素影响略有变化，如《文选》中的"弹事""移（移书）"，在《文苑英华》中则变更为"弹文""移文"。《文选》"墓志"体下仅选任彦升《刘先生夫人墓志》一文，《文苑英华》中"志"体中收录大量的"墓志文"。《文苑英华》所分"杂文""状""露布""喻对""疏""议""传"等体，《文选》并未收录。值得注意的是，一些在《文选》中独立成类的文体如"七""骚""辞"等，《文苑英华》中不再立类，而统归于"杂文"。《七契八首》（梁昭明太子）、《七励八首》（梁简文帝）以及《七召八首》原可归为《文选》中"七"体，在《文苑英华》中则类属于"杂文"体下"问答"类。《文选》收录的汉武帝《秋风辞（并序）》与陶渊明《归去来（并序）》这两篇"辞"体作品，在《文苑英华》中被归为"杂文"类；《文苑英华》"杂文"下二级类目"骚"中收陆龟蒙《迎潮送潮辞》和刘蜕《悯祷辞》两篇。《文苑英华》在《文选》"墓志"之外，增设"墓表"一体。《文选》仅有"策文"，《文苑英华》则有"策问""策"两体。总的来说，《文苑英

---

① 吴承学：《宋代文章总集的文体学意义》，《中国社会科学》，2009 年第 2 期。

华》中这些文体名称的沿用、变更,反映了这一时期文体的创作情况,同时也体现了文学观念的演变。《文苑英华》中"中书制诰""翰林制诏""谥哀册文""谥议"则是首次命名的文体名称。"歌行""记""判",《文苑英华》最先在总集中将其立类,后人总集多有沿用。

　　"中书制诰""翰林制诏",收录诏令类作品。汉代始设中书令,魏建秘书监,曹丕改称中书监、令,晋以后称中书省,沿至隋唐,遂成为全国政务中枢。中书省最重要的职权是撰作诏令文书。翰林院从唐朝起开始设立,始为供职具有艺能人士的机构,玄宗后成了专门起草机密诏制的重要机构。翰林学士院设置之后,与中书舍人院有了明确分工。一般来说,学士所起草的是任免将相大臣、宣布大赦、号令征伐等有关军国大事的诏制,称为内制;中书舍人所起草的则是一般臣僚的任免以及例行的文告,称为外制。《文苑英华》将诏令类作品分为"中书制诰"和"翰林制诏"两类,则根据起草机构职能分工以及撰作诏令文书的应用场合而分。《文苑英华》"中书制诰"和"翰林制诏"所收诏令类文体,除极少数唐前作品外,皆为唐作,可见宋人对唐代诏令的重视。《文苑英华》卷八百三十五至八百三十九收录"谥哀册文",将"谥册文"与"哀册文"统称为"谥哀册文"一体,则始于《文苑英华》。"谥议"原为下礼官评议古代帝王、贵族、大臣等生平事迹加以定谥的奏请文字,《文苑英华》将其与"谥哀册文"区分开来,显现出较为细致的辨体观念。

　　"歌行"与乐府关系密切。《文苑英华》于"乐府"之外,另立"歌行"一体,选录三百多首作品,厘为二十卷,首次在总集中为其正名。汉魏六朝所盛行的"七""辞"等体在隋唐之后已少有人创作,《文苑英华》将其并入"杂文"。这显然是其文体地位被"边缘化"的体现。

《文选》中未列"记"体,《文心雕龙》亦未有论。任昉《文章缘起》最早为"记"立体,标注扬雄《蜀记》为起始之作。"记"体之文,至唐宋而大盛。《文苑英华》大量选录唐代记体之作。"判"文于总集中被立为一体,亦始于《文苑英华》。现存唐前判文不多,但最迟在六朝中后期,判文已经出现①。判文在唐代兴盛的原因,与科举取士制度直接相关。《文苑英华》选录唐代判文入集,共计一千一百余篇。《文苑英华》大量选录"记""判"作品,并使之独立成体,则标志着宋人总集对唐宋以来新兴文体的高度重视。

《宋文鉴》于朝廷下行文体"诏""敕""赦文""册"之外,卷三十三立"御札""批答"两类,同时细分"墓志""墓表""神道碑表""神道碑铭""神道碑"等类。《宋文鉴》在《文选》类目基础上进行增删替换,是文体发展演变历程和文学创作上的古今差异在总集文体分类上的直接体现。文体发展的过程中,一些文体趋于衰弱,甚至消亡,而另一些文体逐渐兴起和繁盛。如《文选》中的"七""檄"体,《宋文鉴》不再列目,而原先《文选》"上书""弹事"类,则被"奏疏""表""书"等相近文体类目所取代。《宋文鉴》选取因唐宋科举考试而产生的律赋十九篇,单列为"律赋",从赋类中分出来。除"律赋"之外,《宋文鉴》收录了另一科举文体——"经义"。值得注意的是,"律赋"和"经义"历代总集收录不多。《宋文鉴》收录"上梁文""乐语"等民间实用文体,并首次将"杂著"和"题跋"作为文体收录,这些都是《宋文鉴》一级分类的特别之处。从宏观上看,《宋文鉴》既注意保存经典文体,又自觉地择取北宋一些颇具代表性的体式。以"赋"类为例,吕祖谦选取了北宋人所作散体大赋十

---

① 吴承学:《唐代判文文体及其源流研究》,《文学遗产》,1999年第6期。

卷,虽宋代已少有人作,但吕祖谦却认为:"本朝文士,比之唐人,正少韩退之、杜子美。如柳子厚、李太白则可与追逐者,如周美成《汴都赋》亦未能侈国家之盛,止是别无作者,不得已而取之。"①

《圣宋名贤五百家播芳大全文粹》一百五十卷收录的"劄子""青词""婚书""生辰赋颂诗""劝农文"等文体类目,前人总集未见载录。"劄子"是北宋时期出现的官府文书的一种,介于表、状之间。徐师曾《文体明辩序说》:"劄独行于宋,盛于元,有叠副提头画一之制,烦猥可鄙;然以吕祖谦之贤而亦为之,则其习为一日矣。"②北宋的劄子分上行与下行两种。前者多用于上奏或长官进言议事,如王安石《上本朝百年无事劄子》、陆游《上二府论事劄子》等;另一种相对来说较为少见,程元凤拜呈提举郎中的《翰况帖》劄子则是上司发号指令的下行公文。北宋的公文劄子到了南宋逐渐演化成一种书信形式。《圣宋名贤五百家播芳大全文粹》收录"劄子"多为上行公文,如卷五十五收录熊子复《贺左丞相书成转官劄子》《贺丞相生日劄子》《被召谢丞相劄子》,颇类"贺启""谢启"之作;而《上总领劄子》《上太守劄子》《上太师诗文劄子》等则多用于上奏或进言议事。

"青词"原为道教斋醮时上奏天神的祝文③。汉代道教繁盛,逐渐产生了祭祀、斋戒时专用的祝文。唐之前,这种道教斋醮祝告之

①(宋)吕乔年:《太史成公编皇朝文鉴始末》,曾枣庄、刘琳主编:《全宋文》第304册,上海:上海辞书出版社、合肥:安徽教育出版社,2006年,第96页。
②(明)徐师曾撰,罗根泽点校:《文体明辩序说》,第128—129页。
③《文体明辩序说》:"按陈绎曾云:'青词者,方士忏过之词也,或以祈福,或以荐亡,唯道家用之。'其谓密词,则释道通用矣。"(明)徐师曾撰,罗根泽点校:《文体明辩序说》,第172页。

文称"章"①,玄宗时期(天宝初年)改称青词。中晚唐至宋,青词创作大胜。据统计,唐人青词二百四十余首,宋人青词一千四百余首②。与此同时,青词文体趋于定型。《圣宋名贤五百家播芳大全文粹》选录宋人"青词"三卷,即是对唐宋新出的俗文体的关注。

作为传统农业大国,中国很早就形成了劝农制度。"劝农"一词,最早见于汉代。《汉书》记载汉文帝曾多次下劝农诏③,地方官员往往肩负劝农职责④。事实上,早在《诗经》时代即有相关劝农主题诗歌流传。较早以"劝农"为题的劝农诗要数陶渊明的《劝农》组诗,其后苏轼、苏辙皆有应和陶渊明之作。相对来说,劝农文出现较晚。地方官员担负劝农之责,故多有劝课农桑、谕告百姓之文,这种劝勉督进之作,逐渐形成一种新的文章体类。在宋代,劝农文尤盛,朱熹、陆游等皆有作品留世。《圣宋名贤五百家播芳大全文粹》收录张敬夫、朱熹等人劝农文九篇。

周南瑞《天下同文集》卷二十三收录卢挚《移岭北湖南道肃政廉访司乞致仕牒》一文,标注为"牒"类。"牒"又称"公牒""平牒"。早在汉代就已经出现这种公文文体。《文心雕龙·书记》云:"牒

---

① 《隋书·经籍志》:"消灾度厄之法,依阴阳五行数术,推人年命书之,如章表之仪,并具赘币,烧香陈读。云奏上天曹,请为除厄,谓之上章。"《隋书》卷35,第1092页。

② 张海鸥先生、张振谦据《全唐文》《全唐文补遗》《全宋文》《文渊阁四库全书》及散存的宋人别集统计所得,见《唐宋青词的文体形态和文学性》,《文学遗产》,2009年第2期。

③ 《汉书》:"诏曰:'农,天下之本,务莫大焉。今朕身从事,而有租税之赋,是谓本末者无以异也,其于劝农之道未备。'"《汉书》卷4,第125页。

④ 《汉书·平帝纪》载:"大司农部丞十三人,人部一州,劝农桑。"《汉书》卷12,第351页。

者,叶也。短简编牒,如叶在枝……。议政未定,故短牒咨谋。"①魏晋时期,各不相属的官府之间多用"牒"文磋商政事。唐、宋时期,牒已经成为重要的公文文体。宋朝六部之间往来文移多用公牒。据《元典章》记载,元代平牒一般用于不相隶属、品级相当差三级之内的官员进行公务联系②。《天下同文集》以卢挚一篇牒文独为"牒"体一类,在一定程度上丰富了总集收录的公文文体类别。

宋元"分体编录"类总集在《文选》经典体例的基础上,将不同时期的文学观念和文体发展的时代特点,以及编者个人的文体认知与文体观念融入总集分类实践之中,于承继中加以超越,建构自身的文体分类体例,在总集分类史上具有重要的文体学意义。

(三)录与不录——以总集文体类目"词"为考

从上文列举的宋元"分体编录"类总集的文体类目来看,每一部总集所设置的文体类目大致反映出一个时期文体发展的总体

---

① (南朝梁)刘勰撰,詹锳义证:《文心雕龙义证》,上海:上海古籍出版社,1989年,第925页。

② 《元典章》卷十四"吏部八·公规二·行移·品从行移等第"条记载:"照得诸外路官司不相统摄应行移者,品同,往复平牒。三品于四品、五品并今故牒,六品以下皆旨挥;回报者,四品牒上,五品牒呈上,六品以下并申。其四品于五品往复平牒,于六品、七品今故牒,八品以下旨挥;回报者,六品牒呈上,七品以下并申。五品于六品以下今故牒;回报者,六品牒上,七品牒呈上,八品以下并申。六品于七品往复平牒,于八品今故牒;回报者,八品牒上,九品牒呈上。其七品于八品,及八品于九品,往复平牒。七品于九品今故牒,回报者牒上。即佐官当司有应行移往复者,并比类品从。职虽卑,并今故牒;应申,并咨。"陈高华等点校:《元典章》(第一册),北京:中华书局、天津:天津古籍出版社,2011年,第514页。

情况。《唐文粹》《宋文鉴》《元文类》等总集在编纂之时,即以"一代之书"为目标,因此如何通过作品的选录和文体类目的设置,来反映一代文学盛况则显得尤为重要。一定时期内,新兴产生的文体类型,因创作兴盛,名家辈出,且在传播与接受中,逐渐得到社会认可,一般都会在分体编录的总集中有所体现,这点前文已述。当然,一部总集是否选取某一文体,原因错综复杂,或循总集文体分类传统,或受当下文体观念影响,还可能与编者的主观倾向和价值判断有关。然当不同历史时期"分体编录"类总集文体类目的选录,呈现一定规律性的传统和定论时,它们在文体类目设置上对于某一种文体表现出不约而同地置之不顾,这势必隐含着另一种深层的文体观念。比如"词"的选文立体,颇可论道分析一番。

《文章辨体》"近代词曲"序题云:

> 又按致堂胡先生曰:"近世歌曲,以曲尽人情而得名。故文章豪放之士,鲜不寓意于此,随亦自扫其迹曰:'此谲浪游戏而已。'唐人为之者众,至柳耆卿乃掩众制而尽其妙,笃好者以为不可复加。及眉山苏氏出,一洗绮罗香泽之态,摆脱绸缪宛转之度,使人登高望远,举首高歌,而逸怀浩气,超乎尘垢之表矣。"

> 窃尝因而思之:凡文辞之有韵者,皆可歌也。第时有升降,故言有雅俗,调有古今尔。昔在童稚时,获侍先生长者,见其酒酣兴发,多依腔填词以歌之。歌毕,顾谓幼稚者曰:"此宋代慢词也。"当时大儒,皆所不废。今间见《草堂诗余》。自元世套数诸曲盛行,斯音日微矣。迨余既长,奔播南北,乡邑前辈,零落殆尽,所谓填词慢调者,今无复闻矣。庸特辑唐宋以下辞意近于古雅者,附诸《外集》之后,《竹枝》《柳枝》,亦

不弃焉。好古之士,于此亦可以观世变之不一云。①

《文体明辩》"诗余"序题云:

　　按诗余者,古乐府之流别,而后世歌曲之滥觞也。盖自乐府散亡,声律乖阙,唐李白氏始作《清平调》《忆秦娥》《菩萨蛮》诸词,时因效之。厥后行卫尉少卿赵崇祚辑为《花间集》,凡五百阕,此近代倚声填词之祖也。宋初创制渐多,至周待制(邦彦)领大晟府乐,比切声调,十二律各有篇目。柳屯田(永)增至二百余调。一时文士,复相拟作,富至六十余种,可谓极盛,然去乐府远矣。故陆游云:"诗至晚唐五季,气格卑陋,千人一律,而长短句独精巧高丽,后世莫及,此事之不可晓者。"盖伤之也。②

　　唐中期一些文人开始创作词,数量不多,且仅限于小令;晚唐时期,以温庭筠、韦庄等为代表的文人大力创作,词体开始走进文人的创作视野;缘及五代,西蜀、南唐词创作大盛,其词的体式和风格趋向于成熟,并出现了文人词总集《花间集》。北宋前期词体创作延续花间传统,内容多关涉男女之情,情致婉约,用语工丽,填词以小令为主。

　　成书于北宋初年的《文苑英华》,是距离晚唐五代词体成熟后最近的一部"分体编录"类总集。《文苑英华》选文非常关注新兴文体,如它首次将"判"文作为独立文体收录在集,有意将"歌行"与乐府区别开来。然其未收录晚唐五代新兴之"词"体,甚至于序文之中,亦不置一词。回看北宋初期,宋太宗本人对词喜爱有加,

---

① (明)吴讷著,于北山点校:《文章辨体序说》,北京:人民文学出版社,1962年,第58—59页。

② (明)徐师曾撰,罗根泽点校:《文体明辩序说》,第164页。

《文苑英华》编撰者,如苏易简亦尚填词。《文苑英华》何以不录词?《文苑英华》选篇不避艳诗,于"诗"体"音乐"类中收录"舞曲类""歌妓类"诗歌五十首,可见录不录词与作品内容并无关系。北宋初年,受维护儒学"雅"文化正统地位的需要,"词"体当时尚未赢得人们的重视,当然也不具备独立成体的资格。《文苑英华》不收录"词"体,与北宋初期的上层文化特征、文化矛盾心理以及词体本身的文体特性和文体发展有关①。此外,《文苑英华》不录"词"体也与当时的词体意识和词体观念颇有关联。诚然,北宋初年,词体已然客观成立,但词体成立与文学观念中词体意识的形成是两回事。作为一种新兴的音乐文学,词体从产生开始就作为音乐的附属,其传播与接受主要是在民间的勾栏瓦舍,抑或是私人宴所,是不登大雅之堂的。北宋时期,词体尚未脱离音乐而作为一种独立的案牍化文学,其与传统的诗歌文体仍有比较大的差异,尚未形成明确的词体意识,故《文苑英华》不予收录。

　　第一次以"词"为体,按体选文的诗文总集为江钿《圣宋文海》。晁公武《郡斋读书志》载:"右皇朝江钿编。辑本朝诸公所著赋、诗、表、启、书、论、说、述、议、记、序、传、文、赞、颂、铭、碑、制、诏、疏、词、志、挽、祭、祷文,凡三十八门。虽颇该博,而去取无法。"②《宋文海》原一百二十卷,现仅存六卷,即卷四古赋、卷五赋、卷六赋、卷七记、卷八铭、卷九诏。从《郡斋读书志》的记载可知,此书录有"词"。其后,宋孝宗、周必大以《圣宋文海》编次"殊

①何水英:《"分体编录"型文学总集不录词体辨——以〈文苑英华〉为例》,《新世纪图书馆》,2009年第4期。

②(宋)晁公武撰,孙猛校证:《郡斋读书志校证》,上海:上海古籍出版社,1990年,第1071页。

无伦理",与"一代之书"标准相距甚远,故命吕祖谦"专取有益治道"①之文,重新编次成集。吕祖谦注意到《文海》原系书坊一时刊行,选文颇有偏漏,尤其是国朝名家"高文大册尚多遗落",故请求对此书"一就增损",录文下限仍依《宋文海》旧例,"断自中兴以前"②。吕氏选文以秘书省集库所藏本朝诸家文集八百家③为主,宛转假借士大夫家藏书,并"旁采传记他书"④,编成《宋文鉴》一百五十卷。《宋文鉴》不仅在选文数量比《宋文海》增加三十卷,文体类目也由三十八类变为五十四类。《宋文海》一些文体类目,如词、志、挽、祷文等,《宋文鉴》不再设立成体。从编纂成集的角度来看,江钿以一己之力编选有宋一代文章,书籍性质上属于私人纂集的民间选本。从选文来源上看,江钿所能接触到的文学作品数量毕竟有限。从编纂宗旨与目的来看,相比于《宋文鉴》成书的官方色彩,《宋文海》编集的个人性、民间性意味更重,故选文内容可能更贴近世俗生活。"词"在宋代文学中占有十分重要的地位,宋词的繁荣本身就与宋代的社会生活环境有密切的关系。词体本身的娱情色彩,以及超脱于传统的政治、道德负荷的文学形式,在宋代蔚为大观。江钿既以"文海"名其所选,编录"一代之文学"之作,故而"词"之录用,自在情理之中。相对来说,《宋文鉴》以

---

① (宋)吕乔年:《太史文公编〈皇朝文鉴〉始末》,(宋)吕祖谦编,齐治平点校:《宋文鉴》,北京:中华书局,1992 年,第 2117 页。

② (宋)吕祖谦:《吕祖谦奉圣旨铨次劄子》,(宋)吕祖谦编,齐治平点校:《宋文鉴》,第 2120 页。

③ (宋)吕乔年:《太史成公编〈皇朝文鉴〉始末》,(宋)吕祖谦编,齐治平点校:《宋文鉴》,第 2117 页。

④ (宋)吕祖谦:《吕祖谦奉圣旨铨次劄子》,(宋)吕祖谦编,齐治平点校:《宋文鉴》,第 2121 页。

"有益治道"作为编纂的基本目的和贯穿全书的选本精神,故其编次"篇篇有意","其所载奏议,亦系一时政治大节,祖宗二百年规模与后来中变之意,尽在其中,非《选》《粹》比也"①。政治目的和御用色彩浓烈的《宋文鉴》,在作品选择上自然细甄精拣。从这个角度来说,几乎不承担任何政教伦理功用的词体作品,难入选家法眼。靖康之难,文人开始对曲子词加以反思,颇以词体"香软淫靡"为害。很长一段时间,南宋官府禁乐。因此,《宋文鉴》弃词而不录,一方面是源于《文苑英华》类诗文总集不录"词"之传统,另一方面亦是其"有益治道"的编纂目的和选录标准的直接反映。

元代周南瑞《天下同文集》是现存的第一部立"词"为体的诗文总集,集中卷四十八至五十选录卢挚、姚云、王梦应、颜奎、罗志可、詹玉、李琳词作二十五首。其中,卢挚、颜奎各七首,罗志可三首,其余四人各两首。入选词人籍贯均为江西人,卢挚系由金入元的北方文学家,而其他六人为由宋入元的南方词人。《天下同文集》选录词人皆为金、宋入元"遗民",且分属南北地域。从政治身份看,以上诸人是前朝遗民,然于文学传承上来看,他们可算元朝文学的开创和奠基者。收录诸人词作,足可见出周南瑞对于本朝文学的肯定。元代前期词风地域差异明显,北方以元好问为宗,词风清新雄健,而南方词坛依旧浅酌低唱,词风婉约绮靡。逮及一统天下之时,词风开始南北融合。《天下同文集》选录卢挚诸作,则有合北人的清刚质朴与南人的婉丽情韵为一体的迹象,如卷四录卢挚《鹧鸪天(元贞元年九月初五日)》,有姜夔清雅之致。

元朝疆域辽阔,上层统治者以及文人皆有傲视千古的大一统

①(宋)陈振孙撰,徐小蛮、顾美华点校:《直斋书录解题》卷15,上海:上海古籍出版社,1987年,第448页。

心态,反映到文学上则体现出堂堂大元的恢弘气度。以"天下同文"命名,即是元初文人的盛世心态。刘将孙于《〈天下同文集〉序》中数言"混一",以为周南瑞所刻之集"三千年间混一盛时仅此耳",又言当世"文治方张,混一之盛"①,此种情感反映到词之选录上,则有兼容并包、南北融合之意。集《序》推崇浑厚深重、格高雅正的文学作品,反映到选词层面上,则以诗为尺,提倡雅词。卷四十八至五十选词之作,祛除脂粉之气,谨遵清雅之旨,在文学风格上崇尚延续姜夔、张炎词作的清刚醇雅之美。

《天下同文集》将词与其他诗文之体同录为集,前人诗文总集罕有见之。周南瑞所录作家兼顾南北,词作风格亦南北融合,这是元代前期"混一"的盛世文化心态,通过编纂总集来肯定和总结本朝文学实绩功能的体现。周南瑞选录雅词,则是其崇尚"浑厚深重、格高雅正"作品的时代需求和个人文学理想的双重结果。《天下同文集》本身亦有推崇词体的意识。北宋众多词集中,未见以"词"命名,南宋时期,《乐府雅词》《绝妙雅词》等词集编纂流传,可见,明确的词体意识在南宋已然盛行。且伴随着词体的"雅"化与"诗"化,词在文体功能上与诗体差异逐渐缩小。《天下同文集》将"词"收录集中,跟南宋以来词体意识的确立不无关系。

周南瑞于诗文总集中别立"词"类,将"词"作为独立的文体置于诗、文、赋诸体之列,则有从文体上为"词"立类之意,这在总集文体分类史上具有重要意义。宋代《文苑英华》《唐文粹》《宋文鉴》等诸本诗文总集皆不录词,《宋文海》虽立"词"为类,惜其久佚,待及《宋文鉴》重新编次时径删"词"而不录,后世诗文总集受

_____

① (元)刘将孙:《〈天下同文集〉序》,《养吾斋集》卷9,《景印文渊阁四库全书》集部,第1199册,第81页。

其影响，多不录词。明吴讷谓："文辞宜以体制为先。""因录古今之文入正体者，始于古歌谣辞，终于祭文，厘为五十卷；其有变体若四六、律诗、词曲者，别为《外集》五卷附其后。"①《文章辨体》明确地将近代词曲列为一体，收录《外集》中。徐师曾《文体明辩》附录卷三录"诗余"为体。吴、徐二书皆以"辨体"为编纂目的，重在文章体裁的源流、种类以及体质规定的辨析。《文章辨体》以"词"为变体，别录于《外集》，《文体明辩》继之，以"诗余"名之并附录于正集之后。

从《文苑英华》视"词"不录，到《宋文海》录"词"为体，《宋文鉴》删"词"不录，再到周南瑞《天下同文集》别立"词"体，明吴讷、徐师曾系之于《外集》、附录，这一过程反映了人们对"词"体体性的探索、辨析、接受的漫长历程。

《文苑英华》与《宋文鉴》皆为官修总集，不录词体与上层维护儒学"雅"文化的正统地位，以及词体的文体特性和发展阶段有关，前文已述。江钿《宋文海》为私人著述，存录"词"体是民间选本对宋一代文学的忠实反映，具有重要的文体史意义，惜其久佚不存。"分体编录"诗文总集不录"词"体的传统于《文苑英华》遂已确立，后世断代诗文总集如《宋文鉴》《元文类》《明文衡》《清文颖》等皆沿袭之。明代《文章辨体》《文体明辩》二书因以"辨体"为旨，以包罗众体，求全求备为其"辨体"依据，故而录"词"为体。《天下同文集》首录"制诰""表笺""歌颂"类作品，而将"词"体次于卷末，且以雅词为限，可见周南瑞秉持作品浑厚深重、格高雅正为收录标准；吴、徐二书录"词"不入《正集》，编次于《外集》、附录之

---

① （明）彭时：《〈文章辨体〉序》，（明）吴讷著，于北山点校：《文章辨体序说》，第7页。

中,这与"词"体文体特性以及古人的词体价值判断亦有很大关联。

　　词体源流正变以及体式风格的确立与演变,中国古代文体史上一直未有定论。《天下同文集》收录"词"体,将"词"与其他文体并列入类,则彰显了"词"体独立的文体性质,而其只取雅词,强调词具有情归雅正的诗教功能,此种抬高词体的策略,在元代则有推尊词体的"复雅"之意。

二、有序与无序——宋元"分体编录"类总集体类排序

萧统《〈文选〉序》云:

　　尝试论之曰:《诗》序云:"诗有六义焉:一曰风,二曰赋,三曰比,四曰兴,五曰雅,六曰颂。"至于今之作者,异乎古昔。古诗之体,今则全取赋名。荀宋表之于前,贾马继之于末。自兹以降,源流实繁;述邑居,则有凭虚亡是之作;戒畋游,则有《长杨》《羽猎》之制。若其纪一事,咏一物,风云草木之兴,鱼虫禽兽之流,推而广之,不可胜载矣。又楚人屈原,含忠履洁,君匪从流,臣进逆耳,深思远虑,遂放湘南。耿介之意既伤,壹郁之怀靡诉;临渊有怀沙之志,吟泽有憔悴之容;骚人之文,自兹而作。诗者,盖志之所之也。情动于中,而形于言。《关雎》《麟趾》,正始之道著;《桑间》《濮上》,亡国之音表。故《风》《雅》之道,粲然可观。自炎汉中叶,厥涂渐异。退傅有《在邹》之作,降将著《河梁》之篇。四言五言,区以别矣。又少则三字,多则九言,各体互兴,分镳并驱。颂者,所以游扬德业,褒赞成功。吉甫有《穆若》之谈,季子有《至矣》之叹。舒布为诗,既言如彼,总成为颂,又亦若此。次则箴兴于补阙,戒出于弼匡。论则析理精微,铭

则序事清润。美终则诔发,图像则赞兴。又诏诰教令之流,表奏笺记之列,书誓符檄之品,吊祭悲哀之作,答客指事之制,三言八字之文,篇辞引序,碑碣志状,众制锋起,源流间出。①

《〈文选〉序》论及文体共三十八种,依次为:赋、骚、诗、颂、箴、戒、论、铭、诔、赞、诏、诰、教、令、表、奏、笺、记、书、誓、符、檄、吊、祭、悲、哀、答客指事、三言八字、篇、辞、引、序、碑、碣、志、状、赞论、序述。而《文选》正文收录三十九种文体,《序》中的"戒""诰""誓""符""悲""篇""引""碣",《文选》未有选录;正文中"七""册""策""启""弹事""移书""难""符命""连珠",《序》尚未论及。

郭英德先生按照《〈文选〉序》叙述的文体脉络,将三十八种文体分成若干文体序列:

序列号	文体类目	文笔	备注
A1	1 赋、2 骚、3 诗、4 颂	有韵之文	本"诗之六义"
A2	5 箴、(6 戒、7 论)、8 铭、9 诔、10 赞	有韵之文	"诗"之流变
B2—1	(6 戒、7 论)	无韵之笔	文人应用文体
B1	11 诏、12 诰、13 教、14 令、15 表、16 奏、17 笺、18 记、19 书、20 誓、21 符、22 檄	无韵之笔	官府应用文体

---

① (南朝梁)萧统编,(唐)李善注:《文选》,第 1—2 页。《〈文选〉序》引文之校勘,参见傅刚:《从〈文选序〉几种写、钞本推论其原貌》,《广西师范大学学报(哲学社会科学版)》,2004 年第 1 期。

序列号	文体类目	文笔	备注
B2－2	23 吊、24 祭、25 悲、26 哀、27 答客指事、28 三言八字、29 篇、30 辞、31 引、32 序、33 碑、34 碣、35 志、36 状	有韵之文	文人应用文体
C	37 赞论、38 序述	文笔相兼	史籍摘录

宋元"分体编录"类总集《文苑英华》《唐文粹》《宋文鉴》《元文类》《古文苑》《成都文类》各自设置的文体类目数量不一,但对应上表来看,诸集文体类目的编次大致呈现相同的文体序列。以此为基点,郭先生通过考察《文选》《文苑英华》《唐文粹》《宋文鉴》《元文类》《文章辨体》《明文衡》《文体明辩》《明文在》等总集的文体排序,总结出历代《文选》类总集文体排序的基本体例:

通例:A1——B1——B2－1——A2——B2－2

变例:A1——B1——A2——B2－1——B2－2

郭先生根据上表中文体序列之间与文体序列之内的排序,总结了《文选》类总集文体类目排序的基本规则:第一,以文体的语体特征排序,大致遵循先文后笔的原则;第二,按文体的时间特征排序,一般先源后流;第三,按照文体所体现的行为方式的空间秩序排序,一般先公后私,先君后臣,先中央后地方;第四,按文体所体现的社会功能排序,一般先生后死;第五,按照文体所体现的审美价值排序,一般先雅后俗。这五条基本规则又分别对应于中国古代的学术文化分类观念、中国古代"通古今之变"的历史观念、中国古代尊卑亲疏的宗法观念、"重生""贵生"的传统伦理观念以及中国古代雅俗之辨的文化观念①，具有深厚的文化渊源。

在宋元"分体编录"总集文体类目排序的个案差异中，规律性的趋同总是相对的。《古文苑》将《周宣王石鼓文》《秦惠文王诅楚文》《秦始皇峄山刻石文》三篇石刻之文置于诸文之前，以"文（石刻文）"为体目名称；《天下同文集》首录"制诰""表笺""献书""歌颂"等类，后接"记""碑""序"，其后录"传""书""启""牒""状""说"等，最后录"诗""词"，将诏令奏疏类文体置于最先，而"诗""词"居末；《圣宋名贤五百家播芳大全文粹》把"表""笺""启""状""制诰""奏状""奏劄""上皇帝书""书""叠幅小简""劄子""尺牍"等文体置于诸文体之先，"生辰赋颂诗"位后，采用先国家政用后诗赋等日常生活之体的排列顺序。这些有意摆脱《文选》类总集类目排序模式的"变异"之作，正是编纂者自身文体观念与文体价值判断的体现，具体内容，下编有进一步论述，此不赘言。

三、分类层级与宋元"分体编录"类总集分类体系建构

单体总集汇聚多人某一文体作品成书，或以时代先后分类编次，或以主题事类区分；多数单体总集一次分类即可使作品编次有序，便于作者检索取资。在辨体论深入发展的魏晋南北朝时期，多体总集最先将众多作品分体编录，各体之下根据编纂需要选择是否再次分类，由此形成二级甚至多级分类结构。

（一）《文选》与历代"分体编录"类总集二级分类

据现存《文章流别集》"论"佚文以及相关文献可知，挚虞在"诗""赋""颂"体之下又加以细分次级类目，我们大约可见其二级

---

①详参郭英德：《中国古代文体学论稿》，第165—197页。

分类对于后世总集编纂分类之影响。自《文选》确立初次分类分体编录、再次分类以类（主题内容）编次的二级分类结构，后世总集多借用《文选》的分类模式编次作品。《文选》二级分类尚局限于"诗""赋"两体，宋元总集如《宋文鉴》《唐文粹》《圣宋名贤五百家播芳大全文粹》等则将二级分类运用于"诗""赋"之外多种文体。

宋元"分体编录"类总集的二级分类在承继《文选》编纂体例基础上不断超越建构，主要体现在以下方面：

第一，宋元总集二级分类扩展至多种文体之下。《文苑英华》所录的三十八类文体中有二十四类进行了二级分类①，《唐文粹》二十类文体中十九类进行了二级分类，《圣宋名贤五百家播芳大全文粹》收录三十三种文体中，"表""启""叠幅小简""青词""朱表""颂诗""乐语""上梁文""祭文"进行了二级分类。

第二，《文选》二级分类大致以"诗""赋"作品主题事类为标准，而宋元"分体编录"类总集二级分类标准则呈现出多样化的特点。

《文苑英华》"中书制诰"分"北省""翰院""南省""宪台""寺卿""诸监""馆殿（附监官）""环卫""东宫官""王府""京府""诸使""郡牧""幕府""上佐""宰邑""封爵""加阶""内官""命妇"等类，则据"诰书"所关涉的行政机构以及诏书主题内容划分二级类目。

---

① 如"诗"分天部、地部、帝德、花木、禽兽等 28 类，"歌行"分天、四时、仙道、纪功、征伐、博戏、杂歌等 24 类，"翰林制诏"分赦书、德音、册文（册四六）、制书、诏敕、批答、蕃书、铁券文、青词、叹文 10 类，"策"体分 26 类，"疏"分 10 类，"论"体细分 20 类，"议"分 14 类，"颂"分 4 类，"赞"分 6 类，"铭"分 6 类，"记"分 29 类。

《宋文鉴》"诗"体分四言、乐府歌行（杂言附）、五言古诗、七言古诗、五言律诗、七言律诗、五言绝句、六言、七言绝句、杂体、骚（如骚者附）十一类，主要着眼于诗句字数和韵律的文体形式特征。《文苑英华》"状"分谢恩、贺、荐举、进贡、杂奏、陈情六类，则是以文体功用与应用场合区别作为分类依据。《唐文粹》"古调"类下有古今乐章、琴操、楚骚、效古、乐府辞、古调歌篇六个二级类目，主要以文体形式和音乐因素为分类依据。

从上文所举的例子来看，宋元"分体编录"类总集的二级分类，或仿效类书体例设置以部类分之，公文文体除按作品主题事类区分外，又以文体关涉行政机构划分，又或以文体功用与应用场合划分细目，或在一级文体之下再分文体细目，或以音乐属性类分细目。《文选》"诗""赋"体下二级分类采用同一个分类依据，即大体以作品"主题事类"区分；宋元"分体编录"类总集，不同的文体其二级分类标准亦不相同，分类方式与标准复杂多样。

第三，通常情况下我们将《文选》"诗"体下二级分类概括为以"题"区分，但严格意义上来说，《文选》"诗"体二级分类并没有采用统一的分类标准。"诗"之"乐府""杂歌""杂拟"三类是以"体"区别分类，其余二十一类则大致按照诗歌题材内容分类。具体分析这二十一类，亦可见出两种情况：补亡、献诗、公宴、祖饯、赠答、郊庙六类，是以诗歌题材的适用场合区别分类，依据的是题材的外在功能；其余则是以内容主旨作为分类标准，所依据的是题材的内在意义。《文选》"诗"体二级分类采用"体""题"两重标准，背离了分类学的基本原则。前文已述，宋元"分体编录"类总集二级分类繁复纷杂。但总体来看，大致遵循《文选》"赋"体二级分类所确立的一次分类采用一种标准，即"排他性"原则；在分类实践上克服了《文选》"诗"体二级分类背离分类基本原则的流弊，一定程度上避免了不同类别篇章重复、杂糅的现象。

不可否认的是,受实用性要求的影响,中国古代总集二级分类的分类依据和标准的确立都是相对的。宋元"分体编录"类总集二级分类在一次分类中采用两个或者两个以上分类依据和标准编次作品的例子比较常见。《文苑英华》"杂文"类中"帝道""明道""杂说""辨论""赠送""箴诫""谏刺""纪述""讽谕""论事""征伐""杂制作""职行""纪事"等是以"题"区分,而"问答""骚"则明显地是以"体"分类。又如《唐文粹》"传录纪事"类中兼用以"体"分类与以"题"分类,前者有"题传后""录""纪事"三个二级类目,后者有"假物""忠烈""隐逸""奇才""杂妓""妖惑"六个二级类目。

(二)宋元"分体编录"类总集多级分类体系

分类系统是一个有层次的系统。一些事物经由一次分类即可满足研究需求,而在实际的科学研究中,初次分类之后往往要进行再次分类。总集的编纂分类亦是如此。总集分类系统中每一层级分类所采用的分类依据和分类标准,都是总集分类横向研究的基本关注点。总集次级分类所采用的划分标准,一般多利用初次分类已有的经验成果。若将总集每一次分类所秉持的分类标准与分类结果综合起来考察,则是在纵向上建构起总集分类的层级结构。

宋元总集不仅在二级分类的范围上将《文选》"诗""赋"二体扩展至多体,同时在分类标准上也将单纯以主题事类为主,扩展至或按文体细目区分,或以历史朝代先后编排,或以"古""今""雅""俗"细分等多种方式,更在分类层级上将《文选》二级分类延伸至多级分类,形成级次丰富、分类标准多样的总集分类结构。

事实上,中国古代总集的这种多层级的分类结构,在唐人编纂的总集中已有体现。唐许敬宗等曾奉敕编纂《文馆词林》一千

卷,后经唐末五代战乱,是书渐次散亡。现存日藏弘仁本《文馆词林》"诗""碑"体各卷次的具体分类情况如下:

卷156:诗16——人部13——赠答5——杂赠答2

卷157:诗17——人部14——赠答6——杂赠答3

卷452:碑32——百官22——将军2

卷457:碑37——百官27——都督1

可见,《文馆词林》基本的文体分类体系为:文体——部——类(大)——类(小)——作品(具体作品以时编排)。涉及不同文体时,分类方式相对比较灵活,"碑"体分类结构则为文体——部——类——作品(按时代顺序)。

相对于《文选》"诗""赋"之文体——类——作品(时代相次)二级分类级次,《文馆词林》分类级次更为丰富。从目前留存的诗、颂、七、碑、诏、敕、教、令、表(残简二所录)等九种文体来看,"七"体因作品存世数量较少,故采用文体——作品(时代相次)的一级分类("表"体为残简中所录),"诏""敕""教""令"皆采用二级分类:

卷662:诏32——征伐上

卷664:诏34——抚边

卷665:诏35——赦宥1

"颂""碑"采用文体——部——类——作品(时代相次)三级分类,而"诗"体卷一百五十二、一百五十八"大类"之后,增加"四言"次一级诗歌体式,形成文体(初级)——部——类(大)——文体(次级)——类(小)——作品(时代相次)五级分类,这种复杂的文体分类结构是之前总集中所未见的。后出总集的文体分类,级次丰富性也未能超越《文馆词林》。《文馆词林》在继承魏晋南北朝总集文体分类成果的基础上,极大地丰富了文体分类的级次,扩展"分体编录"类总集的二级分类至"文体——部——类（大）——类（小）——作品"多级分类结构；部、类命名和分类标准上趋于统一，较之《文选》更具有体系，而其取经类书囊括宇内的"部""类"统摄体例，亦在丰富总集文体分类级次与分类方式层面为后之编者提供示例之本①。

《文苑英华》的编纂体例是"撮其类例，分以布居"②。具体到"诗"体，首先分天部、地部、郊祀、花木附果实草、禽兽等二十八个二级类目，二级类目下除应令（附应教）、省试（州府试附）、乐府、释门、寺院（附塔）、酬和、寄赠、留别八类外，其余均有子类；天部再细分为日、月、冬、除夜等四十二类；地部细分有山、终南山、太山、华岳、南岳、游泛、杂题等三十六个次级类目；应制细分赐宴、酺宴、侍宴、巡幸、寺院、杂题、宫观、杂题等四十一类；朝省分趋朝和寓直两类；音乐下有细目十二类；人事分宴集、宿会、逢遇三类；道门细分十三类；隐逸分征君、居士、处士、山人、隐士五类；送行分送人省觐、赋物送人、歌三类③；行迈分奉使、馆驿两类④；军旅分讲阅、征伐、边塞、边将四类；悲悼分十类；居处分十七类；郊祀分宿斋和祠庙两类；花木附果实草分五十三类；禽兽分三十二类。⑤

除"诗"类外，"中书制诰""翰林制诏"下的一些二级类目亦进

---

① 详见蒋旅佳：《〈文馆词林〉文体分类建树与影响》，《湖北民族学院学报（哲学社会科学版）》，2013 年第 5 期。汪雯雯：《初唐总集编纂的大国气象与文化输出——以〈文馆词林〉版本环流与分类结构为中心》，《佳木斯大学社会科学学报》，2016 年第 5 期。

② （宋）王应麟：《玉海》卷 54，台北：华文书局，1964 年，第 1067 页。

③ 前面十八卷未立子类，后面列送人省觐、赋物送人、歌三目。

④ 前面七卷未立子类，后面列奉使、馆驿二目。

⑤ 《文苑英华》具体类目名称，可参见下编。

行三级分类。如"中书制诰"先根据涉及机构划分十七个二级类目，二级类目"北省"又根据其关涉对象分侍中、中书令、门下侍郎、中书侍郎、左右常侍、给事中、谏议大夫、中书舍人、知制诰、起居郎、起居舍人、左右补阙、通事舍人等。"翰林制诏"分赦书、德音、册文等十个二级类目，于"赦书"下又细分登基赦书、改元赦书、尊号赦书、禋祀赦书、平乱赦书、杂赦书六类。"记"类二十九个二级类目中，"厅壁""释氏""宴游"细分三级类目："厅壁"分中书、翰林、尚书省、御史台、监寺、符署（附街）、藩镇（附观察）、州郡上、州郡中、州郡下、监军使（附给纳使）、使院、幕职上、幕职下、州上佐、州官上（录事）、州官下（判司）、县令、县丞、薄尉、宴飨；"释氏"分寺、院、佛像、经、塔（附浮图）、石柱（附石阶）、幢、方丈（附西轩）、僧、观（附院）、尊像、童子；"宴游"分宴游、溪谷丘、园囿、亭、居处、堂、泉（附瀑）、池、竹、山（附石）。从上述类目名称和划分依据来看，《文苑英华》的三级分类，相对细致，划分标准不尽统一。

《唐文粹》一级分类"以类相从"，分二十类，后又"各分首第门目"①，除"制策"之外，其余十九类均进行二次分类。"古调"下有古今乐章、琴操、楚骚、效古、乐府辞、古调歌篇②六个二级类目，主要以文体形式和音乐因素分类。其中，"古今乐章"按时间先后分为古乐章和今乐章两类；"乐府辞"分功成作乐、古乐、感慨、兴亡、幽怨、贞节、愁恨、艰危、边塞、神仙、侠少、行乐、追悼、愁苦、鸟

①（宋）姚铉：《〈文粹〉序》，《唐文粹》卷首，《四部丛刊》本。
②宋刊本十四卷至十八卷未标注有"古调歌篇"之名，以"杂兴""伤感"类与"古今乐章""琴操""楚骚""效古""乐府辞"平行，同为二级类目，十四卷上收录的64首诗却没有二级类目，直接统摄在"古调"的一级类目之下。明刊本以"古调歌篇"为十四至十八卷的二级类目，十四卷上收录的64首诗歌，标"古诗"二级类目下。此说以明刊本为依据。

兽花卉、古城道路十六类，"古调歌篇"分古诗、杂兴、伤感、怀古、
怀贤、集会、饯送、行役、怀寄、失意、疾病、伤悼、知己、交友、规诲、
纪赠、散逸、侠少、登览、胜概、幽居、山居、伤叹、寺观、庙社、边塞、
图画、古器物、乐器、草木、禽鸟昆虫、道路、月明河、风雨露雪、江
海泉水、宫禁、神仙、感寓、咏史、怀叹、感物、春感、秋感四十三类，
主要是按题材内容区别分类。

　　《圣宋名贤五百家播芳大全文粹》中的"表""启""疏""生辰赋
颂诗"四类一级文体类目进行了二次文类，并在二级分类基础上
进行三级、四级分类。

　　"表"下根据文体功用与应用场合分为皇帝表笺、贺表、贺笺、
起居表、陈情表、进文字表、进贡表、慰国哀表、辞免表、谢表、陈乞
表（附遗表）十一个二级类目。二级类目中的"贺表""贺笺""辞免
表""谢表"又进行三级分类："贺表"分贺登极表、贺逊位表、贺上
尊号表、贺庆寿表、贺圣节表、贺诞皇子表（贺诞皇孙表）、贺建储
表（贺皇子进封表）、贺宝册表（册皇太后、册皇后、册皇妃）、贺谱
牒表、贺冠婚表、贺祭祀表（南郊、北郊、明堂）、贺德音表、贺改元
表、贺正冬月旦表（正、冬、月旦）、贺驾幸表、贺籍田表、贺刑恤狱
空表、贺祥瑞（九鼎、元圭、玉玺、日有承戴、祥光、雨雪等）表、贺讲
好奏捷表等类，大致按照"贺表"所庆贺的内容划分类目；"贺笺"
下有贺皇太后笺、贺皇后笺、贺皇太妃笺、贺皇太子笺四类，以"贺
笺"庆贺对象的身份划分；"辞免表"分储君、宰执、爵封、侍从、三
司、节度、都督、帅守、进秩、陪位、起复等类，大致以"辞免表"所对
应的行政职官分类，"进秩""陪位""起复"三类，则以官位变动性
质分类；"谢表"下有除授、到任、迁秩、及第、馆职、加赠、任子、谪
降、叙复、起复、宫祠、侍养、赐诏、传宣抚问、奖谕、宣诏、赦书、赐
赍（文字、历日、衣袋、鞍马、赐第、药物、赐宴、生日）等三级类目，

多以呈谢的主题内容区别分类。

　　"启"体之下列有贺启、谢除授启、谢到任启、谢满解启、谢启、上启、起居、回启八个二级类目,其中"贺启""谢除授启""谢启""上启"四个二级类目下进行三级分类。"贺启"有师保、宰相左相、宰相右相、元枢、大参、知枢、枢贰、签枢、使相、八座(吏书、户书、礼书、兵书、刑书、工书)、西掖(中书、中书侍郎、中书舍人)、翰苑、琐闼(门下侍郎、给事中)、馆阁(修撰、秘阁、校理)、兰台(秘监、校书、正字、著作)、经帷(附侍讲)、大坡(大谏)、小坡(司谏、正言)、察官、中司、南床、副端、贰卿(吏侍、户侍、礼侍、兵侍、刑侍、工侍)、丞辖(左右丞)、都承、卿监、史掖(左右史)、史馆、学官、宰掾(检正、左司、右司)、爵封、加职、建节、迁秩、被召、宫观、致仕、宰执除帅守、侍从除帅、帅座、京尹、都督、宣抚、太尉、建置、察访、观察、总领、总管、奉使、茶马、泉使、舶使、漕使、宪使、仓使、两外宗、太守、治中、帅司属官、诸司马官(主管、运干、捉干、检法、总干)、州官(教授、签判、察判、察推、知录、司理、司法、司户)、县官(宰、丞、簿、录)、监官(镇、场、酒、税)、兵官(统制、路分)、试中科目(馆职、贤良、状元、及第、发举)、贺正、贺冬、生日、杂贺等三级类目;"谢除授启"分为执政、侍从、朝官、馆职、监司、守卒六类;"谢到任启"分为帅臣、宪使、漕使、仓使、诸司、大尹、太守、卒车、幕职九类;"谢启"分为改秩、荐举、辟置、馆职、宏词、状元及第、试中、叙事、叙复、起复、宫观、致仕、惠文、杂谢十四类;"上启"则分为赴任、交代、干求、贽见、起居、陈情、纳拜、起复八类。

　　"疏"体下有国家祈祷、雨旸祈祷、国忌资荐、请疏、劝缘疏、祝赞疏、功德疏、追荐八类;其中,前三类目于《目录》中系于"释疏"之下。二级类目"请疏"下有长老住持、住庵、开堂、讲说、修造、酒牓、茶牓、汤牓、浴牓九个三级类目;"劝缘疏"下有修造、塑相、经典、铸钟、化供、佛事、度牒七个三级类目；"祝赞疏"分为祝圣、生日两类；"功德疏"下有修造、佛事、祈禳赛谢、净狱祈雨、谢雨祈晴、谢晴、祈雪、谢雪八个三级类目。"生辰赋颂诗"按体分为"生辰赋颂""生辰诗"两类。"生辰诗"下有五言长篇、五言八句、七言长篇、七言八句、七言四句五个三级类目。

由上可知，《圣宋名贤五百家播芳大全文粹》已经形成了相对完整的三级分类体系，个别三级类目下又进一步分列次级类目，如"谢表"中三级类目"除授"分宰执、侍从、内外制、中司、东宫官、都督、漕使、提举、郡守等四级类目，"到任"有留守、安抚、府尹、漕使、提刑、提举、提盐、籴使、市舶、提点等四级类目。

宋元"分体编录"类总集在承继《文选》二级分类结构的基础上，将集中收录的文体作品层层细分，《文苑英华》《唐文粹》形成三级分类结构，《圣宋名贤五百家播芳大全文粹》个别文体如"表"则形成四级分类体系。这种建立在"分体编录"体例基础上的总集文体分类，于一级文体类目基础上逐层细化、分类，而形成二级、三级、四级以至于更为丰富的分类结构，一方面是出于方便读者阅读、检索的需要，另一方面也是文体发展演变及细化分类的结果。毋庸置疑，宋元"分体编录"类总集所确立的多层级文体分类结构不仅在一定程度上推进了文体与文体分类理论的探索，同时也在编纂实践上为后出总集分类编次提供了借鉴的范本，丰富了中国古代总集分类框架结构。

第三节　宋元续补《文选》总集的分类
体例与观念影响

《文选》对后世总集编纂的影响在前文中已有论述，后之总集或于编纂层面上借鉴《文选》编次分类方式而呈现新的特点,或在批评层面上以"序文""题跋""凡例"等形式,将新编之集与《文选》比较,颇以超越《文选》为其自身价值的重要体现。《文苑英华》《唐文粹》《宋文鉴》《圣宋名贤五百家播芳大全文粹》《元文类》《文章辨体》《明文衡》《文体明辩》《文章辨体汇选》《明文在》等总集,是在《文选》所确立的经典范式影响下另起炉灶自行编纂成书,与《文选》并列同属于"分体编录"类总集。而以《文选》为文献来源,删选摘录部分作品独立成书,或在《文选》选文基础上广续补遗作品成集,此二类总集形态与《文选》更为密切,可称为《文选》删减、续补之作。

一般来说,《文选》删减本只在作品内容上删繁就简,编次体例一般不作变动。如元方回《文选颜鲍谢诗评》取《文选》中所录颜延之、鲍照、谢灵运、谢瞻、谢惠连、谢朓之诗成集,分类体例亦依《文选》,取"诗"体下二十四类目中"述德""公宴""祖饯""咏史""游览""咏怀""哀伤""赠答""行旅""乐府""杂诗""杂拟"十二类加以编次作品,类目排列顺次与《文选》相同。广续补遗本或在《文选》既定的选文时段中增收补遗,或在《文选》后继的时段中续收。因此,如何将续补、增辑的作品进行合理编次,在分类体例上体现"广续""补遗"《文选》的用意,则是编纂者最为在意的。本节以宋元时期《文选》广续补遗本总集的分类体例设置为考察,通过对比分析,探究编纂者之于文体类别和篇章作品的续补维度,以及背后所蕴含的批评信息和文体观念。

一、唐代拟、续《文选》总集的编纂

唐朝开国之初,曹宪在隋萧该释音《文选》基础上撰《文选音义》十卷。显庆、开元年间,李善等人的注本相继流传,唐代遂兴

起"文选之学"①。可以说,唐代"选学"的发展兴盛,是唐人仿效
《文选》编纂诗文总集而取得相当成就的原因之一②。据卢燕新
考证,唐代直接拟、续《文选》的总集主要有以下几部:

孟利贞集撰《续文选》,十三卷。《旧唐书·孟利贞传》《新唐
书·艺文志》皆著录《续文选》十三卷③。《通志·艺文略》著录孟
利正编纂《续文选》十三卷,"正"乃宋人避"贞"讳而改④;《山堂考
索续集·文章门》卷十七中有"孔利贞、卜长(原文为"吉")福所
续,卜隐之所拟,宋苏易简之所纂,何其慕者之纷纷也"之记载,而
其卷十八则改"孔利贞"为"孟利贞"⑤。可见,唐孟利贞在《文选》
基础上曾撰有《续文选》一书,无疑。

卜长福集编《续文选》,三十卷。宋唐士耻《灵岩集》卷三载录卜
长福《续文选》,未标卷数。《新唐书·艺文志》《元和姓纂》《通志·
艺文略》《玉海·艺文》著录卜长福《续文选》三十卷,《封氏闻见记》
卷三有卞长福《续文选》三十卷的记载,"卞"当为"卜"字之讹。

卜隐之撰《拟文选》,三十卷。《新唐书·艺文志》《通志·艺
文略》《玉海》皆有著录。《宋史·艺文志》谓卜邻《续文选》为二十

①《旧唐书·曹宪传》曰:"太宗又尝读书有难字,字书所阙者,录以问宪,宪
　皆为之音训及引证明白,太宗甚奇之。年一百五岁卒。所撰《文选音义》,
　甚为当时所重。初,江、淮间为《文选》学者,本之于宪,又有许淹、李善、公
　孙罗复相继以《文选》教授,由是其学大兴于代。"《旧唐书》卷189,北京:中
　华书局,1975年,第4946页。
②朱金城、朱易安:《〈昭明文选〉与唐代文学》,《文学评论》,1985年第6期。
③《旧唐书》卷190,第4997页;《新唐书》卷60,北京:中华书局,1975年,第
　1619页。
④(宋)郑樵:《通志》卷70,杭州:浙江古籍出版社,2000年,第824页。
⑤(宋)章如愚:《山堂考索续集》,北京:中华书局,1992年,第1020、1023页。

三卷①,陈尚君先生认为其或为卜隐之《拟文选》②,此说待考。

目前可考的集子,除上述三种外,尚有裴潾集撰的《大和通选》,三十卷。《新唐书·艺文志》《通志·艺文略》《玉海》著录③。《旧唐书·裴潾传》记载:"(裴潾)集历代文章,续梁昭明太子《文选》,成三十卷,目曰《大和通选》,并音义、目录一卷,上之。"④可知,此集虽未以"续"名之,然其编纂主旨则以续《文选》无疑。殷璠《〈河岳英灵集〉序》称"梁昭明太子撰《文选》,后相效著述者十余家,咸自称尽善"⑤。唐人编选以上诸本拟、续《文选》之作,虽散佚不存,总集篇章形态与分类体例今亦不得见,然其拟续的纂集实践却颇为后人取则。

二、宋元续补《文选》总集的分类体例

陆游《老学庵笔记》云:"国初尚《文选》,当时文人专意此书,故草必称'王孙',梅必称'驿使',月必称'望舒',山水必称'清晖'。至庆历后,恶其陈腐,诸作始一洗之。方其盛时,士子至为之语曰:'《文选》烂,秀才半。'"⑥诗文革新运动后,《文选》之热有

---

①《宋史》卷209,北京:中华书局,1985年,第5393页。
②陈尚君:《唐代文学丛考》,北京:中国社会科学出版社,1997年,第200页。
③《新唐书·艺文志》四丁部总集类下注文:"开元处士。"《新唐书》卷60,第1619页。(宋)郑樵:《通志》卷70,第825页。(宋)王应麟:《玉海》卷54,第1066页。
④《旧唐书》卷171,第4449页。
⑤(唐)殷璠:《〈河岳英灵集〉序》,傅璇琮编撰:《唐人选唐诗新编》,西安:陕西人民教育出版社,1996年,第107页。
⑥(宋)陆游撰,李剑雄、刘德权点校:《老学庵笔记》卷8,上海:上海古籍出版社,1993年,第66页。

所降温，虽不及宋初文人诗文创作"专意此书"，然有宋一代，《文选》在学人的诗文创作过程中，始终是汲取养料的重要源泉。宋胡仔《苕溪渔隐丛话》引录《雪浪斋日记》云："昔人有言：'《文选》烂，秀才半'。正为《文选》中事多，可作本领尔。"①《文选》为诗赋创作提供了丰富的典事材料。朱熹对《文选》中的诗歌作品大为赞赏，《答巩仲至》云："故尝妄欲抄取经史诸书所载韵语，下及《文选》汉魏古词，以尽乎郭景纯、陶渊明之所作，自为一编，而附于三百篇、《楚辞》之后，以为诗之根本准则。"②宋季刘克庄径以《文选》续《国风》《楚辞》而鼎足三立③，肯定《文选》的文学史地位。

受《文选》影响，宋代出现众多摘选类辑《文选》辞藻典故专书，如题名苏易简《文选双字类要》（三卷）、刘攽《文选类林》（十八卷）等。它们通常取"《文选》中藻丽之语，分类纂集"④而成一书。此外，尚有周明辨《文选类汇》（十卷）、王若《选腴》（五卷）、曾发《选注摘遗》（三卷）、黄简《文选韵粹》（二十五卷）等。又有梳理《文选》诗文源流之书，如高似孙的《文选诗句图》。宋元之际，方回摘录《文选》中颜延之、鲍照、谢朓等人诗歌，评注成集，题曰《文选颜鲍谢诗评》。这其中，还有另一类总集，编者或在《文选》录文的时段内辑补遗漏，或承《文选》选文时段续辑它集，如宋末元初陈仁子纂《文选补遗》四十卷，元刘履辑《风雅翼》十四卷（《选诗补

---

① （宋）胡仔纂集，廖德明校点：《苕溪渔隐丛话后集》卷2，北京：人民文学出版社，1962年，第9页。

② （宋）朱熹撰，朱杰人等编：《晦庵先生朱文公集》，上海：上海古籍出版社、合肥：安徽教育出版社，2002年，第3095页。

③ "自《国风》《楚辞》而后，故当续以《选》诗。"吴文治：《宋诗话全编》（第六册），南京：江苏古籍出版社，1998年，第8357页。

④ （清）永瑢等：《四库全书总目》卷137，第1160页。

注》八卷、《选诗补遗》二卷、《选诗续编》四卷）等。下文拟从篇章
取舍与分类体例的角度，对比续补总集与原典之间的选文分类差
异，探讨此类总集的续补维度和文体意义。

（一）《文选补遗》的续补维度与文体分类

《文选补遗》，陈仁子编。陈仁子博学好古，阅《文选》即有病
其选文分类不精之遗恨。《〈文选补遗〉序》曰："存《封禅书》，何如
存《天人三策》？ 存《剧秦美新》，何如存更生《封事》？ 存《魏公九
锡文》，何如存蕃固诸贤论？ 列《出师表》不当删去《后表》，《九歌》
不当止存《少司命》《山鬼》，《九章》不当止存《涉江》；汉诏令载武
帝不载高、文；史论赞取班、范，不取司马迁；渊明诗家冠冕，十不
存一二。"①陈仁子遂在《文选》录文时段之内重新选文，成《文选
补遗》四十卷，"意在正萧氏之阙失，补斯文之脱漏"②。陈仁子从
《史记》《汉书》《后汉书》中选录大量篇章入集，其中"诏诰""奏疏"
选文最多。卷三"玺书"选入《汉书》中《答晁错玺书》《赐吾丘寿王
玺书》《赐燕王旦玺书》《赐冯奉世玺书》《赐淮阳王钦玺书》《敕谕
东平王宇玺书》《赐东平太后玺书》七文，《后汉书》选录《赐窦融玺
书》。这样一来，"三代以后，君臣政治之典章，辅治之方略"皆可
于集中考索，以此达到"世教民彝之助"③的纂集目的。卷二十六

---

① (宋)赵文:《〈文选补遗〉序》,(宋)陈仁子:《文选补遗》卷首,《景印文渊阁
　　四库全书》集部,第 1360 册,第 3 页。序中对于《文选》录文说法有误。《文
　　选》实际上收录《九歌》作品有六首,除"骚下"之《少司命》《山鬼》外,"骚
　　上"有《东皇太一》《云中君》《湘君》《湘夫人》四首。
② (清)龙启瑞:《题明茶陵陈氏〈文选补遗〉后》,《经德堂文集》卷 6,《续修四
　　库全书》集部,第 1541 册,第 636 页。
③ (宋)赵文:《〈文选补遗〉序》,(宋)陈仁子:《文选补遗》卷首,第 3 页。

"史叙论"选录《史记》中《六国年表》《汉兴以来诸侯年表》《建元以来侯者年表》《建元以来王子侯者年表》《外戚世家》《货殖列传》《孟子荀卿列传》《儒林列传》《日者列传》《酷吏列传》《游侠列传》《滑稽列传》十二篇。卷三十八"赞"体从《史记》选录《燕世家赞》《韩世家赞》《孔子世家赞》《张良世家赞》等赞语二十条。

用陈仁子的纂集眼光来看,《文选》不惟选文"网漏吞舟",其文体类目排序,亦显不伦不类,"以'诗赋'先'奏疏'矧'诏令',是君臣失位,质文先后失宜"①。在分类体例上,《文选补遗》承用《文选》"类聚区分""分体编录"的模式,又加以调整,从而形成了新的分类体例。

1.文体类目的增减与变更

《文选补遗》一级分类仿照《文选》分体编次,分诏诰、玺书、赐书、策书、敕书、告谕、奏疏、封事、上书、议、对、策、论、书、表、檄、问难、史叙论、序、说、离骚、赋、乐歌、谣、歌、操、诗、铭、箴、颂、赞、诔、哀策文、哀辞、祭文、碑、祝文三十七类。

区别于《文选》三十九体,《文选补遗》少了"七""册""令""教""启""弹事""笺""移""辞""符命""史述赞""连珠""墓志""行状""吊文"一级类目,增加了"玺书""赐书""策书""敕书""告谕""议"等诏令奏议类文体。同时于"诗"之外,增添"乐歌""谣""歌""操"一级类目,将其与"诗"并列。"七""连珠"类作品数量较少,且《文选》已经尽选精华,故陈仁子未予增补。《文选》"史述赞"与"赞"两体,《文选补遗》以"赞"体统称。《文选补遗》除了增删《文选》文体类目之外,又更改《文选》部分文体名称,如"奏记"改称"奏疏",变"设论""史论"为"论""史叙论",用"离骚"类替换"骚"体,"诏诰"替

①(宋)赵文:《〈文选补遗〉序》,(宋)陈仁子:《文选补遗》卷首,第3页。

"诰","对"替"对问",衍《文选》"哀文"为"哀策文""哀辞"两类。由上可知,陈仁子《文选补遗》文体类目的命名与设置有以下特点:

首先,诏令奏疏类文体分类趋细,注重文体应用场合和功能。从类目名称来看,《文选补遗》诏令奏疏类文体明显增多,于《文选》"诏""册""令""教""表""上书""启""弹事""笺""奏记""书""移书""檄"等外,增设"玺书""赐书""策书""敕书""告谕"等类。如卷三从史部文献中增补的"玺书""赐书""策书"作品,其文体性质和功能都隶属人主封赐之文,陈仁子将其截取,采用"……玺书""赐……书""封……策"的命篇方式,一一设类命名,体现了《文选补遗》细化文体的倾向。从选文数量来看,《文选》诏令奏议类作品约占全部选文的六分之一,而《文选补遗》此类作品计有二十四卷,占全集的五分之三。

萧统选文,以能文为本,故经、史、子部典籍,概不选录。《文选》以"诗赋"为中心,是基于魏晋南北朝时期文人文学发展的文学史事实的①。与之不同的是,《文选补遗》序言中明言以所选之文考见"君臣政治之典章,辅治之方略","为世教民彝之助"②。这反映了陈仁子注重文章治国的从政功用,故选文侧重于诏令奏疏类文体,辑补大量关乎政教世用之文;文体类目设置上将诏令奏疏类文体细化分类,严辨诸种文体差异。

其次,"诗"体外设置"乐歌""谣""歌""操"等类,收录大量的

---

① 钱志熙先生指出:"文人文学发源于修辞之美的独立价值的认识,成立于个体写作经验的推广,具体来讲,就是战国后期以来从子、史写作中独立出来的,以辞章之美为主要追求目标的各类篇章之文。"详见《〈文选〉"次文之体"杂议——〈文选〉在文体学与文学史学上的贡献与局限》,《文艺理论研究》,2009年第6期,第86页。

② (宋)赵文:《〈文选补遗〉序》,(宋)陈仁子:《文选补遗》卷首,第3页。

民间谣歌。《文选》"诗"体下有"挽歌""杂歌"两类,选诗皆为文人之作。《文选补遗》立"谣"体,收录《康衢谣》以下十七首无名氏歌谣;又立"歌"类,收录各地"民歌",如《白渠民歌》《渔阳民歌》《蜀民歌》《临淮民歌》《顺阳民歌》《交趾民歌》等。萧统选诗以"典雅"为尚,这样虽将六朝以来的浮艳诗歌排斥在外,当然也不可避免地漏选了许多优秀的民间歌谣,乐府民歌如《孔雀东南飞》也没能入选。《文选补遗》在《文选》"诗"体之外,另立"乐歌""谣""歌""操"等体类,收录上古歌谣、乐府民歌,这首先是对这些文体的一种肯定,自然也是对《文选》以及《〈文选〉序》录文体系的补充和完善。

2. 文体排序上先"诏令奏疏"后"诗""赋"

《文选》收录三十九种文体,其类目排列所形成的赋、诗、骚、文四类的编排次序。《文选》的类目排序规则,后世总集多借鉴使用。郭英德先生从《〈文选〉序》叙述文体脉络中,将三十八种文体分成若干文体序列(详见第一章第二节图表),总结历代"分体编录"类总集文体排序的基本体例:

通例:A1——B1——B2-1——A2——B2-2
变例:A1——B1——A2——B2-1——B2-2

其中 A1 是指"赋""骚""诗""颂"等本"诗之六义"的"有韵之文",而 B1 则为"诏""诰""教""令""表""奏""笺"等官府应用"无韵之笔"。历代"分体编录"类总集文体类目排序无论是通例还是变例,A1 都是位居 B1 之前。

《文选补遗》的文体类目排序以"诏诰""玺书""赐书"为首,这与《文选》以"赋""诗"为首是不同的。《文选》先赋、诗后文的文体排序方式,与中国古代文学中作为主体的文人文学的发展历史是相契合的,这当然也与萧统寄希望通过文体排序,标立"文"之独立地位的纂集用意有密切关联。陈仁子也在《文选补遗》的文体排序上寄寓自己的文体观念和文学思想。陈仁子从文体的应用场合和功能出发，认为"诏令，人主播告之典章；奏疏，人臣经济之方略"①，其关乎国家政用、君臣伦理。故其文体类目排序以"诏令奏疏"类人主、臣子运用之文体凌驾于"诗""赋"类之上，遵循先国家政用，后诗赋等反映个体日常生活，吟咏情性之作的排序规则。

《四库全书总目》论及《文选补遗》选文标准与编纂宗旨时，指出此集与刘履《选诗补注》"皆私淑《文章正宗》之说"②。自真德秀以辞命、议论、叙事、诗赋"四分法"编纂总集，别出谈理一派，后人总集多受其影响。《文章正宗》以理学家眼光，秉持"明理致用"的选文标准，类目编次上先"辞命""议论"后"叙事""诗赋"，这与《文选》止于选文的编纂目的大相径庭。陈仁子以《文章正宗》之选文标准和类目排序之法编集，而《文选补遗》又标示续补《文选》之意，此盖离《文选》远矣。《四库全书总目》评曰："且所补司马谈《六家要旨论》，则齐黄老于六经。鲁仲连《遗燕将书》，则教人以叛主。高帝《鸿鹄歌》，情钟嬖爱；扬雄《反离骚》，事异忠贞；蔡琰《胡笳十八拍》，非节烈之言；《越人歌》《李延年歌》，直淫亵之语；班固《燕然山铭》，实为贡谀权臣；董仲舒《火灾对》亦不免附会经义。"因此，《文选补遗》"律以《正宗》之法，皆为自乱其例"③。究其原因，则因其既袭《文选》名号，应以能文为本，却依《文章正宗》为律，已使体制多歧，而"以立意为

---

① （宋）赵文：《〈文选补遗〉序》，（宋）陈仁子《文选补遗》，第3页。
② （清）永瑢等：《四库全书总目》卷187，第1703页。
③ （清）永瑢等：《四库全书总目》卷187，第1703—1704页。

宗""事异篇章,义乖准的"①,以至"其说云补《文选》,不云竟以废《文选》","使两书并行,各明一义,用以济专尚华藻之偏,亦不可谓之无功"②。可见,四库馆臣虽对陈仁子仿效《文章正宗》选文标准和类目排序之法编次《文选补遗》存有微词,批评其背离《文选》编纂初衷,但也在一定程度上肯定了《文选补遗》对《文选》"专尚华藻之偏"的纠正之功,持论较为公允。

　　陈仁子批评《文选》选文之陋,秉持自身选文标准广辑诗文加以补遗,在文体类目命名设置上对《文选》多有增删更替,在编次分类上亦对《文选》文体类目排序加以调整。其以"补遗"为名,而实质却是在《文选》选文时段内以理学家眼光来选文,远不同于萧统选"文"原意。不惟如此,《文选补遗》还在文本、篇章、文体、功用以及编次体例的多重维度上,为后世广续补遗《文选》类总集提供了一种续补的范例。关于此点,作者拟撰专文详论,此不赘笔。

　　(二)《风雅翼》的选诗体例与诗学意义

　　刘履,字坦之,著有《风雅翼》。《季沧苇书目》《天禄琳琅书目后编》明确著录该书为"元刻本"。杨士奇《东里续集》曾提及"上虞本"《风雅翼》,此本为初刻本,惜不知具体刊刻时间。又有宣德九年陈本深重刻本③,正统三年何景春三刻本。明代尚有天顺四年重刻本、弘治王玺刻本、嘉靖四年萧世贤刻本以及嘉靖三十一年顾存仁本。山东大学图书馆藏有明嘉靖顾存仁养吾堂刻本《风

---

①(清)龙启瑞:《题明茶陵陈氏〈文选补遗〉后》,第 636 页。
②(清)永瑢等:《四库全书总目》卷 187,第 1704 页
③宣德九年陈本深重刻本录有戴良、谢肃、夏时和曾鹤龄四人所作之序,戴良序作于元至正二十三年。

雅翼》十四卷①,包括《选诗补注》(八卷)、《选诗补遗》(二卷)、《选诗续编》(四卷)。《四库全书总目》著录曰:

> 是编首为《选诗补注》八卷,取《文选》各诗删补训释,大抵本之五臣旧注、曾原《演义》而各断以己意。次为《选诗补遗》二卷,取古歌谣词之散见于传记、诸子及《乐府诗集》者,选录四十二首,以补《文选》之阙。次为《选诗续编》四卷,取唐、宋以来诸家诗词之近古者一百五十九首,以为《文选》嗣音。②

《风雅翼》三部分中,《选诗补注》是以《文选》"诗"为选录对象,训释诗篇,各诗题下有注解,句中反切注音,诗后以比兴论诗。《选诗补遗》辑补散见于古书中的"古歌谣辞",共四十二首,以补《文选》之缺。《选诗续编》四卷,续选唐、宋以来"诸家近古"之诗作共一百五十九首,以为《文选》嗣音。可见后二书,是以广续补遗《文选》"诗"为编纂目的。

从编次方式来看,《选诗补注》以时代为线索,将诗歌分为"汉诗""魏诗""晋诗""宋诗""齐梁诗"五个部分。前文已经论及,诸本辑选《文选》"诗"作单独成书的总集,其分类体例多依《文选》"类"分之法。刘履《选诗补注》则弃用类编体例,而以历史线索编次作品,其关注点与《文选》不同。刘履在《选诗补注》"凡例"中具体谈及选录标准:"其体制古雅,意趣悠远而所言本于性情,关于世教,足为后学准式者取之。"③可见,刘履的关注点在诗歌内容

①孙振玉:《山东大学图书馆藏〈风雅翼〉叙录》,《古籍整理研究学刊》,2011年第6期。
②(清)永瑢等:《四库全书总目》卷188,第1711页。
③(元)刘履:《选诗补注·凡例》,《风雅翼》,明正统三年何景春刻本。

和功用层面上。宋元道学思想的盛行,逐渐将中唐古文运动与北宋诗文革新运动所形成的"文""道"并重思想,演变至重道轻文一路。虽经朱熹调和,但轻文的倾向一直存在。四库馆臣评价《风雅翼》云:"其去取大旨,本于真德秀《文章正宗》,其诠释体例,则悉以朱子《诗集传》为准。""以汉、魏篇章,强分比兴,尤未免刻舟求剑,附合支离。朱子以是注楚词,尚有异议,况又效西子之颦乎?"①汉代以来形成的以"诗教"传统注解诗歌的方式,在宋元理学的影响下更趋极端,刘履《选诗补注》于《文章正宗》选文观念和朱熹注《诗》与《楚辞》诠释体例的基础上,渐行渐远,以理学观念解读《文选》之"诗"。

刘履《选诗补遗》自序称:"则与考择也,固不得不致谨而加之精严也!⋯⋯盖亦窃承朱子,欲抄经史诸书韵语、《文选》古诗,附于《三百篇》《楚辞》之后之遗意。"②《选诗补遗》选录散见于史籍传纪、诸子百家以及乐府诗中的"古歌谣辞",以补《文选》"诗"之阙,则有以《选诗补遗》承续《诗经》《楚辞》之意。《选诗续编》在《文选》录"诗"后续时段中,选取唐、宋以来诸家诗歌近古之作,以为《文选》"嗣音"。《补遗》《续编》编次体例与《选诗补注》相同,皆以时代为序。《选诗补遗》二卷,前卷以"唐虞三代"为目,收录秦汉以前作品,后卷以"汉魏晋"为目,辑补汉魏齐梁之间古歌谣辞。《选诗续编》则以"唐""宋"为类目,各类之下编次各朝代作品。

戴良《〈风雅翼〉序》云:"其友谢君肃来告曰:先儒朱文公尝欲掇经史韵语及《文选》古辞,附于《诗》《楚辞》之后,以为根本准则,又欲

①(清)永瑢等:《四库全书总目》卷188,第1711—1712页。
②(元)刘履:《〈选诗补遗〉序》,(元)刘履:《风雅翼》,明正统三年何景春刻本。

择夫《文选》以后之近古者,为之羽翼舆卫焉,书未及成而即世,吾乡刘先生盖闻文公之风而兴起者也。"①从序文来看,刘履《选诗补遗》《选诗续编》,实则是对朱熹文学思想的继承和实践。《选诗续编》《选诗补遗》虽以广续、补遗《文选》"诗"为名,然其编纂目的与宗旨则与萧统相距甚远,故其分类体例亦不同于齐梁时代"类编"。

刘履《风雅翼》吸收朱熹《诗集传》与真德秀《文章正宗》等著述建构的带有理学思想的文学观念,将儒家所倡导的"诗教"传统运用到诗文批评中。《选诗补遗》《选诗续编》以时代先后分类编次诗歌,从唐虞三代到汉魏晋,再延续到唐宋以来,无论是《选诗补遗》中的古歌谣辞,还是《选诗续编》中唐宋近古之作,其与《选诗补注》作品性质一样,皆是"体制古雅""意趣悠远""本于性情""关于世教"之作,以时代分段编次分类,直观地呈现了合乎"诗教"传统的诗歌创作与发展轨迹,更在历史的逻辑中验证了理学诗学体系的合理性和正统地位。

受中唐古文运动以及北宋诗文革新运动的兴起影响,宋代逐渐形成以古文为中心的时代风气;宋元科举制度的改革以及宋元理学兴起,也在一定程度上影响《文选》的接受和传播。相比于唐,宋元《文选》学呈现衰落之势。受宋元理学的影响,《文选补遗》秉持"明义理""助世教"的文学思想和编纂宗旨,辑补内容合乎"性情""义理"等政教世用之文;在分类体例上细化诏令奏疏类文体,增设"玺书""赐书""策书""敕书""告谕""议"等体类;诗体之外,另立"乐歌""谣""歌""操",收录大量民间谣歌。《选诗补遗》从史籍传纪、诸子百家以及《乐府诗集》中辑录大量"古歌谣辞"入集,以补《文选》选诗遗漏。在文体类目排序上,《文选补遗》

①(元)戴良:《〈风雅翼〉序》,(元)刘履:《风雅翼》,明嘉靖三十一年养吾堂刻本。

以人主、臣子运用之"诏令奏疏"类文体,凌驾于"诗""赋"之上,凸显先国家政用,后诗赋等日常生活之体的排序原则,背离了《文选》展现文人文学发展历史的编纂初衷。特别是《文选补遗》在选文倾向上,逐渐脱离《文选》原典"能文"之本,而沾染浓重的宋元理学气息,其根本原因在于,陈仁子是以《文选补遗》作为治国从政的参考教材,而非单纯的文学性审美对象,故其寄寓总集的功能也由《文选》的创作垂范性,转变为政教实用性。

三、《文选补遗》与后世广续补遗《文选》总集的编纂分类

明代广续《文选》类总集编纂兴盛,有刘节《广文选》、马继铭《广文选》、周应治《广广文选》、汤绍祖《续文选》、胡震亨《续文选》等集面世,更有单独续补《文选》"诗"类之编,如杨慎《选诗外编》等。区别于宋元总集《文章正宗》《文选补遗》选文分类沾染的理学气息,明人在"文""道"关系的处理上表现出通融达观的态度①。受文学复古思潮的影响,以及文学观念中对于古风的推崇,明代广续补遗《文选》总集选文更贴近萧统"事出于沉思,义归乎翰藻"的标准,体现出明人在续补中重塑《文选》文学典范的编纂理念。不惟如此,明代广续补遗《文选》总集在《文选》文体分类的基础上通过文体类目的增删、合并,文体类目排序的调整设置等方式,来表达自身的编纂思想和文体观念。

---

① 陈蕙在《重刻〈广文选〉后序》中指出刘节《广文选》在文道问题上持文道融合的观点,(明)陈蕙:《重刻〈广文选〉后序》,(明)刘节撰,(明)陈蕙重刻:《广文选》,《四库存目丛书》集部,第298册,第391页。周应治则认为"文之所广者在于文",文理"分之或乖",提出选录标准是"尔雅瑰丽,不诡于体者",这已然是在文道并重的基础上更偏重于"文"。(明)周应治:《广广文选·义例》,《四库存目丛书补编》,第19册,第10—12页。

　　明刘节(1476—1555)编《广文选》,六十卷。此书旧本八十二卷,嘉靖十二年梓行于世。卷首有王廷相、吕柟嘉靖十二年所作之序和刘节嘉靖十一年自序,王、吕序称八十二卷。嘉靖十六年(1537),晋江陈蕙与王子松以其"讹字逸简杂出,又文义之甚悖而俚者间在焉。……与扬郡守王子松、郡庠教授林璧、训导曾宸、李世用,共校雠增损之……是集删去者二百七十四篇,增入者三十篇"①。可知四年后,陈蕙、王子松等人据刘节原本,删除文义悖谬之作后又增补少数作品,并校雠刊刻。《四库存目丛书》收录的《广文选》即为陈蕙等人校雠重刊之本。

　　《〈广文选〉序》批评《文选》选文"法言大训,懿章雅歌,漏逸殊多。词人藻客,久为慨惜,然未有能继其旧贯者"②。故刘节旁搜群书,凡萧统选文缺漏,悉数"类摘门补",为卷八十二,"门分类析,皆准昭明之旧"③。刘节《〈广文选〉序》曰:

　　　　《广文选》何?广萧子之选也。何广乎萧子之选也?萧
　　子之选文也,……为类三十有七,可谓选矣,然或遗焉。是故
　　广之以备遗也。

　　　　鸟兽草木皆物也,鸟兽选矣,草木遗焉,是故次之草木以
　　广遗也。夫赋,诸目具矣,弗目者遗,故次之杂赋以广遗也。

　　　　夫诗,六义备矣。逸诗,诗之遗也,广之。自逸诗始补亡
　　无矣。操,乐府之遗也。谣,杂歌之遗也,广之,诗斯备矣。

①(明)陈蕙:《重刻〈广文选〉后序》,(明)刘节撰,(明)陈蕙重刻:《广文选》,《四库存目丛书》集部,第298册,第391页。

②(明)王廷相:《〈广文选〉序》,(明)刘节撰,(明)陈蕙重编:《广文选》,《四库存目丛书》集部,第297册,第506页。

③(明)吕柟:《〈广文选〉序》,(明)刘节撰,(明)陈蕙重编:《广文选》,第508页。

　　夫诏,王言也;玺书、赐书、敕谕,皆王言也,广之类也。策,册类也;策问,诏类也,广之以从类也。疏,上书类也;封事、议对,皆疏类也,广之以从类也。对策,对厥问也;策问,诏类矣;对策,对类也,广之从其类也。而文则无矣。问,次于对,有问斯有对也,广之亦类也。夫记者,序之实也;传者,史论赞之纪也;说者,论之要略也;哀辞者,哀之绪余也;祝文者,祭告之大典也;是故广之,广其类也。夫文犹赋也,诸类具矣,弗类者遗。是故次之杂文以广遗也。

　　夫骚作于屈宋者也,《九歌》遗焉,《九章》遗焉,《九辩》遗焉,景贾以下不录也。

　　汉诏盛矣,选其二焉,遗者多矣。是故广之以备遗也。表、笺、启、檄略矣,奏、记、设论、箴、赞略甚矣,史论、述赞略益甚矣;铭也,颂也,诔也,古而则者遗矣,书、序之遗犹夫铭也,论之遗犹夫书也,碑文之遗犹夫论也,诸类之遗犹夫颂也、诔也。故今考之,文之遗犹夫诗也,十六七也;诗之遗犹夫赋也,十四五也;赋之遗犹夫骚也,十二三也,是故广之以备遗也。①

由自序及《广文选》正文可知,刘节在遵循《文选》"分体编录"体例基础上,做出以下调整。首先,在增设一级文体类目上,《广文选》与《文选》不同之处在于:"《选》有诏,有令,有册,有教,而《广》有玺书,有赐书,有策,有敕;《选》有表,有上书,有启,有弹事,有奏记,而《广》有疏,有封事,有议,有对策,有问;《选》有赞论,有序、

---

① (明)刘节:《〈广文选〉序》,(明)刘节撰,(明)陈蕙重编:《广文选》,第508—509页。

有史论,有论,而《广》有记,有说、令。"①具体说来,刘节增设"玺书""赐书""敕谕"三类王言之体,"策""策问"原属"册""诏",《广文选》为之立体,广之以从类。上书类文体之"疏",《广文选》单独立体,同时又将"疏"类文体之"封事""议对"增设入体。"策问"隶属"诏"类,与"对策"分属两体,先"问"后"对",故另立。"记"体,序之实也;《广文选》选录《东封泰山碑记》《汉官马第伯封禅仪记》《修西岳庙记》《淮渎庙记》《黄陵庙记》《桃花源记》六篇以"记"命篇的作品。"传"体,史论赞之纪也;刘节将从《史记》《汉书》《后汉书》《三国志》中选录的十二篇列传,与文人所作之假传,如阮籍《大人先生传》、陶渊明《五柳先生传》、沈约《陶潜传》、宋景倩《妙德先生传》等同视之,并归入"传"。它如,"说""哀辞""祝文",《文选》原未立体,《广文选》增设以广之;"夫文犹赋也,诸类具矣,弗类者遗,是故次之杂文,以广遗也",增设"杂文"之体,收录先秦诸子、《春秋》经传、《国语》等作品。其次,一循《文选》"诗""赋"类分之例,《广文选》诗赋亦以主题事类区分,在《文选》类目基础上,"赋"体增设"天地""草木"二级类目,"诗"体于"乐府"类外,增"操"一类。

明周应治在刘节《广文选》基础上,再次增广,编集有《广广文选》二十三卷。此书周应治万历间纂于南都,刻于东粤。清华大学藏有明崇祯八年刊本,系其子元孚覆刻本,目录附有元孚识语。卷首有李维桢、屠隆、周应宾序及周应治自序,除李序未署年月外,屠隆序署万历癸卯,周应宾序署万历庚子,周应治自序署万历二十四年。周应治自序称刘节《广文选》"有功于文苑",乃"肆力

①(明)周应治:《广广文选·义例》,(明)周应治辑:《广广文选》,《四库存目丛书补编》,第19册,第10页。

编摩,旁搜散佚"①,广刘节之所未广。《广广文选·义例》对此书的选文分类体例有明确说明。

> 《文选》赋类有京都、畋猎等目,诗有述德、劝励等目,今仍之。间有增益,如象数如时令之类目,不嫌蛇足。

> 参阅《诗纪》广之,于古于汉,所遗者十九,今摭之,独详于古于汉,晋以下则并收其逸。

> 《选》有诏,有令,有册,有教,而《广》有玺书,有赐书,有策,有敕;《选》有表,有上书,有启,有弹事,有奏记,而《广》有疏,有封事,有议,有对策,有问;《选》有赞论,有序,有史论,有论,而《广》有记,有说、令。于《广》之目而或缺焉,如行状之类;于《广》之外而增广之,若盟、誓,若章,若移,若符,若训,若诫,若体,若难,若讥,若解,亦因其文之本来之目而列之耳。②

《义例》将《广广文选》与《广文选》《文选》文体类目进行详细地比较。可知,《广广文选》分体依次为:赋、骚、诗、七、诏、赐书、盟誓、册文、敕、诰、令、教、策问、敕文、移、符、表、章、疏、上书、启、笺、奏、弹事、议、檄、书、训、诫、篇、体、问、对、对策、难、讥、解、设论、辞、繇辞、序、自叙、论、连珠、记、颂、赞、符命、史论、箴、铭、诔、哀策、碑文、墓志、祭文、祝文。

《〈文选〉序》有"戒""誓""篇""符"之体,《文选》正文未有选录,《广广文选》因之而广。"诰""敕文""章""训""体""讥""解","因文之本来之目"而设类。刘节《广文选》"自序"合于"序"中,而《广

---

① (明)周应治:《〈广广文选〉序》,(明)周应治辑:《广广文选》,《四库存目丛书补编》,第19册,第8页。

② (明)周应治:《广广文选·义例》,第10—11页。

广文选》另析为一体。《文选》不收史传类作品,《广文选》有"传"之体目,《广广文选》不复录入,周应治以"传莫善于《史记》,无一传不可入者,讵胜其载。自三国而下,传不能匹马、班,且一传而载数人,去首尾序赞则不成文,并载则不胜繁复,故去此目"①。可见《广广文选》的类目在"传"体类目的选择上与《文选》原典趋同。在二级类目上,《广广文选》"赋"体下增设"象数""时令""草木""寺观""杂诗"五个二级类目,"诗"体下有"古遗诗""古乐府""操""谣""诵"五个次级类目。

《广文选》《广广文选》之外,又有国家图书馆藏明大梁书院刻本《文选增定》二十三卷,旧题为李梦阳编,疑为假托。全书在《文选》篇目基础上增辑三十五篇作品,在文体分类上设置"古歌辞"目,收录《黄鹄歌》《榜枻歌》上古歌谣。一些文体类目加以合并,"奏记"并入"笺"体,"史述赞"并入"赞"体,在文体功能的层面合并,实现文体类目设置的科学性。

胡震亨撰《续文选》十四卷。该集编纂于万历二十九年,三十年刊梓行世,崇祯十四年重刻。进化书局、台湾商务印书馆先后有影印本问世。胡本接续《文选》录文时段续选梁、陈、魏、北齐、北周、隋历代文。在具体作品编次时,《文选》"赋"体十四类目中《续文选》仅存"纪行""鸟兽""志""音乐"四目,而增设"法集""草木"两类;诏令类文体,胡震亨删"册""策",存"诏""令""教";典章奏疏类文体,《续文选》删"上书""奏记",留"表""启""弹事""笺"四体。《续文选》文体类目设置于兼顾文体功能的同时,尽量精简。

此外,汤绍祖又辑《续文选》三十二卷,有明万历三十年希贵

---

① (明)周应治:《广广文选・义例》,第11—12页。

堂刻本。《〈续文选〉序》称《文选》选文乃"选部之最都也。胤是以降,齐周病于椎朴,陈隋伤于浮艳","五代局于促运,宋元沦于卑习,并文太纤靡,诗涉近体,以非本旨,并从删黜",而"李唐嗣兴",明"日月重朗,文章篇翰,并为一新"①。是编以惟取唐、明两代之文,选文精简:"赋"体少《文选》"京都""郊祀""耕籍"三类,"诗"体少"补亡""述德""招隐""反招隐"四目。

　　总的来说,相对于宋元广续补遗《文选》总集,明代此类总集编纂更关注于"文"之本身,故更贴近原典。明代广续补遗《文选》总集在尊崇原典选文与分类典范的前提下,广搜博取乐府诗歌、远古歌谣以及史部、子部文章,对《文选》选文缺漏之处进行补充和完善;在具体作品分类编次中,以作品的文体属性设置类目名称,通过类目的增设、删减、合并,以及类目排序的调整,实现分类的体系化。明代广续补遗《文选》总集在《文选》既有分类秩序的影响下,因具体作品的文体属性立体分类,重建新的文体分类体系,这既是总集编纂实践中编者文学思想与文体观念的寄寓表达,也是明人崇尚简约、清晰、系统化、重逻辑的分类思维特点的直接反映。

　　如果要细细梳理历代续补《文选》的编集活动线索,可以发现,最晚在清末民初时,仍有编纂者孜孜不倦地选文刊集。雷瑨(1871—1941年)曾辑选《续文选》二十卷,有民国八年(1919)上海中华图书馆石印本传世。宋元之际,陈仁子《文选补遗》选文范围仍以昭明时为限,梁、陈以后均付阙如。明代《续文选》紧接前书,选文至明为止。雷瑨《续文选》虽袭明人纂集之名,然入选各文毫

————————

① (明)汤绍祖:《〈续文选〉序》,(明)汤绍祖:《续文选》,《四库存目丛书》集部,第334册,第1—2页。

不雷同。虽限于篇幅体例,自梁、陈、隋、唐、宋、元、明,以迄于清,弘文巨制,不可尽选,然著名传诵之文,《续文选》略备观览。雷氏《续文选》体例悉遵萧选,惟古今文体沿革,微有不同。如"诗"之"百一","赋"体之"郊祀""耕猎""江海"等类,后世名家文集亦殊罕见,《续文选》不再设类。文之"教""令""弹事"等,隋唐以降,作者绝少,故此集不再立体,集中分体三十一:赋、诗、骚、七、诏、册、策问、表、启、笺、书、檄、对问、设论、辞、序、颂、赞、符命、史论、论、连珠、箴、铭、诔、哀策文、碑文、墓志、行状、吊文、祭文。雷瑨编集,或名目略有变更,或门类微有缺乏,皆因时势所限,无可强同。这里,我们不禁去思考一系列的问题,后之编者续补经典总集的维度是什么?篇章辑补的标准如何设定,体类排序的规则是否遵循原典,续补经典的限度在哪里?原样画瓢,又或推翻重构?何以认定续补成功,何以判定狗尾续貂,经典再造与解构之间,评价标准是什么?诸如此类,历代文人学者各有论定,需细细甄别。

第二章 《乐府诗集》分类体例与乐府观念演变

　　乐府本为官署之名，后人以之称其所采之诗。班固《汉书·礼乐志》有"至武帝定郊祀之礼，祠太一于甘泉，就乾位也；祭后土于汾阴，泽中方丘也。乃立乐府，采诗夜诵，有赵、代、秦、楚之讴"①之言，其后刘勰、颜师古、郭茂倩等人皆沿此说，皆以武帝"立乐府"之事为确。《汉书·礼乐志》又言："孝惠二年，使乐府令夏侯宽备其箫管，更名曰《安世乐》。"②可知，最迟至汉初已有乐府机关的建置，王应麟、吴讷、王先谦等人持此论。1977 年陕西出土刻有"乐府"二字的秦代错金甬钟，陈直《汉封泥考略》考证西汉菑川王和齐懿王时已有刻"齐乐府印"百官封泥之物，1983 年南越王墓出土八件刻有"文帝九年乐府工造"字样的铜钩鑃，可知秦代就有乐府官署之名，汉初已有乐府之官，是为确论。赵敏俐先生在考论西汉初年国家乐官制度建设中太常与少府两分的基础上指出：汉初的少府中已有乐府官署的存在，汉武帝"立乐府"则是在规模和职能上加以扩充，开始以乐府承担为郊祀之礼配乐的职能。汉乐府以"新声变曲"为祭祀之礼配乐，采民歌之调制作颂神

----

① 《汉书》卷 22，北京：中华书局，1962 年，第 1045 页。
② 《汉书》卷 22，第 1043 页。

歌,加速先秦雅乐的衰亡与新声俗乐的发展。自此,"乐府"逐渐由国家音乐官署之名衍化为诗体之名①。

《隋书·经籍志》最早著录的乐府总集中,《古乐府》(八卷)、《乐府歌辞钞》(一卷)、《歌录》(十卷)、《古歌录钞》(二卷)、《晋歌章》(八卷,梁十卷)、《吴声歌辞曲》(一卷,梁二卷),皆不著撰人;以下三集,先记卷数,后录撰者:《陈郊庙歌辞》(三卷,徐陵撰),《乐府新歌》(十卷,秦王记室崔子发撰),《乐府新歌》(二卷,秦王司马殷僧首撰)。《旧唐书·经籍志》《新唐书·艺文志》亦有相关记载,惜年代久远,皆已不传。

第一节　汉至宋时乐府分类的历史演变

现可检最早对乐府进行分类为蔡邕的《礼乐志》,《后汉书·礼仪中》注引此段文献曰:

> 汉乐四品:一曰《大予乐》,典郊庙、上陵、殿诸食举之乐。郊乐,《易》所谓"先王以作乐崇德,殷荐上帝",《周官》"若乐六变,则天神皆降,可得而礼也"。宗庙乐,《虞书》所谓"琴瑟以咏,祖考来假",《诗》云"肃雍和鸣,先祖是听"。食举乐,《王制》谓"天子食举以乐",《周官》"王大食则令奏钟鼓"。二曰《周颂》雅乐,典辟雍、飨射、六宗、社稷之乐。辟雍、飨射,《孝经》所谓"移风易俗,莫善于乐",《礼记》曰"揖让而治天下者,礼乐之谓也"。社稷,《诗》所谓"琴瑟击鼓,以御田祖"者也。《礼记》曰"夫乐施于金石,越于声音,用乎宗庙、社稷,事乎山川、鬼神",此之谓也。三曰《黄门鼓

---

① 赵敏俐:《汉代乐府官署兴废考论》,《文献》,2009年第3期,第17—33页。

吹》,天子所以宴乐群臣,《诗》所谓"坎坎鼓我,蹲蹲舞我"者也。其短箫、铙歌,军乐也。其传曰"黄帝、岐伯所作,以建威扬德,风劝士"也。盖《周官》所谓"王师大献则令凯乐,军大献则令凯歌"也。孝章皇帝亲著歌诗四章,列在食举,又制云台十二门诗,各以其月祀而奏之。熹平四年正月中,出云台十二门新诗,下大予乐官习诵,被声,与旧诗并行者,皆当撰录,以成《乐志》。①

蔡邕记载东汉明帝时代乐府四分法,《宋书·乐志》亦有援引:"蔡邕论叙汉乐曰:一曰郊庙神灵,二曰天子享宴,三曰大射辟雍,四曰短箫铙歌。"②《隋书·乐志》《通典·乐典》皆沿蔡邕四分之说。四品之中"短箫铙歌"虽属黄门鼓吹,然其军乐性质全然不同于朝廷宴飨之用,故而别为一类。又《晋书·乐志》记载:

永平三年,官之司乐,改名大予,式扬典礼,旁求图谶,道邻《雅》《颂》,事迩中和。其有五方之乐者,则所谓"大乐九变,天神可得而礼"也。其有宗庙之乐者,则所谓"肃雍和鸣,先祖是听"者也。其有社稷之乐者,则所谓"琴瑟击鼓,以迓田祖"者也。其有辟雍之乐者,则所谓"移风易俗,莫善于乐"者也。其有黄门之乐者,则所谓"宴乐群臣,蹲蹲舞我"者也。其有短箫之乐者,则所谓"王师大捷,令军中凯歌"者也。③

可知,晋代乐府分"五方之乐""宗庙之乐""社稷之乐""辟雍之乐""黄门之乐"和"短箫之乐"六类。总体来说,晋代乐府分类沿袭汉乐四品的分类思维,即以礼乐制作与适用场合来区分。

---

① 《后汉书》,北京:中华书局,1965 年,第 3131—3132 页。
② 《宋书》卷 20,北京:中华书局,1974 年,第 565 页。
③ 《晋书》卷 22,北京:中华书局,1974 年,第 676 页。

释智匠著《古今乐录》十二卷①，收录汉至陈时音乐资料文献。王僧虔《大明三年宴乐技录》、张永《元嘉正声技录》《荀氏录》以及《宋书·乐志》等多征引此书文献。该书是研究汉魏六朝乐府的重要文献书籍，惜元后不传。清人辑佚诸本中，王谟《汉魏遗书钞》所录文献相对来说较为完备。郭茂倩编纂《乐府诗集》时，频引《古今乐录》之乐府题解与歌辞记载。据王谟辑本《古今乐录》佚文可知，《古今乐录》至少涵盖了类似于《乐府诗集》中鼓吹歌辞、横吹歌辞、相和歌辞、清商曲辞、舞曲歌辞和琴曲歌辞六类②。因原书散佚，今所留存的文献不足原书十分之一，故对其具体乐府分类情形不甚了了，但上述"清商西曲""横吹""鼓吹"之名，已与郭茂倩《乐府诗集》颇相类同。故清人王谟辑佚《古今乐录》时于《序录》言："郭茂倩所编次《乐府诗集》一百卷，分十二门，包括传记辞曲，略无遗轶，大率据此书及吴兢《乐府解题》为多。"③

自西晋崔豹《古今注》以题解形式首开乐府批评之风，至唐宋时期，题解类乐府著作遂成为乐府理论建构和批评研究的重要组成部分。郑樵《通志·艺文略》将乐府典籍分"乐书""歌辞""题解""曲簿"等十一种，其中"题解"类著录吴兢《乐府古题要解》等六部书④。今人考述唐宋乐府题解书籍，除吴兢《乐府古题要解》外，尚有刘餗《乐府古题解》、郗昂《乐府古今题解》、王昌龄《古乐府题解》《续乐府古解题》、沈建《乐府广题》、无名氏《乐府解题》以及刘次庄

①"《古今乐录》十二卷，陈沙门智匠撰。"《隋书》卷32，北京：中华书局，1973年，第926页。
②颜余庆：《乐府分类述评》，《古籍整理研究学刊》，2007年第3期。
③（清）王谟辑：《汉魏遗书钞》，《续修四库全书》子部，第1199册，第693页。
④（宋）郑樵：《通志》卷64，杭州：浙江古籍出版社，2000年，第766—767页。

《乐府序解》、无名氏《乐府古题》《乐府诗集》中引用的《古解题》及梁《乐府解题》等①。以上乐府题解类典籍可考者，唐人诸作，唯吴兢《乐府古题要解》采用分类题解的著录形式。《乐府古题要解》将其所释一百三十八组古题，分为"乐府相和歌""乐府鞞舞歌""乐府拂舞歌""乐府白纻歌""乐府铙歌""乐府横吹曲""乐府清商曲""乐府杂题""乐府琴曲""杂出诸家文集亦有非乐府所作者"十类。虽是书未见有直接关涉乐府分类的文字记载，然就类目名称来说，吴兢以音乐曲调不同而区别分类，这一点与《古今乐录》颇为相像。然，因《乐府古题要解》以纠正汉魏以来历代文士"不睹于本章，便断题取义"的乐府创作流弊，故是书以追溯乐府古题本义，考证古辞本事为主。吴兢所著，乃"涉阅传记，用诸家文集，每有所得，辄疏记之"②，故音乐史则较少关注，分类也仅从古辞本身的音乐属性来分，并不以当时的实际音乐演奏实践为基础。《乐府古题要解》分类最显著的特点，即将汉魏以来的郊庙、燕射歌辞剔除在外，舞曲歌辞、相和歌辞、清商曲辞、琴曲歌辞、横吹曲、铙歌（鼓吹曲）则逐渐独立为类，相对于东汉、晋代以礼乐制作和官署机构统辖之别类分乐府，吴兢分类则更偏重于乐府本身的音乐曲调差异，此标准在后代的乐府分类中影响深远。

　　郑樵《通志·艺文略》著有刘次庄"《乐府题解》十卷"③，其后，《中兴馆阁书目》《宋史·艺文志》《直斋书录解题》《郡斋读书志·附志》皆有著录。《郡斋读书志·附志》所据赵希弁经眼的

①喻意志：《唐宋乐府解题类典籍考辨》，《音乐研究》，2011年第3期。
②（唐）吴兢：《〈乐府古题要解〉序》，（唐）吴兢《乐府古题要解》卷上，北京：中华书局，1991年，第1页。
③（宋）郑樵：《通志·艺文略》，第767页。

《乐府集》《乐府序解》与《乐府杂录》《揭鼓录》合刊本目录载曰：

> 《乐府集》十卷、《乐府序解》一卷、《乐府杂录》一卷、《揭
> 鼓录》一卷。右刘次庄所序也。古乐府之所起二十二，横吹
> 曲二十四，日月云霞十九，时序十一，山水二十三，佛道十二，
> 古人十七，童谣三，古妇人二十三，美女十六，酒六，音乐十
> 一，游乐十三，离怨二十八，杂歌行五十七，都邑四十六，宫殿
> 楼台十六，征戍弋猎十七，夷狄六，虫鱼鸟兽三十三，草木花
> 果二十五。①

刘次庄《乐府序解》实为题解《乐府集》乐府歌辞题名之作，赵希弁
摘抄其分类目录为"古乐府之所起""横吹曲""日月云霞""时序"
"山水""佛道""古人""童谣""古妇人""美女""酒""音乐""游乐"
"离怨""杂歌行""都邑""宫殿楼台""征戍弋猎""夷狄""虫鱼鸟
兽""草木花果"二十一类，除"古乐府之所起""横吹曲""童谣""杂
歌行"外，其余皆以乐府题材内容分类。魏晋六朝时期，乐府旧调
日渐流失，乐府脱离了音乐而转为文人抒情言志之咏，内容与诗
题缺乏新意。唐人仿乐府古题而自作新辞，然原意和声调俱已不
存；唐人乐府合乐之作的"声诗"与未入乐的"古题乐府"以及唐人
新题"乐府"，已然有所区别；特别是新乐府运动所倡导的"讽喻时
事"之作，乐府的音乐性和社会性分离，新乐府逐渐成为不合乐的
徒歌之作。刘次庄《乐府集》脱离乐府音乐属性，而以题材内容分
类，使得乐府与徒歌并无二致，或可反映宋代乐府诗歌发展中音乐
属性流失之状。当然这种"类分"乐府之法后世并不多见，郑樵《通
志·乐略》"遗声"类区分乐府作品之法与此相似。

---

① (宋)晁公武撰，孙猛校证：《郡斋读书志校证·读书附志》，上海：上海古籍
　出版社，1990 年，第 1215 页。

郑樵《乐府总序》有言:"得诗而得声者三百篇,则系于风、雅、颂;得诗而不得声者则置之,谓之逸诗,如《河水》《祈招》之类,无所系也。今乐府之行于世者,章句虽存,声乐无用,崔豹之徒,以义说名,吴兢之徒,以事解目,盖声失则义起,其与齐、鲁、韩、毛之言诗无以异也。"①郑樵感念"乐府之道,或几乎息矣",故重新为乐府分类论说。

《乐府总序》以乐府音乐属性先三分为正声、别声、遗声。正声皆以入乐,分风、雅之声与颂声两种:《短箫铙歌》《鞞舞歌》《拂舞歌》《鼓角横吹》《胡角》《相和歌》《吟叹》《四弦》《平调》《瑟调》《楚调》《大曲》《白纻歌》《清商》十四类二百五十一曲系之正声,即风、雅之声;《郊祀》十九章、《东都》五诗、梁十二雅、唐十二和凡四十八曲,亦系之正声,即颂声②。

别声虽入乐,然非"正乐之用",故与正声不同。汉三侯之诗、汉房中之乐、隋房内之乐、梁十曲、陈四曲、北齐二曲、唐五十五曲共七类九十一曲,系之别声。又因"古者,丝竹与歌相和,故有谱无辞。所以,六诗在三百篇中,但存名耳。汉儒不知,谓为六亡诗也。琴之九操十二引,以音相授,并不著辞。琴之有辞,自梁始。舞与歌相应,歌主声,舞主形,自六代之舞至于汉魏,并不著辞也,舞之有辞,自晋始。今之所系,以诗系于声,以声系于乐,举三达乐,行三达礼,庶不失乎古之道也"③,将琴五十七曲归为"正声之余",舞二十三曲归为"别声之余"④。

①（宋）郑樵:《乐府总序》,（宋）郑樵:《通志》卷49,第625页。
②实为十五类,漏"相和歌清调六曲"一种。
③（宋）郑樵:《乐府总序》,第625页。
④（宋）郑樵:《乐府总序》,第625页。

　　遗声因不得声,皆为不入乐的逸诗,故而别于正声、别声。遗声以"义类"相属,分"古调""征戍""游侠""行乐""佳丽""别离""怨思""歌舞""丝竹""觞酌""宫苑""都邑""道路""时景""人生""人物""神仙""梵竺""蕃胡""山水""草木""车马""鱼龙""鸟兽""杂体"二十五门。

　　从《乐府总序》正声、别声所分二十七个类目名称来看,多继承沿用释智匠《古今乐录》、吴兢《乐府古题要解》等以音乐曲调类型差异区别分类的方法,正声之余与别声之余亦如是。遗声所录既失其声,郑樵只能以"义"类相属,而其所分二十五门目则与刘次庄《乐府集》颇为相像。郑樵将五十二个乐府二级类目分属于正声、别声、遗声之下,正声、别声以音乐曲调分类,遗声以题材区分,表面上看似复杂繁琐,分类标准和分类方式亦不尽统一,实则其分类兼顾乐府入乐与否这一属性,且以礼乐之本,分风、雅、颂。

　　郑樵以乐府乃继三代之作,而三代"礼非乐不行,乐非礼不举"[1]。自古以来,"古之达礼三,一曰燕,二曰享,三曰祀。所谓吉凶军宾嘉,皆主此三者以成礼。古之达乐三,一曰风,二曰雅,三曰颂"[2]。孔子担心后人不晓风雅颂之别,重新编次《三百篇》而正之:"列十五国风,以明风土之音不同;分大小二雅,以明朝廷之音有间;陈周、鲁、商三颂之音,所以侑祭也。"[3]既而汉魏嗣兴,则有风雅不分,雅颂无别,"次则颂亡,次则礼亡","乐之失也,自汉武始,其亡也,自魏始;礼之失也,自汉明始,其亡也,自梁始。

---

① (宋)郑樵:《乐府总序》,第625页。
② (宋)郑樵:《乐府总序》,第625页。
③ (宋)郑樵:《乐府总序》,第625页。

礼乐沦亡之所由,不可不知也"①。郑樵以"郊祀,大事也,神事也;燕飨,常事也,人事也。旧乐章莫不先郊祀而后燕飨,今所采乐府反以郊祀为后,何也? 曰:积风而雅,积雅而颂,犹积小而大,积卑而高也"②之由厘正史家编次之失,于《乐略第一》采用"正声之风雅之声""遗声""正声之颂声"和"别声"的编排顺序,又将"正声之颂声"改称为"祀飨正声","别声"改称为"祀飨别声",由此可见郑樵此类编次顺序已然隐含以风、雅、颂三分乐府之意,彰明礼乐沦亡之道,凸显乐府诗歌的礼乐属性。

第二节　《乐府诗集》分类特色与乐府观念

《乐府诗集》一百卷,宋郭茂倩编,收录上起陶唐,下迄五代之乐府五千二百九十首,是宋前乐府的集大成之作。《郡斋读书志》著录曰:

> 《乐府诗集》一百卷。
>
> 右皇朝郭茂倩编次。取古今乐府,分十二门:郊庙歌辞十二,燕射歌辞三,鼓吹曲辞五,横吹曲辞五,相和歌辞十八,清商曲辞八,舞曲歌辞五,琴曲歌辞四,杂曲歌辞十八,近代歌辞四,杂谣歌辞七,新乐府辞十一,通为百卷,包括传记、辞曲,略无遗轶。③

郭茂倩《乐府诗集》将宋前乐府分为十二门类:

郊庙歌辞,祭祀之歌辞,多用于祭祀天地、太庙、明堂、籍田、

---

①(宋)郑樵:《乐府总序》,第 625—626 页。
②(宋)郑樵:《祀飨正声序论》,《通志》卷 49,第 633 页。
③(宋)晁公武撰,孙猛校证:《郡斋读书志校证》卷 2,第 96 页。

社稷等。可分为祭祀天地神明之郊乐与祭祀祖宗宗庙之庙乐,诸如《郊祀歌》祭祀天地,《安世房中歌》祭颂祖宗宗庙等。

燕射歌辞,宴会之歌辞,多用于朝廷飨宴与大射之时。可分为亲宗族兄弟的天子饮食之乐、亲四方宾客的天子燕飨之乐以及亲古旧朋友的大射辟雍之乐。

鼓吹曲辞,原为短歌铙鼓的军乐,以箫、笳、鼓等为主要演奏乐器。后逐渐用于朝廷节日之会与帝王出行道路等场合,汉鼓吹曲《短箫铙歌》十八首即是。

横吹曲辞,北方少数民族传来之军乐,以鼓、角为主要乐器,于马上吹奏。《陇头》《关山月》十八首以及《梁鼓角横吹曲》六十余首即是。

相和歌辞,汉代民间街陌讴谣,以弦、管乐器丝竹相和而成。民歌由乐府采撷,是汉代俗乐的主要部分。相和歌辞平调、清调、瑟调自曹魏后发展迅速,成为相和歌辞主要部分。

清商曲辞,源出于相和歌辞中平调、清调、瑟调三部类,称清商三调。东晋时期流行将汉魏清商旧曲,配合南方民歌和文人拟作,发展成清商新声歌辞,吴声、西曲即属此类。

舞曲歌辞,配合舞蹈演唱之歌辞,分用于郊庙朝飨之雅舞和起源于民间后用于宴会之杂舞。

琴曲歌辞,以琴配奏之歌辞,分五曲、九引、十二操等。

杂曲歌辞,因其数量众多、内容庞杂,且曲调配乐情况不明,不宜归属以上八类,而总以杂曲歌辞言之。

近代曲辞,所录皆为隋唐时代燕乐杂曲歌辞。燕乐为隋唐时期融汇南北胡乐、清乐、民间散乐而成的新俗乐,因其所收歌辞年代距宋较近,故而以“近代”名之,以区别于旧音乐系统的隋前“杂曲歌辞”。

杂歌谣辞，所录皆为历代不配乐之徒歌、歌、谶、谚语等。

新乐府辞，即唐人新题乐府诗，文辞、体式拟乐府，而题目、题材皆为重新创造且不配乐的"即事名篇"之作。

唐宋时期，乐府题解著作成为乐府理论建构和批评研究的重要表现形式。郭茂倩的《乐府诗集》正是集乐府题解与乐府歌辞为一体的乐府诗歌总集。前文已述，《乐府诗集》采用依类系调，依调系辞的编录法则，将所录乐府以音乐曲调不同大致分为十二类。每一类前有总序，援引历代乐书典籍文献来辨析各类的源流演变，大类总序之下再分小类，小类亦有序，序解小类的分类标准以及乐制沿革等内容。各小类皆由不同时期众多曲调名称以及歌辞组成，每一曲调下皆有题解，释其本事本义以及拟作等项，同一乐府曲调下的具体乐府歌辞则以时代先后顺序编次，先古题歌辞后拟作歌辞。

一、《乐府诗集》类目设置与分类标准

从类目名称以及总序题解来看，《乐府诗集》将宋前乐府划分为十二类，大致沿用了释智匠《古今乐录》、吴兢《乐府古题要解》以音乐曲调差异区分类别的标准。《古今乐录》辑存文献所提及六类以及相关类目，今皆在《乐府诗集》之中，而《乐府古题要解》中除"杂出诸家文集亦有非乐府所作者"外，"乐府相和歌""乐府鞞舞歌""乐府拂舞歌""乐府白纻歌""乐府铙歌""乐府横吹曲""乐府清商曲""乐府杂题""乐府琴曲"亦为《乐府诗集》所接纳包容。

《乐府诗集》中"郊庙歌辞""燕射歌辞"则沿用东汉明帝"汉乐四品"之法。先援引"郊庙歌辞"总序如下：

　　《周颂·昊天有成命》，郊祀天地之乐歌也，《清庙》，祀太庙之乐歌也,《我将》,祀明堂之乐歌也,《载芟》《良耜》,藉田社稷之乐歌也。然则祭乐之有歌,其来尚矣。两汉已后,世有制作。其所以用于郊庙朝廷,以接人神之欢者,其金石之响,歌舞之容,亦各因其功业治乱之所起,而本其风俗之所由。武帝时,诏司马相如等造《郊祀歌》诗十九章,五郊互奏之。又作《安世歌》诗十七章,荐之宗庙。至明帝,乃分乐为四品:一曰《大予乐》,典郊庙上陵之乐。郊乐者,《易》所谓"先王以作乐崇德,殷荐上帝"。宗庙乐者,《虞书》所谓"琴瑟以咏,祖考来格"。《诗》云"肃雍和鸣,先祖是听"也。二曰雅颂乐,典六宗社稷之乐。社稷乐者,《诗》所谓"琴瑟击鼓,以御田祖"。……按郊祀明堂,自汉以来,有夕牲、迎神、登歌等曲。宋、齐以后,又加裸地、迎牲、饮福酒。唐则夕牲、裸地不用乐,公卿摄事,又去饮福之乐。安、史作乱,咸、镐为墟,五代相承,享国不永,制作之事,盖所未暇。朝廷宗庙典章文物,但按故常以为程式云。①

又"燕射歌辞"总序云:

> 《周礼·大宗伯》之职曰:"以饮食之礼亲宗族兄弟,以宾射之礼亲故旧朋友,以飨燕之礼亲四方之宾客。"……凡正飨,食则在庙,燕则在寝,所以仁宾客也。《仪·燕礼》曰:"工歌《鹿鸣》《四牡》《皇皇者华》。笙入,奏《南陔》《白华》《华黍》。乃间歌《鱼丽》,笙《由庚》;歌《南有嘉鱼》,笙《崇丘》;歌《南山有台》,笙《由仪》。遂歌乡乐:《周南》,《关雎》《葛覃》《卷耳》;《召南》,《鹊巢》《采蘩》《采蘋》。"此燕飨之有乐也。《大司乐》曰:"大射,王出入奏《王夏》,及射令奏《驺虞》,诏诸

---

① (宋)郭茂倩:《乐府诗集》卷1,北京:中华书局,1979年,第1—2页。

侯以弓矢舞。"《乐师》:"燕射,帅射夫以弓矢舞。"《大师》:"大射,帅瞽而歌射节。"此大射之有乐也。《王制》曰:"天子食,举以乐。"《大司乐》:"王大食,三宥,皆令奏钟鼓。"汉鲍业曰:"古者天子食饮,必顺四时五味,故有食举之乐,所以顺天地、养神明、求福应也。"此食举之有乐也。《隋书·乐志》曰:"汉明帝时,乐有四品。其二曰雅颂乐,辟雍飨射之所用。则《孝经》所谓'移风易俗,莫善于乐'。《礼记》曰:'揖让而治天下者,礼乐之谓也。'三曰黄门鼓吹,天子宴群臣之所用。则《诗》所谓'坎坎鼓我,蹲蹲舞我'者也。"①

"郊庙歌辞""燕射歌辞"从"汉乐四品"中"太予乐""周颂雅乐"中出,而"黄门鼓吹"以及下属"短箫铙歌",郭茂倩则改立"鼓吹曲辞"和"横吹曲辞"两类中,如"鼓吹曲辞"序解即云"鼓吹曲,一曰短箫铙歌"②。可见"郊庙""燕射"歌辞之分,沿用汉以来以礼乐制作为基础的乐府分类之法。

"杂歌谣辞"取历代"歌""讴""谣""谶"为一编,归类于乐府徒歌,虽其中所收多后人伪托,然其辑存古歌谣谚之功颇佑后人。

《乐府诗集》十二类目,若从乐府题出现的历史时代——隋唐为界限,则可分为古题、新题两个部分。前九类所录皆为隋唐以前乐府古题歌辞及其后代拟作歌辞,这其中,除"近代曲辞""杂歌谣辞""新乐府辞"外,皆以音乐曲调以及礼乐制作而分。古题乐府之分类序解,多依历代正史乐志以及《永嘉三年正声技录》《大明三年宴乐技录》《古今乐录》。隋唐时期新题乐府按其入乐与否分为"近代曲辞"与"新乐府辞"。诚如清代钱良择所云,《乐府诗

---

① (宋)郭茂倩:《乐府诗集》卷13,第181—182页。
② (宋)郭茂倩:《乐府诗集》卷16,第223页。

集》"分隋、唐杂曲为近代曲辞,以别于古而不列之新乐府,以其皆有所本,皆被于乐,与古不异也"①。"近代曲辞"实为隋唐燕乐系统的杂曲歌辞,以区别于隋唐前"杂曲歌辞"。而同为新题乐府之"新乐府辞"收录对象以初唐谢偃、长孙无忌、刘希夷为始,涵盖众诗家唐世新歌,因其皆不入乐,而别于"近代曲辞"。

二、《乐府诗集》类目排列顺序

　　《乐府诗集》十二类先乐府古题之"郊庙歌辞""燕射歌辞""鼓吹曲辞""横吹曲辞""相和歌辞""清商曲辞""舞曲歌辞""琴曲歌辞""杂曲歌辞",后乐府新题之"近代曲辞""新乐府辞";古题之中,先"鼓吹曲辞"后"横吹曲辞",先"相和歌辞"后"清商曲辞",盖因后者皆从前者独立而出,大致遵循歌辞产生的先后顺序。而将"杂歌谣辞"与"新乐府辞"置于后,则体现了郭茂倩以音乐性由强至弱编次排列类目的标准。

　　在另外一个层面上,同为收录古题乐府,《乐府诗集》以"郊庙歌辞""燕射歌辞"居首,"鼓吹曲辞""舞曲歌辞"位后,则体现了郭茂倩以礼仪性强弱观念顺次,按礼乐之作官署与应用场合编排作品之意。郊庙歌辞、燕射歌辞多用于祭祀天地神明宗庙社稷和朝廷燕飨大射之时,相对来说,鼓吹曲辞虽与朝廷仪仗之乐相关,然后渐用于朝廷节日之会与帝王出行道路等场合,其仪式性相对较弱。至于相和歌辞、清商曲辞本源于民间,故列于后。

　　元末李孝光评价《乐府诗集》十二类目排列顺次曰:"太原郭茂倩所辑乐府诗百卷,上采尧舜时歌谣,下迄于唐,而置次起汉郊

---

① (清)钱良择:《唐音审体》,(清)王夫之等:《清诗话》,上海:上海古籍出版社,1978年,第779页。

祀,茂倩欲因以为四诗之续耳。郊祀若颂,铙歌鼓吹若雅,琴曲杂诗若国风。"①《乐府诗集》十二类目的排列顺序,大致上体现了先"颂"后"雅"再"风"的编次观念。事实上从宋代开始,以《诗经》六义之风、雅、颂来划分和解说乐府之说已然盛行。郑樵《通志·乐府总序》以为"今乐府之行于世者,章句虽存,声乐无用,崔豹之徒,以义说名,吴兢之徒,以事解目,盖声失则义起,其与齐、鲁、韩、毛之言诗无以异也"②。郑樵正声类"风雅之声""颂声"两类目已有以风、雅、颂三分乐府之意。可见,元人李孝光将郊庙歌辞、铙歌鼓吹曲辞、琴曲杂诗比附"颂""雅""国风"之说,亦有合理之处。

综上所述,《乐府诗集》十二类之分,既尊重了乐府发展的历史,体现了音乐曲调的发展变化过程。郭茂倩注重乐府音乐属性的同时,亦保存了乐府歌辞失声之后的徒歌文献,在清晰地呈现乐府古题发展全貌的基础上又包容了唐人新题乐府。总的来说,《乐府诗集》类目设置与分类详明而不繁琐,后世的乐府总集分类虽与是书不尽一致,然大抵不出此本。《乐府诗集》"郊庙歌辞""燕射歌辞""鼓吹曲辞""横吹曲辞""相和歌辞""清商曲辞""舞曲歌辞""琴曲歌辞""杂曲歌辞""近代曲辞""杂歌谣辞""新乐府辞"类目排列顺序所隐含的"颂""雅""风"三分乐府之意,在后世总集乐府类目排序中多加以转化运用,形成多样的乐府类目序列。更有甚者,如《九代乐章》《乐府广序》等直接将乐府作品各系于"风""雅""颂"之下,在《乐府诗集》所建立的以"音乐曲调"为标准类分

---

① (元)李孝光:《〈乐府诗集〉序》,《五峰集》卷 1,《景印文渊阁四库全书》集部,第 1215 册,第 92 页。

② (宋)郑樵:《乐府总序》,第 625 页。

乐府之外,建立起以《诗经》"风""雅""颂"三分乐府的分类体例。

第三节　《乐府诗集》与后世总集乐府分类

　　自晋以来,乐府由之前以礼乐制作与应用场合作为分类依据,逐渐演变为依音乐曲调划分的标准。《乐府诗集》正是晋宋以来以音乐曲调分类乐府诗歌的集大成之作。元明清时期乐府总集,如《古乐府》《乐府原》《古乐苑》类目名称设置与类目排序皆取法于《乐府诗集》,《九代乐章》《乐府广序》分类所体现的通过比附《诗经》"风""雅""颂"三分乐府的倾向,也与《乐府诗集》密切关联。下文试论之。

一、《古乐府》《乐府原》《古乐苑》的"乐府"分类

　　《古乐府》,十卷,元左克明辑。左克明于《序》中溯源汉魏乐府发展状况,指出汉武帝采诗入乐为乐府文体产生之时,明确"诸乐舞之有曲与夫歌辞可以被之管弦者"[1],乃可谓之乐府。乐府于历史流传中"古乐废缺",唯三代六朝之间"古意略存",颇近《诗》旨,但乐府演变过程中古乐"日就泯没"之势却是不容置疑的事实。左克明所序,已然流露出其对于乐府古乐渐废的忧患之意。故其所著,正因"乐府之流传也尚矣,风化日移,繁音日滋,愚惧乎此声之不作也"[2]之故。左克明此编,明确提出"欲世之作者溯流穷原而不失其本旨"[3],即欲以总集选诗批评恢复古乐府传统之宗旨目的。元杨

---

①(元)左克明:《〈古乐府〉序》,(元)左克明:《古乐府》卷首,《景印文渊阁四库全书》集部,第1368册,第429页。
②(元)左克明:《〈古乐府〉序》,第429页。
③(元)左克明:《〈古乐府〉序》,第429页。

维桢、李孝先于泰定五年倡导以"宗唐复古"为标帜的"古乐府运动"，声势浩大，将唐人自创新题乐府划入"古乐府"概念范围之中，所创作的乐府诗歌体格"务造恢奇，无复旧格"①。左克明注重乐府诗歌"被之管弦"的音乐属性，强调古乐府之近《诗》之旨，而其所编"推本三代而上，下止陈隋，截然独以为宗"，并有"获罪世之君子"②之预感，可知左氏此编或与杨、李倡导"古乐府运动"有直接关联，此存一家之说。

《乐府原》，十五卷，明徐献忠编。献忠（1493—1569），字伯臣，华亭人，嘉靖四年（1525）举人，授奉化令。与何良修、董宜阳、张之象并称"四贤"。是书嘉靖四十年（1561）高应冕初刻，卷首有曹天佑序、徐献忠识，卷末有高应冕跋。万历三十七年（1609）张所望加以重刻，卷首有漳南郑怀魁《序》。通行版本为《四库存目丛书》影印明万历刻本。该书以"原以汉人乐府辞并后代之撰之异于汉人者，以昭世变"③为旨，收录汉魏六朝乐府并加以考证，兼有乐府歌辞编选、乐府题解与释乐府本义为一体的体例。徐献忠《乐府原》推崇汉代古乐府的古辞古意，而对于后世拟乐府者"各以意见，不能尽白其义"多有不满，诸如六朝靡丽之作，编者贬抑最甚。是书选取郭茂倩《乐府诗集》、左克明《古乐府》所录乐府④，曲调题目"各原其本意"加以纂释。释原之文，除采录前人

---

① （清）永瑢等：《四库全书总目》卷188，第1710页。
② （元）左克明：《〈古乐府〉序》，第429页。
③ （明）徐献忠：《〈乐府原〉序》，《四库存目丛书》集部，第303册，济南：齐鲁书社，1997年，第729页。
④ 徐献忠以"清商曲"为左克明"始集"，于左延年《秦女休兴》、傅玄《庞烈妇行》、曹植《当墙欲高行》等篇（以上诸篇左克明《古乐府》不载）加题注云："郭茂倩增录。"则是误以《乐府诗集》后出《古乐府》之故。

观点,多发献忠己见。王运熙先生斥其所释曲调"大抵无所根据,漫为臆说","解释词句,亦多纰缪"①。

《古乐苑》,明梅鼎祚编。梅鼎祚(1549—1615),字禹金,号胜乐道人,宣城人。《古乐苑》外,另编有《唐乐苑》《汉魏八代诗乘》《历代文纪》等。是书有万历十九年宛陵刻本,五十八卷,其中正编五十二卷,前卷一卷,衍录三卷,目录二卷。衍录三卷包括总论二卷、历代名氏一卷②。《四库全书》本五十九卷,衍录四卷,增历代乐府评解、驳议等杂纪类语一卷。

汉立乐府,魏晋六朝始变,再变于唐。对这一乐府流变过程,后世多有认同,历代乐府总集整理编纂,于选录作品、分类编纂体例上亦多有体现。宋郭茂倩《乐府总集》整理编纂宋前乐府歌辞作品,将隋唐乐府单独立为"近代曲辞""新乐府辞"两类;元左克明则直弃唐乐府不选,只以唐前之作为《古乐府》。上文已述,梅鼎祚以唐为界,分别辑录唐前乐府为《古乐苑》,唐代乐府别为《唐乐苑》(存佚不详),将唐前乐府与唐乐府区别开来。以上三部乐府总集沿袭《乐府诗集》所确立的以音乐类型分类编次作品的体

---

① 如论《房中歌》,以为楚声"每言着一兮字,盖怨欷之本声",《房中歌》无"感慨悲伤之旨",不当为楚声。唐山夫人,"汉时不闻有此人,想秦宫中之内史知文者,高帝收录之也";"《房中》之辞,不过'大海茫茫'以下四章,其余皆祀祖庙乐章,或为张苍所作",皆凿空之论。释相和歌辞"精列"题名为"精神之列","十五"为"十句之中而有五见",尤为穿凿附会。王运熙:《乐府诗述论》,北京:中华书局,2006 年,第 319 页。

② 万历十九年宛陵刻本在内容上与《四库全书》本的区别是:一是存有《古乐苑》总目录(前卷、上卷、下卷),便于梳理梅氏的增辑及删补情况;二是存有凡例二十八则,有利于了解梅鼎祚的编纂及批评思想;三是存有万历辛卯年汪道昆《〈古乐苑〉序》。

例，在具体的类目设置和排序上亦略有别。下文通过梳理三集不同的分类体例特点，来呈现编者的纂集宗旨和分类观念。

（一）《古乐府》的分类体例

左克明录隋前古乐府辞为《古乐府》，采用集乐府分类序解、乐府歌辞题解与歌辞并录的体例形态，八类之下各有总序，援引历代史志、乐书以及乐府题解等典籍文献，来辨述各类乐府在国家礼乐制作以及音乐曲调变革中的源流演变；各类之中，每一曲调歌辞下有题解，释其本事本义以及后世流传之中拟作、演变的情况，同一曲调之中先录乐府古辞，再次以拟作乐府，拟作以时间先后顺序按上古、三代、春秋战国、两汉、魏晋、南朝、北朝依次编排。

《古乐府》后出于《乐府诗集》，故后人多将之与《乐府诗集》比较评定，清人冯班即有"郭茂倩《乐府诗集》为诗而作，删诸家乐志作序，甚明而无遗误，作歌行乐府者，不可不读。左克明《乐府》，只取堪作诗料者，可便童蒙学诗者读之"①之论。冯班认为《乐府诗集》收录相对成熟乐府诗歌，故为后之"作歌行乐府者"必读之书，而《古乐府》则以录作诗材料而供"童蒙学诗者读之"；二者收录乐府歌辞，前者注重成熟流变之作，后者注重古辞本源。《四库全书总目》认为"郭书务穷其流，故所收颇滥"，"此集务溯其源，故所重在于古题古词，而变体拟作，则去取颇慎，其用意亦迥不同"②。季锡畴于元刻本跋言："宋郭茂倩有《乐府诗集》，考核为详，左氏此书与郭氏互有出入，郭下及于唐，此专取陈隋以上。一考其流，一

①（清）冯班：《钝吟杂录·古今乐府论》，（清）王夫之等：《清诗话》，上海：上海古籍出版社，1978年，第39页。

②（清）永瑢等：《四库全书总目》卷188，第1710页。

溯其源也。"①亦论二书编纂宗旨以及收录作品不尽相同之处。

1.《古乐府》的乐府分类

《古乐府》收录隋以前古题乐府古辞以及古题变体拟作,分"古歌谣辞""鼓吹曲辞""横吹曲辞""相和曲辞""清商曲辞""舞曲歌辞""琴曲歌辞""杂曲歌辞"八类。

首先,从分类方式上来看,清人王谟指出:"郭茂倩所编次《乐府诗集》一百卷,分十二门,包括传记辞曲,略无遗轶,大率据此书(注:《古今乐录》)及吴兢《乐府解题》为多。"②《古乐府》八个类目与吴兢《乐府古题要解》、郭茂倩《乐府诗集》、周巽《历代乐府诗辞》③等类目略有不同,但其分类方式却大致沿用晋宋以来的分类传统,以乐府音乐曲调为基础加以分类。这种分类方法与郭茂倩《乐府诗集》颇相一致。

其次,从类目设置来看,《古乐府》八个类目,几乎全部来源于《乐府诗集》,唯一不同的是"杂歌谣辞"更名为"古歌谣辞"。《乐府诗集》其他四类,《古乐府》未见著录,具体缘由如下:

首先,重古辞古意而不录隋唐乐府。

《古乐府》选录作品上溯三代歌谣,下迄陈隋,又独重乐府古题古辞,于拟作选录颇为精审,故而类目相较于《乐府诗集》少了

---

① (清)季锡畴:《〈古乐府〉跋》,(元)左克明:《古乐府》,元至正刻本。

② (清)王谟辑:《汉魏遗书钞》,《续修四库全书》子部,第 1199 册,第 693 页。

③ 《拟古乐府序》云:"余读太原郭茂倩所辑乐府诗,上自唐虞三代歌谣,下逮汉、魏、晋、宋、齐、梁、陈、隋、唐君臣所拟诸体乐曲歌辞,凡百卷,渊乎博哉,服膺夕久。粗会其意,因以汉鼓吹、横吹、相和、清商、舞曲、琴曲、杂曲并近代新乐府辞,仿其体制,杂以平昔见闻,积成百有五十四篇。"(元)周巽:《拟古乐府序》,《性情集》卷 1,《景印文渊阁四库全书》集部,第 1221 册,第 2 页。

收录隋唐乐府的"近代曲辞""新乐府辞"。左克明称"唐人祖述尚多，非敢弃置，盖世传者众，弗赖于斯"，左氏以为六朝后乐府"渐流于新声"，"留连光景者有间矣"①，与复古乐府古意的编纂宗旨不合，故不选。左克明尚乐府古辞古意，同时代的吴莱亦有此意，吴莱编《乐府类编》时，于序中即有唐人"欲求其如汉魏之古辞者少矣"，故选诗"诚以古辞重也"②。《古乐府》录乐府歌辞、谣辞八百二十一首，古辞有四百二十五首之多，可见左克明对古辞的重视。左克明以恢复古乐府传统为旨向，强调乐府古辞古意，隋唐以后的乐府概不收录。

其次，弃郊庙歌辞、燕射歌辞之颂声而不录。

自汉武帝立乐府，以乐府承担郊祀之礼的配乐之职，采民歌之调制作颂神歌，至明帝，明确将典郊庙、上陵、殿诸食举的大予乐与典辟雍、乡射、六宗、社稷的《周颂·雅乐》列入"汉乐四品"之中，"郊庙歌辞"与"燕射歌辞"即已成为乐府的重要组成部分。吴兢《乐府古题要解》将"郊庙歌辞"剔除，郭茂倩《乐府诗集》为系统总结宋前乐府发展流变，类目分类依据在音乐曲调类型的基础上兼礼乐之作与乐器演奏实践的差异，设有"郊庙歌辞"与"燕射歌辞"两类。左克明弃乐府郊庙、燕射歌辞不录，实际上是把先秦以来祭祀天地神明、宗族祠庙以及辟雍燕射之颂声排除于乐府之外。

前文已述，左克明此编与杨维桢、李孝先等倡导"古乐府运动"有直接的关联。杨维桢等倡导的乐府诗歌在观念上将唐人自

---

① (元)左克明:《〈古乐府〉原序》,第429页。
② (元)吴莱:《〈乐府类编〉后序》,《渊颖集》卷12,《景印文渊阁四库全书》集部,第1209册,第205页。

创新题乐府划入"古乐府"的概念范围之中,所创作的乐府诗歌体格"务造恢奇,无复旧格",强调有悖于传统诗歌之雅道的个性化因素,给元中期所崇尚的"雅正"诗风带来极大的冲击。元代中期诗坛提倡的"雅正"诗风,实际上正是"风雅之正",戴良即有本朝"得夫风雅之正声,一扫宋人之积弊"①之说。总的来说,他们以《诗经》的风雅传统要求诗"须要寓意深远,托词温厚,反复优游,雍容不迫。或感古怀今,或怀人伤己,或潇洒闲适。写景要雅淡,推人心之至情,写感慨之微意,悲怀含蓄而不伤,美刺婉曲而不露,要有《三百篇》之遗意方是"②。《毛诗序》所倡导的风、雅教化传统,为后世论诗所重,元中期以来的"雅正"之风,正是以《诗经》风、雅为标准的。

　　左克明于《〈古乐府〉原序》中偏重乐府古辞古意,"凡其诸乐舞之有曲与夫歌辞可以被之管弦者,通其前后,俱谓之乐府",三代与六朝之间乐府"虽世降不同而时变可考,纷纷沿袭,古意略存","或因意命题,或学古叙事,尚能原闺门衽席之遗,而达于朝廷宗庙之上,方《三百篇》之诗为近"③。左克明将古乐府古意与《诗经》的风雅传统紧密结合起来,在取舍上相较于《乐府诗集》,删去郊庙歌辞和燕射歌辞之颂诗,而保留鼓吹曲辞、横吹曲辞以及少量古歌谣辞中的雅诗,另外还存录相和曲辞、清商曲辞、舞曲歌辞、琴曲歌辞和杂曲歌辞以及大部分古歌谣辞的风诗。

---

① (元)戴良:《〈皇元风雅〉序》,(元)戴良著,李军等校点:《戴良集》,长春:吉林文史出版社,2009 年,第 325 页。

② (元)杨载:《诗法家数·五言古诗》,(清)何文焕:《历代诗话》,北京:中华书局,1981 年,第 731 页。

③ (元)左克明:《〈古乐府〉原序》,第 429 页。

　　再次,从类目排列顺序来看,《古乐府》乐府八类,大致以各类曲调产生的先后顺序编排。古歌谣辞产生最早,故置于卷首;横吹曲辞、清商曲辞原出于鼓吹曲辞、相和歌辞,置于二者之后;舞曲歌辞、琴曲歌辞产生相对较晚,则居于清商曲辞之后。

　　所不同的是,《乐府诗集》并未强调古歌古辞,其中所列"杂歌谣辞"一类,收录历代歌讴谣谶之作。《古乐府》"古歌谣辞"多见于《乐府诗集》"杂歌谣辞",然如《子产歌》《五子歌》《庚癸歌》等系为左克明独录。《古乐府》将"古歌谣辞"置于卷首,除因产生时间最早外,左克明更以"发乎自然"①而看重。左克明以复归古乐府传统为编纂宗旨,将"古歌谣辞"置于卷首,体现其崇尚古诗古歌的原生态。鼓吹曲辞、横吹曲辞、相和歌辞、清商曲辞、舞曲歌辞、琴曲歌辞之属,颇与音乐曲调、乐器演奏实践相关联,将其置于"古歌谣辞"与"杂曲歌辞"之中,作为古乐府的主体部分。"杂曲歌辞"收录历代"或情思之所感,或宴游之所发,或叙离别悲伤之怀,或言征战行役之苦"②之作。因历代丧乱,声辞亡失既多,所录既有"名存义亡,不见所起,而有古辞可考者",又有"古辞已亡,而后人继有拟述者",或因意命题、学古叙事之作。《古乐府》将其置于最末,则因其不合"雅乐"而"渐流于新声"之故③。

　　《古乐府》将"古歌谣辞"置于前,"杂曲歌辞"置于后这一古乐府类目排列方式,体现了左克明注重"自然——古调——新声"这一乐府曲调发展流变过程,同时突出《古乐府》注重溯乐府之源、强调乐府古辞古意的编纂宗旨。

---

① (元)左克明:《古乐府》卷1,第430页。
② (元)左克明:《古乐府》卷10,第532页。
③ (元)左克明:《古乐府》卷10,第532—533页。

从《乐府诗集》类目排列顺序来看,郭茂倩较多受到国家礼乐制度以及汉魏以来乐府分类的影响,重颂、雅之诗。《古乐府》虽未如后人朱嘉征的《乐府广序》那样明确地以风诗、雅诗、颂诗区分所录乐府①,然其弃颂不录,只录风雅,且以"古歌谣辞"之风诗为先,"鼓吹""横吹"曲辞居后,体现了左克明重"风"之倾向。现《古乐府》所录,除"鼓吹""横吹"曲辞以及部分古歌辞尚属"雅诗",其余皆为风诗,约占所录总数的百分之八十。

2.《古乐府》分类建树与影响

《古乐府》在借鉴前人分类成果的基础上,通过删减、更改前人乐府类目名称以及变动类目排列的顺序,鲜明地体现出左克明欲以恢复古乐府传统,来纠正元代"古乐府运动"所带来的对于"雅正"诗风的偏离,其目的是复归《诗经》风、雅传统。

在分类方式上,《古乐府》继承以音乐曲调为基础的分类标准,充分尊重乐府曲调产生流变的历史发展,注重乐府古辞古意,溯乐府之源,将乐府比拟为承继《诗经》之作。中国古代典籍文献的乐府分类,经历了由汉魏以礼乐制作与乐器演奏为分类背景,发展到魏晋以来以音乐曲调为基础的分类方式,宋及以后逐渐出现以风、雅、颂、赋、比、兴之六义观念类比区分乐府的倾向。《古乐府》虽未以风、雅、颂区分乐府作品,然其弃"郊庙""燕射"歌辞之颂声不录,所录风、雅之诗,尤以"风"诗为重,则凸显左克明以

①《乐府广序·题辞》云:"夫六义存则诗存,六义亡则诗亡,诗亡则乐亡","相和清商五调伎,以杂曲新曲系之,当风始;燕射鼓吹横吹舞曲,以散乐系之,当雅始;其郊祀庙祀五帝明堂配飨,更以历代封禅雩蜡逸颂系之,当颂始。"(清)朱嘉征《乐府广序》卷首,《续修四库全书》集部,第1590册,济南:齐鲁书社,1997年,第362—363页。

风、雅、颂划分选录乐府之意,对后世选家编录、分类乐府产生重要影响。明末清初出现的将乐府作为六义之遗,并以风、雅、颂归纳分类乐府作品的方式,以及高度重视"风"诗的文学现象,与《古乐府》的分类关联密切。

　　(二)《乐府原》的分类体例

　　《乐府原》分乐府歌辞为"房中曲安世乐""汉郊祀歌""汉铙歌""横吹曲""相和歌""清商曲""杂曲歌辞""近代词曲"八类。

　　《乐府原》别分"房中曲安世乐"与"汉郊祀歌"两类,自有其用意。《唐山夫人房中曲》(又名《安世房中歌》)十七章,承继周代房中乐而加以改造,歌颂汉高祖刘邦文治武功,一改周代后妃之德主旨而以"德""孝"为教化,是宫廷礼乐文化的重要组成部分。《汉郊祀歌》是伴随着汉武帝定郊祀之礼、立乐府、采诗夜诵等一系列文化制度建设的产物。《汉郊祀歌》主要以建构"太一"神为核心的汉代神谱体系为目的,确立宗教神学意识形态在帝国统治的合理性,同时歌颂瑞应之物,宣扬国家强盛之天人感应,在此基础上追求生命永恒和长生不老。徐献忠将《乐府诗集》"郊庙歌辞"收录的"房中曲安世乐"与"汉郊祀歌"独立出来,各为一类,既有推崇汉初象征朝廷礼仪的宗庙雅乐之意,亦有意区别祭祀祖宗祠庙之"庙乐"与祭祀天地神明之"郊乐"二者之间的差异。

　　"近代曲辞"类,徐献忠自言其"乃因郭君编次之外稍加采录"①。至于"杂曲歌辞"类,左克明《古乐府》"用意周详可以想见",徐氏将其中"辞无意义,风华不存焉者"删去,并将"别卷可采

────────────

①(明)徐献忠:《乐府原》卷15,《四库全书存目丛书》集部,第303册,济南:齐鲁书社,1997年,第809页。

备者并入"①而成。

　　由此可见,《乐府原》不仅在采录乐府歌辞上多从郭茂倩《乐府诗集》、左克明《古乐府》,分类体例方式亦与二书相关联。《乐府原》八个类目中,"房中曲安世乐""汉郊祀歌"可归并为《乐府诗集》"郊庙歌辞"类,"汉铙歌"可归并为"鼓吹曲辞","横吹曲""相和歌""清商曲""杂曲歌辞""近代词曲"则与《乐府诗集》悉同。

　　《乐府原》重乐府古题古意,故重申《古乐府》"务溯其源,故所重在于古题古词,而变体拟作则去取颇慎"②之编撰标准,以"原"名集,则有原乐府本义、矫正后世拟古乐府偏离"始辞及本意之失"之意。《乐府原》中,"房中曲安世乐""汉郊祀歌""汉铙歌"所录皆汉乐府,"横吹曲""相和歌"皆源于汉代,故其所录几尽汉乐府。"清商曲"本为相和歌之一种,后因魏设"清商署"而独立成类,收录六朝之作。因此,仅从《乐府原》分类可知徐献忠推崇乐府歌辞古意之用心。《乐府原》推溯汉代乐府之源起,并对后世乐府出现的变化加以说明,集中所取后世拟作,亦与乐府原意不远,以明乐府之变。《乐府原》卷十五《祓禊曲》下注语有云:"凡唐人诸乐,随五音之调,取当时杂诗合调者填入之,而与制曲本意邈不相涉。盖或失其原辞而以补其音调,或有可者;若原辞尚存,而泛取名士他诗强合者,其不可必矣。集乐府诗类用此法,殊可嗤鄙。今予所取,必以咏及本题者。无使徒惑后人之观可也。苟无咏及本题,虽有集诗,类不录。"③由此可见,徐献忠选录作品的一个重要标准即是与乐府曲名和本事本义是否相符合。这与《乐府诗

---

①（明）徐献忠:《乐府原》卷14,第795页。
②（清）永瑢等:《四库全书总目》卷187,第1710页。
③（明）徐献忠:《乐府原》卷15,第812页。

集》秉持"凡歌辞考之与事不合者,但因其声而作歌尔"①的观念,
收录后世众多脱离曲名本事的拟乐府作品的做法颇有不同。《乐
府原》所录各曲调歌辞,皆一一探寻源起之本意,如卷八曹操《苦
寒行》则溯其原意为:"北人所苦莫甚于寒……祖业所由缔造艰
难,欲其后世子孙知而守之,其微意在此。"②乐府肇始之时,曲调
名称与歌辞内容本事本意颇相吻合,后世作品题材内容多与原题
相乖,特别是拟乐府作品往往脱离乐府原题内容题材的限制。对
此,徐献忠在《乐府原》中多加指责,如卷七在赞许陆机拟《猛虎
行》"殊得古意"后,对后世拟作"直言猛虎之恶,皆失其旨"③加以
批评,意为拟乐府应合乐府本事本意。

　　《乐府原》类目排列,先汉代《唐山夫人房中曲》(高祖)、汉郊
祀歌(武帝)、汉铙歌、横吹曲、相和歌,后魏晋六朝以来清商曲、近
代词曲,大致遵循曲调歌辞产生的先后顺序。《乐府原》类目排列
与《乐府诗集》取径一致,不仅在纵向发展上遵循乐府曲调歌辞的
历史轨迹,先"郊庙"后"铙歌""横吹",再"相和""清商""杂曲歌
辞""近代曲辞",亦有取鉴《乐府诗集》按礼仪强弱观念、礼乐之作
的应用场合不同来编排乐府之意。

　　《乐府诗集》以音乐曲调为基础分十二类,大类之下不再设
类,同一音乐曲调之下,不同时期众多曲调歌辞以及同一乐府曲
调下的具体乐府歌辞,以时代先后顺序编次。这一分类方法,后
世多沿用不衰。《乐府原》"相和歌""清商曲"之下,明确分列诸多
小类:"相和歌"细分"相和歌""吟叹曲""四弦曲""平调曲""清调

---

①（宋）郭茂倩:《乐府诗集》卷 87,第 1219 页。
②（明）徐献忠:《乐府原》卷 8,第 762—763 页。
③（明）徐献忠:《乐府原》卷 7,第 761 页。

曲""瑟调曲""楚调曲"七类,"清商曲"细分"吴声歌""西曲""江南弄""上云乐"四类。

《乐府原》之前,唯有郑樵进行多层分类。郑樵《通志》中以乐府之音乐属性先三分为正声、别声、遗声。正声皆以入乐,分风雅之声与颂声两种。汉三侯之诗、汉房中之乐、隋房内、梁十曲、陈四曲、北齐二曲、唐五十五曲七类"凡九十一曲,系之别声"。遗声,以"义类"相属,分二十五门。《通志》所确立的多级分类体系,将入乐"正声""别声"按曲调歌辞细分多小类,正声中风、雅之声二百五十一曲分为十五类,颂声二十八曲分《郊祀》《东都》、梁十二雅、唐十二四类,虽类目看似繁琐,然按曲调歌辞精细分类,多益于后人。

《乐府原》"相和歌""清商曲"细分类目的方式,与《通志·乐略》有相通之处。大类之下按曲调名称分类,其分类实质则亦与《乐府诗集》相似。郭茂倩《乐府诗集》十二大类之下收录各曲调歌辞,大致按时间先后编次,不予细分,而其实质乃以曲调名称分类,各个曲调下系录乐府歌辞。《乐府诗集》"清商曲辞"根据曲调名称可细分"吴声歌曲""西曲歌""江南弄""上云乐""梁雅歌"五类,而"相和歌辞"亦分"相和六引""相和曲""吟叹曲""四弦曲""平调曲""清调曲""瑟调曲""楚调曲""大曲"九种乐府曲调。

《乐府原》"相和歌""清商曲"各按曲调名称细分二级类目的做法,前人乐府总集未有采用。唯《通志·乐略》采用多级分类体系,然其一级分类本已超越音乐曲调本身,而以抽象礼乐"正""别""遗"三分,本身带有强烈的主观价值论定色彩。至于"正声""别声"之下,大致按曲调歌辞细分,却又沿用魏晋以来以音乐曲调为基础的分类传统,不同之处即将吴兢《乐府古题要解》类目加以细化并单独立类,如《鞞舞歌》外又有《拂舞歌》,《相和歌》后又列《吟叹》《四弦》《平调》《瑟调》《楚调》等类,此种做法对《乐府原》二级分类多有启发。然从分类方法以及分类思维来看,《乐府原》"相和歌""清商曲"下二级类目,与《乐府诗集》密切相关。《乐府原》选录《乐府诗集》"相和歌"九类曲调歌辞中七类,选录"清商曲"五类曲调歌辞中四类加以编录,并于目录和篇章编排中设置为二级类目。

　　(三)《古乐苑》的分类体例

　　《古乐苑》选录作品时段与左克明《古乐府》同。除前卷"古歌辞"一卷外,《古乐苑》正编五十二卷分类如下:

　　　　卷 1 至卷 5:郊庙歌辞;卷 6:燕射歌辞;

　　　　卷 7 至卷 8:鼓吹歌辞;卷 9 至卷 12:横吹歌辞;

　　　　卷 13 至卷 14:相和歌辞;卷 15 至卷 23:清商歌辞;

　　　　卷 24 至卷 27:舞曲歌辞;卷 28 至卷 30:琴曲歌辞;

　　　　卷 31 至卷 40:杂曲歌辞;卷 41 至卷 49:杂歌谣辞;

　　　　卷 50:杂曲歌辞;卷 51:仙歌曲辞;卷 52:鬼歌曲辞。

　　从以上类目设置来看,《古乐苑》总分乐府为十三类,相比于郭茂倩《乐府诗集》十二类目来看,《古乐苑》少了"近代曲辞"与"新乐府辞"两个类目,增"古歌辞"一类于卷首,添列"仙歌曲辞""鬼歌曲辞"两类于卷末。《乐府诗集》"近代曲辞""新乐府辞"收录隋唐新声乐府,《古乐苑》选文下限断至于隋,故此二类歌辞不在《古乐苑》收录范围之内。由此可见出《古乐苑》乐府分类、类目设置和类目排列编次上对于《乐府诗集》的承继性。

　　《古乐苑》文献资料上依《乐府诗集》而增辑之,其收录作品的年限用左克明《古乐府》例。汪道昆《〈古乐苑〉序》云:"《乐府》出郭茂倩,务博综以求全;《古乐府》出左克明,务典要而近古;各有所当,殊途同归。……《古乐苑》出梅禹金,斐然博雅君子,居常操《七略》、览百家……乃今所辑,密于郭,张于左……"①汪道昆在乐府歌辞文献的层面上肯定了梅鼎祚《古乐苑》的征辑成就,也在另一个层面上体现出《古乐苑》对于前人乐府总集的借鉴与超越。《古乐苑》收录"古歌辞"一卷冠于正集之中,与《古乐府》编次"古歌谣辞"于卷首的类目排列方式相关。

《古乐苑》"杂歌谣辞"收录"古歌""古谣"以及汉迄于隋之"歌""谣""谚"诸作,将"古歌辞"与"杂歌谣辞"区别开来。《古乐府》之"古歌谣辞",实为衍化《乐府诗集》"杂歌谣辞"而来并加以增补。然左克明将其从《乐府诗集》之卷后置于卷首,表现了《古乐府》"务溯其源""重古题古词"的编纂宗旨。

《古乐苑》将《弹歌》《皇娥歌》《白帝子歌》《被衣歌》《箕山歌》《赓歌》《皋陶歌》《卿云歌》《八伯歌》《帝载歌》《候人歌》《盒山歌》《五子歌》《炮烙歌》以及庄周《引声歌》、秦始皇《祠洛水歌》等五十首置于首端,与"郊庙""燕射""横吹""鼓吹""相和""清商""舞曲""琴曲""杂曲"歌辞尤其是"杂歌谣辞"区别开来,可见梅鼎祚对于"古歌"的重视程度。梅氏有云:

> 昔葛天《八阕》,爰乃皇时;黄帝《云门》,理不空绮;尧有《大唐》之咏,舜造《南风》之诗,大禹成功,九叙惟歌;太康败德,五子咸怨,其来久矣! 逮夫汉武崇礼,乐府始兴,自后郊庙、燕射悉著篇章,诸调杂舞多被丝竹,虽新声代变,厥有繇然。今故特录古歌庸置首简,其他琴曲歌谣,后各类次,不复繁兹。若夫《涂山歌》于候人,有娀谣乎飞燕,夏甲叹于东阳,

---

① (明)汪道昆:《〈古乐苑〉序》,《太函集》卷26,《四库存目丛书》集部,第117册,第346页。

殷辇思于西河,凡斯之属,名存辞佚,亦具纪焉。①

《古乐苑》后两卷立"仙歌曲辞""鬼歌曲辞"两类,收录"霞唱云谣、丹图绿字、列仙真诰"之文、"志怪述异"之诗。虽"仙曲歌辞"多后世依托之作,然其"指缘秘检,语率玄超,亦被筦弦,是名天乐",梅鼎祚"取其为歌吟者"②附录于后。"鬼歌曲辞"之属,梅鼎祚将其摘录编次却存而不论,体现了《古乐苑》逞博务奇的编纂宗旨。

二、《九代乐章》《乐府广序》的"乐府"分类

郑樵《乐府总序》注重乐府的礼乐属性,将乐府比拟成继承《诗》六义之作。《乐略第一》采用"正声之风雅之声""遗声""正声之颂声"和"别声"的编排顺序,又将"正声之颂声"改称为"祀飨正声","别声"改称为"祀飨别声",由此可见郑樵编次顺序已隐含以风、雅、颂三分乐府之意,彰明礼乐沦亡之道,凸显乐府的礼乐属性。自宋以来,以《诗经》六义之风、雅、颂来划分和解说乐府之说盛行。元人李孝光"置次起汉郊祀,茂倩欲因以为四诗之续耳。郊祀若颂,铙歌鼓吹若雅,琴曲杂诗若国风"③之论,隐约传达了《乐府诗集》类目排列的"颂""雅""风"三分之意,而明清乐府总集则直接将"风""雅""颂"设置为乐府类目,分类编纂,在刘次庄《乐府序解》以主题事类区分与郭茂倩《乐府诗集》以音乐曲调划分乐

---

① (明)梅鼎祚:《古乐苑》卷首,《景印文渊阁四库全书》集部,第 1395 册,第 3 页。
② (明)梅鼎祚:《古乐苑》卷 51,第 530 页。
③ (元)李孝光:《五峰集》卷 1,《景印文渊阁四库全书》集部,第 1215 册,第 92 页。

府之外,建立起以《诗经》"风""雅""颂"三分的乐府分类体例。

《九代乐章》二十三卷,明刘濂(1494—1567)辑。浙江图书馆藏有明嘉靖二十九年(1550)刻本,前有刘濂自序。刘濂高度重视诗乐之于"圣王理世修身"的治世之用,然而自孔子微言中绝,加以秦人之祸,九代之诗"儒者以文藻辞义相高""朝廷以淫声艳曲相尚"的风气渐趋成习,虽历世真儒举以西周礼乐为尚,然风、雅、颂大义已不可识;雅、颂、风诗五音六调具备,然"声音之道坏矣"①,故刘濂极言圣王之教"弊"于九代。后人不辨诗乐之义,述作风雅颂不分。后出总集选本亦诠择多病:《文选》诗歌多以题材内容分类,故"风雅无别";郭茂倩《乐府诗集》虽搜罗广博,然其沿用晋宋以来以音乐曲调为基础的乐府分类,"雅颂声调莫辨";郑樵《通志·乐略》虽有以风、雅、颂三分乐府之意,然将鼓吹铙歌列为列国之风、都人之雅,亦不"知音"。故刘濂此编,颇诩删选九代之诗乃是承续孔子删"诗"定篇之奥,以彰《诗三百》之意;又言"不举《三百》则九代无纪,而万世终无复雅颂之时"②。可知刘濂定位此本乃《诗经》之后不可或缺之选。

《乐府广序》,三十卷,清朱嘉征编。清远堂刻本全称为《汉魏乐府诗集广序》。朱嘉征于《〈乐府广序〉题辞》开篇即言"声音之道难通"③,而"诗之起,皆因于乐"④。自孔子删诗、定六诗之序、

①(明)刘濂:《〈九代乐章〉序》,(明)刘濂:《九代乐章》,《四库全书存目丛书》集部,第 300 册,济南:齐鲁书社,1997 年,第 738—739 页。

②(明)刘濂:《〈九代乐章〉序》,(明)刘濂:《九代乐章》,第 740 页。

③(清)朱嘉征:《〈乐府广序〉题辞》,《续修四库全书》集部。第 1590 册,上海:上海古籍出版社,2002 年,第 362 页。

④(清)黄宗羲:《〈乐府广序〉叙》,《续修四库全书》集部,第 1590 册,上海:上海古籍出版社,2002 年,第 360 页。

以乐正本后,《三百篇》皆可歌之作,"若考古制依咏之数,更唱迭和,节以钟磬鼗鼓,和以琴瑟笙箫,其所用与所感,自不容已"①。《诗经》以乐语教天下,然秦火后《乐经》佚亡,汉时所遗乐章寥寥。后世学者只通《诗经》之文,却不详其乐。诗与乐本相为表里,然诗三百以降,"诗与乐遂判为二",六义不明而音乐背驰②。汉立乐府,采诗配乐,承续上古礼乐传统,即乃"同节同和之本也"。自武帝定郊祀礼,立乐府,始以《郊祀十九章》为始,明帝汉乐府四品首曰"郊祀乐",历代皆因之。然诸如相和三调、清商三调,《汉书·艺文志》或失传,《晋书·乐志》亦不详,盖因永嘉之乱而礼乐废亡之故。面临"四始阙则六诗亡"③的历史事实④,何以称其乐府,即为朱嘉征此编首先要解决的问题。

乐府"原于忠臣孝子之心,发明于保定扶危之旨,良友贞妇、羁人逸士所谓寓意深远者,无不呼之欲出"⑤,尚离六义之教未远,后世多以乐府为嗣《诗经》之作。回顾历来乐府研究,《后汉

---

① (清)黄宗羲:《〈乐府广序〉叙》,第360页。
② (清)黄宗羲:《〈乐府广序〉叙》,第360页。
③ (清)朱嘉征:《〈乐府广序〉题辞》,第362页。
④ 《诗》大序有云:"是以一国之事,系一人之本,谓之风。言天下之事,形四方之风,谓之雅。雅者,正也,言王政之所由废兴也。政有大小,故有小雅焉,有大雅焉。颂者,美盛德之形容,以其成功,告于神明者也。是谓四始,《诗》之至也。"(汉)毛亨传,(汉)郑玄笺,(唐)孔颖达疏:《毛诗正义》,《十三经注疏》,北京:北京大学出版社,1999年,第16—19页。《诗经》四始之说,各家说法不一。孔颖达疏引郑玄答张逸云:"风也,小雅也,大雅也,颂也。人君行之则为兴,废之则为衰。"(汉)毛亨传,(汉)郑玄笺,(唐)孔颖达疏:《毛诗正义》,第19页。
⑤ (清)许三礼:《〈乐府广序〉序》,《续修四库全书》集部,第1590册,上海:上海古籍出版社,2002年,第358页。

书》《宋书》《晋书》《隋书》等正史乐志及王僧虔《大明三年宴乐技录》、张永《元嘉正声技录》《荀氏录》，又或唐吴兢《乐府古题要解》、郗昂《乐府古今题解》、沈建《乐府广题》、无名氏《乐府解题》以及刘次庄《乐府序解》、无名氏《乐府古题》等唐宋乐府解题类著作，其主要关注点皆以乐府音乐属性为主，后世乐府总集如郭茂倩《乐府诗集》、左克明《古乐府》、徐献忠《乐府原》亦从乐府音乐曲调编次乐府歌辞。历代乐府总集及其研究著作之编者以及读者皆基于一个习惯性的理解，即乐府诗与徒诗本质上的区别在于其音乐性。然乐府音乐因时乱亡而无征，其音乐品行也无从谈论。故明清乐府总集选诗编次时，转而关注乐府的伦理属性。

（一）《九代乐章》分类体例

《九代乐章》"独以声音为主"[1]，选汉、魏、晋、宋、齐、梁、后周、隋、唐九代之诗，分门编类，以风、雅、颂三分之。

1. "风""雅""颂"三分乐府

刘濂于序中言其分类之法，即取九代乐章中"奏于朝廷者为雅，宗庙者为颂，文人学者之作通为之风"[2]。风、雅、颂各类各有序题，如"小雅"类曰：

> 汉魏而下，以中主具臣而司制作之权，事不稽古，因就简陋，朝廷之上焉有雅乐雅诗？间有一二，不过大会行礼之节，食举上寿之文，亦小雅之余响耳。所谓大雅者，无闻矣。则九代殿廷朝会所陈，皆胡角俗部、丽辞艳曲也。见礼知政，闻乐知德，愧于先王多矣。

---

① （明）刘濂：《〈九代乐章〉序》，第739页。
② （明）刘濂：《〈九代乐章〉序》，第739页。

古叙主人乐宾之意,今述堂陛谀夸之文。古以《鹿鸣》五诗燕臣,臣以《天保》答君。今一燕之间,君臣宾主之义不分,饮食、祝颂之礼并行,古音制纯用四言,今缘袭汉魏乐府杂调,仅可为小雅之余响耳。《三百》之后言诗者,必曰九代。今二雅之义尚不能辨,才举小雅又复不纯,不知所谓诗者何物也?

礼乐二者,一贯之物也。读诗者,叹美周乐之盛而不知有礼以为之纪也,故曰:小雅,西周之典礼,大雅,西周之纪纲。后世无西周之典礼焉? 有《鹿鸣》诸什。无西周之纪纲焉? 有《文王》诸什。欲兴周乐者,先兴周礼。礼备乐亦备矣。①

刘濂以《诗经》中大雅小雅之别,衡量九代间存一二雅乐雅诗,发现大雅无闻,仅存小雅之余响,以此明确"小雅"立类标准。九代之诗为《三百》后之作,存录乐章"君臣宾主之义不分""饮食祝颂之礼并行",且其音制一变四言而缘袭汉魏乐府杂调。刘濂梳理九代雅诗发展流变历史,直谓汉魏无雅,而仅录晋、宋、北齐、梁、后周、隋、唐时乐章。刘濂重视雅乐雅诗的礼乐背景,周乐之盛乃因周礼纪纲之由,故欲兴周乐,必先兴周礼,可谓"礼备乐亦备"。

又如"颂"诗类,刘濂首先批评九代不识颂诗,其体格多风谣之变、骚坛旁音,其中又杂用"巫觋降神之语,浮华儇佻之词",徒有言辞而音调体制皆失,遂无古颂"美德告功幽严庄敬之义"②。"风"诗类,"风者,民谣也,随世道之好尚而为之者也"③。刘濂标

① (明)刘濂:《九代乐章》卷11,第795页。
② (明)刘濂:《九代乐章》卷17,第808页
③ (明)刘濂:《九代乐章》卷1,第740页。

榜《诗经》中《周南》《召南》以及十三国风皆"小人女子羁臣贱妾""古邃清远"之辞,肯定先王泽教之效。故其所采九代风诗,不以音制美恶为论,而以"当世好尚"为则,以得"先王采诗观风之意与夫子删定之微旨"①。

刘濂秉持诗乐圣教、理世修身之旨,以六义流别、《诗》之遗义衡量九代诗歌,以"声音"为主,选取的九代乐章分风、小雅(雅)、颂三类,各为之论。刘濂批判九代诸儒不明《诗》《乐》二经垂世之法,不识"风""雅""颂"诗辞大义、音律声制,故其选诗,亦有将《诗》《乐》经论与规劝君王治世结合起来,以《九代乐章》之风雅颂诗承继《诗经》之诗教理想。

2.重"风"诗

刘濂注重《诗》《乐》的礼乐圣教传统,风、雅、颂之中,"风"诗尤为刘濂所重。

(1)从选诗数量来看,《九代乐章》二十三卷,"风"诗独占十卷,"雅(小雅)"诗六卷,"颂"诗七卷。"风"诗,九代皆有入选,而"小雅"则选晋、宋、北齐、梁、后周、隋、唐七代之作,"颂"类选汉、晋、宋、齐、梁、陈、隋、唐八代之诗,究其原因,则与刘濂风雅颂类选录标准有关。

九代乐章为"《三百》之后言诗者"必曰之诗,而九代多不辨二雅之义,所陈之诗多胡角俗部丽辞艳曲,音调体制与古雅之诗不同,于雅诗"见礼知政,问乐知德"纪纲典礼之用多有不承,故刘濂所选仅为"小雅",九代之中惟取七代,汉魏无雅(小雅)②。刘濂批评九代多不识颂诗,其音声体制多风谣变体,而且言辞杂以巫

①(明)刘濂:《九代乐章》卷1,第740—741页。
②(明)刘濂:《九代乐章》卷11,第795—796页。

觋降神之语,浮华儇佻之词,与古颂之义相差万里,选诗标准严格。

相对来说,刘濂于"风"诗诠择标准则颇不相同。刘濂总结九代风诗声制有三大变:"汉去周未远,而古声制犹存,魏三祖大略因汉旧曲而稍出己意,西晋宗述二代,寡所创定,是汉魏西晋虽变于古而自为中原之音,一大变也;晋氏渡江之后,神州沦没于夷狄,南朝文物号为最盛,然民谣国俗皆化为吴楚新声,是东晋、宋、齐、梁、陈又变于中朝而为江左之音,此又一大变也。唐承隋氏,混一海宇,中朝旧曲,江左南音,兼总而会通之,遂为有唐一代之音,此又一大变也。"①九代"风"诗一变古音为汉魏西晋"中原之音"、东晋宋齐梁陈"江左之音"、隋唐"唐音",各随时代之好尚而变。相对于雅颂而言,九代"风"诗言辞、音制去古道远甚。刘濂虽自谓选风诗之难,然其所选又与雅颂不同:

> 或谓九代诗声制有极变者,何以不删? 予曰:风者,民谣也,随世道之好尚而为之者也。世之所尚在是矣,音制虽污浅,真风也,予焉得而删之? 所尚不在于是,音制虽雅正,非风也,予焉得而存之? 不必论其音制之美恶,但论其当世之好尚,庶得先王采诗观风之意与夫子删定之微旨矣!②

风诗既为"民谣"之义,九代各有其好尚之诗,故九代皆有风诗入选。这里,刘濂秉持另一选诗标准,则不以"音制"诠录,而以"世道之好尚"选诗。九代好尚不同,故其风诗亦有风雅、近俗之分。汉魏西晋多中原之曲,皆宫商音,诗乐"近雅近古";东晋而下则多为江左之曲,"始有徵羽音,故诗乐多近俗近淫"。刘濂如何通过

----

① (明)刘濂:《九代乐章》卷1,第741页。
② (明)刘濂:《九代乐章》卷1,第740—741页。

九代"风"诗之选,以达《诗经》采诗观风之意与孔子删《诗》之微旨呢? 这就涉及到刘濂对"风"诗中二分"里巷""儒林"的价值等级评判标准。

(2)"风"诗"里巷""儒林"二分。九代雅颂之诗以时代先后编次,"风"诗则又于各历史朝代之下,分"里巷""儒林"二类:

> 予于九代风诗,必分里巷、儒林二种,有见于是耳。里巷者,辞简意真,复协律吕,读之可知其世;儒林者,会诠古典,成一家之言。故高者才可入之里巷,而次者入之儒林,又下者即韵言矣。[1]

刘濂将九代风诗分里巷、儒林二类,其分类标准盖因二者文辞音制不同,里巷风诗文辞简练而意主真切,音声协于律吕,有观风知世之用;而儒林风诗,会诠古典,成一家之言,其文辞不类里巷风诗辞简意真。里巷、儒林之分,本风诗文辞音制不同而分,然刘濂以里巷诗为高者,儒林风诗次之,则寄寓其风诗的价值等级评判观念。

虽刘濂谓风诗乃民谣,然里巷、儒林二分却隐含风诗不尽出于民间之义。后世将乐府诗歌分"民间""文人"二种的做法,盖源于此[2]。刘濂此分,表面上看似有将九代风诗按诗人身份分类,而其实质则以音声体制而论。今"风"类所录历代作品,多文人儒士之作。汉代"里巷"之风诗,收录作品依次为汉高祖刘邦《大风歌》、四皓《采芝操》、刘邦《楚歌》、民间歌谣《画一歌》、赵玉友《幽歌》等,可见,并未以诗歌创作主体身份区分。

---

① (明)刘濂:《九代乐章》卷1,第740页。
② 曹涤非:《乐府之界说与分类》,《汉魏六朝乐府文学史》,北京:人民文学出版社,1984年,第14页。

　　刘濂寄寓里巷、儒林风诗高下等次之分,并在编次顺序上先录里巷之作,后儒林之诗,鲜明地体现了刘濂风诗价值评判标准。《诗经》风诗不分里巷、儒林,盖因意旨颇微,不易识别。九代世道愈降而风诗文辞任意放言,音制颇乖,难以诠择入编。刘濂欲以此编所选风诗,明古者先王采诗观风之意与孔子删诗之旨向,乃于分类编次上突出九代里巷风诗,肯定其"辞简意真""协于吕律"的文辞音制特点和"读者可知其世"的价值功用。"儒林"风诗,虽世道好尚之作,然终离《诗三百》风诗传统甚远。诚如刘濂所言,《诗经》、周、汉皆无诗人,汉诗近古,多为可歌之作;魏后始有诗人,而可歌者寥寥。由此可知,"无诗人而有诗者,感物而动,触而成声,所谓'诗言志,歌永言'者也。待诗人而有诗者,书生学子操觚染翰,以辞藻文义相高,始遗声音而论诗矣"①。有诗人之诗,即魏后之作,偏重文辞,不以礼乐音声之道论诗,反而以"气格"②为声调,则多不可取。"儒林"之作,多注重文辞之形,故而刘濂次于里巷风诗之下。

　　(3)从风、雅、颂诗编次顺序来看,刘濂九代乐章编排先"风",后"雅""颂",亦有重"风"诗之意。

　　刘濂九代之作,以音律声制为主,然其分类却与前人乐府总集分类颇不相同。以"风""雅""颂"分类,宋人郑樵《通志·约略》已肇其始,其"正声"之中分"风雅"之声与"颂声"两类。郑樵将风雅合为一体,以区别于"颂"诗,而"风雅"之声内部歌辞编次,先"雅"诗后"风"诗。《乐府诗集》十二类先"郊庙歌辞""燕射歌辞"后"相和歌辞""清商曲辞",其编次顺序若以《九代乐章》比附,乃

---

①(明)刘濂:《九代乐章》卷1,第741页。
②(明)刘濂:《九代乐章》卷1,第741页。

先颂、雅,后风诗。刘濂此本,先风诗,后雅、颂,以"辞简意真,复协律吕"的里巷之风秉持"风而无声焉,不可为风矣"之义,推重风诗采诗观风的礼乐圣教传统。

刘濂以声音为主,比附九代乐章为六义流别、《诗》之遗义,故仿《诗经》风、雅、颂三分的体例分九代乐章为风、雅、颂三类,一一为其序题,总论各类所分依据、删选准则和各个历史时期发展流变情形。《九代乐章》"风"诗尤为刘濂所重。从选诗数量来看,《九代乐章》总二十三卷,"风"诗独占十卷。从分类结构上看,"颂""雅"之下,各按历史朝代(九代)分类编排,如"颂"诗分汉、魏、晋、宋、齐、梁、北周、隋、唐九段,各代"颂"诗之下亦有小序,叙及该时段"颂"诗特点以及所选诗篇音调体制。具体乐章歌辞大致按时代先后顺序编排,一些歌辞名称下附有题解,如"雅(小雅)"类梁时《雅歌》辞名下即有"《古今乐录》曰:'梁有《雅歌》五曲,三朝乐第十五奏之'"①的题解引文,"风"类唐诗武瞾《如意娘》下注曰:"《乐苑》曰:'商调曲也,其实角音耳。'"②"风"诗又于各历史朝代之下,分"里巷""儒林"二类,推重风诗。

(二)《乐府广序》分类体例

朱嘉征秉持"六义存则诗存,六义亡则诗亡,诗存则乐存,诗亡则乐亡"③的观念,将《诗》之六义与诗、乐存亡密切联系起来。《乐府广序》中,朱嘉征抛开乐府的音乐曲调特质,以《诗经》六义、

---

① (明)刘濂:《九代乐章》卷14,第803页。
② (明)刘濂:《九代乐章》卷9,第777页。
③ (清)朱嘉征:《〈乐府广序〉题辞》,第362页。

四始之"风""雅""颂"来衡量并类分乐府,选取两汉迄唐乐府作品
以配"四始",各为之论。

> 要以国风为之首,余诵相和伎暨杂曲,两汉以后,风俗形
> 焉。乐书所谓周房中之遗声,其风之正变乎雅,为受厘陈戒
> 之辞,鼓吹曲兼三朝燕射食举,为王朝之雅矣。若夫郊祀庙
> 享之歌,所以美盛德之形容,颂也。①

朱嘉征以《诗经》"风""雅""颂"的体例区分乐府诗歌,以乐府
"相和伎暨杂曲"为观风俗之"风",以乐府"鼓吹曲兼三朝燕射食
举"歌辞为王朝"受厘陈戒"之"雅",以乐府"郊祀庙享之歌"为"美
盛德形容"之"颂"。朱嘉征此举旨在以乐府"求删后之诗,以定删
后之乐"②,将乐府的音乐属性附属于《诗经》六义诗教的伦理品
性之后。

1.《乐府广序》分类特点

《〈乐府广序〉题辞》有云:

> 《书》曰:诗言志,歌永言,所以明诗也;声依永,律和声,
> 所以合乐也。余起汉魏六朝以讫唐代,为分相和清商五调
> 伎,以杂曲新曲系之,当国风始;燕射鼓吹横吹舞曲,以散乐
> 系之,当雅始;其郊祀庙祀,五帝明堂配飨,更以历代封禅雩
> 蜡逸颂系之,当颂始。而赋、比、兴之义亦借以不废焉。后之
> 作者,即踵事增华,篇体所备,要之一文一质,总不越风人六
> 义之遗。谨撰乐府,首汉魏六朝,迄唐为三集,别辑歌诗,从
> 《汉艺文志》,并异郭本非异也。所以著代,倡四始也,且琴为
> 王者昚御。琴曲宜后堂上堂下之乐,亦乐府志也。各删正著

---

① (清)朱嘉征:《〈乐府广序〉题辞》,第362页。
② (清)孙治:《序朱氏〈乐府广序〉》,《孙宇台集》卷4,清康熙二十三年刻本。

论分次之,成三十卷,且诗诂非古也,仿卜序,略标美刺,义加
广焉。①

是编三十卷,前二十五卷选录汉魏六朝乐府之"风""雅""颂"诸
作,后五卷收录汉魏"歌诗""琴曲"。具体编次如下:

卷次	类目	收录作品	卷次	类目	收录作品
1	汉风一	相和六引(阙)、相和曲八曲	16	魏雅一(吴雅附)	鼓吹十二曲、吴鼓吹十二曲(附)
2	汉风二	吟叹曲一曲	17	汉雅二	横吹四曲
3	汉风三	平调曲四曲	18	汉雅三	雅舞一曲
4	汉风四	清调曲四曲	19	魏雅之变二	雅舞四曲
5	汉风五	瑟调曲十五曲	20	汉雅之变四	杂舞四曲
6	汉风六	楚调曲四曲	21	魏雅之变三	杂舞五曲
7	汉风七	大曲一曲	22	汉颂一	郊祀乐章十九章
8	魏风一	相和六引一曲、相和曲十五曲	23	汉颂二	郊祀乐章十六章
9	魏风二	平调曲时十七曲	24	魏颂一	郊祀乐章三章
10	魏风三	清调曲十七曲	25	汉一	歌诗上
11	魏风四	瑟调曲二十九曲	26	汉二	歌诗中
12	魏风五	楚调曲四曲	27	汉三	歌诗下
13	汉风八	杂曲三十一曲	28	魏	歌诗
14	魏风六	杂曲二十九曲	29	汉一	琴曲
15	汉雅一	鼓吹二十二曲	30	魏一	琴曲

---

① (清)朱嘉征:《〈乐府广序〉题辞》,第363页。

　　如上表所示,朱嘉征以风、雅、颂类分汉魏六朝乐府:其中,相和歌辞之相和曲、吟叹曲、平调曲、清调曲、瑟调曲、楚调曲、大曲以及杂曲为风,以鼓吹、横吹曲辞以及汉雅舞为雅,汉魏杂舞、魏雅舞为变雅,以汉魏郊祀乐章为颂。后附以汉魏歌诗(即杂歌谣辞)、琴曲。汉魏六朝乐府之中,各以历史时代区分,为汉风、魏风、汉雅、魏雅(附吴雅)、汉颂、魏颂,歌诗及琴曲亦以卷次分汉、魏。乐府"风"诗之汉魏杂曲编次于相和歌辞之后,"雅"诗辨其正变,以汉魏杂舞曲、魏雅舞曲为变雅之作,亦编次鼓吹曲辞、横吹曲辞于汉雅舞曲之前。

　　朱嘉征历数汉魏迄唐诗歌创作,指出班固、司马相如不能"正"《诗经》六义之旨;魏晋以来,因袭汉魏,至于六代干戈战乱之际,"南音北部,竞丽轶尤";唐人仅备郊庙之作,不采风诗、鼓吹及五调伎。至其唐宋乐府题解之作,以音乐曲调为基础加以解题,后世乐府总集如宋郭茂倩《乐府诗集》、元左克明《古乐府》、明梅鼎祚《古乐苑》之属,其关注点皆在乐府音乐属性之上,不明六义而言诗、言乐府及音乐,其"风、雅、颂之失所卒未能正也"[1],是故六义存则诗存,诗存则乐存。朱嘉征以"风""雅""颂"言乐府,辨析乐府诸篇之兴、比、赋之义。

　　《乐府广序》以《诗经》六义、四始比附乐府歌辞并加以诠择整理、分类编次的做法,清人多有认同。朱氏以"风""雅""颂"分类整理乐府并一一论之,孙治认为"其功真不在子夏下矣",并认为元左克明《古乐府》、明梅鼎祚《古乐苑》、唐吴兢《乐府古题要解》、郗昂《乐府古今题解》等总集与乐府解题众作,皆"未若此书之为

<hr>

[1]（清）朱嘉征:《〈乐府广序〉题辞》,第362页。

大成也"①。许三礼发明朱氏"六义存则诗存,诗存则乐存"之论,
以为《乐府广序》谨遵六诗之教,则览是书则无诗乐沦亡之感。汉
兴以来至于唐之诗、之乐"皆可以明"②。

2.《乐府广序》"乐府"分类体例渊源

以《诗经》六义论乐府,宋郑樵即有论肇。郑樵曾编有《系声
乐府》二十四卷,《献皇帝书》云:"三年为礼乐之学,以其所得者作
《谥法》,作《运祀议》,作《乡饮礼》,作《乡饮驳议》,作《系声乐
府》"③,惜其不传。今《中兴馆阁书目》经部乐类记载曰:"《系声
乐府》二十四卷,绍兴中郑樵撰集前代乐府系之声乐;以三百五十
一曲系之风雅声,八十四曲系之颂声,百二十曲系之别声,四百十
九曲系之遗声。"④《通志·总序》曰:"诗者,人心之乐也,不以世
之兴衰而存亡。继风雅之作者,乐也。史家不明仲尼之意,弃
乐府不收,乃取工伎之作以为志。臣旧作《系声乐府》,以集汉、魏
之辞,正为此也。今取篇目以为次。曰'乐府正声'者,所以明风
雅。曰'祀享正声'者所以明颂。又以'琴操'明丝竹,以'遗声'
准逸诗。"⑤可见,《系声乐府》乃专为研习礼乐而编的乐府总集,
顾颉刚认为郑樵"先作《系声乐府》来整理声歌……然后再做《诗

---

① (清)孙治:《序朱氏〈乐府广序〉》,《孙宇台集》卷4,清康熙二十三年刻本。
② (清)许三礼:《〈乐府广序〉序》,《续修四库全书》集部,第1590册,第
　358页。
③ (宋)郑樵:《夹漈遗稿》卷2,《景印文渊阁四库全书》集部,第1141册,第
　515页。
④ (宋)陈骙撰,赵士炜辑考:《中兴馆阁书目辑考》卷1,许逸民、常振国编:
　《中国历代书目丛刊(第一辑)》,北京:现代出版社,1987年,第372页。
⑤ (宋)郑樵:《通志》,第2—3页。

传"①,换言之,《系声乐府》实则为《诗经》传注的准备资料。

　　郑樵秉持"礼乐相须以为用""乐以诗为本,诗以声为用"②之旨向,重"声"重"乐",故而比附《诗经》体例将乐府歌词分为三类:正声系入正乐,分风雅之声与颂声,琴操为正声之余;别声亦合乐,然不入正乐,故"祀飨别声"系之,文、武舞曲为别声之余。郑樵《系声乐府》以乐府承继《诗经》遗义,其正声所分,有"风雅""颂"声之别,遂肇后世以六义流别论乐府之始。

　　以《诗经》六义流别为观念论诗、乐府、骚赋等文体作品,是宋代以来颇为流行的看法。朱熹注《楚辞》,采用论《诗》之法,以"风""雅""颂""赋""比""兴"论楚人之辞:"其寓情草木,托意男女,以极游观之适者,变《风》之流也;其叙事陈情,感今怀古,以不忘乎君臣之义者,变《雅》之类也。至于语冥婚而越礼,摅怨愤而失中,则又《风》《雅》之再变矣。其语祀神歌舞之盛,则几乎《颂》,而其变也,又有甚焉。其为赋,则如《骚经》首章之云也;比,则香草恶物之类也;兴,则托物兴词,初不取义,如《九歌》沅芷澧兰以兴思公子而未敢言之属也。"③朱熹分析《楚辞》诸作所蕴《诗经》变风、变雅、变颂之义,而又以赋、比、兴论《离骚》《九歌》等作品。

　　元刘履著有《选诗补注》一集,仿效朱熹之法,以赋、比、兴论诗,亦可视为六义论诗之流。元末李孝光论及《乐府诗集》分类之时,即有意以"风""雅""颂"攀附之。《乐府诗集》文体分类未受郑

---

①顾颉刚:《郑樵传(一一〇四——一一六二)》,(宋)郑樵撰,王树民点校:《通志二十略》,北京:中华书局,1995 年,第 2075 页。

②(宋)郑樵撰,王树民点校:《通志》卷 49,第 625 页。

③(宋)朱熹:《楚辞集注》卷 1,上海:上海古籍出版社,1979 年,第 2 页。

樵《系声乐府》《通志·乐略》影响,盖因二者编纂目的不一,郑樵所关注实则以乐府研究整理明"礼乐之用";郭茂倩则以系统整理总结宋前乐府发展演变为重要旨归。李孝光以"风""雅""颂"之论,比附《乐府诗集》十二类目,与宋代以来以六义流别观念论诗、论乐府关联甚大。此后,明胡应麟《诗薮》内编卷一、清卢绰《四照堂乐府·自叙》、鲁九皋《诗学源流考》等皆以乐府为《诗经》后裔,以"风""雅""颂"论之。明刘濂《九代乐章》与朱嘉征《乐府广序》,即为以《诗经》风、雅、颂类分乐府的总集。

刘濂秉持诗乐圣教理世修身之旨,以六义流别、《诗》之遗义衡量九代诗歌,以"声音"为主,选取九代乐章分风、小雅(雅)、颂三类,各为之论。刘濂批判九代诸儒不明《诗》《乐》二经垂世之法,不识"风""雅""颂"诗辞大义、音律声制,故其选诗,亦有将《诗》《乐》经论与规劝君王治世结合起来,以《九代乐章》之风雅颂诗承继《诗经》之诗教理想。《乐府广序》在《九代乐章》"风""雅""颂"三分的基础上,辨"雅"之正变,同时仿效《诗序》之体例,各类乐府皆设有小序,其序大略"刻意续经惟恐一毫之不似",又未免"牵强支离,固其所矣"①。朱嘉征此举,已渐渐走入经学化,不仅在分类上比附《诗经》风、雅、颂之别,又以赋、比、兴论其美刺之旨,序中所论牵强攀附,将乐府的伦理品性过分拔高而忽略乐府赖之以存的音乐属性,则未必合当。

①(清)永瑢等:《四库全书总目》卷194,第1768页。

第三章 《古赋辩体》赋体辨析与总集赋体分类

自先秦至元，辞赋文体的体式竞相衍变，先秦的骚体赋、两汉的散体大赋和抒情小赋、六朝的骈赋、唐代的律赋、宋代的文赋等皆已出现。祝尧秉承元人文学复古思潮中重"情"的文学观念，对唐宋律赋、文赋多有不满，提倡复归楚骚"哀情"传统。自金亡后科举停考，再举之时废律赋考古赋，这在一定程度上也刺激祝尧系统全面地审视辞赋的发展历程，以期获得对古赋的文体认知。祝尧在以复古为新变的发展道路中提倡以"古赋"为体，可以说是个人和时代的双重选择。本章即以祝尧《古赋辩体》为中心，通过梳理中国古代"赋"体分类的演变，来探讨祝尧如何在历史的契机中，于承接前人文体观念的基础上进一步地深化总结、建构评述，从而奠定《古赋辩体》在中国古代总集"赋"体辨析与分类史上的重要地位。

第一节 《汉书·诗赋略》赋体分类及其影响

西汉成帝时，刘向奉诏搜求整理校对前代"经传诸子诗赋"类典籍文献，"每一书已，向辄条其篇目，撮其指意，录而奏之"，成

《别录》；及向卒，子歆承父业，"总群书而奏其《七略》"①。南朝梁阮孝绪《七录序》录曰："论其指归，辨其讹谬，随竟奏上，皆载在本书。时又别集众录，谓之别录。即今之《别录》是也。子歆撮其指要，著为《七略》。"②《七略》集六艺群书，将文献典籍由"道"及"术"依次分为六艺略、诸子略、诗赋略、兵书略、数术略、方技略六类，首以总要诸书之《辑略》。东汉班固称"刘向司籍，九流以别，爰著目录，略序洪烈"③，突出其典籍文献排序、分类著录校雠和目录编纂之功，亦有对其兼有"剖判艺文，总百家之序"④的批评功能的肯定。班固《汉书·艺文志》直接借用刘氏父子图书整理成果，删《七略》为一卷，"以备篇籍"⑤。

　　《汉书·诗赋略》整理著录前人诗赋之作，分屈原赋类、陆贾赋类、孙卿赋类、杂赋类、歌诗类五种。"屈原赋"类著录屈原、唐勒、宋玉、庄忌、贾谊、枚乘、司马相如等二十家，共三百六十一篇赋作；"陆贾赋"之属著录陆贾、枚皋、司马迁、扬雄等二十一家，共二百七十四篇赋作；"孙卿赋"类收录孙卿、李忠、贾充、周长孺等二十五家一百三十六篇赋作；"杂赋"之属收录客主赋下十八篇、杂行出及颂德赋等十二类二百三十三篇赋作；"歌诗"类，凡二十八家，三百一十四篇。前四类皆为"赋"，余下为"歌诗"，总之以"诗赋略"名之。可见，《汉书·艺文志》"赋""歌诗"文体有别，分

---

①《汉书》卷30，第1701页。

②（梁）阮孝绪：《七录序》，（清）严可均校辑：《全梁文》卷66，《全上古三代秦汉三国六朝文》（第四册），北京：中华书局，1958年，第3346页。

③《汉书》卷100，第4244页。

④《汉书》卷36，第1972—1973页。

⑤《汉书》卷30，第1701页。

而为二，即章学诚所言"歌诗一种，则诗之与赋，顾当分体者也"①。

一、《汉书·诗赋略》的分类体系

《汉书·艺文志》"七略"之中，六略皆有总序，总序下每类亦有小序，独《诗赋略》有总序无小序，后人遂无从得知其分类标准和观念思想。宋人郑樵《通志·校雠略》对《诗赋略》类例不明早有指摘，章学诚亦存"《诗赋》一略，区为五种，而每种之后，更无叙论"②之微词，仅从编纂体例上来看，《诗赋略》似存在四层分类级次：

第一级次是诗赋以体裁区分为二，即"屈原赋""陆贾赋""孙卿赋""杂赋"之属的"赋"与"歌诗"，"赋""诗"畛域分明。

第二级次，"赋"类再分四种："屈原赋""陆贾赋""孙卿赋""杂赋"。四种之中再分为二，即前三种有主名之赋与第四种杂赋，二类著录体例截然不同。前三种有主名之赋著录体例为某人赋多少篇，即"屈原赋"二十五篇、"宋玉赋"十六篇；杂赋类著录十二类，著录体例为（杂）某种赋多少篇，即"杂行出及颂德赋"二十四篇、"杂禽兽六畜昆虫赋"十八篇。前者以人系赋，各赋系于作者之家，后者同题类属，众人相同题材赋作归于一类。

明人胡应麟对此早有论断，即以"杂赋类"为"当时类辑者，后世总集所自始也"③。章学诚亦有"诗赋前三种之分家，不可考矣，其与后二种之别类，甚晓然也。三种之赋，人自为篇，后世别

---

① （清）章学诚撰，叶瑛校注：《文史通义校注》，北京：中华书局，2005年，第1065页。

② （清）章学诚撰，叶瑛校注：《文史通义校注》，第1064页。

③ （明）胡应麟：《诗薮》，上海：上海古籍出版社，1958年，第245—246页。

集之体也。杂赋一种,不列专名,而类叙为篇,后世总集之体也"①之说,刘师培继而有曰:"客主赋以下,皆无作者姓名。大抵撰纂前人旧作,汇为一编,犹近世坊间所行之撰赋也。"②"今观主客赋十二家,皆为总集,萃众作为一编,故姓氏未标,余均别集"③。姚振宗以及章氏皆意识到《诗赋略》分类若以总集、别集体例视之,"颇有类乎总集,亦有似乎别集"④;如"屈原赋"类下著录"淮南王群臣赋四十四篇"和"孙卿赋"类下著录"秦时杂赋九篇"则似为总集,"当隶杂赋条下"⑤;"歌诗"类著录"高祖歌诗二篇"又似为别集。然以群臣之作附于淮南王赋之下,则符合"以人相次"之例;将"秦时杂赋"列于李思《孝景皇帝颂》与"荀卿赋"之间,则尽合"以时相次"之例,即"著录之例,先明家学,同列一家之中,或从人次,或从时次可也"⑥,不可苛求。五类之中,前三类以个人专集式著录,后两类则萃众为编。因此,《诗赋略》第二级次分类即以著录体例分为"屈原赋""陆贾赋""孙卿赋"和"杂赋"两类。

　　第三级次,因今人无从得知《诗赋略》小序原先情况,故而各为推论《诗赋略》的分类标准,尤以"屈原""陆贾""荀卿"之属分类

① (清)章学诚撰,叶瑛校注:《文史通义校注》,第1065页。
② 刘师培著,舒芜点校:《论文杂记》,北京:人民文学出版社,1959年,第115页。
③ 刘师培:《〈汉书艺文志〉书后》,载《刘申叔遗书》卷8,南京:江苏古籍出版社,1997年,第1284页。
④ (清)姚振宗:《汉书艺文志拾补》,《二十五史补编》本,北京:中华书局,1955年,第1436页。
⑤ (清)章学诚撰,叶瑛校注:《文史通义校注》,第1065页。
⑥ (清)章学诚撰,叶瑛校注:《文史通义校注》,第1065页。

颇为学者争论,莫衷一是。绾结而言为四:第一,以品第高下顺次
分类,即章必功所言"前三类赋的区分,意图可能在于品第优劣,
屈原赋一种最上,陆贾赋一类次之,孙卿赋一类又次之"①,汪祚
民、李士彪等亦有专文论之②。第二,以文学风格和题材内容分
之,除刘师培"分集之赋,复分三类:有写怀之赋,有骋辞之赋,有
阐理之赋。写怀之赋,屈原以下二十家是也。骋辞之赋,陆贾以
下二十一家是也。阐理之赋,荀卿以下二十五家是也"③之说外,
姚振宗、章太炎、顾实④等皆持相似观点。第三,谨以汉代诗学
《诗》"风""雅""颂"来对照前三家之属分类,以熊良智为代表⑤。
第四,还有一种说法,即以文献整理工作先后叙次分之,以吴光兴
为代表。以上诸多《汉书·诗赋略》分类蠡测,所言皆有合理之
处。除最后一种说法建立于图书整理掌握文献先后之分外,无论
是参照汉代诗学"风""雅""颂"之分还是以文学风格差异类分为
三,又或以品第上下优劣论之,皆建立在汉代对于赋体文学的评

① 章必功:《说〈汉志·赋略〉"四种"》,《中国文化与中国哲学》,北京:三联书店,1990 年。
② 汪祚民:《〈汉书·艺文志〉"赋"分三种新探》,《安庆师范学院学报(社会科学版)》,1999 年第 5 期;李士彪:《三品论赋——〈汉书·艺文志·诗赋略〉前三种分类遗意新说》,《鲁东大学学报(哲学社会科学版)》,2006 年第 3 期;李娜:《从班固的经学价值立场看〈汉书·艺文志〉赋之分类》,《中国语言文学研究》,2019 年春之卷。
③ 刘师培著,舒芜点校:《论文杂记》,第 115—116 页。
④ 姚振宗:《汉书艺文志条理》,《二十五补编》,北京:中华书局,1955 年,第 1649 页;章太炎撰,陈平原导读:《国故论衡》,上海:上海古籍出版社,2003 年,第 90 页;(汉)班固编撰,顾实讲疏:《汉书艺文志讲疏》,上海:上海古籍出版社,1987 年,第 169—193 页。
⑤ 熊良智:《〈汉志·诗赋略〉分类义例新论》,《中州学刊》,2002 年第 3 期。

价标准之上。

汉人在文学从属于经学的文化背景中尊《诗》为经,《诗》的"美刺"与"讽谏"功能超越文学审美功能,成为衡量文学的基本准则,因此以"诗"衡"赋",尊有"恻隐古诗之义"和"讽谕之义"①的辞赋为"与古诗同义"的大者,相比之下,文辞靡丽之作即为"辩丽可喜"②的小者,位居下品。汉代大一统的政治文化气象以及兼容并包的学术形态,在文学创作上强调创作主体的"包括宇宙,总览人物"的赋家之心,汉大赋那种堆砌华丽词藻形成的"博丽"文辞美亦为汉人所重。"美刺""讽谏"的政治教化内容与"博丽""夸张"的文辞形式的完美统一,即为汉赋的理想作品,自然也是衡量赋作的标准。在这个意义上细究"屈原赋""陆贾赋""孙卿赋"三类赋作,品第高下论更符合《汉书·艺文志》的分类意图。

第四级次,《诗赋略》赋类前三种"人自为篇":每类各以人序次,作品系于下,诸如"屈原赋"二十五篇、"贾谊赋"七篇等,各家赋作单独著录,以作家先后顺序编排。各家赋作单独著录,开启后世聚一人之作汇为"别集"之例。

后两类则萃众之作,各按题材类分,诸如"客主赋"二十八篇则多关主客问答之作,"杂器械草木赋"二十四篇所收赋作则以器械、草木等为主要表现内容。以"类(题)"相从,将文学作品按照题材内容分类汇编,是为类书编纂体例。

《诗赋略》"赋"类两种著录体例,其实是两种分类方法:一是以人叙次,将作品(赋)各系于作者之下,体例为"屈原赋"二十五篇、"宋玉赋"十八篇,各人赋作包含各种题材内容;二则以类(题)

---

① 《汉书·艺文志》,第 1756 页。
② 《汉书·王褒传》,第 2829 页。

相从,将作品按题材内容分列各类,诸如"杂器械草木赋"二十四篇,收录众人赋作关涉器械、草木等表现内容的赋作。

二、《汉书·艺文志·诗赋略》赋体分类辨析

作为史志目录,《汉书·艺文志》享有"治学之最初门径"的称誉。郑樵言其"类例既分,学术自明"①,章学诚"由刘氏之旨,以博求古今之载籍,则著录部次,辨章流别,将以折衷六艺,宣明大道,不徒为甲乙纪数之需"②之言,更直接点明了《汉书·艺文志》所开创的"辨章学术,考镜源流"③的古典目录学传统。《诗赋略》著录体例上的赋体分类,一定程度上反映了汉人赋体观念。

首先,"赋""诗(歌诗)"分体。《诗赋略》"赋""诗"分别著录,反映了汉人别"赋"于"歌诗","歌诗""赋"畛域分明的文体辨析观念。《诗赋略》总叙:"《传》曰:不歌而诵谓之赋。"④《汉书·艺文志·诗赋略》将"赋""歌诗"两分,或"歌"或"诵"成为基本衡量标准,此亦为汉人对"赋"体的认知。

其次,三类赋著录次序,寄寓品第高下的价值评判观念。"赋"体之中因著录体例不同两分:"屈原赋"类、"陆贾赋"类、"孙卿赋"类,因所录皆为文人之作,各类之中以人系赋,各按时代先后编次,似为后世别集。"杂赋"类所录皆为不署年代、不著作者姓名之赋作,除"客主赋"十八篇、《成相杂辞》《隐书》外,都冠以

①(宋)郑樵撰,王树民点校:《通志二十略》,北京:中华书局,1995年,第1806页。
②(清)章学诚撰,叶瑛校注:《文史通义校注》,第952页。
③(清)章学诚撰,叶瑛校注:《文史通义校注》,第945页。
④《汉书·艺文志》,第1755页。

"杂"名,大致以作品题材归并一类,似为后世总集。伏俊琏在顾实"杂赋"类"盖多杂诙谐"的论述基础上,从著录、内容、形式等方面对"客主赋十八篇""成相杂辞十一篇""隐书十八篇""杂四夷及兵赋"加以考证,认为"杂赋"收录赋作主要为民间讲说和唱诵结合的艺术种类,可归为俗赋一类①。若言即此,则似以"文人"赋与民间"俗赋"分而为二,此处且备一家之说。至于"屈原赋"类、"陆贾赋"类、"孙卿赋"类三分之说,今以汉代辞赋评价标准衡之,则以品第高下之分更为妥切。

再次,"骚""赋""颂"辨体不清。汉人辞赋总称,骚、赋不分,《诗赋略》中虽"诗""赋"各为类属,然"骚体则同于赋体"②。"屈原赋"二十五篇、"司马相如赋"二十九篇、"陆贾赋"三篇统称为"赋"。"孙卿赋"类收录李思《孝景皇帝颂》十五篇,可知《汉书·艺文志》"颂"亦以"赋"称。事实上,汉代赞、箴、铭亦与赋同体异用,其它诸如"七""对问""设论"之体亦统列于"赋"类之属。《成相杂辞》《隐书》之类,《汉书·艺文志》已意识到此类不同于前三类,其篇幅短小,多诙谐调侃之意,故以"杂赋"名之。《成相杂辞》是以七言为主的韵诵体,《谐隐》篇所举作品皆有"遁辞以隐意,谲譬以指事"③之诙谐调侃的特点,赋用隐语,故《隐书》十八篇列为"杂赋"。

三、《汉书·艺文志·诗赋略》赋体分类建树与影响

《诗赋略》"赋"体分类虽不及后人辨体精微,却真实地反映了汉

---

① 伏俊琏:《〈汉书·艺文志〉"杂赋"臆说》,《文学遗产》,2002 第 6 期;伏俊琏:《〈汉书·艺文志〉"杂赋"考》,《文献》,2003 年第 2 期。
② 刘师培著,舒芜点校:《论文杂记》,第 115 页。
③ (南朝梁)刘勰著,詹锳义证:《文心雕龙义证》,上海:上海古籍出版社,1989 年,第 539 页。

代的赋体观念。而其中的一些分类趋势已肇后世赋体分类之先河。

(一)"屈原赋"之属别为一类与《楚辞》"骚""赋"辨体

《四库全书总目》记载刘向裒集屈原《离骚》《九歌》《天问》《九章》《远游》《卜居》《渔父》,宋玉《九辩》《招魂》,景差《大招》,贾谊《惜誓》,淮南小山《招隐士》,东方朔《七谏》,严忌《哀时命》,王褒《九怀》及刘向《九叹》,共为《楚辞》十六篇。刘向《别录》"赋"分四类,"屈原赋"类、"陆贾赋"类、"孙卿赋"类以及"杂赋"类别而分之,将屈原、宋玉、贾谊、淮南王及群臣、刘向、王褒诸人之赋汇为一类,显然认识到诸人赋作共类之处,前文已有论述。其后王逸等加以增辑,为《楚辞章句》①,原系《别录》(即《诗赋略》)之影响。魏晋时期,文体辨析逐渐兴盛起来,楚辞从赋体中分离出来,并在目录学中区别总集、别集而单独建类,这些都与《别录》《汉书·艺文志》赋体分类紧密相关。

可以说,《诗赋略》虽"骚""赋"统录"赋"类,但其别"屈原赋"等为一类,已有别"骚"于"赋"之朦胧意识。后经王逸等人增辑,《楚辞章句》流传,加之目录著录"楚辞"单独设类,特别是总集《文选》中"骚""赋"分体,遂开后世"骚""赋"辨体分类之流。

(二)《隐书》《成相杂辞》与"赋"体之流

《诗赋略》中收录"赋"包括辞、颂、成相杂辞、隐书等,非仅限于以"赋"为名的作品。章太炎谓《诗赋略》"本孔子删诗意,不歌

---

① 汤炳正先生在《屈赋新探》考证《楚辞》的结集是一个动态的过程,东汉初年流传的《楚辞》,正是刘向所集之本。参见汤炳正:《屈赋新探》,济南:齐鲁书社,1984年。

而诵,故谓之赋;叶于箫管,故谓之诗。其他有韵诸文,汉世未具,亦容附于赋录"①。《汉书·艺文志》以"不歌而诵谓之赋",突出其文学与音乐分离的趋势。"杂赋"类收录《成相杂辞》十一篇和《隐书》十八篇,即符合汉代"赋"之标准。唐代杨惊谓"成相杂辞,盖亦赋之流也"②。王应麟亦有"荀子《成相篇》盖亦赋之流也"之论,至于《隐书》亦符合"不歌而诵"的赋之义。后世总集中收录多将以"辞""颂""隐""文"等为名实而近"赋"作品归为"赋"之流,诸如《古赋辩体》于外录分"后骚""辞""文""操""歌"五类作品,各因其"体"不同,而皆有"赋"之"义",以为古赋之流。

（三）以人叙次、以类相从与总集"赋"体二级分类

《诗赋略》"赋"类两种著录体例,其实是两种分类方法:一是以人叙次,将作品系于作者之下,体例为屈原赋二十五篇、宋玉赋十八篇,各人赋作包含各种题材内容;二则以类（题）相从,将作品按题材内容分列,诸如"杂器械草木赋"二十四篇,则收录众人关涉器械、草木等表现内容的赋作。

《诗赋略》"杂赋"类,明胡应麟、清章学诚、刘师培皆言其"不列专名,而类叙为篇","类辑"有后世"总集"之例,今人程千帆先生亦有杂赋"根据主题,以类相从"③的认同。《诗赋略》"杂赋"之属将赋按相同或相近题材内容区分为多个类别,如鼓琴剑戏、杂

---

① 章太炎撰,陈平原导读:《国故论衡》,上海:上海古籍出版社,2003 年,第87 页。

② (清)王先谦撰,沈啸寰、王星贤点校:《荀子集解》卷 18,北京:中华书局,1988 年,第 455 页。

③ 程千帆:《〈汉志〉杂赋义例臆说》,《闲堂文薮》,济南:齐鲁书社,1984 年,第258—259 页。

器械草木、禽兽六畜昆虫等，开启"类"分的文体分类标准。以类区分成为后世总集文体二级分类的重要模式和方法。《文章流别集》《文选》等总集文体二级分类采用以"类"相从的方式。《文章流别集》今已不可见，其文体二级分类仅从《文章流别论》中蠡测可知。《文选》"赋""诗"体下，各以类相从。其中"赋"体细分十五类，大致按题材内容分类。后人对《文选》"诗""赋"以"题"分类颇有微词，已成公案，此不赘述。而以"题"区分，将题材内容作为总集文体二级分类标准，前人一般认为萧统多受齐梁时代类书编纂风气盛行的影响。今所观之，《诗赋略》"杂赋"类已肇以"类"区分赋作之先河。后世总集文体分类，以人叙次、以类（题）相从多为沿用，《诗赋略》四小类中所开创的两种分类方式，对后世总集赋体二级分类影响甚远。

第二节　《古赋辩体》赋体分类与赋体观念

《古赋辩体》，十卷，元祝尧编。是书最早见于明《晁氏宝文堂书目》著录，惟录书名为《古赋辨体》，不详编者姓氏与版本卷数①。《世善堂藏书目录》《澹生堂藏书目》录"《古赋辨体》十卷"②，杨士奇《东里续集》载其为"元进士广信祝尧所辑"③。清人著录多为明刊本，前有明成化二年（1466）钱溥之叙，复旦大学和北京大学

① （明）晁瑮：《晁氏宝文堂书目》，上海：上海古籍出版社，2005 年，第32 页。
② （明）陈第：《世善堂藏书目录》卷下，《宋元明清书目题跋丛刊（五）》，北京：中华书局，2006 年，第 46 页；（明）祁承爜撰：《澹生堂藏书目》卷 12，《宋元明清书目题跋丛刊（五）》，第 253 页。
③ （明）杨士奇：《东里集·续集》卷 19，《景印文渊阁四库全书》集部，第 1238 册，第 620 页。

图书馆有藏。此外,国家图书馆藏有嘉靖十一年(1532)熊爵以成化本为底本的覆刻本,北京师范大学和中国人民大学藏有明嘉靖丁酉十六年(1537)刻本,《文渊阁四库全书》收录的《古赋辩体》即以嘉靖十六年补刻本为底本。

祝尧秉承元人文学复古思潮中重"情"的文学观念,对唐宋律赋、文赋多有不满,提倡复归楚骚"哀情"传统。祝尧以古今之赋甚多,"因时代之高下而论其述作之不同,因体制之沿革而要其指归之当一",选编楚辞以下,两汉、三国、六朝、唐、宋"常所诵"总六十一人一百二十七篇赋作,其选文定篇、分体编次、论注评析,处处彰显其"辨体"之意,以达"由今之体以复古之体"①之编集目的。

一、"古赋"与"俳赋""律赋""文赋"分类辨析

祝尧既以"古赋"命名,彰显"辨体"之意,故其选文自然要求精审。《古赋辩体》"每朝录取数篇",以便一一"辨其体格"②,惟"古赋"方可入编。

何谓古赋? 一般而言,存有这两种理解:一是指先秦两汉赋,二指不讲求格律的赋作,是区别于唐宋以来律赋而提出来的概念③。若如第一种所言,以某一特定的历史时代为断限,将古赋片面地理解为赋体产生之初以及大盛之时的先秦两汉赋,则必将

---

① (元)祝尧:《〈古赋辩体〉目录》,(元)祝尧:《古赋辩体》卷首,《景印文渊阁四库全书》集部,第1366册,第711页。

② (清)永瑢等:《四库全书总目》卷188,第1708页。

③ 《辞赋大辞典·古赋》条:"古赋系指先秦两汉赋。这个时期的赋相对于刻意讲求对偶声律的六朝俳赋、唐宋律赋,风格比较古朴,又因产生年代早,故概称古赋。"霍松林主编:《辞赋大辞典》,南京:江苏古籍出(转下页注)

忽视"古赋"本身特定的文体内涵;设若仅仅将"古赋"作为区分"律赋"的另一称谓,则势必忽视古赋与律赋的源流关系,当然这样也直接给赋体分类带来极大的困难。祝尧"古赋"自有它意。

祝尧于编选赋作之时,首先将历代辞赋作为一个整体,辨其源流,系统地梳理了辞赋发展过程中几个重要的历史变革阶段,将辞赋划分为"古赋""俳赋""律赋""文赋"四体,"俳赋""律赋""文赋"皆以"古赋"为基,于特定历史时期创作盛行而别于"古赋",自为一体。

《古赋辩体》所言"古赋"者,贵"以本心之情有为而发"①。祝尧以古诗之"义"和吟咏"情性"为标准,衡量"古赋"与"俳赋""律赋""文赋"之区别。汉人赋作已有悖于此标准之作;逮及魏晋,自陆机辈《文赋》等作全用俳体,三国六朝赋之文辞"一代工于一代",辞愈工而情愈短,味愈浅而体愈下,"古赋"一变而为"俳赋"②。南朝永明时期,"四声八病"之说盛行,诗文赋作讲求声律、好尚簇事对偶,博物洽闻成为一时风尚,六朝之赋"益远于古"③;徐陵、庾信将"隔句对"之法运用赋中,致使骈四俪六之句盛行,赋作遂"有辞无情,义亡体失",俳体又渐入于律。唐以"律

（接上页注）版社,1996年,第279页。陆茅《历朝赋格·凡例》云:"古赋之名始于唐,所以别乎律也。"（清）陆茅评选:《历朝赋格》卷首,《四库存目丛书》集部,第299册,第275页。马积高《赋史》:"正如唐人把律诗、绝句称为近体诗而把不拘格律的诗称为古诗一样,宋以来人们也把律赋以外的赋（包括骚赋、汉文赋、骈赋以及四言诗体赋等）都称为'古赋'。"马积高:《赋史》,上海:上海古籍出版社,1987年,第257页。

① （元）祝尧:《古赋辩体》卷7,第802页。

② （元）祝尧:《古赋辩体》卷5,第778页。

③ （元）祝尧:《古赋辩体》卷5,第779页。

赋"取士,其创作和研究兴盛,然其体式却日渐卑弱。宋人为矫律赋之弊,以文为体,然其赋"专尚于理,而遂略于词,昧于情","比、兴之假托,雅、颂之形容,皆不复兼矣"①。

可见,俳赋、律赋和文赋,皆源于古赋而变,变而愈下,体而愈卑,究其原因,乃缺一"情"尔。俳赋、律赋专求"辞之工""律之切",文赋专求"理之当",致使"言之不足与咏歌嗟叹""情动于中与手舞足蹈"②等义尽失,不可取也。故欲求"古赋"之体,必先求之于"情",则可使不刊之言自然流出于胸,"辞不求工而自工""理不求当而自当"③。只有作品既有动荡乎天机、感发乎人心之效,又兼出于风、比、兴、雅、颂之义,此乃可谓得赋之正体,合赋之本义。祝尧将古诗"六义"与情、辞、理联合起来:以"六义"评辞赋优劣,其根本出发点则是辞赋与古诗同义,要求辞赋创作追求诗人之旨。于此种思想上厘清情、辞、理三者关系,以情统辞、以辞统理④,在"情"本位的基础上,不偏废"理"和"辞",抵达"情形于辞而其意思高远,辞合于理而其旨趣深长"⑤的理想状态。

因此,祝尧提出:"古赋者,诚当祖骚而宗汉。"⑥此处,祝尧决

---

①(元)祝尧:《古赋辩体》卷8,第818页。
②(元)祝尧:《古赋辩体》卷8,第818页。
③(元)祝尧:《古赋辩体》卷8,第818页。
④《古赋辩体》卷三:"情不自知而形于辞,其辞不自知而合于理,情形于辞,故丽而可观,辞合于理,故则而可法。然其丽而可观,虽若出于辞,而实出于情,其则而可法,虽若出于理,而实出于辞。有情有辞,则读之者有兴起之妙趣,有辞有理则读之者有咏歌之遗音。"(元)祝尧:《古赋辩体》卷3,第746页。
⑤(元)祝尧:《古赋辩体》卷1,第718页。
⑥(元)祝尧:《古赋辩体》卷3,第747页。

非有以"古赋"为先秦两汉赋之意。"骚者,诗之变也",祝尧以屈原等楚辞之作"本诗之义","莫不发乎情止乎礼义",汉代诸家赋作体制大抵"皆祖原意",故以楚骚与汉赋为古赋范式。然两者之间亦有甄别区分,即"去其所以淫而取其所以则":楚辞体中宋玉一些赋作"已不如屈,而为词人之赋",荀卿五赋"意味终不能如骚章之渊永"。两汉一些散体大赋多应制骋才,"不发于情",故祝尧引用林艾轩之言,批评扬子云、班孟坚、张平子等人"只填得腔子满"①。

　　三国六朝时期,赋作讲求文辞对仗,俳赋盛行。唐宋时期,律赋作为举子应试科目,其创作和研究相对兴盛,而古赋却相对式微。一直到元初,关于古赋的认识以及写作都无法摆脱律赋的影响。元中期仁宗恢复科考,变律赋为古赋,古赋创作和研究才逐渐繁荣起来。祝尧此本既是元代古赋创作范例之集,亦为古赋辨体分类研究之本。

二、《正集》《外录》分编与古赋源流、正变

　　《古赋辩体》以"情"本位,"情"乃古赋区别务于对偶的俳体赋、严于声律的律体赋,以及以议论谈理为尚的文体赋的最主要标志,《古赋辩体》通过遴选历代古赋,将选赋编纂与辨体分类结合起来。

(一)"古赋"历史演进与《正集》"五体"之分

　　《古赋辩体》正编之中,将历代古赋作为一个整体,汇编成集,分类选文之中辨其源流、体格。祝尧将元前的古赋分为楚辞体、

──────────

① (元)祝尧:《古赋辩体》卷3,第747页。

两汉体、三国六朝体、唐体、宋体五类,收录三十五人七十六篇赋作,每类之中遴选数位赋家,作品各系名下。究其所选,多为历代名家名作,颇为精审。

从古赋"五体"类目命名设置上看,祝尧以"代(时)"先后顺序,将各时期赋家赋作汇编成集,分类体例略显简单,似难见出祝尧"辨体"之意。然《古赋辩体》编纂特点即选、论、注、评四位一体,除总论外,各体各家各篇皆有题注,将总集编选之以时分类、选文定篇与辨体理论结合起来,以达"辨体"之目的。具体说来,古赋"楚辞体""两汉体""三国六朝体""唐体""宋体"之分,虽在类目设置上以时代区分,然其分类则综合古赋题材内容、艺术成就和文体特征多方面的特点加以区分,同时亦注意不同时代辞赋的发展流变特点。

祝尧以"骚者,诗之变也",合"本诗之义",立"楚辞体"为古赋第一类。楚辞虽不正名曰"赋",然其赋之本义"居多",故选屈原、宋玉、荀卿三人赋作为一类,为"楚辞体",推崇"楚骚为赋之祖"①,实有追源溯流之意。

《汉书·艺文志》批评宋玉、唐勒、枚乘、司马相如、扬雄诸人赋作"竞为侈丽闳衍之辞,没其讽喻之义"②,扬雄亦持"词人之赋丽以淫"之论。祝尧虽对汉兴诸家专取"六义"之"赋"以为赋,取"骚中赡丽之辞以为辞赋"等做法多有不满,批评赋作"不因于情,不止于理,而唯事于辞"等不足之处,却因词人之赋,犹有"辞虽丽而义可则"的"古诗之义"而别为一类。祝尧所取,为贾谊、司马相如、扬雄、班固诸家之作。选篇时注意到汉赋之"丽"已不同于风

---

① (元)祝尧:《古赋辩体》卷1,第718页。
② 《汉书》卷30,第1755页。

骚之"丽",故是编所取,如《长门》《自悼》等,皆因其"缘情发义、托物兴辞,咸有和平从容之意,而比兴之义未泯",方可录之。"两汉体"取贾谊、司马相如、班婕妤、扬雄、班固、祢衡赋作,以"丽以则"①衡之。

三国六朝时期,赋作弃"情"就"辞",遂使赋作有辞无情。建安七子中独王粲辞赋有古风,《登楼赋》因有得于"诗人之情,以为风比兴等义",祝尧誉之为魏赋之"极"②。《古赋辩体》批评陆机辈等作以"辞"为要,徐、庾等愈演愈烈,以至于"有辞无情,义亡体失"③之弊尽出。相对而言,陆机《叹逝》,张茂先《鹪鹩》,潘安仁《秋兴》,鲍照《芜城》《野鹅》等,犹有古诗之余情,尚可入三国六朝古赋之选。祝尧选王粲、陆机、张茂先、潘安仁、成公子安、孙兴公、颜延年、谢惠连、谢希逸、鲍照、江淹、庾信十二人十六篇赋为"三国六朝体"④。

唐以律赋取士,"律之盛而古之衰",不仅如此,为古赋者亦不免受"徐庾"影响。李白天才英灵,但其所作古赋终类六朝赋;杜牧《阿房宫赋》虽古今脍炙人口,然专以"论"为主,不及古赋以"情"为本;唐人古赋可取者,惟韩愈、柳宗元尔,二人古赋以骚为宗,远超"俳""律"之外,唐赋之古莫古于此⑤。唐体选录陈子昂、李白、韩愈、柳宗元、杜牧五人十三篇赋作。

宋人厌俳律之赋,赋体创作"以文为体","专尚于理,而遂略

①(元)祝尧:《古赋辩体》卷3,第746—747页。
②(元)祝尧:《古赋辩体》卷5,第778页。
③(元)祝尧:《古赋辩体》卷5,第779页。
④(元)祝尧:《古赋辩体》卷5,第778—779页。
⑤(元)祝尧:《古赋辩体》卷7,第801—803页。

于词,昧于情",多数篇章"风之优柔,比、兴之假托,雅、颂之形容,皆不复兼矣"①。宋人以文为赋,《秋声赋》《赤壁赋》等作,若以"文"视之,则为古今佳作,若以"赋"视之,则不尽然,恐失"赋"本色。祝尧选录宋祁、欧阳修、苏轼、苏辙、苏洵、黄庭坚、秦观、张耒、洪舜俞九人十四篇赋作为"宋体"。

由此可见,"楚辞体""两汉体""三国六朝体""唐体""宋体",是祝尧对古赋发展演变的历史阶段性特点的分类总结,体现出"赋以代变"的赋体发展流变思想。然这种"代"变绝不是截然割裂的,各体之间又体现了源流承接关系。祝尧以"代(时)"区分古赋,一方面"因时代之高下而论其述作之不同",另一方面也"因体制之沿革而要其指归之当一"②。"重情"即为祝尧衡量古赋之第一标准。以"情"衡古赋,则"诗人所赋""骚人所赋"皆"有古诗之义者,亦以其发乎情也"③;汉代"词人之赋"可取者,"丽以则"尔;三国六朝之赋,一代工于一代,辞工则情短,情短则味浅,味浅则体下;唐宋以下词人之赋多失古诗之义,极其文辞,固已非骚人赋之旨,更何及诗人之赋? 由此可知,祝尧在呈现"赋以代变"的特点时,又在代变之中表现出"赋以代降"的发展趋势。

《正集》将先秦至宋的辞赋发展演进脉络通过古赋分类清晰地呈现出来:骚赋(先秦)——散体大赋和抒情小赋(汉)——俳赋(三国六朝)——律赋(唐)——文赋(宋)。祝尧根据"赋以代变"的流变特点"赋以代分",而在具体辨析中又进一步地明确了"赋以代降"的特点。故祝尧古赋"五分"亦有溯源明流之意,以"楚辞

①(元)祝尧:《古赋辩体》卷8,第818页。
②(元)祝尧:《〈古赋辩体〉目录》,(元)祝尧:《古赋辩体》卷首,第711页。
③(元)祝尧:《古赋辩体》卷3,第746页。

体"最为正宗,"以复古为新变",要求复归"古赋",并明确提出"祖骚宗汉",以"骚体赋"为后学取法的古赋范式。

（二）古赋之"流"与《外录》"五体"之分

《正集》编次分类"赋以代分""赋以代变""赋以代降",将先秦至宋的辞赋发展演进脉络通过古赋分类清晰地呈现出来。祝尧以"情"为本,对散体大赋、俳赋、律赋、文赋加以评论辨析,主张以古赋"真情"来弥补俳赋、律赋过分注重修辞声律技巧之不足。宋人虽"以文为赋",力图扭转俳、律赋之失,然逐渐消解赋体特征而渐与其他文体含混不清。因此,祝尧明确提出"祖骚宗汉"这一可供后学取法的古赋范式,是为古赋正体。

《古赋辩体》之《外录》二卷,分"后骚""辞""文""操""歌"五大类,录三十三人四十四篇作品。

祝尧引用唐元稹"诗讫于周,《离骚》讫于楚,是后诗人流而为二十四"[1]之说,并结合宋晁补之"诗之流至楚而为离骚,至汉而为赋,其后赋复变而为诗,又变为杂言、长谣、问、对、铭、赞、操、引"[2]之论,借鉴晁氏集"后世文赋与《楚辞》类者"二十六人六十篇为《续楚辞》二十卷,又选其文、赋与《离骚》相似者三十八人九十六篇为《变离骚》二十卷的做法[3]编纂《外录》。祝尧以为元稹

---

① 《古赋辩体》"外录上"下序题言"二十四名":"赋、颂、铭、赞、文、诔、箴、诗、行、吟、咏、题、怨、叹、章、篇、操、引、谣、讴、歌、曲、词、调。自操以下八名皆是起于郊祭军宾吉凶等乐,由诗以下九名皆属事而作,虽题号不同,而悉谓之诗。"(元)祝尧:《古赋辩体》卷9,第835页。

② （宋）晁补之:《离骚新序(上)》,见《济北晁先生鸡肋集》卷36,《四部丛刊初编》本。

③ （宋）晁公武撰,孙猛校证:《郡斋读书志校证》卷17,第808—809页。

所谓"二十四名",其流皆源于诗,至于"铭""赞""文""诔""箴"之类,则不可与诗、赋例论。后代所出之赋本取于"诗之义"以为赋名,虽题名为赋,而其"义"实则出于诗,汉人遂以"古诗之流"名之;而后代所出之文,其间取于"赋之义"而题文名,其"义"则实出于赋,故而晁补之以为"古赋之流"①。

1.非赋之义、有赋之义与"异同两辨"之法

祝尧从诗之"六义"角度辨诗、文之别:

> 人徒见赋有铺叙之义,则邻于文之叙事者;雅有正大之义,则邻于文之明理者;颂有褒扬之义,则邻于文之赞德者;殊不知古诗之体,六义错综,昔人以风、雅、颂为三经,以赋、比、兴为三纬,经其诗之正乎,纬其诗之葩乎,经之以正,纬之以葩,诗之全体始见,而吟咏情性之作有,非复叙事、明理、赞德之文矣,诗之所以异于文者以此。②

既然赋源于诗,故而为赋者必以"诗"为体,而不当以"文"为体。作赋者,不明"赋"体之本,反以为"文",则失其体要;又或作文者,不拘泥于"文"之体要,反而为"赋",则使"文""赋"体制杂糅,遂有"文中之赋""赋中之文",使赋家"高古之体"不复见于赋,而其支流逸出。《古赋辩体·外录》所收,其名虽不曰赋,然其文则"有赋之义",以为"赋体之流"而分体录之。

祝尧于《正集》中敏锐地发掘古赋在历史演进中的诸多变革,于名赋之作中体察出"非赋之义",继而分楚辞体、两汉体、三国六朝体、唐体、宋体为五,各为之辨,此为祝尧"既分非赋之义于赋之中"之说。如《秋声赋》、前后《赤壁赋》等作,祝尧对此多

---

① (元)祝尧:《古赋辩体》卷9,第835页。
② (元)祝尧:《古赋辩体》卷9,第836页。

有"非赋本色"之微词,指摘诸作应当直述其事,而不应以"论理为体"。可见,祝尧将《秋声赋》、前后《赤壁赋》等编入于《正集》之中,实乃突出古赋于宋代的发展演变特点。祝尧不因"名曰赋而遂不敢分"①,严辨"宋体"诸作与"楚骚""两汉""三国六朝""唐"等其他古赋的差异,在于明其所分,最终指向古赋"祖骚宗汉"之意。

　　2."义"同"名"异与同源殊流

　　外录所收之文皆"历代祖述楚语者为本,而旁及他有赋之义者"②,诸如《秋风辞》《吊屈原文》之属,为"赋之本义见于他文者",祝尧仿晁补之"古赋之流"之义编之,分后骚、辞、文、操、歌五类,此为"取有赋之义于赋之外"③之说。

　　"流"者,同其源而殊流尔。祝尧采用"赋体之流,固当辨其异;赋体之源,又当辨其同"的"异同两辨"④之法,方能尽赋之义、明赋之体,此为《外录》辨体。《外录》所选诸作,皆"名"虽"异",而"义"有"同"。祝尧将同与异、源与流、义与名三者结合起来,分后骚、辞、文、操、歌五类,各类皆有题解,选录作家以时代先后编排,作品系于人后,并一一为之注评。

　　祝尧于《正集》中惟载《离骚》《九歌》《九章》《九变》之作,故其所选是以区分骚、赋之体,明确提出"骚为赋祖",而惟选屈原、宋玉之骚,有"正赋之祖"之用。《外录》专选后世骚体之作,因"赋"虽祖于"骚","骚"却未名"赋",若全编骚赋不分,以骚为赋,则恐

---

①（元）祝尧:《古赋辩体》卷9,第837页。
②（元）祝尧:《古赋辩体》卷9,第837页。
③（元）祝尧:《古赋辩体》卷9,第837页。
④（元）祝尧:《古赋辩体》卷9,第836页。

诸学者"泥图骏之间而不索骊黄之外"①。"后骚"录于"他文"之冠,则源委、祖述分明,遂显因委知源、因述知祖之意。"辞"与赋实为一名也,故古人合而名曰辞赋。骚名楚辞,《渔父》篇亦以"辞"称,故后世名为"辞"而"义"为"赋"者,统归为"辞"类,以为赋之流尔。

"文"类取历代"名则文而义则赋"②之作,实秉之于《续楚辞》录韩柳诸文以为楚声之续之意,认为"赋中有文"之作往往不及此类文章,故而别录"文"类,以为"古赋之流"。

"操"者,歌之别名耳。祝尧取晁氏之说,以"《三百篇》皆弦歌之操,亦弦歌之辞也"③,认为《离骚》原本古诗而衍,至汉愈极,《离骚》亡后,操与诗赋同出而异名。

虽《汉书·艺文志》称"不歌而诵谓之赋",然祝尧以为骚中《抽丝》与荀卿赋篇皆有少量可歌者,而《渔父》篇末引《沧浪孺子歌》,用赋家亦用"歌"为辞推论不可拘于"不歌而诵"来定义赋。后世赋作"多为歌以代乱,亦有中间为歌者"④,可见"歌"者,与诗赋同出而异名。祝尧选历代本以"歌"为名而又符合"六义"之作,汇为"歌"类,以助赋者。

《外录》所分"古赋之流"者五类:"后骚""辞""文""操""歌",各因其"名"不同,而皆有"赋"之"义",于异中辨同,以明"古赋"之体,以通"古赋"之义。《外录》所选,"后骚"实源于"楚辞",而"辞"实为"赋"之别称;"文"乃名文而义则赋;"操"与"歌"与诗赋同出

---

① (元)祝尧:《古赋辩体》卷9,第837页。
② (元)祝尧:《古赋辩体》卷10,第849页。
③ (元)祝尧:《古赋辩体》卷10,第854页。
④ (元)祝尧:《古赋辩体》卷10,第858页。

而有古义。祝尧所选皆严辨其体,以见古赋之流。

祝尧《正集》《外录》分类,将古赋与辞赋中其他类别如俳赋、律赋、文赋区分开来,并在古赋体内,首开以"时(代)"分古赋之分类方式,明源流,辨体格,崇范式;古赋之外,以"名虽异而义实同"分"后骚""辞""文""操""歌"五类,同中辨异,以"体"区分,以古赋之"流"明"古赋"之体,以通"古赋"之义。祝尧此集,"严乎其体,通乎其义",实乃后世"赋家之一助"。

祝尧《古赋辩体》系统地总结元代前期辞赋发展概况,提出以复归"古赋"为辞赋发展道路,并通过选、论、注、评之方式,将古赋正变源流发展脉络清晰地呈现出来,以"情"为本、"祖骚宗汉",提倡"楚骚"和"汉赋"为古赋经典范式,于论辩之中为学者提供可供取则的赋体范式。而其文体分类,突破前人赋体分类方式,先四分为"古赋""俳赋""律赋""文赋"四类,将辞赋文体形态特征与辞赋发展流变结合起来,并站在探索赋史发展道路的基础上,以"复古为新变",提倡古赋。祝尧《正集》《外录》之分,将古赋正体根据其内容、艺术、形体等因素在辞赋发展过程中的时代性差异,五分为"楚辞体""两汉体""三国六朝体""唐体""宋体",是建立在辞赋历史发展演进的过程中所形成的"赋以代变"这一客观事实之上的。这种编次体例的设置,既避免了因编者主观臆测而造成的见仁见智或遭人诟病之处,同时在分类之中又注意到各体之间的源流承接关系,即祝尧始终贯穿的"情"本位的思想。《外录》将后世续骚之作、辞赋之辞、名为文实为赋之作以及"操""歌"汇为一编,以为古赋之流。《外录》所收,虽不以"赋"名,然其皆有"赋"义,祝尧以"赋义"为选取标准,辨其体异,遂而集之。

第三节 《古赋辩体》与总集赋之
"体""用"分类

何新文先生《从"辞赋不分"到"以赋论赋"——古代赋文体论述的发展趋势及当代启示》一文,在系统梳理中国古代赋文体发展演变历史后,提出古代赋文体论述总的趋势为:由探索赋与诗骚等文体的外部关系,到辨析赋的内部体类,即由两汉"辞赋"不分、魏晋六朝"骚别于赋",到唐宋以后在"以赋论赋"的前提下具体分析赋的"古、俳、律、文"诸体①。中国古代的赋集分类,大体以唐为分界。赋至唐,始有古、律之分。赋体"铺采摛文,体物写志",写作方式纵横铺陈,作品内容主题无所不包,以类区分,便于呈现出赋作征材聚事的博杂之象;《文选》《文苑英华》《历代赋汇》等总集赋体分类多以主题内容为标准,偏向于从赋"用"角度区别分类。赋介乎诗文之间,特别是在发展演变过程中积极地吸取其他文体要素。唐以后总集赋体分类中始有辨体一路,故《唐文粹》《古赋辩体》《文章辨体》《文体明辩》《历朝赋格》等总集赋体以体格分类,更偏向于从赋之"体"性层面来细分作品。

一、《文选》与总集赋体分类之"用"

清陆葇《历朝赋格·凡例》:"作赋以来,选家不一,有多别门分类者,有专叙朝代者,有分列体裁者。"②历代总集赋分类方法不一,

---

① 何新文:《从"辞赋不分"到"以赋论赋"——古代赋文体论述的发展趋势及当代启示》,《文学遗产》,2015 年第 2 期。
② (清)陆葇:《历朝赋格·凡例》,(清)陆葇评选:《历朝赋格》卷首,《四库全书存目丛书》集部,第 399 册,第 274 页。

或以类编，或以人分，或依时序，或分列体裁。其中以仿效类书体例
分类编次最为常见。魏晋南北朝兴起的类书的分类体例与《尔雅》
分类方法相似，而影响到总集的分类。《隋志》著录魏晋南北朝时期
赋总集有十多部。其中，同以《赋集》为名的赋总集，有谢灵运所撰
九十二卷本，宋新渝惠侯所撰五十卷本，宋明帝所撰四十卷本，后魏
秘书丞崔浩所撰八十六卷本等，另有《赋集钞》一卷、《续赋集》十九
卷，诸如此类皆以"赋"名总而集之。又有《历代赋》十卷（梁武帝
撰），即以编选历代赋作为一帙，而其分类，即以时叙次，以人别之。
以上两种赋体总集，选录作品题材内容兼顾多种，时间跨度不限一
时。以下总集则因赋作题材内容相近而别为一编，诸如《乐器赋》
（十卷），收录以乐器为咏赋对象的赋作；《皇德瑞应赋颂》（一卷，梁
十六卷，两唐志有十卷，不著撰者，疑为梁残卷），以赋作颂明皇德为
主要内容而汇编成集；《五都赋》（六卷）、《杂都赋》（十一卷）等，收录
帝都类赋作；《遂志赋》（十卷）、《述征赋》（一卷）皆集诸家"遂志"①、
"述征"②类赋成集。此外，又有《献赋》十八卷，汉代即有臣子献
赋于上，以达颂扬讽谏之意，诸如此类赋作题材不一，故《献赋》十
八卷或为历代赋家献赋合集，分类体例或以题材内容类聚，或以
时（人）叙次先后。

　　历代以总集为代表的赋体分类，多承袭《文选》以主题事类平

①陆机《遂志赋（并序）》曰："昔崔篆作诗，以明道述志，而冯衍又作《显志
赋》，班固作《幽通赋》，皆相依访焉。张衡《思玄》，蔡邕《玄表》，张叔《哀系》，
此前世可得言者也。"（晋）陆机著，刘运好校注整理：《陆士衡文集校注》卷2，
南京：凤凰出版社，2007年，第120—121页。汉刘歆有《遂初赋》，魏刘桢亦
有《遂志赋》，不知始于何人，然"遂志"类大抵衰合以上诸家赋成集。
②汉蔡邕有《述行赋》，魏曹丕、曹植、繁钦各有《述征赋》，曹植、繁钦又有《述
行赋》，"述征"赋或合数家之赋编为一集。

列门目之法,分类繁琐细碎多遭后人诟病。后世总集如《文苑英华》"部系类分,悉宗《选》例"①,赋体分为天象、岁时、地类、水、帝德、京都、讽谕、儒学、军旅、饮食、符瑞、人事、器用、服章、图画、宝、丝帛、舟车、薪火、鸟兽、虫鱼、草木等四十一类,体例略与《文选》相同,而门类实则更为繁碎。《历朝赋格·凡例》又言:"妄谓读赋专资博物别类,便于稽考;然条缕太繁,又与类书无别。案头但置吴博士《事类赋》一部,足矣。"②宋吴淑撰并注《事类赋》三十卷,《四库全书》将其列入子部,而其本身则是一部百篇赋集。是书原名《一字题赋》,即针对天地宇宙间一百种常见事物,各为之赋,内容大抵以赋体形式概括某物之制度史实典故,广征博采各类事之书及经史百家文集之说以入赋。《事类赋》是奉敕增注后另改之名。全书将赋作分十四部:天、岁时、地、宝货、乐、服用、什物、饮食、禽、兽、草木、果、麟介、虫。各部再以细分,天部有天、日、月、星、风、云、雨、雾、露、霜、雪、雷十二类目;岁时部有春、夏、秋、冬四类目;地部有地、海、江、河、山、水、石、井、冰、火十类目;宝货部有金、玉、珠、锦、丝、钱六类目;乐部细分歌、舞、琴、笛、鼓五类目;服用部分有衣、冠、弓、箭、剑、几、杖、扇八类目;什物部有笔、砚、纸、墨、舟、车、鼎七类目;饮食部有茶、酒二类目;禽部有凤、鹤、鹰、鸡、雁、鸟、鹊、燕、雀九类目;兽部细分麟、象、虎、马、牛、羊、狗、鹿、兔九类目;草木部有草、竹、木、松、柏、槐、柳、桐、桑九类目;果部细分桃、李、梅、杏、奈、枣、梨、栗、柑、橘、瓜十一类

① (明)胡维新:《刻〈文苑英华〉序》,(宋)李昉等:《文苑英华》(第一册),北京:中华书局,1966年,第5页。
② (清)陆葇:《历朝赋格·凡例》,(清)陆葇评选:《历朝赋格》卷首,《四库全书存目丛书》集部,第399册,第274—275页。

目；麟介部下分龙、蛇、龟、鱼四类；虫部涵括虫、蝉、蜂、蚁四类①。细目多至一百种，虽便于读者检索取则，终嫌繁琐。

明周履靖、刘凤、屠隆等辑《赋海补遗》三十卷，选录先秦至唐末抒情咏物类小赋二百七十二篇，后附周履靖赋作六百一十五篇。《赋海补遗》采用《文苑英华》的赋体分类方式，沿袭其四十三个类目中的二十一类，即天文、时令、节序、地理、宫室、人品、身体、人事、文史、珍宝、冠裳、器皿、伎艺、音乐、花卉、果实、芝草、饮馔、走兽、鳞介、昆虫。各类之下，以"题"细分，共有六百〇六题，每题录赋一至三篇。

清代总集赋体以类编次，以《明文海》《历代赋汇》《分类赋学鸡跖集》《赋海大观》为代表。《明文海》分体编录，卷一至四十六录赋。赋体下细分国事、时令、山川、吊古、哀伤、述怀、人事、居处、感别、闲情、鉴赏、音乐、仙隐、禽虫、花木、器物十六个二级类目。《御定历代赋汇》的《正集》一百四十卷，分天象、岁时、都邑、地理、治道、典礼、祯祥、临幸、文学、苑狩、武功、性道、农桑、宫殿、室宇、器用、舟车、音乐、玉帛、服饰、饮食、书画、巧艺、仙释、览古、寓言、草木、花果、鸟兽、鳞虫三十类；《外集》二十卷，有言志、怀思、行旅、旷达、美丽、讽谕、情感、人事八类；《逸句》二卷，分天象、岁时、地理、都邑、典礼、文学、武功、器用、音乐、玉帛、饮食、巧艺、览古、花果、鸟兽、鳞虫、言志、怀思、行旅、旷达、美丽、讽喻、人事二十三类；《补遗》二十二卷，分天象、岁时、都邑、地理、治道、典礼、祯祥、临幸、文学、武功、性道、农桑、宫殿、室宇、器用、舟车、音乐、玉帛、饮食、书画、巧艺、仙释、览古、寓言、草木、花果、鸟兽、鳞

---

① （宋）吴淑撰注，冀勤、王秀梅、马蓉校点：《事类赋注》，北京：中华书局，1989年。

虫、言志、怀思、行旅、旷达、美丽、讽喻、情感、人事三十六类。从类目名称上看，均是同一主题赋作类从编录。《正集》《外集》收录赋作主题分明，前者以叙事咏物为主，后者则以摹情叙志为主。《逸句》《补遗》则合而为一，但在排列顺序上，依然存在前后之分。《分类赋学鸡跖集》总录清人赋作二千余首，类聚而群分，计有天文、岁时、地理、宫室、市治、仕宦、性道、人品、文学、文具、武备、乐制、农桑、技艺、人事、释道、服用、器用、珍宝、饮馔、草、木、花木、花草、果、鸟、兽、水族、虫豸等部，各部之中再加以细分，如"天文部"下则有天、日、月、星、风、雨、云（霞附）、霜、雪、露（雾附）、雷（虹、电附）、河汉十二细目，"文学部"细分书籍、碑帖、文、诗、词赋、勤学、博学、书法八类。鸿宝斋主人"庐江太守公"所辑《赋海大观》，收录先秦至清历代赋作计一万两千二百六十五篇，分类方式仿效《历代赋汇》而更加细碎。先以作品主题事类划分三十二类，各类再分细目，共四百六十八类。

　　总集赋体按内容题材分类，多承《文选》而来，其优点是分类较为明晰，便于阅者检索学习。后出总集在《文选》赋体分类的基础上愈趋精细，特别是受唐以来大型类书编纂体例的影响以及科举取士的需要，一些总集赋之分类细密琐碎，愈演愈烈，上述总集如《赋海大观》细目竟多达四百六十八类，其弊端也显而易见。

二、《古赋辩体》与总集赋体分类之"体"

　　总集赋之分类，另有分体一途。挚虞《文章流别集》分"古诗之赋""今之赋"两种，称属《楚辞》之赋为"赋之善者"，"孙卿、屈原，尚颇有古诗之义"[1]，而批评"今之赋""辞无常"的弊病。逮及

---

① （宋）李昉等：《太平御览》卷587，第2644页。

章樵重新编次《古文苑》时,将"赋"分为"宋玉赋""汉臣赋""扬雄赋""赋十一首"①四类,整体上以时间先后编次作品,以作者身份区别分类。《宋文鉴》一级分类按"体"相分,明确别录"赋"于"律赋"②之外,收录唐宋新体"律赋"为一类,"赋""律赋"类下作品各按时间先后编次。《唐文粹》最早于总集中立"古赋"为体。姚铉此集"以古雅为命"③选录作品,故是编文、赋惟取古体,四六之文不录。虽姚铉此编体例沿袭《文选》分类方式,以题材内容细分"圣德""失道""京都""名山""花卉草木""哀乐愁思""梦"等十八个二级类目④,然其于总集中专选"古体",最先立"古赋"为体,已经显示出姚铉的赋体辨析与分类观念,此点多有益于后之来者。

逮及元代,辞赋体式发展衍化日趋成熟,众体皆备。祝尧在个人"重情除弊"的赋学思想和崇古废律的时代背景下,首次四分辞赋为"古赋""俳赋""律赋""文赋",《正集》将古赋正体根据其内容、艺术、形体等因素在辞赋发展过程中的时代性差异,分为"楚辞体""两汉体""三国六朝体""唐体""宋体"五体;《外录》将"名虽异而义实同"之辞赋作品分"后骚""辞""文""操""歌"五类,以为古赋之流。明人钱溥以"辨之甚严而取之甚确"⑤称誉此书辨体分类之功,四库馆臣以"严乎其体,通乎其义","于正变源流,亦言

---

① 《古文苑》卷二十一"杂赋"收录残阙赋作13首,此处不论。
② (宋)吕祖谦编,齐治平点校:《宋文鉴》,北京:中华书局,1992年。
③ (宋)姚铉《〈文粹〉序》曰:"今世传唐代之类集者,诗则有《唐诗类选》《英灵》《间气》《极玄》《又玄》等集,赋则有《甲赋》《赋选》《桂香》等集,率多声律,鲜及古道。"(宋)姚铉:《〈文粹〉序》,《文粹》卷首,《四部丛刊初编》本。
④ 《唐文粹》将"辞""连珠"之作归"古赋"类。
⑤ (明)袁黄:《增订群书备考》卷1,明崇祯五年刊本。

之最确"①之语赞之。《古赋辩体》的赋体辨析与分类在承继前人的基础之上多有创建,是中国古代总集赋体分类史上的力作,其影响亦为深远。

明人吴讷《文章辨体》、徐师曾《文体明辩》赋类"序题"②中多引祝尧《古赋辩体》之言,赋体分类亦多承《古赋辩体》而来。《文章辨体》分体五十九种,是书弃《文选》《文苑英华》等总集立"赋"为体的方式,专立"古赋"一目,这种做法有沿袭《宋文鉴》《唐文粹》别"古赋(赋)"于"律赋"之义,然根本上是直接受《古赋辩体》的影响。《文章辨体》之前,唯有《唐文粹》于总集中明确立"古赋"一体,然其"古赋"仅仅为区别"四六之文"的模糊文体概念。《唐文粹》收录"唐人"作品,唐人观念之中尚无后出"文赋"概念。且其分类,仍依《文选》以主题区分,分类尚无创建,故相对于《古赋辩体》来说,其"古赋"概念远不具备明确的文体内涵。吴讷《文章辨体》是明确以"辨体"为宗旨的总集,这与《古赋辩体》在编录动机上是一致的。《文章辨体》"古赋"体分"楚""两汉""三国六朝""唐""宋""元""国朝"七小类目,观其类目,除"元""国朝"赋超出《古赋辩体》收录赋作年限之外,其他五类皆从祝尧书中择出,且"元""国朝"二类实按《古赋辩体》之分类标准自立新目。不仅如此,《文章辨体》"古赋"类,包括"古赋"体下"楚""两汉"等小类目序题中的体制辨析,无一不引祝尧之语,各大小类序题一例先照抄祝尧之论,后加朱熹之语或己论评判而成。如吴讷论"唐"体,

①(清)永瑢等:《四库全书总目》卷188,第1708页。
②吴承学先生将中国古代文章总集目录或卷首著有简述文体渊源流变的小序定名"序题",详见吴承学:《论"序题"——对中国古代一种文体批评形式的定名与考察》,《文艺理论研究》,2012年第6期。

则先全引祝氏论语,又引先正"文章先体制而后文辞"之语于后,最末附吴讷"学赋者其致思焉"数语而成。《文体明辩》本衍《文章辨体》而踵事增华,在赋体分类上,徐师曾别"楚辞"于"赋",分为"楚辞""赋"二体;《文体明辩》细分"赋"为"古赋""俳赋""文赋""律赋"四体,类目亦沿《古赋辩体》而用之。不仅如此,《文体明辩》"赋"之序题,虽不类吴讷直接抄引祝尧,然其意亦多从《古赋辩体》出,此不一一证之。由此可见,《古赋辩体》的赋体辨析与分类理论确实卓有建树,可谓"后世赋家之一助"。

前引《历朝赋格·凡例》总结赋集分类体例时,可知陆葇对赋体"分门别类"之法颇有微词。清陆葇《赋格凡例》将历代赋作分为三类:其一,"录《礼赋》一篇以冠,文赋凡用散词,总为一格";其二,"骚者,《诗》之变也,赋之祖也","以拟骚为一格";其三,"凡属词俪事比偶成文者,列为骈赋一格"①。具体说来《历朝赋格》首分文赋、骚赋、骈赋三格,每格再依主题事类,分天文、地理、帝治、人事、物类五个细目。三格为纲,五类为目,各类之中,以朝代先后为序依次编排。相对于"分门别类",《历朝赋格》分类体例简明又不失层次。总集赋体分类,或分门别类,或专叙朝代,或分列体裁,各有侧重。《历朝赋格》采用的两层分类法,将"体""类"结合在一起,兼顾赋"体""用"两方面,题材的分类与文体的界定适可互补。从这个层面上说,《历朝赋格》是中国古代赋体分类史上较为赅备的范本。

_____

① (清)陆葇:《历朝赋格·凡例》,(清)陆葇评选:《历朝赋格》卷首,《四库全书存目丛书》集部,第399册,第273—274页。

第四章　南宋文章总集分类编次方式的选择与意义(上)

明清时期八股大家所盛倡的"以古文为时文",其实早在南宋时即已盛行,而其源头则可上溯到北宋时期①。徽宗时唐庚在《上蔡司空书》中提出:

> 迩来士大夫崇尚经术,以义理相高,而忽略文章,不以为意。……唐世韩退之、柳子厚,近世欧阳永叔、尹师鲁、王深父辈,皆有文在人间,其词何尝不合于经?其旨何尝不入于道?行之于世岂得无补,而可以忽略,都不加意乎?窃观阁下辅政,既以经术取士,又使习律习射,而医、算、书、画皆置博士。此其用意,岂独遗文章乎?而自顷以来,此道几废,场屋之间,人自为体,立意造语,无复法度。宜诏有司,以古文为法。所谓古文,虽不用偶俪,而散语之中暗有声调,其步骤驰骋亦皆有节奏,非但如今日苟然而已。今士大夫间亦有知此道者,而时所不尚,皆相率遁去,不能自见于世。宜稍稍收聚而进用之,使学者知所趋向,不过数年,文体自变,使后世

---

① 祝尚书:《论宋代时文的"以古文为法"》,《四川大学学报(哲学社会科学版)》,2007年第4期。

论宋朝古文复兴，自阁下始，此亦阁下之所愿也。①

徽宗时代"崇尚经术"，注重"义理"，经义高度程式化并趋于骈俪，唐庚批评场屋之文"立意造语，无复法度"的不良倾向，明确提出以唐韩愈、柳宗元，宋欧阳修、尹洙、王安石等人的"古文"为法。唐宋诸大家古文词"合于经"，旨"入于道"，散语运行而声调、步骤皆有"节奏"，唐庚提倡通过学习此类"古文"造语法度来改造、提升时文品格。时文"以古文为法"观念行之有效的前提，是唐庚对于古文法度的认识与推崇。早在唐庚之前，士大夫间"亦有知此道者"，如黄庭坚曾以"深知古人之关键，其论事救首救尾，如常山之蛇"②之语评陈师道文；评其外甥洪驹父文时，虽觉"皆好"，但"少古人绳墨"，指出"可更熟读司马子长、韩退之文章"，学习古人作文"有宗有趣""终始关键""有开有阖"③之法。可见，以古人诸作为绳墨，指导和衡量当下文章创作，在唐庚之前即有，然未见有明确提出如唐庚尔。自唐庚后，南宋王应麟援引真德秀论文之语，明确提出"序"体"颇与记相类，姑当以程文为式，而措辞立意则以古文为法可也"④。魏天应亦持"论"体应"据古文为文法"⑤。可见南宋时期，以古文质朴畅达来纠整时文骈俪僵化之弊，已成为有识之士的共识。

---

① (宋)唐庚：《眉山文集》卷8，《景印文渊阁四库全书》集部，第1124册，第367页。
② (宋)黄庭坚：《答王子飞书》，《全宋文》，第104册，上海：上海辞书出版社、合肥：安徽教育出版社，2006年，第293页。
③ (宋)黄庭坚：《答洪驹父书(二)》，《全宋文》，第104册，第300—301页。
④ (宋)王应麟：《辞学指南》，《玉海》卷204，台北：华文书局，1964年，第3837页。
⑤ (宋)魏天应：《论学绳尺·行文要法》，王水照编：《历代文话》(第一册)，上海：复旦大学出版社，2007年，第1078页。

科举肇自隋代,历唐至宋方制度大备。宋代科举考试科目设置分常科、制科两类,大体因革唐制而具体科目有所不同,北宋末增设"词科"一目,专门培养四六写作人才。宋代科举考试所用诗赋、策论、经义诸体,亦在沿袭唐人科举文体的基础上加以改造、设置程式,逐步固定。总的来说,宋代科举考试,科目设置更加规范,逐渐由唐代多科向"杜塞他蹊,专尚进士"①一科发展,考试内容亦由唐代"诗赋"取士走向"诗赋""经义"分闱取士,并逐渐倾斜于实用的策论、经义,甚至一度以经义取代诗赋。

宋代进士科考中的策、论、经义等,北宋前期本用古文创作,后渐趋程式化,"才与古文拉开了距离"②;"词科"之诰、诏,"或用散文,或用四六"③,檄文虽用四六,然"散文为得体"④,记、序亦用散文,且"须拣择韩、柳及前辈文,与此科之文相类者熟读"⑤。宋代科考文体与古文之间的密切关系,为时文向古文学习观念的提出,奠定了文章学上的契机。古文、时文之间并无根本区别,二者在文法、文理等层面具有一致性。故刘将孙《题曾同父文后》云:"文字无二法。自韩退之创为古文之名,而后之谈文者必以经、赋、论、策为时文,碑、铭、叙、题、赞、箴、颂为古文,不知辞达而已

---

① (宋)郭见义:《创建三元庙碑》,(清)汪森编辑,黄盛陆等校点:《粤西文载》卷37,南宁:广西人民出版社,1990年,第110页。

② 祝尚书:《论宋代时文的"以古文为法"》,《四川大学学报(哲学社会科学版)》,2007年第4期。

③ (宋)王应麟:《辞学指南》,《玉海》卷202,第3808页。

④ (宋)王应麟:《辞学指南》,《玉海》卷203,第3826页。

⑤ (宋)王应麟:《辞学指南》,《玉海》卷204,第3833页。

矣,时文之精,即古文之理也。"①刘氏所言古文、时文之别虽不精准,但却触及时文、古文二者的密切关系。

在宋代以古文为中心的时代风气感染下,"以古文为时文"观念遂渐盛行。伴随着科举考试科目和方式的改革,特别是在观念上认识到从古文中寻找时文创作的文章技法,是通往仕试的必经之路时,如何将古文经典变成科考"制义之金针",成为摆在当下重要的先决问题。宋代所兴起的评点,其产生源于多种学术因素的共同作用,中国古代经学、训诂句读之学、诗文选本注本以及诗话等形式都对评点的孕育形成产生重要的影响。当然,作为一种自觉的批评方式,评点至宋才真正形成,其兴盛与宋代文化书籍普及、宋人崇尚学术以及文学批评发达等因素密切相关②。从这个层面上看,古文评点成为南宋总集编纂者更好地标示古文文法,便于读者揣摩文章法度,提升古文写作水平的不二选择。南宋古文评点,通过汲取唐代以来诗赋格、四六格法著作的研究成果,提倡文本细读、精读,从文章的立意、构思、造语、结构等方面解构古文,总结基本的写作法则和创作规律,为文学创作提供文章典范和法度指导。

南宋时期,古文典范作品的研讨、品评兴盛。《古文关键》《崇古文诀》《文章正宗》《古文集成前集》《文章轨范》,虽编纂宗旨、选文篇目、分类体例各有差异,然其教示初学、指导写作的实用目的

①(元)刘将孙:《题曾同父文后》,《养吾斋集》卷25,《景印文渊阁四库全书》集部,第1199册,第242页。
②参见吴承学:《评点之兴——论文学评点的起源和南宋的诗文评点》,《文学评论》,1995年第1期。

一致。受科考时文全面程式化的影响,"以古文为时文"之说盛行。古文总集在实际的传播接受中,已与魏天应、林子长《论学绳尺》之类的"黄册子"一样,被应试举子等若视之,一定程度上具备"兔园册子"类科举用书的性质。

总集在选文定篇之后,首先必须确定一种编纂体例,从具体的某一个关注点和切入点将众多文章分门别类、排列组合,形成纲举目张的网状分类体系。南宋文章总集分类方式,或以人(作家时代先后)、以时(历史朝代顺次)叙次,或以体(文体形态差异)、以技(创作技巧高低)、以格(认题立意方式)分类编次,颇不相同①。可以说,南宋文章总集的分类编次方式之丰富,在中国古代总集分类史上实为罕见。

现有的南宋文章总集研究,不乏对于古文评点、选文特色等方面的研究,也取得了一系列的成就,但学术界目前对于此一时期总集分类体例的关注明显不够。如祝尚书先生所著的《宋代科举与文学》《宋代科举与文学考论》《宋元文章学》三书,对于科举与文学(总集)两者的关系有相对深入的考述,然尚未关注到科举对于总集分类方式的密切影响。基于此,本章拟在前辈研究成果的基础上,通过诸本总集对于分类方式的选择运用,来分析编纂者的独特视角和分类观念,在此基础上,结合总集分类体例在阅读过程中传递给读者的不同感受,来挖掘南宋总集分类体例的文章学意义。

---

① 本文所用文章总集"以人叙次""以时叙次""以体叙次""以技叙次"分类编次方式的概念,皆源于吴承学教授《宋代文章总集的文体学意义》一文,详见《中国社会科学》,2009 年第 2 期,第 190—203 页。

第一节　以人叙次与唐宋八大家古文经典

　　孝宗乾道、淳熙年间（1173—1174），吕祖谦编辑《古文关键》二卷。《古文关键》取"韩、柳、欧、苏、曾诸家文标抹注释，以教初学"①。可见，是书原为吕祖谦教授学生弟子古文写作之集。

一、《古文关键》的选文与评点

　　吕祖谦选取唐宋大家古文编纂成集，其目的在于明确学习的内容和树立学习的榜样，即通过学习唐宋古文来提高写作水平。《古文关键》编纂成集，既受南宋学习古文的风气的影响，又是延续北宋欧、苏古文运动的产物。另一方面，南宋时期，针对科举诗文"多士程试，拘于时忌之说；蓄缩畏避，务为无用空言"②的弊病，高宗、孝宗时期开始提倡"指陈时事、鲠亮切直"③的文章内容和"学术深淳，文词剀切"④的科考文风。不仅如此，苏轼、欧阳修等人的文章在这时期不断受到提倡和重视，如陈亮主张通过编纂整理欧阳修文集、学习欧文来重返科举时文"嘉祐之盛"⑤，以欧苏为代表的古文得以重新回归学子的文章视野。受到这种风气的影响，吕祖谦不以场屋优秀程文为例，而以古文结集，即有通过重振古文以纠正科场文风之意。《古文关键》编纂之旨即标举古

①（宋）陈振孙撰，徐小蛮、顾美华点校：《直斋书录解题》卷15，上海：上海古籍出版社，1987年，第451页。
②（清）徐松辑：《宋会要辑稿·选举四》，北京：中华书局，1957年，第4307页。
③（清）徐松辑：《宋会要辑稿》，第4395页。
④（清）徐松辑：《宋会要辑稿》，第4308页。
⑤（宋）陈亮：《龙川文集》，北京：中华书局，1985年，第175页。

文"命意布局之处,示学者以门径"①,也就是通过学习古文之法度门径,从而创作高水平的应试时文。

为便于士子更好地学习古文章法门径,吕祖谦将古文选录与评点结合起来,卷首《总论》论及古文写作鉴赏等多方面内容,架构了一个囊括古文效仿对象、文章构思立意、篇章结构架构、字句语言法度等方面学习古文的总纲,同时总论韩、柳、欧、苏诸大家文法。在正文中,吕祖谦则采用题下批注与尾批,以及文中点抹与随行夹注的形式,将所录古文的立意、布局谋篇、句法、体格以及文体风格标明出来,以指导写作。清人胡凤丹评其曰:"虽所甄录文仅数家,家仅数篇,而构局造意,标举靡遗,实能灼见作者之心源,而开示后人以奥窔……然则不知此法无以作文,不读先生是书,又何知古人作文之法之妙哉?"②《古文关键》以选文结集与评点标注相结合的方式,分类编次唐宋八家古文,既在阅读层面为初学者提供了经典范文,又在写作层面晓示出文章创作的法度门径。清张云章序《古文关键》曰:"观其标、抹、评、释,亦偶以是教学者,乃举一反三之意。且后卷论、策为多,又取便于科举。"③《古文关键》选文以"论""策"居多,这与"论""策"在南宋科举考试中占有重要的地位密切相关。吕祖谦以批点方式标、抹、评、释古文创作的技巧法度以教初学,则更易于举子接受。举子在品读领会古文章法技艺的过程中,举一反三,用以提升时文的品格。

---

① (清)永瑢等:《四库全书总目》卷187,第1698页。
② (清)胡凤丹:《重刻〈古文关键〉序》,(宋)吕祖谦:《古文关键》卷首,《金华丛书》本。
③ (清)张云章:《〈古文关键〉序》,(宋)吕祖谦:《古文关键》卷首,《金华丛书》本。

二、《古文关键》的叙次分类方式

《古文关键》取韩愈、柳宗元、欧阳修、苏洵、苏轼、苏辙、曾巩、张耒八人古文汇于一编,诸家文章具体篇目数量各版本稍有差异。《金华丛书》清同治年间退补斋本《古文关键》卷上收录韩愈文十四篇①,柳宗元文八篇,欧阳修文十一篇;卷下收录苏洵文六篇,苏轼文十六篇,苏辙文两篇,曾巩文四篇,张耒文两篇,上下卷合六十三篇;《丛书集成初编》据《金华丛书》本排印,亦六十三篇。宋刻本《增注古文关键》收录八人六十二篇,其中合退补斋本韩愈《杂说一》《杂说四》为一,名《杂说》。《四库全书总目》云:"今卷首所载看诸家文法,凡王安石、苏辙、李廌、秦观、晁补之,诸人俱在论列,而其文无一篇录入。"②《四库全书总目》所录,系江苏巡抚采进本,明嘉靖中所刊。高儒《百川书志》录《古文关键》"编选七大家之文凡六十九篇"③,而据吴承学教授统计,中山大学所藏明刊本为六十二篇。今《文渊阁四库全书》本《古文关键》录文六十篇,卷上合韩愈《杂说一》《杂说四》为《杂说》,卷下收苏轼文十四篇,《留侯论》《王者不治夷狄论》不录。《古文关键》各本因韩愈《杂说》(《杂说一》《杂说四》)篇章排录分合不同与苏轼《留侯论》《王者不治夷狄论》两篇入选或不录,以至于统计以上各版本存录篇章书目时存在差异。然无论是《金华丛书》清同治年间退补斋二卷本《古文关键》,还是宋刻二十卷本《增注东莱吕成公古文关键》,二书编纂体例均相同。上文已经标注各个版本选录诸家古

---

① 退补斋本目录唯录《杂说》,实收录《杂说一》《杂说四》两篇。
② (清)永瑢等:《四库全书总目》卷187,第1698页。
③ (明)高儒:《百川书志》卷19,第286页。

文篇数,今以宋刻二十卷本《增注东莱吕成公古文关键》为例,来探讨《古文关键》的分类情况。

《增注东莱吕成公古文关键》选录韩愈、柳宗元、欧阳修、苏洵、苏轼、苏辙、曾巩、张耒八人共六十三篇古文,采用"以人叙次"的分类方式,所选之文各系于作家之下。吕祖谦以唐宋诸大家各体古文之作入编,则肯定了唐宋古文在立意构思、篇章结构、体式风格等方面取得的突出成就。各家入选古文数量不一,自韩愈至张耒依次为十四、八、十一、六、十六、二、四、二篇。从选录文体类别来看,包括论、序(集序、送序)、书(上书)、议、传、辨、解、原、说(杂说)等众体。可见,是编采用"以人叙次"的编排体例和分类方式,原意并不是为了强调哪一家哪一体古文的创作成就,而是将韩愈、柳宗元、欧阳修、苏洵、苏轼、苏辙、曾巩、张耒看做一个整体,以古文创作质量为选录标准,韩愈、苏轼之文多达十数篇,而苏辙、张耒之文唯选两篇,其关注点在于呈现不同作家不同作品古文法度,正如《总论·看文字法》:"学文须熟看韩柳欧苏,先见文字体式,然后遍考古人用意下句处。苏文当用其意,若用其文,恐易厌人,盖近世多读故也。第一看大概主张;第二看文势规模;第三看纲目关键……第四看警策句法。"①吕祖谦将韩柳欧苏古文作为习文的典范之作,而在具体诸家之文中亦有"看韩文法"之"简古","看柳文法"之"关键","看欧文法"之"平淡","看苏文法"之"波澜","看诸家文法"中曾巩、苏辙、张耒的各自文法。

另一方面,在《古文关键》中,《总论》还与篇中的首尾评与随行加注评点结合起来,为士子熟识诸家古文法度,领略其创作实践,提供了可操作的门径。清张云章于《序》文中云:"东莱吕子

①(宋)吕祖谦:《古文关键·总论》,《古文关键》卷首,《金华丛书》本。

《关键》一编,当时多传习之。……观其标、抹、评、释,亦偶以是教学者,乃举一反三之意。且后卷论、策为多,又取便于科举。原非有意采辑成书,以传久远也。"①编者通过评点将古文法度、技巧章法清晰地呈现出来,举子通过品读领会并加以运用创作,则使时文"义理""法度"兼收,实现以古文为时文的最终目的。《古文关键》"以人叙次"将唐宋古文大家古文作为一个整体呈现出来,确立韩、柳、欧、苏等人古文的典范地位,同时也将他们古文作品作为科举时文重要的取法对象。

三、以人叙次与唐宋古文八大家的形成

南宋科考在时文以古文为法的观念影响下,应试时文以何时、何人、何体古文为法,最为重要。严羽《沧浪诗话》有云"取法乎上,仅得乎中"②,选家识力眼光,关系到总集的整体编纂水平。《古文关键》以唐宋八大家入选,鲜明地体现了吕祖谦对于诸家古文在立意构思、篇章结构、体式风格等方面取得的突出成就的认同。

是编以人叙次,所关注和切入的角度则以八大家古文创作成就、个性以及文法技巧等艺术追求为重点。前文已述,《古文关键》集中作家作品数量不一,苏轼十六篇,韩愈十四篇,欧阳修十一篇,柳宗元八篇,苏洵六篇,曾巩四篇,苏辙与张耒各两篇。可见在选文标准上,吕祖谦是严格按照古文作品质量来衡量的,诸家古文创作水平不一,故所录之文数量不等。是编所录,唐人之

---

① (清)张云章:《重刻〈古文关键〉序》,(宋)吕祖谦:《古文关键》卷首,《金华丛书》本。
② (宋)严羽著,郭绍虞校释:《沧浪诗话校释》,北京:人民文学出版社,1961年,第2页。

文约占总集作品的 38%,宋代入选作家占全部作家的四分之三,而作品达总数的 62%。八人之中,韩愈、柳宗元、欧阳修、苏轼四人之文约占全集 78%,而四人之中,苏轼、欧阳修之文在总量上多于韩愈、柳宗元古文。《古文关键》所录唐宋古文,宋人古文占据绝大多数。可见,韩、柳、欧、苏四家古文地位从选文数量上可以凸显出来,而其中苏轼、欧阳修之文更为吕祖谦所看重。

韩愈、柳宗元古文从北宋开国伊始就受柳开等人提倡重视,随后包括王禹偁、穆修、石介在内的古文家亦多加推崇,欧阳修、苏轼等人在推动古文发展之时,将韩柳的接受传播推向高峰。北宋对于韩愈、柳宗元的古文接受,主要表现为韩柳文所论述的道统、文统以及韩愈古文所体现出的风格特色、艺术精神。南宋古文家对于唐宋古文传统以及创作成就的认可,已渐渐转变为对于艺术经验的广泛汲取,并将此作为提高古文写作水平的必经之路。习举业者在借鉴唐宋古文艺术创作经验的文学背景下,对于韩愈、柳宗元古文的接受亦多偏执于艺术层面①。

韩、柳、欧、苏四家之说,最早见于王十朋(1112—1171)《读苏文》。"唐、宋文章,未可优劣。唐之韩、柳,宋之欧、苏,使四子并驾而争驰,未知孰后而孰先,必有能辨之者。"又,"不学文则已,学文而不韩、柳、欧、苏是观,诵读虽博,著述虽多,未有不陋者也。"②南宋古文家向往唐宋韩、柳、欧、苏四家古文艺术成就,将其作品视为

---

① 熊礼汇:《从选本看南宋古文家接受韩文的期待视野——兼论南宋古文选本评点内容的理论意义》,《周口师范学院学报》,2007 年第 4 期,第 1—8 页。

② (宋)王十朋:《读苏文》,(宋)王十朋著,梅溪集重刊委员会编,王十朋纪念馆修订:《王十朋全集(修订本)》,上海:上海古籍出版社,2012 年,第 798 页。

提高古文写作水平的至高典范。可见,四家之说在南宋时期得以成立,关键在于南宋时对苏轼、欧阳修古文的接受程度。

　　苏轼文在元祐书禁后,得到孝宗赏识,并为苏轼文集作序(原题《御制文集序》),称苏轼文章"雄视百代,自作一家,浑涵光芒,至是而大成矣。朕万几余暇,绅绎诗书,他人之文,或得或失,多所取舍。至于轼所著,读之终日,亹亹忘倦,常置左右,以为矜式,可谓一代文章之宗也欤!"①以此为契机,其后三苏之文集与文选被时人所推重,得以大量刊行②,而尤以苏轼之文,在南宋产生了极大的影响力,以至于出现"人传元祐之学,家有眉山之书"③的盛况。陆游《老学庵笔记》记载曰:

　　　　国初尚《文选》,当时文人专意此书,故草必称"王孙",梅必称"驿使",月必称"望舒",山水必称"清晖"。至庆历后,恶其陈腐,诸作者始一洗之。方其盛时,士子至为之语曰:"《文选》烂,秀才半。"建炎以来,尚苏氏文章,学者翕然从之,而蜀士尤盛。亦有语曰:"苏文熟,吃羊肉。苏文生,吃菜羹。"④

　　两宋科举制度不同,北宋国初士子尚《文选》所代表的精巧丽雅的形式和风格,至南宋尚苏氏文章,特别是建炎以来,参加科考

---

①(宋)赵眘:《苏轼文集序》,(宋)苏轼撰,孔凡礼点校:《苏轼文集》,北京:中华书局,1986年,第2385页。

②宋有《重广眉山三苏先生文集》八十卷,旧题为陈亮所编《三苏先生文粹》七十卷、《标题三苏文》六十二卷、《重广分门三苏先生文粹》一百卷以及吕祖谦《吕氏家塾增注三苏文选》二十七卷等。

③(宋)赵眘:《苏文忠公赠太师制》,(宋)苏轼撰,郎晔注:《经进东坡文集事略》卷首,《四部丛刊》本。

④(宋)陆游撰,李剑雄、刘德权点校:《老学庵笔记》卷8,北京:中华书局,1979年,第100页。

的士子全然倾心投入学习苏轼古文,将其奉为"制义金针",可见其与科举的密切关系。在这种背景下,时文"以古文为法"的时机成熟,苏轼古文自然成为取法之典范。

陈亮选录欧阳修论、策问、书、札子、奏状、序、记、杂著、碑铭、墓铭、墓表共一百三十篇,按文体分类编次成《欧阳文粹》二十卷。其《书〈欧阳文粹〉后》曰:

> 二圣相承,又四十余年,天下之治大略举矣,而科举之文,犹未还嘉祐之盛。盖非独学者不能上承圣意,而科制已非祖宗之旧,而况上论三代? 始以公之文,学者虽私诵习之,而未以为急也。故予姑援其通于时文者,以与朋友共之。由是而不止,则不独尽究公之文,而三代、两汉之书,盖将自求之而不可御矣。先王之法度,犹将望之,而况于文乎? 则其犯是不韪,得罪于世之君子而不辞也。①

是书编于孝宗乾道淳熙年期,相对于高宗孝宗相承之年的天下之治,此时科举时文却未及嘉祐盛况。陈亮所选,皆为欧阳修古文中"通于时文"之作,其目的则在于通过学习欧文而延伸至三代、两汉之书,使科举时文追及"嘉祐之盛"。

欧阳修、苏轼之文盛行,使得唐宋"文章四家"的观念进入南宋古文家视野。而诸家所关注的四家古文创作艺术经验,恰是将韩、柳、欧、苏古文作为时文学习创作典范的最终目的所在。《古文关键》卷首有"看韩文法""看柳文法""看欧文法""看苏文法",《总论·看文字法》云:"学文须熟看韩、柳、欧、苏,先见文字体式,然后遍考古人用意下句处。苏文当用其意,若用其文,恐易厌人,

---

① (宋)陈亮:《书〈欧阳文粹〉后》,《龙川文集》卷16,北京:中华书局,1985年,第175页。

盖近世多读故也。第一看大概主张。第二看文势规模。第三看纲目关键：如何是主意首尾相应，如何是一篇铺叙次第，如何是抑扬开合处。第四看警策句法：如何是一篇警策，如何是下句下字有力处，如何是起头、换头佳处，如何是缴结有力处，如何是融化、屈折、剪截有力处，如何是实体贴题目处。"①《古文关键》以人叙次的分类体例，在选文和技法层面侧重于韩、柳、欧、苏古文。从接受层面来看，士子通过熟读四家古文，揣摩各家文章创作的法度技艺，并转换运用到科场时文的训练写作中，在一定程度上有助于提升时文的品格。

第二节　以时叙次与先秦两汉、唐宋古文之争

　　吕祖谦门人弟子楼昉在《古文关键》择录唐宋八大家古文的基础上，编选先秦两汉至宋古文成《迂斋先生标注崇古文诀》三十五卷。陈振孙《〈崇古文诀〉序》称楼昉"文名于时……故尝采集先□□以来迄于今世之文，得一百六十八篇，为之标注，以诒学者"②。此序作于宝庆丙戌二年（1226），后又有陈森、姚珤序，称楼昉"积其平时苦学之力，绅绎古作，抽其关键，以惠后学，广文陈君锓诸梓以传之"③。

---

① （宋）吕祖谦：《古文关键》卷上，《金华丛书》本。
② （宋）陈振孙：《〈崇古文诀〉序》，（宋）陈振孙撰，徐小蛮、顾美华点校：《直斋书录解题》附录（三），第 710—711 页。
③ （宋）姚珤：《〈崇古文诀〉序》，（宋）楼昉：《崇古文诀》卷首，《景印文渊阁四库全书》集部，第 1354 册，第 2 页。

一、《崇古文诀》的选文与评点

《崇古文诀》收录先秦至宋文章共计一百九十九篇,卷一收先秦三家十三篇;卷二至卷七选两汉十家十八篇;卷七收三国一家二篇、六朝二家二篇;卷八至卷十五收唐四家古文;其中李汉一篇,韩愈二十五篇,柳宗元十四篇,李翱一篇,共四十一篇;卷十六至卷三十五收宋二十八家古文:王禹偁二篇,范仲淹三篇,司马光五篇,宋祁一篇,欧阳修十八篇,王安石九篇,苏洵十一篇,苏轼十五篇,苏辙四篇,程颐三篇,曾巩六篇,李清臣五篇,张耒十一篇,黄庭坚三篇,秦观一篇,陈师道七篇,李觏一篇,邓润甫二篇,钱公辅、王震、刘敞一篇,唐庚五篇,李格非、何去非一篇,胡寅三篇,胡铨、胡宏、赵霈各一篇,共一百二十三篇。相对于《古文关键》所选唐宋八家六十三篇古文,《崇古文诀》在录文时代年限和作品数量上皆有很大的拓展。

楼昉早年师从吕祖谦,故《迂斋先生标注崇古文诀》选文标准多从吕祖谦《古文关键》,所不同的是数量上明显增多。《四库全书总目》提要称:"宋人多讲古文,而当时选本存于今者,不过三四家,真德秀《文章正宗》以理为主,如饮食惟取御饥,菽粟之外,鼎俎烹和皆在其所弃。如衣服惟取御寒,布帛之外,黼黻章采皆在其所捐。持论不为不正,而其说终不能行于天下。世所传诵,惟吕祖谦《古文关键》,谢枋得《文章轨范》及昉此书而已。而此书篇目较备,繁简得中,尤有裨于学者。盖昉受业于吕祖谦,故因其师说,推阐加密;正未可以文皆习见,而忽之矣。"①

————————

① (清)永瑢等:《四库全书总目》卷187,第1699页。

楼昉"以古文倡莆东"而经其"指授成进士名者甚众"①,《迁斋先生标注崇古文诀》将选文"逐章逐句,原其意脉,发其秘藏"②,"昔人所以为文之法备矣"③,可见其编纂目的即为便于举子习文。陈森《〈崇古文诀〉后叙》直言是书古文"一经指摘,关键了然","以惠四明学者。迨分教金华,横经璧水,传授浸广,天下始知所宗师"④。可见,是书亦有通过选文标注古文章句、意脉之法,便捷举子习文的编集用意。

二、《崇古文诀》的叙次分类方式

《崇古文诀》将唐前(远溯先秦时期)文章纳入古文视野并加以选录,丰富了学子取资的古文内涵,同时也肯定了先秦两汉、三国六朝古文的创作成就和文学史地位,体现出楼昉溯源探本的学术作风以及博古通今的学术情怀和涵养。

从《崇古文诀》所收录作品的文体组成来看,楚辞、赋、诗、论、书、疏、劄子、制、序(集序、送序)、表、记、状、对问、檄、封事、移文、传、哀辞、祭文、碑文、墓志铭等众多文体皆被选入,特别是诗、赋、楚辞等体进入古文总集,极大地丰富了古文内涵,使得古文成为宋人心目中高古艺术旨趣的文体样式的总称,其在文体上并没有

①(宋)刘克庄:《〈迁斋标注古文〉序》,(宋)刘克庄:《后村先生大全集》卷96,《四部丛刊》本。

②(宋)刘克庄:《〈迁斋标注古文〉序》,《四部丛刊》本。

③(宋)陈振孙:《〈崇古文诀〉序》,(宋)陈振孙撰,徐小蛮、顾美华点校:《直斋书录解题》附录(三),第711页。

④(宋)陈森:《〈崇古文诀〉后叙》,(宋)楼昉:《崇古文诀》卷末,《景印文渊阁四库全书》集部,第1354册,第289页。

明确的限定和排他性①。《崇古文诀》将先秦至宋古文作品汇选于一编,与楼昉"积其平时苦学之力,绅绎古作,抽其关键,以惠后学"②的编纂目的分不开。

诚如上文所示,《崇古文诀》采用以时为序的分类方式,分先秦文、两汉文、三国文、六朝文、唐文、宋文六类,每个历史时期作家按时代先后顺序排列编次,作品各系于作家之下。从每类选录的作品数量来看,明显呈现两头重中间轻的特点:先秦两汉文、唐宋文占全部选文一百九十九篇的 99.8%,三国六朝文仅录四篇。头尾之间,先秦两汉文共三十一篇,少于唐代的四十一篇,更远不及宋代一百二十三篇。从每类选录作家数量来看,先秦两汉共十三人入选(先秦三人,两汉十人),三国六朝三人入选(三国一人,六朝二人),唐宋三十二人(唐四人,宋二十八人),先秦两汉、唐宋时期作家亦远远超过三国六朝时期。《崇古文诀》在选录作家作品数量上,将先秦两汉古文确立为唐宋古文之外的另一个创作高峰,对三国六朝古文则相对忽略,只选录诸葛亮的前后《出师表》、江淹《建平王上书》、孔稚圭《北山移文》四篇中国古代文学史上的经典之作。

张云章于《〈古文关键〉序》称:"有宋一代,文章之事盛矣,而集录古今之作传于今者,仅三四家,夫亦以得其当者鲜哉。真西山《正宗》、谢叠山《轨范》,其传最显,格制法律,或详其体,或举其要,可为学者准则。而迂斋楼氏之《标注》,其源流亦轨于正,其传已在隐、显之间,以余考之,是三书皆东莱先生开其宗者。"③《四

①吴承学:《宋代文章总集的文体学意义》,《中国社会科学》,2009 年第 2 期,第 190—203 页。

②(宋)姚瑢:《〈崇古文诀〉序》,(宋)楼昉:《崇古文诀》卷首,第 2 页。

③(清)张云章:《〈古文关键〉序》,(宋)吕祖谦:《古文关键》卷首,《金华丛书》本。

库全书总目》亦云:"盖昉受业于吕祖谦,故因其师说,推阐加密;正未可以文皆习见,而忽之矣。"①吕祖谦《古文关键》实现了总集古文选录与古文评点为一体的机制,为"以古文为时文"的文学观念提供了文本典范和创作示例。楼昉《崇古文诀》则在《古文关键》的基础上走得更远。《崇古文诀》将视野由唐宋扩展至先秦、两汉、三国、六朝。先秦两汉古文一直以其"高古"之气确立其在中国文学史上的地位,文章章法多自然行文而成。楼昉肯定先秦两汉与唐宋古文所取得突出的文学成就之时,仍将各有两篇文章的三国、六朝文独立成类,这种尊重古文发展的历史沿革事实,客观公正看待三国六朝古文,并将其单独立类,以图完整呈现古文发展历史脉络的做法,正是楼昉通达高明之处。

在具体作家篇目的选择上,《崇古文诀》"尊先秦而不陋汉、唐,尚欧、曾而并取伊、洛"②。各个历史时期选录作家作品数量不一,宋代最多,唐、两汉、先秦则相对较少,三国、六朝时期只有两篇文章入选。可见,楼昉在遵循古文发展历史之时以古文作品质量为衡量标准,客观地反映了古文各个历史时期真实发展水平。在尊重古文发展延续性的同时,注重选入作家作品的代表性和权威性,这正是楼昉作为优秀古文选家的眼光独特之处。

三、以时叙次与"先秦两汉""唐宋"古文范式的确立

楼昉《崇古文诀》以时叙次,将不同历史时期古文次第编次,然各个时期的古文发展水平、创作成就不一,体现在分类上,则表现为每个时段选录作家作品数量差异明显。《崇古文诀》在选录

---

① (清)永瑢等:《四库全书总目》卷187,第1699页。
② (宋)刘克庄:《〈迂斋标注古文〉序》,《四部丛刊》本。

作家作品数量上,体现出先秦两汉是唐宋之外的另一个古文创作高峰。

宋人的文学观念中,一直存在着两个古文传统,即先秦两汉古文与唐宋古文。唐宋古文是自韩愈、柳宗元等倡导古文运动而来,并在宋代以古文为中心的时代风气中逐渐确立的新的古文传统。与先秦两汉古文不同,韩柳乃"站于纯文学之立场,求取融化后起诗赋纯文学之情趣风神以纳入于短篇散文之中,而使短篇散文亦得侵入纯文学之阃域,而确占一席地。故二公的贡献,实可谓在中国文学园地中,增殖新苗,其后乃蔚成林薮,此即后来之所谓唐宋古文是也"①。相对来说,先秦两汉古文多自然行文而成,高古茫然而无迹可求,即无意为章法而自然成法;唐宋古文体式明晰,讲求创作技法,故而便于掌握学习。南宋时期,学者系统地总结唐宋古文运动成效,突出表现为对古文写作艺术的探究追求。而在科考改革背景与"古文以时文为法"的观念影响下,习举业者将前人古文作为学习借鉴的对象,助力科考时文写作。在这样的时代背景下,唐宋古文自然成为举子备试科考的不二选择。

《崇古文诀》录先秦两汉文共三十一篇,唐代四十一篇,而宋代一百二十三篇。《崇古文诀》以时叙次,兼顾古文发展脉络的同时突出重点,在选录作家作品数量上将宋一代古文成就与唐、六朝、三国、两汉、先秦区别开来。楼昉在以时叙次的分类框架之下,具体朝代采用"以篇系人"的方式按作家生平先后顺序编排,编次方式体现着二级分类中"以人叙次"的意识。其中,宋代古文家入选作品数量由多至少依次为欧阳修、苏轼、苏洵和张耒、王安石、陈师道、曾巩、司马光和唐庚、苏辙、范仲淹、程颐、黄庭坚和胡寅、王禹偁、邓润

---

① 钱穆:《杂论唐代古文运动》,《新亚学报》,1957年第1期。

福,其他如宋祁、秦观、李觏、钱公辅、王震、刘敞、李格非、何去非、胡铨、胡宏、赵霈各入一篇而排名最后。可见,楼昉在《崇古文诀》编次分类中,通过宋代古文家选文数量的差异,突出欧阳修、苏轼、苏洵、张耒、王安石、曾巩、苏辙等人古文的重要地位。

　　总集分类方式采用以人叙次还是以时叙次,反映出编纂者不同的关注点:前者关注不同作家的创作个性,而后者则更多呈现一个历史时期的整体成就。然衡量某一"时"文学创作水准必然以具体作家作品为基准,最终依旧会导向以作家作品为中心。"以时叙次"的分类体例,直观而明了地呈现出各个时期的古文发展水平和创作成就。楼昉《崇古文诀》选录作家作品以先秦两汉、唐宋文为主,唐宋文远远大于先秦两汉文,而其中宋人宋文至为突出。在这一点上与采用以人叙次的《古文关键》颇相一致,唐宋八人之中,宋人独占六额,虽"韩柳欧苏"四人作品收录较多,然苏轼、欧阳修作品数量明显多于韩柳之文。

　　可见,在"以古文为时文"观念的影响下,面对优秀的古文传统资源而加以选择时,先秦两汉与唐宋古文虽同时走入南宋古文家视野中,但相比之下,唐宋古文更易于接受。宋人在延续唐人古文运动成果基础上进一步推进,全面总结前人的艺术经验而加以运用到文章创作中去。宋人古文的文体特征更加明晰,技巧法度更具规范,故更受古文学家青睐。在这种情况下,诸多便于初学者古文创作入门和举子科考习文的总集,多以宋之古文作为重点收录对象,其中苏轼、欧阳修、苏洵、张耒、王安石、曾巩、苏辙等人的经典之作更被奉为圭臬。《崇古文诀》不仅在选人选文数量上凸显宋人古文的典范地位,同时也赋予上述作家重要的文学地位。当唐宋古文作为时文创作入门和仿效学习的对象,《崇古文诀》的选文、分类更易于被举子接受,而成为备试科考的重要用书。

第三节　以体叙次与论、序、记的文体地位

《古文集成前集》,旧本题庐陵王霆震编,不著时代。今检元危素《临川吴文正公年谱》中文献,于景定二年(1261)有"麻沙新刻《古文集成》"①记载,可知南宋即有刊本流传。

一、《古文集成前集》的选文与评点

全书七十八卷,以十干为纪,自甲至癸集皆称曰"前某集"。其中甲集六卷,乙集八卷,丙集七卷,丁集九卷,戊集八卷,己集八卷,庚集八卷,辛集七卷,壬集八卷,癸集九卷;所录作品自春秋以逮南宋,计文五百二十二篇,总其名为《古文集成前集》。自吕祖谦《古文关键》树立唐宋古文作为士子学习文章创作典范起,弟子楼昉师承吕氏古文观念与编纂思想,编选《迂斋先生标注崇古文诀》,极大地丰富和扩展了古文总集的选文视野。该集选文数量较之《古文关键》《崇古文诀》则明显增多,吕、楼二书所选篇目,《古文集成前集》多加选录。在选录作品时代差异上,是书宋人作品"居十之八",马存、曾丰、程大昌、陈谦、方恬、郑景望等当时名流之作,多赖是集以存。《古文集成前集》延续前人总集评点之例,于每文标题之下、正文之中录各家评语:如卷三收录东坡《六一居士集序》,标题下首先引用欧阳修《六一居士传》评语,后附《古文关键》中东莱评《六一居士集序》之语,将《古文关键》中对于《六一居士集序》首句句评引用的唐子西语录,置于题注之下,附

---

① (元)危素:《临川吴文正公年谱》,《四库存目丛书》史部,第82册,第426页。

于前述欧阳修《六一居士传》云与东莱评语之后①;卷十七柳宗元《答韦中立书》《与韩愈论史书》皆援引迂斋评语置于文题之下,正文中多随文夹注旁批,如"以重明轻""力诋纪录者有刑祸之说""议论正""难得倒""解析分明"等语②;卷四十九张横渠《西铭》援引明道先生、二程语录、龟山语录、无垢先生诸条评语后,附真西山评语。可见,《古文集成》"凡吕祖谦之《古文关键》,真德秀之《文章正宗》,楼昉之《迂斋古文标注》,一圈一点,无不具载"③。王震霆对于吕祖谦、楼昉、真德秀古文理论的影响接受,可见一斑。除以上三人之外,《古文集成》遍引诸如东坡之语、《通鉴外纪》、《冷斋夜话》、《苕溪渔隐》、《复斋漫录》等评语,而"槐城、松斋、敬斋、郎学士、《戴溪笔议》、《东塾燕谈》之类"④,罕见其书,未知其名者,王震霆亦征引在集,但在某种程度上,也说明了自家创见相对较少。

二、《古文集成前集》的文体分类体例

《浙江采集遗书总录》辛集集部总集类一谓宋椠本《古文集成》"各集俱分门纂次"⑤,《文选楼藏书记》亦有相同记载⑥。编者将古文按文体类别分为序、记、书、表、劄、论、铭、封事、疏、状、图、

---

① (宋)王震霆:《古文集成前集》卷 3,《景印文渊阁四库全书》集部,第 1359 册,第 20 页。
② (宋)王震霆:《古文集成前集》卷 17,第 130—133 页。
③ (清)永瑢等:《四库全书总目》卷 187,第 1702 页。
④ (清)永瑢等:《四库全书总目》卷 187,第 1703 页。
⑤ (清)沈初等:《浙江采集遗书总录》,上海:上海古籍出版社,2010 年,第 506 页。
⑥ (清)阮元《文选楼藏书记》记载:"是书分门编次,集录宋儒诸家评语。"(清)阮元:《文选楼藏书记》卷 1,第 69 页。

解、辩、原、辞、议、问对、设论、戒十九体。所选各体,"论"体文收录最多,戊集、己集共十六卷;其次为序、记、札、铭类,疏、状、解、议、设论、戒类只一卷。是书收录"图"类之文三卷,卷六十二至六十三选录《河图象数》《洛书范数》《九畴本大衍数之图》《太极贯一图》《伏羲始画八卦之图》《伏羲八卦正位图》《八卦重为六十四卦之图》《先天六十四卦方圆图》《经世衍易图》《经世天地四象图》等图说、图解之文,如《河图》《洛书》后录晦庵《启蒙朱子》《书河图洛书后》《易学启蒙》等文,《九畴本大衍数之图》《太极贯一图》后附合沙(郑合沙)图说之语;卷六十四录郭雍《兼山传家学九图》:《性善图》《克己图》《浩然图》《无妄图》《大畜图》《艮止图》《诚明图》《尽性图》《光明图》,有文无图。以"图"名类,前人总集未见有之。《古文集成》所录诸图之后,多有引用朱熹《易学启蒙》与蔡元定《皇极经世指要》之文,皆为理学家阐发易学之作,可见"图说""图解"类文入选,是以阐发、论说易学哲学与理学义理为目的。

　　《古文关键》以人叙次,所收录文体包含论、解、说、原、书、辨、序、议、传、碑,《崇古文诀》以时叙次,选录书、辞、论、疏、檄、难、序、赋、诗、封事、表、移文、祭文、原、碑、墓铭、解、传、哀辞、记、说、逸事状、叙、引、赞、制、劄子、奏疏、书后、策等体作品。《古文集成前集》在文体类目上,将唐宋古文运动以来逐渐兴起的"记""序(送序)""解""辩""原"等确立在"古文"文类中,极大地丰富了"古文"的文体包容性。分体编录,关注点不在作家创作个性与时代整体风格状况,而在于各体文章的历时性发展演变,这正是宋人"文章以体制为先"①的传统辨体批评观念使然②。

①(宋)王应麟:《辞学指南》,《玉海》卷 202,第 3801 页。
②吴承学:《宋代文章总集的文体学意义》,《中国社会科学》,2009 年第 2 期,第 190—203 页。

三、以体叙次与论、序、记时文文体地位

区别于"以时叙次""以人叙次"关注时代特点与作家个性，"分体编录"注重呈现各类文体作品的历时性发展演变过程和文体特性。南宋科考视野下，文章总集以"体"叙次，一方面是对前人总集分类体例的借鉴学习，另一方面亦与编者的纂集宗旨相关。《古文集成》以"文体"为类目，便于士子学习某一体时文时，检索相对应的古文作品加以熟读、揣摩，以古文之法度精神提升时文品格。

是书所录文体中，"序""记""表""论""铭"为科考文体，"解""辩""原"等，又与"论""说"等体关系密切。至于所录"图"文，为理学家阐发易学之作。书、劄、论、封事、疏、状、辞、议、问对、设论、戒等体各选历代经典之作，与上文论述之文体并行于集。古文写作能力作为一种综合素质，需要通过多种文体的学习打通文体之间的关联性，写好任何一种文体可以促进另一文体写作的进步，这种意识正是南宋古文家编纂文章总集的重要目的。

《古文集成》各体文章选录数量不一。"论"体文收录最多，戊集、己集共十六卷，其次为"序""记""书""表""劄""铭"类，而"疏""状""解""议""设论""戒"类只一卷。前文已述，"论"体在科举考试中相当重要，"当时每试必有一论，较诸他文应用之处为多"①。《古文集成》对"论"的突出关注，与"论"在科考中的重要地位相关。除"论"外，"序""记""表""铭"为词科文体。词科考试中，"记""序"用散体写作，王应麟《辞学指南》中明确指出"须拣择韩、

---

① （清）永瑢等：《四库全书总目》卷187，第1702页。

柳及前辈文，与此科之文相类者熟读"①。"图"类图说、图解之文，多为阐发、论说易学哲学与理学义理之说，迎合了南宋时文高度理学化的科场需求。

　　吕祖谦《古文关键》所选"论"体作品最多，其次为"序""书"，集中所录的"议""传""辨""解""原""说（杂说）"等体作品亦多议论之作；楼昉《崇古文诀》亦重视议论文字，所选多宋人作品，约二十卷；其后谢枋得《文章轨范》收录十三篇论体文，在全部文体中分量最大，他如原、辩、议、说等作亦多为论说类古文。在南宋文章学家的观念中，"有用文字，议论文字是也"②。论为一种说理议论文体，其所关注的抽象义理，在内容上与阐发经典大义之"传""记"相近，然主题更为集中深化。论之超越性品格的文体特性与主张务实和功利针对性的"策"不同。同时，论在写作形式上，又吸收"辩"的因素，以形成辩证群言的反思性格局③。"试之论以观其所以是非于古之人，试之策以观其所以措置于今之世。"④试策虽可分为经、史、子之类，但以时务（措置于今之世）"策"为主，而"策"中"进策"则更似"论"。将"论"应用于科举考试，其所注重的是"论"体"阐弘大道、述明圣教"等功能，论说内容又多"存有益之义"⑤，加之"论"讲求议论说理的逻辑性和思辨

①（宋）王应麟：《玉海》卷 204，第 3826 页。

②（宋）吕祖谦：《古文关键·总论》，（宋）吕祖谦：《古文关键》卷首，《金华丛书》本。

③刘宁：《"论"体文与中国思想的阐述形式》，《北京大学学报（哲学社会科学版）》，2010 年第 1 期。

④（宋）苏轼：《谢梅龙图书》，《苏轼文集》卷 49，第 1424 页。

⑤穆克宏：《魏晋南北朝文论全编》，南京：江苏教育出版社，1996 年，第 32 页。

性,而更利于创作者表达思想,发表政见①。虽唐代天宝以前,论已经在进士试中出现,但未被作为独立的考试科目来使用,而是与箴、表、铭以及诗、赋等文体一起被称之为"杂文",中晚唐"论"体一度在进士科及博学鸿词科中占有举足轻重的地位,但时间不长。直到宋代,"论"才确立其作为重要科考文体的重要地位。"诗赋""策"等自唐以来就是考试科目,科考指导用书可谓汗牛充栋。文章总集中大量选录"论"体作品,或与之相关的"原""解""辩""议"等诸多议论之作,一方面反映了宋代文章学对这类文体的侧重,同时亦体现了科考重"论"的时代特色。

　　《古文集成前集》以"文体"为类目,便于读者检索取则具体文体作品进行针对性地加以学习揣摩;选文偏重"论""序""记""铭"体,对应的正是南宋科考重要的时文体式。《古文集成前集》通过文章评点、引用他人评语晓示"论""序""记""铭"体作品的立意构思、技艺章法,一定程度上有利于应试者针对性地学习揣摩,助力提升时文创作水平。

---

① 黄强、孙书平:《宋代"论学"渊源述略》,《扬州大学学报(人文社会科学版)》,2002年第6期。

第五章　南宋文章总集分类编次
方式的选择与意义(下)

第一节　以类叙次与理学意识形态下的
文章功能

真德秀私淑朱熹,成为继其之后的理学大师,时人以为"乾、淳诸老之后,百口交推,以为正学大宗者,莫如西山"①。真德秀主张文章"发挥义理,有补世教",其所辑《文章正宗》,成书于宁宗末年至理宗初年间,计二十四卷。

一、真德秀与《文章正宗》选文标准

真德秀批评当下诗文选本不得要领,曰:"笔头虽写得数句诗,所谓本心不正,脉理皆邪,读之将恐染神乱志,非徒无益。"②故西山选文,以正宗为准则。"'正宗'云者,以后世文辞之多变,

---

① (清)全祖望:《题真西山集》,《鲒埼亭集外编》卷31,《四部丛刊》本。
② (宋)罗大经撰,王瑞来点校:《鹤林玉露》,北京:中华书局,1983年,第193—194页。

欲学者识其源流之正也。"①同时批评《文选》与《唐文粹》未得"源流之正",自述《文章正宗》编纂思想与体例:"夫士之于学,所以穷理而致用也。文虽学之一事,要亦不外乎此。故今所辑以明义理、切世用为主。其体本乎古,其指近乎经者然后取焉,否则,辞虽工亦不录。"②这里,真德秀明确其选文标准:一是"以明义理、切世用为主";二是"其体本乎古、其指近乎经",否则"辞虽工亦不录"。这充分体现了真德秀作为一个理学家的选文标准,即将文章与"义理""世用"结合,显示其尚理、弘道、宗经、资政的理论体系。刘克庄也说真德秀"晚岁论文尤尚义理、本教化,于古今之作视其格言名论多者取焉,若徒华藻而于义无所当者不录也"③。这种标举理学的选文标准,颇受时人和后人讥讽,四库馆臣尝评曰:"四五百年以来,自讲学家以外,未有尊而用之者。岂非不近人情之事,终不能强行于天下矣。"④真德秀发挥义理、有补世教的文学主张突出地体现在《文章正宗》的选文定篇和文章评点上,即注重文章的义理教化之用。

二、《文章正宗》的分类叙次方式

《文章正宗》录"《左传》《国语》以下,至于唐末之作"⑤,诗文一千一百八十五篇,其中文六百九十一篇,《左传》一百三十三篇、

---

① (宋)真德秀:《文章正宗·纲目》,(宋)真德秀:《文章正宗》,《景印文渊阁四库全书》集部,第1355册,第5页。
② (宋)真德秀:《文章正宗·纲目》,(宋)真德秀:《文章正宗》,第5页。
③ (宋)刘克庄:《西山真文忠公行状》,(宋)刘克庄:《后村先生大全集》卷168,《四部丛刊》本。
④ (清)永瑢等:《四库全书总目》卷187,第1699页。
⑤ (清)永瑢等:《四库全书总目》卷187,第1699页。

《公羊传》十一篇、《穀梁传》十篇、《国语》三十五篇、《战国策》八篇、《史记》六十五篇、《汉书》二百七十一篇、《后汉书》二十九篇，又班彪一篇、徐干一篇、诸葛亮二篇、韩愈七十六篇、李翱四篇、柳宗元四十五篇。诗歌共四百九十四篇，虞夏以来至汉魏六十三首，晋宋至唐前九十八首，唐代三百三十三首①。真德秀将其所录之文分"辞命""议论""叙事"和"诗赋"四类："辞命"，三卷(一至三卷)；"议论"，十一卷(四至十五卷)；"叙事"，六卷(十六至二十一卷)；"诗赋"，三卷(二十二至二十四卷)。《文章正宗·纲目》中对于四类类目的设置命名各有具体阐述。

真德秀首谈门类源流，如"辞命"源于周官太祝作六辞，即辞、命、诰、会、祷、诔；六辞的文体功能是"通上下亲疏远近"，辞命即"王言之制"。后将"诰""誓""命"分别释名以彰义，并列举《尚书》之篇章以见其名称由来。

其次说明此编所录之文的标准，指出"辞命"类作品本于"深纯温厚"，故而不取魏晋以降文辞猥下和骈偶去古之文，"《书》之诸篇，圣人笔之为经，不当与后世文辞同录。独取《春秋》内外传所载周天子谕告诸侯之辞、列国往来应对之辞，下至两汉诏册而止"，"学者欲知王言之体，当以《书》之诰誓命为祖，而参之以此编，则所谓正宗者庶乎其可识矣"②。可见，"辞命"所录皆为"王言之体"。议论之文"初无定体"，"凡秉笔而书，缔思而作者皆是也"③，真德秀将其源流追溯至六经、《论语》、《孟子》。议论之文

①具体数字统计，参见漆子扬、马智全：《从〈文章正宗〉的编选体例看真德秀的选学观》，《湖南大学学报(社会科学版)》，2008年第2期，第88—91页。

②(宋)真德秀：《文章正宗·纲目》，(宋)真德秀：《文章正宗》，第5页。

③(宋)真德秀：《文章正宗·纲目》，(宋)真德秀：《文章正宗》，第6页。

要"华实相副,彬彬乎可观","今独取《春秋》内外传所载谏争论说之辞,先汉以后诸臣所上书疏封事之属,以为议论之首"①。是以圣贤之文、六经和《论语》《孟子》为作文规范。真氏认为"叙事"源起于古史官,其体有二:一为"有纪一代之始终者","有纪一事之始终者"。后有"有纪一人之始终者",且"后世碑志事状之属似之"。"叙事"门目以"典则简严"为基本的文体规范,故而取"《左氏》《史》《汉》叙事之尤可喜者与后世记、序、传、志之典则简严者"为"作文之式"②。"诗赋"从"古者有诗"叙其原始,详其正变,楚辞、赋为其变体,引朱子"古今之诗凡有三变"以示诗歌发展源流,标举"自得之趣"与"兴寄高远"的艺术情感特征,称:"今惟虞夏二歌与三百五篇不录外,自余皆以文公之言为准,而拔其尤者列之此编。律诗虽工,亦不得与。若箴、铭、颂、赞、郊庙乐歌、琴、操,皆诗之属,间亦采摘一二,以附其间,至于辞赋则有文公集注《楚词后语》,今亦不录。"③

南宋时期,理学成为官方正统的意识形态。真德秀《文章正宗》的选文、评点则鲜明地体现了理学家重义理、重实用、明教化、正性情的理学文论思想。在这种情形下,真德秀以"明义理、切世用"为准则,以圣贤之文为准的,强调诗文的美刺讽喻之功,以性命义理作为选文的规范,要求形式雅正:"辞命之文"鄙弃文不雅驯,"议论"之文要"以先贤为准的","叙事"之文谨遵"典而严"之准则,而"诗赋"所选皆是"深纯温厚"之作。

《文章正宗》"辞命""议论""叙事"和"诗赋"四分,将唐前之文

---

① (宋)真德秀:《文章正宗·纲目》,(宋)真德秀:《文章正宗》,第6页。
② (宋)真德秀:《文章正宗·纲目》,(宋)真德秀:《文章正宗》,第6页。
③ (宋)真德秀:《文章正宗·纲目》,(宋)真德秀:《文章正宗》,第6—7页。

重新加以分类归并。其中"辞命"所收一为王言之制,如辞、命、诰、令、祷、诔等;一为诏策之作,如内史、卿大夫、御史等所为命、策等,这些作品皆是"深纯温厚"之作,有"施于朝廷,布之天下"[①]的文体功能。"议论"类收录论、谏、疏、对、请、戒、奏、议、驳、表、书等体作品,将《左传》《国语》等有关谏争论说文章和西汉以后大臣上书、疏、封事等放到开头,继以其他"或发明义理,或敷析治道,或褒贬人物"之文。因其"华实相副,彬彬乎可观",真氏尽可能提炼出为后学者写作时提供借鉴的"法度"[②]。《文章正宗》"叙事"类则选录《左传》《史记》《汉书》中叙事之"尤可喜者",以及韩愈、柳宗元之记、序、传、志中"典则简严"之文,以为"作文之式"。"诗赋"类以《诗经》"讽咏""正言义理"等"性情之正"为古,将先秦经史诸书所载韵语,下逮《文选》、汉魏古词,以及郭景纯、陶渊明之作,自为一编,附于《三百篇》《楚辞》之后,以为诗之根本准则,为第一等。其后迄唐,择其近于古者之诗为二等,以示源流,明义理。

《文章正宗》"辞命""议论""叙事"和"诗赋"四分颠覆了传统诗文总集以"文体""作家(时代)""题材内容"为标准的分类方式。真德秀从文章功能入手,将不同历史时期的各体文章加以重新编排归类。按照文章所反映具体内容的不同表达方式,分"议论""叙事"两类;又从文章运用的不同场合、领域和读者的角度来揭示其实际功用特点,确立"辞命"类;"诗赋"类则是以文体形态进行划分。

《文章正宗》将文章功用与表现方式(文章功能)以及文体形

---

①（宋）真德秀:《文章正宗·纲目》,（宋）真德秀:《文章正宗》,第5页。
②（宋）真德秀:《文章正宗·纲目》,（宋）真德秀:《文章正宗》,第6页。

态综合起来加以分类,各类以纲目为统领,以"文章正宗"为名,标举"源流之正",其文章选录原则、文体分类方式、类目排列顺序、文章评点都以"义理""世用"为纲,此为理学全面控制文坛提供了总集范本①。由此可见,《文章正宗》四分法亦为科举时文的理学化提供了学习门径和文章典范。

三、以类叙次与理学意识形态下时文的文章功能

南宋淳祐元年(1241),"理宗幸太学,诏以周敦颐、张载、程颢、程颐、朱熹从祀(孔子),黜王安石"②,理学于是成为正统的官方意识形态而被统治者推上神坛,并逐渐登上主流学术的舞台。真德秀在他为理宗起草的《科举诏》中,批评之前因权臣崇饰私意,"渊源纯正之学斥之为伪","忠亮鲠切之言嫉之若仇",而导致"士气郁而弗伸,文体浸而不古";真氏"决心更化,诏告四海之士广献贤书",代皇帝传达出"朕将亲策于廷,以备器使"③的改革意图。后真德秀在《劝学文》中将周敦颐、张栻、二程、朱熹等人的理学著作以及《四书》列为必读之本④,致理学著作成为科举考试的主要内容,理学中"诚""明"范畴以及"儒道""天道""仁义"等"性理"之谈逐渐渗透进诸如律赋、策、论、经义等科举文体之中。

真德秀编录的《文章正宗》《续文章正宗》虽是宣扬理学主张的总集,然南宋理学成为官方正统意识形态而渗透进科举考试的

---

① 袁行霈:《中国文学史》(第三卷),北京:高等教育出版社,1999 年,第 114 页。
② 《宋史·礼志八》卷 105,第 2554 页。
③ (宋)真德秀:《西山文集》卷 19,《景印文渊阁四库全书》集部,第 1174 册,第 296 页。
④ (宋)真德秀:《西山文集》卷 40,第 617—618 页。

方方面面,故其成书亦与科举时文创作密切相关。明人王立道论其分类云:"迨宋儒真德秀氏乃独于兹而究心焉。于是尽取古人之文……序以世次,体以类分,而总其凡例有四:为辞之不可以已也,故首之以辞命;为议之可以见天下之心也,故次议论;为古记事之别有史也,故次叙事;为诗所以言志也,故以诗赋终焉。夫则其辞命可以明民,法其议论可以尽变,效其叙事可以核故,模其诗赋可以章志。四体具而天下之文无余法矣。"①这里王氏高度赞扬真德秀《文章正宗》的分类依据、类目排列顺次及其用意,即注重"辞命"类文"明民","议论"类文"尽变","叙事"类文"核故","诗赋"类文的"章志"之用。王氏以为此选"四体"具备,而天下之文无"余法"。

南宋后期,理学著作成为科举考试的主要内容,科场评文和人才选拔亦以理学为衡量标准。理学直接渗透进时文写作,亦使理学时文逐渐占据科场主流。这种背景下,《文章正宗》"辞命""议论""叙事"和"诗赋"四分,颠覆了传统诗文总集以"文体""作家(时代)""题材内容"为主的分类方式,在综合表现方式(文章功能)与文章功用的基础上兼顾文体形态,这种完全从形式和反映生活的方式上加以概括并命名的方式,是以前文体分类中从未有过的②。真德秀在颠覆前人分类体例的基础上,第一次从抽象思维的角度突出文章的"议论""叙事"功能与"辞命"类文章的功用,并将其运用到总集分类编纂的体例中,这与理学思辨性的思维不

---

① (明)王立道:《拟重刊〈文章正宗〉序》,《具茨文集》卷4,《景印文渊阁四库全书》集部,第1277册,第802—803页。
② 赵逵夫:《〈中国文章分类学研究〉序》,朱广贤:《中国文章分类学研究》,北京:民族出版社,2000年,第10页。

无关系。

　　《文章正宗》的编纂，以"议论""叙事"文为重，真德秀将其源流追溯至六经、《论语》、《孟子》等。"议论"文以圣贤之文等作为作文规范，而所取之文则多为论、谏、疏、对、请、戒、奏、议、驳、表、书等"告君之体"的"上行文"。"叙事"取《左传》《史记》《汉书》中叙事之尤者以及韩愈柳宗元记、序、传、志之文以为文章范式。明人郑真认为"世之为文者不过议论、叙事两端，而贵于识体，体制不立而别出新奇可乎？或蹈袭成言，支离觳觫，将焉用哉？"①《文章正宗》于选文数量上以"议论""叙事"为重，从其对于"议论""叙事"文章的功能认识可见一斑。"议论"之文独占鳌头，几占全书一半卷数，收录诸如论、谏、疏、对、戒、奏、议、驳等文体作品，多与科举最为重视"论"体时文相似。

　　综上，真德秀提出将周敦颐、张栻、二程、朱熹等人的理学著作以及《四书》列为科考必读之本，同时编纂文章总集《文章正宗》来宣扬理学思想。《文章正宗》将"辞命"类文章置于卷首，则体现出真德秀对于"王言之体"的重视。真德秀于选文篇幅和数量中偏重于与科举相关的"议论""叙事"和"辞命"之文，特别是对于文章"议论"功能的强调，亦有以教授举子创作科举时文之意。《文章正宗》"辞命""议论""叙事""诗赋"四分，在分类方法选择和类目排列上，突出体现了在南宋理学渗透科举考试、时文高度理学化的背景下，真德秀宣扬理学思想、为举子学文提供文章典范的编纂目的。

---

① （明）郑真：《亡兄金华府义乌县儒学教谕郑先生行状》，（明）郑真：《荥阳外史集》卷 42，《景印文渊阁四库全书》集部，第 1234 册，第 262 页。

第二节 以技叙次与"由易入难"的创作规律

谢枋得(1226—1289)编《叠山先生批点文章轨范》,七卷。现流传下来最早的是元刊本,傅增湘曾藏有一部,《藏园群书经眼录》卷十七有著录①。除元刊本之外,亦有翻元刊本、明刻本、清刻本数种,还有朝鲜刊本、日本刊本等,这些版本属于一个系统。关于是集版本流传,前人多有论述,此不赘言②。

一、《文章轨范》的选文与评点

谢枋得选录三国迄宋古文编纂成《文章轨范》七卷,以"侯王将相有种乎"七字分标各卷(后世亦有以"九重春色醉仙桃"七字易之者),今检《四库全书》本《文章轨范》篇目,其中韩愈三十二篇、柳宗元五篇、欧阳修五篇、苏洵四篇、苏轼十二篇、范仲淹两篇,诸葛亮、陶渊明、元结、胡铨、杜牧、王安石、李觏、李格非、辛弃疾各一篇,总为六十九篇。唐宋韩柳欧苏之文为多,约占全书80%,所选多说理论辩之文。

枋得此编虽未直言为科举计议,然其教示初学、取便场屋的编纂目的与科举之业有着一定的关系。卷二"王字集"题识即有"初学熟此,必雄于文。千万人场屋中,有司亦当刮目"③。卷三

---

① 傅增湘:《藏园群书经眼录》卷7,北京:中华书局,1983年,第1498页。
② 祝尚书:《宋人总集叙录》,第402—408页;张智华《谢枋得〈文章轨范〉版本述略》,《安徽师范大学学报(人文社会科学版)》,2000年第1期。
③ (宋)谢枋得:《文章轨范》卷2,《景印文渊阁四库全书》集部,第1359册,第556页。

"将字集"题识明确指出"场屋程文论当用此样文法"①。又卷五"有字集"题识在评论此集所选之文"谨严简洁"法度之时,又曰:"场屋中日晷有限,巧迟者不如拙速。论、策结尾略用此法度。"②而《秦始皇扶苏论》中有夹评曰:"此作论妙法从老泉传来,今人作场屋程文,论当以此为法。"③诚如明代重刻本卷首著录的王守仁《〈文章轨范〉序》所言,是书所选皆为"古文之有资于场屋者"④,即为适应科举需要。谢枋得通过选文评点为当时科考士子讲解作文的途径和方法,编纂供以品读、揣摩和练习的文章蓝本与科考适用之文的典范之作。谢枋得"标揭其篇章字句之法,名之曰《文章轨范》,盖古文之奥不止于是,是独为举业者设耳"⑤。即可视为典型的"以古文为时文"的科举总集。

二、《文章轨范》分类叙次方式

《文章轨范》七卷在总体上分为两大部分:侯、王两卷为"放胆文",将、相、有、种、乎五卷为"小心文"。是集录汉、晋、唐、宋之文,然其分类却并非以人序次或以时序次。谢枋得以"放胆""小心"二门划分选文类别,并细加阐发,其分类别具特色。

《文章轨范》卷一识语云:"凡学文,初要胆大,终要心小,由粗入细,由俗入雅,由繁入简,由豪荡入纯粹。"⑥这里,谢枋得不仅阐明了学文应由放胆到小心、由粗入细、由俗入雅、由繁即简、由

---

① (宋)谢枋得:《文章轨范》卷3,第567页。
② (宋)谢枋得:《文章轨范》卷5,第592页。
③ (宋)谢枋得:《文章轨范》卷3,第577页。
④ (明)王守仁:《〈文章轨范〉序》,(宋)谢枋得:《文章轨范》卷首,第543页。
⑤ (明)王守仁:《〈文章轨范〉序》,(宋)谢枋得:《文章轨范》卷首,第543页。
⑥ (宋)谢枋得:《文章轨范》卷1,第544页。

豪荡入纯粹这一循序渐进的基本路径,同时也表明了全书编次分类原则,即"放胆"文与"小心"文对应的乃是学文的不同阶段,体现着由易入难的渐变趋势。卷一所选之文虽"礼义""世事""人情"皆备,然终属"粗枝大叶"之类,使学者初学古文即胸襟开阔,"但见文之易,不见文之难"①,故能放胆放言高论而文笔流畅。卷二选"辩难攻击之文","虽厉声色,虽露锋芒",然笔力雄健,初学者熟读之,则"意强而神爽"②,从而丢掉作文时瞻前顾后的心理负担,使行文气势贯通,一气呵成,从而于场屋之中出类拔萃。

《文章轨范》卷三至卷五序题云:

> 议论精明而断制,文势圆活而婉曲,有抑扬,有顿挫,有擒纵。场屋程文论当用此样文法。先暗记侯、王两集,下笔无滞碍,便当读此。③

> 此集文章占得道理强,以清明正大之心,发英华果锐之气,笔势无敌,光焰烛天,学者熟之,作经义作策,必擅大名于天下。④

> 此集皆谨严简洁之文,场屋中日暮有限,巧迟者不如拙速。论、策结尾略用此法度,主司亦必以异人待之。⑤

卷三所选苏洵《管仲论》《高祖论》《春秋论》与苏轼《范增论》《晁错论》《留侯论》《始皇论》《王者不治夷狄论》《荀卿论》九篇论体文,以二人史论作为论体之文的古文范本;卷四针对场屋考试经义、

---

① (宋)谢枋得:《文章轨范》卷1,第544页。
② (宋)谢枋得:《文章轨范》卷2,第556页。
③ (宋)谢枋得:《文章轨范》卷3,第567页。
④ (宋)谢枋得:《文章轨范》卷4,第580页。
⑤ (宋)谢枋得:《文章轨范》卷5,第592页。

策来选文；卷五以选文示论、策的法度。三卷的序题都表明选文
是在科举程文标准下，通过评点议论、说理之文的行文章法和艺
术技巧来提高科举时文的写作水平。正如卷三导言"先暗记侯、
王两集，下笔无滞碍，便当读此"之语，亦明确表明"小心文"是在
"放胆文"的基础上继续深入，直接针对科举文体的写作选评古
文，从而明确"以古文为时文"的科举时文创作路径。

　　卷六所录皆"才学识三高，议论关世教"之文，使初学者熟读
之，"学进识进而才亦进"①。是卷目的在于使初学者在熟读"放
胆文"与前三卷"小心文"之后，在学习古文胸襟、笔力、胆量和众
多章法技巧的基础上，进一步学习才、学、识三高之文，特别是其
中议论关切世教之处，使得创作主体的学、识、才有进一步的提
升。卷七所选的韩愈、苏轼之文，谢枋得以其"皆自庄子"，"觉悟"
此集之文可与庄子"并驱争先"②。通过学习韩愈、苏轼之文，体
悟出庄子文章极具个性的创造力。以庄子自写性情、无拘无束之
文作为超越韩愈、苏轼古文之上的典范之本，则体现了谢枋得对
于"小心文"的范畴体认，即在循序渐进的学习过程中，通过充分
参透古文法度进一步"觉悟"，从而脱离具体法度技巧，达到不为
法所拘束的自由之境。

　　"放胆""小心"所指乃两种为文境界，前者粗犷奔放，无拘无
束；后者细密严谨，简明雅洁。初学为文，先需放胆高论，无所顾
忌，以使文气流转、文势充畅；待渐入佳境、议论风发之际，则需小
心为文，注意文字简重、义理纯正。士子若能循此以进，假以时
日，则可臻于挥洒自如、游刃有余之行文妙境。

――――――――――

① (宋)谢枋得：《文章轨范》卷6，第601页。
② (宋)谢枋得：《文章轨范》卷7，第607页。

《文章轨范》编纂目的在于通过选录评点古文,从而为举子提供应试写作范本和创作法度指导。《文章轨范》将所选之文"以技叙次",在编次分类上按照创作层次的不同分为"放胆文"与"小心文"两类。编者把诸葛亮、韩愈、柳宗元、元结、杜牧、范仲淹、欧阳修、苏洵、苏轼、王安石、李格非、胡铨、辛弃疾诸人各体文章,分散排列到他所设计的"放胆文"与"小心文"之中。

以技叙次的编纂方式,其关注点不在时代特点、作家个性、文体特质,而在于文章内容和创作不同层次。由放胆到小心、由易入难这一基本的创作经验,反映在总集编次分类上,通过"放胆文"与"小心文"的不同境界与层次,呈现出从易入难的编次特点,迎合了科举士子的心理特点和接受能力。让考生在科考中顺利过关,则鲜明地彰显了谢枋得《文章轨范》服务于举业的功利性目的。

三、以技叙次与"由易入难""先放后收"的学习规律与创作心理层次

由粗入细、由易入难,循序渐进,是认知、学习的基本规律,也是写作能力训练的基本原则。南宋文章总集采用以"技"叙次的分类方式,将集中作品按照"由易入难""先放后收"的原则加以编次,这样的编纂方法,能够把握受众写作心理和创作规律,在南宋以古文为时文的科考背景下,可以更好地为应试提供创作法度指导和写作范本。

第一,由易入难、层层深入与卷次作品之间的关联性。

《文章轨范》卷一所选皆"粗枝大叶之文,本于礼义老于世事,合于人情"①。卷二为"辩难攻击之文,虽厉声色,虽露锋芒,然气

①（宋）谢枋得：《文章轨范》卷1,第544页。

力雄健、光焰长远,读之令人意强而神爽"①。初学者熟读卷一之文则"开广其胸襟,发舒其志气。但见文之易不见文之难,必能放言高论笔端,不窘束"②,熟读卷二之作,则"必雄于文,千万人场屋中有司亦当刮目"③。可见卷一卷二之文意为初学者开阔胸襟,大胆放言高论,在意强而神爽的精神状态下做到文气贯通,笔力雄健,从而于场屋之中出类拔萃。

卷三选文"议论精明而断制,文势圆活而婉曲,有抑扬、有顿挫有擒纵"④,明示科考"论"当用此法。在暗记侯王(卷一、卷二)两集选文之后,下笔无滞碍的基础上,再读此卷,则事半功倍。卷三以后卷次选文,皆建立在卷一卷二选文的基础上,是逐渐递进深化的学文过程。卷四所选之文"占得道理强,以清明正大之心,发英华果锐之气,笔势无敌,光焰烛天"之作,学者作经义、策学此则"必擅大名于天下"⑤。卷三卷四针对科场"论""策""经义"时文而选以范本示例。卷五皆谨严简洁之文,因科考场屋日晷之限,"巧迟者不如拙速",故时文"论""策"结尾若能善用此法度,则必得主司青睐。可知,卷三至卷五选文皆是针对具体科考文体而选文示例评点,以示章法,明确"以古文为时文"的科举时文创作路径。

卷六所录皆"才学识三高""议论关世教"之文,使初学者在熟读"放胆文"与前三卷"小心文"的之后,通过学习此卷文,提升创

①(宋)谢枋得:《文章轨范》卷2,第556页。
②(宋)谢枋得:《文章轨范》卷1,第544页。
③(宋)谢枋得:《文章轨范》卷2,第556页。
④(宋)谢枋得:《文章轨范》卷3,第567页。
⑤(宋)谢枋得:《文章轨范》卷2,第580页。

作主体的学、识、才力。卷七选韩愈、苏轼之文,通过学习韩愈、苏轼之文,体悟出庄子文章那种极具个性与自由的创造力。

《文章轨范》各卷选文各有侧重,且相互之间层层相因而循序渐进,卷一卷二为入门之选,卷三至卷五则明确针对科考时文写作而编,卷六卷七则超越更高的创作层次,在循序渐进的学习过程中通过充分参透古文法度从而进一步"觉悟",脱离具体法度技巧,达到文章创作不为法所拘束的自由之境。

第二,以技叙次与由放胆进入小心的时文创作层次。

《文章轨范》各卷选文各有侧重,其卷次之间这种层级式的选文,鲜明地体现了助力举业的功利目的。

"放胆""小心"这两种为文境界的提法并不始于谢枋得。《旧唐书·孙思邈传》记载邈告卢照邻曰:"胆欲大而心欲小,智欲圆而行欲方。"①可见"大胆""小心"之论早亦有之。"放胆""小心"得自梁简文帝"立身之道与文章异,立身先须谨重,文章且须放荡"(《诫当阳公书》)与欧阳修"文字既驰骋,亦要简重"(《王氏谈录》)之语,日本学人海保元备亦有"作文如不先从豪荡入门,必然笔端窘束,不能使文气活动。故首先当以豪荡作根底,有了文字驰骋之势之后,再归于简重"②之论,此点陈望南《谢枋得和〈文章轨范〉》一文有详细论述③,今从之。关于《文章轨范》"放胆"与"小心"两重文之间及其与举业的关系,吴重熹在光绪九年为弦歌

---

① 《旧唐书》卷 191,第 5096 页。
② (日)海保元备:《渔村文话续》,王水照、吴鸿春编选,吴鸿春译,高克勤校点:《日本学者中国文章学论著选》,上海:上海古籍出版社,1994 年,第 249 页。
③ 陈望南:《谢枋得和〈文章轨范〉》,《中山大学学报(社会科学版)》,1996 年第 2 期。

书院翻刻的《文章轨范》所作序中,引用伍涵芬"举业真诀在小心认理,大胆行文"之语论证瞿景淳"小心从放胆处收拾,放胆从小心处扩充"之说,随即又加以阐发曰:

> 非析理何以炼格,非凝神何以率(原作"帅")气,非放胆则不足以极才识之所至而失于枯寂,非小心则霸才无主而不能斟酌尽善,何以为节制之师?是编皆先儒载道之文,理纯而格正,神完而气充,虽分二说,为两帙,而实篇篇有二说融会其间。①

放胆使人能极才学胸襟之所至,放言高论而不凝碍;小心则要人仔细斟酌体悟,谋篇布局、讲求章法以达尽善之境。"放胆"与"小心"既在逻辑上逐渐深入递进,同时又辩证统一。初学为文,先需放胆高论,无所顾忌,以使文气流转、文势充畅,待渐入佳境、议论风发之际,则需小心为文,注意文字简重、义理纯正。

综上,受编选宗旨的影响,《文章轨范》关注的是士子学文循序渐进的认知规律与接受心理,在编次分类上以"技"分类,按照学习过程中创作技巧浅深程度不同分为"放胆文"与"小心文"两类。从一开始放胆行文,无所拘谨而笔力雄健、意强而神爽逐渐深入到针对科考时文写作程式而有意学习章法技巧的阶段,在此基础上进一步提升创作主体的学、识、才力,觉悟出极具个性与崇尚自由的创造力。这种由"豪宕"至"纯粹"、步步推进的分类编次

---

① (清)吴重熹:《〈文章轨范〉序》,(宋)谢枋得:《文章轨范》,光绪九年刻本。清光绪九年弦歌书院据王渊济手校本和清咸丰二年浔阳万氏莲峰书屋三色套印本翻刻《文章轨范》,有王守仁原序,现藏于南京图书馆。详见张智华:《谢枋得〈文章轨范〉版本述略》,《安徽师范大学学报(人文社会科学版)》,2000年第1期。

方式,不仅在把握写作规律基础上,迎合了士子文章创作时的接受心理,同时也在实际文章创作中循序渐进,通过学习"放胆文"入门,再结合具体科考时文写作特点一步一步地提升"小心文"的创作层次,最终达到较高的文章境界。

第三节 以格叙次与科考"论"文
认题、立意之法

前述南宋诸多文章总集通过选录、评点古文并加以分类编次以示其文章法度,以达义理世用,为举子习业提供文章范本和章法技巧指导。而伴随着古文总集的评点、分类,时文以古文为法的观念深入人心,将科举场屋得第的优秀程文结集刊行,并借鉴古文评点的方式加以圈点评注,相对于古文总集来说,则更便于科考临摹、参考。所以,在这一时期,诸如《论学绳尺》《精选皇宋策学绳尺》等时文总集大量盛行,广为士人科考资取。

《论学绳尺》十卷,宋魏天应编,林子长注①。现存《论学绳尺》最早的版本为明成化刻本,藏于北京大学图书馆;又有明天顺刻本,藏于复旦大学图书馆。关于上述几种版本的流传演变可参考前述《〈论学绳尺〉与南宋论体文及南宋论学》一文。

_____

① 关于编著者问题,一说:"林子长是隆兴元年进士,擅诗文。……据现有文献还找不到与魏天应同时的林子长。"张海鸥、孙耀斌:《〈论学绳尺〉与南宋论体文及南宋论学》,《文学遗产》,2006年第1期,第90—101页。另一说,则认为张、孙此说失考。据卞东波考证,林子长,字笔峰,与魏天应同时,且同为福建人。参见卞东波:《关于〈论学绳尺〉的笺注者林子长》,《文学遗产》,2006年第4期。

一、《论学绳尺》的选文评点与编次

考宋代礼部贡举条式,"当时每试必有一论,较诸他文应用之处为多,故有专辑一编以备揣摩之具者"①。《论学绳尺》即为科考论文专辑,选南宋一百三十人应试论文分类编次。游明《〈论学绳尺〉序》尝谓其所见旧本体例曰:"首之以名公《论诀》《总目》,次之以《作论行文要法》,每集则分其格式而为之类意,每题则叙其出处而为之立说,且事为之笺,句为之解,而又标注于上,批点于旁。"②《四库全书总目》云:"每题先标出处,次举立说大意,而缀以评语,又略以典故分注本文之下。"③为进一步明示所选试论审题立意之道,《论学绳尺》每一个格目之下选论两篇,对两篇论文进行立意类比,每篇题下,标其"出处",以"立说"概括文章立意,附以批语;具体行文中又以眉批和点抹示文章结构与立意重点;同一"格"的两篇文章评点后,又将其立说提炼,是为尾评。

《四库全书总目》云:"辑当时场屋应试之论,冠以《论诀》一卷。所录之文,分为十卷。凡甲集十二首,乙集至癸集俱十六首,每两首立为一格,共七十八格。"④此说与实际格数、篇数不符。《论学绳尺》每卷格数不一,卷一分"立说贯体格""贯二为一格""推原本文格""立说尊体格""指切要字格""指题要字格""就题摘字格"七格,录文十二篇;卷二至卷十,每卷录文十六篇,格数不

①(清)永瑢等:《四库全书总目》卷187,第1702页。
②(明)游明:《〈论学绳尺〉序》,(宋)魏天应编,(宋)林子长注:《论学绳尺》,明成化刻本。
③(清)永瑢等:《四库全书总目》卷187,第1702页。
④(清)永瑢等:《四库全书总目》卷187,第1702页。

一,依次为八、十、十、九、八、九、九、九、八,共计八十七格,除重,计五十四格。

"格"是文章学的重要概念。以"格"论文,南宋总集中不难见到。"格"原用来表示作文立意之法,见于吕祖谦《古文关键·论作文法》。是书详列三十一种格制中的"上下、离合、聚散、前后、迟速、左右、远近、彼我、一二、次第、本末、立意"等,皆属于谋篇立意之类格制。《古文关键》正文中即有"匡正格""意胜反题格""设譬格""反题格"等格目。楼昉受业于吕祖谦,《崇古文诀》以"反难文字之格""论难折服格""文字抑扬格""假借比并格"论说文章。论之为体,其始尚不拘格数,譬如苏轼《刑赏忠厚之至论》,若以头、项、心、腹、腰、尾之式论之,则不可。南宋试论,程式渐严,"试官执定格以待人,人亦循其定格以求合,于是'双关三扇'之说兴,而场屋之作遂别有轨度。虽有纵横奇伟之才,亦不得而越"①。士子作论不得越过规定的绳尺范围,需按照规定的程式结构成文,否则不录。

《论学绳尺》以"格"分类,尚属首次,而其主要缘起则也以科考程式为的。"格"作为南宋文章学特别是论学的概念,将其作为分类编次之依据,对于考生揣摩作论之道具有重要的启发意义。《论学绳尺》不惜繁琐,分论体之作至五十四格。陈傅良说:"作论之要,莫先于体认题意……此最作论之关键","论以立意为先,造语次之"②。《论学绳尺》细致入微地阐述每一篇所选论文之立意构思、结构章法以及文法、论证方法、修辞手段、行文风格等创作

①(清)永瑢等:《四库全书总目》卷187,第1702页。
②(宋)魏天应:《论学绳尺·论诀》,(宋)魏天应编选,(宋)林子长笺解:《论学绳尺》,《景印文渊阁四库全书》集部,第1358册,第76页。

特点。细观五十四格之名,多据审题立意之角度与谋篇布局之法而分。

二、以格叙次与科考"论"文认题、立意之法

"认题""立意"学说是宋元时期文章学的重要命题,而直接推动"认题""立意"研究兴起的因素则是科举考试的现实需要。宋代科考将"不识题"列入"不考式"重要项目,因此场屋时文创作中如何准确审题显得至关重要①。南宋诸多文章学家对古文、时文的认题立意方法加以深入探讨,形成类似方法论的创作指南。这其中,最早对文章认题、立意提出精确论述的是陈傅良的《止斋论诀》。

> 认题
>
> 凡作论之要,莫先于体认题意。故见题目,则必详观其出处上下文,及细玩其题中有要切字,方可立意。盖看上下文,则识其本原,而立意不差;知其要切字,则方可就上面着功夫。此最作论之关键也。
>
> 立意
>
> 凡论以立意为先,造语次之。如立意高妙,而遣辞不工,未害为佳论;苟立意未善,而文如浑金璞玉,亦为无补矣。故前辈作论,每先于体认题意者,盖欲其立意之当也。立意既当,造语复工,则万选万中矣。②

从《论学绳尺·论诀》摘录陈氏"认题""立意"两条引文来看,虽陈氏所论以场屋论文为例,然其对于认题、立意这一线性思维

---

① 祝尚书:《论宋元文章学的"认题"与"立意"》,《文学遗产》,2009 年第 1 期。
② (宋)魏天应:《论学绳尺·论诀》,第 76 页。

过程的体认以及具体方法的指导,也同样适用于各体文章。吕祖谦在《古文关键》卷首《总看文章法》"第一看大概主张",即有强调读唐宋古文大家作品时,应关注文章"立意"之处。真德秀《西山读书记》亦有"读书须先看古人立意所发明者何事,不可只于言上求之"①之语。

伴随着"时文以古文为法"的观念逐渐深入士子之心,举子通过诵读、仿效总集中选录的古文典范,研习古文评点所示法度技巧,从而在场屋应试之中顺利完成优秀时文,并借此登第。因此,将一些科场得第优秀程文结集刊行,于具体篇章之中借鉴古文评点的方式,将场屋程文之"认题""立意"以及篇章结构、框架、字句等方面的创作特点加以圈点评注,在时文与古文的相互转化中,时文总集为举子的写作提供更为便捷的服务。

《论学绳尺》以"格"分类编次,主要得益于宋代文章学"认题""立意"之说,而将其运用到总集分类编次之中,则体现了编者对于科考"论"文程式的格外关注。前文已述,"论"体在南宋的科举考试中占有相当重要的地位。陈傅良所著《止斋论祖·论诀》是宋代最早也是最为系统总结科场"论"体程式之作。其后,吕祖谦《古文关键》选录唐宋八大家诸多"论"体之作,并于卷首"总论""看文字法""看诸大家文法"以及"论作文法""论文字病"等处多有涉及"论"文之法,此外,《崇古文诀》《文章正宗》《古文集成前集》亦多收录"议论"诸作而加以评点示意。不著编辑者名氏《十先生奥论》,为"论"文之单体总集,前集十五卷收吕祖谦、杨万里、胡寅、方怡、陈傅良、叶适、刘穆元、戴溪、张震九人之论八十三篇。

---

① (宋)真德秀:《西山读书记》卷25,《景印文渊阁四库全书》子部,第705册,第752页。

后集十五卷收朱熹、程颐、张文潜、胡寅、张栻、陈傅良、杨时、杨万里、戴溪、叶适十人之论八十一篇。续集十卷收吕祖谦、陈傅良、陈武、叶适、郑湜五人之论五十二篇。各卷之中所收之文大致按主题内容分"古圣论""五经论""六经论""七圣论""时政论""圣贤论""历代论""考古论""西汉论""西汉臣论""进论""治道论""历代君主论""杂论"等,分类混乱。今人考证其书乃是宋季书坊在《宋会要辑稿·刑法二》所载的,庆元二年(1196)六月十五日国子监上奏搜的伪书《七先生奥论》基础之上增编而成。是书前集辑于庆元党禁之前,后又增后集、续集①。

《论学绳尺》通过分格类意的方式编次"论"体程文,在类目上突出认题、立意在"论"体时文创作中的重要作用,每一格目名称醒示的都是审题基础上"立意"的角度,以及篇章的布局架构之法,五十四格中有二十七格都含"题"字。为进一步明示所选试论审题、立意之道,每一个格目之下选论两篇,加以类比,每篇题下,标其"出处",以"立说"概括文章立意,附以批语;具体行文中则运用眉批和点抹的方式,细致入微地阐述每一篇所选经典论文之立意构思、结构章法论证方法、修辞手段以及行文风格等,同一"格"的两篇文章评点后,以尾评的形式将其立说提炼,反复强调审题和立意特点。

《论学绳尺》抛开"以古文为时文"的技法转换,直接选录科场得第优秀程文结集刊行,借鉴古文评点的方式圈点评注场屋论文,特别是采用以"格"分类的方式突出论体文"认题""立意"之法,对于考生揣摩作"论"之道具有重要启发意义,更易于被举子接受学习,同时也在一定程度上反映出南宋科场论文的体制形态

---

① 祝尚书:《宋人总集叙录》,第346—348页。

以及程式化要求。

　　综上,南宋时期文章总集的古文评点从立意、构思、造语、字句用法等方面分析解构古文,实际上是用时文的程式和方法反观古文作品,试图将古文丰富的文章法度引入时文创作,提升时文品格。从这个层面上来说,《古文关键》《崇古文诀》《古文集成前集》《文章轨范》将"时文以古文为法"提升到了文章学的高度。南宋文章总集各具特色的分类体例,也在科考视野下反映出重要的文章学内容。

　　作家修养是文章学关注的重要问题。创作者的眼光识力和学问积累关系到文章的成败和水平的高低。于初学者而言,读书积学是自身修养提升的重要途径。南宋文章总集有意识地选录文章典范,并以评点方式标注文章法度技艺,使接受者在研读作品、揣摩章法的同时加以运用到实际的文章创作中。《古文关键》以唐宋八家古文作为创作学习的文章范本,《崇古文诀》中唐宋古文选录数量占全书的百分之八十二。从这个层面看,两集所推崇的阅读对象是高度一致的,即倾向于选择文体特征更加明晰、技巧法度更具规范的唐宋古文,作为学子创作入门和学习仿效的对象。唐宋古文中,南宋文章总集选文偏向于本朝文人作品,则体现了古文家卓越的鉴文眼光。宋代古文的作家队伍和作品数量都远超唐代,宋人通过总结前人艺术经验并加以运用,创作出格调法度更易于初学者掌握学习的作品。《古文关键》"以人叙次",宋占六家,《崇古文诀》"以时叙次",四十八家中宋有二十八家,总体上明确以苏轼、欧阳修、苏洵、张耒、王安石、曾巩、苏辙等本朝古文大家优秀作品作为重点阅读对象。在科考的文化背景下,以上诸家古文更适宜初学者入门学习和举子应试备考之用。南宋高宗、孝宗时,欧、苏古文成为时文学习创作的至高典范。

　　"论"学是南宋文章学的重要内容。《古文集成前集》在分类体例上通过选文数量突出"论"的文体地位。"论"的文体地位同样体现在南宋其他总集的选文上,《古文关键》《苏门六君子文粹》《崇古文诀》《文章轨范》等总集在整体录文倾向上均偏重于"论"体。论是宋代科考的重要文体之一,论体文创作的水平高下,一定程度上关系到应试举子的命运。唐宋古文大家中,苏轼"论"体文,成为"科举希世之学"①,是士子效仿取资的对象。《论学绳尺》即专门选录科场得第优秀论文结集,便于科考临摹参考。总集以格叙次,传递出文章学一个重要的命题,即"认题""立意"之说。《古文关键》《崇古文诀》《古文集成前集》《文章轨范》在选文和评点中已经涉及到文章篇章布局、立意主旨等相关内容。《论学绳尺》以选文对照的方式标注"格"目,并详加解题,为举子时文写作提供可供实际操作的认题、立意思路和方法。

　　由粗入细、由易入难,循序渐进,是认知、学习的基本规律,也是写作能力训练的基本原则。《文章轨范》以技叙次的编次方式,其关注点不在时代特点、作家个性、文体,而在于文章内容和写作水平的不同层次。通过区分"放胆文"与"小心文"两种不同境界,《文章轨范》呈现从易入难、先放后收的编次特点,迎合了科举士子的心理特点和接受能力,更好地为应试者提供创作法度指导和写作范本。

　　南宋文章总集多样化的分类方式,反映出编纂者独特的关注视角和分类观念,也呈现给读者不同的阅读感受。统观在"以古文为时文"的科考背景下,上述分类体例具有重要的文章学意义:

---

①（宋）叶适:《习学记言序目》,北京:中华书局,1977年,第744页。

读书积学应通观博览,不同时期、不同作家、不同文体的优秀作品,都是阅读取法的对象。相对来说,本朝苏轼、欧阳修等人"论""序""记""铭"体作品更受推崇。由易入难、循序渐进是认知学习的基本规律,文章创作也应遵循技法层面上先"放胆"后"小心"的路径原则。准确审题至关重要,举子通过学习不同"格"目的认题、立意之法,从而创作出决胜场屋的"论"体时文。

第六章　宋代地域总集地志化的分类观念与影响

　　从汉晋都邑大赋到六朝山水题咏，从唐宋游览序记到明清竹枝歌谣，文学创作与地理空间二者关联互动的历时传承性、地域拓展性以及文体多样性为地域总集的编纂提供了必要条件。地因文名，文因地存。地域总集，又称地方总集，以"地"为断，汇聚反映区域空间内地理文化信息的文学作品成书。地域总集作为综合反映地域文学传统和文学创作实绩最为直接的形式，凡一郡一邑之山水、人物、记录、题咏以及碑版石刻之作，悉尽取录。

　　唐人《丹阳集》开始关注总集的地域属性。殷璠以区域为限，选取占籍丹阳郡之包融、储光羲、丁仙芝、蔡隐丘、蔡希周、蔡希寂、张彦雄、张潮、张晕、周瑀、谈戭、曹殷遥、樊光、沈如筠、孙处玄、徐延寿、马挺、申堂构十八人诗歌成集①。宋朝地域文化发展

①《新唐书》卷六〇《艺文志》四"诗集类"著录《包融诗》一卷，有长注："融与储光羲均延陵人；曲阿有余杭尉丁仙芝、緱氏主簿蔡隐丘、监察御史蔡希周、渭南尉蔡希寂、处士张彦雄、张潮、校书郎张晕、吏部常选周瑀、长洲尉谈戭、句容有忠王府仓曹参军殷遥、硖石主簿樊光、横阳主簿沈如筠、江宁有右拾遗孙处玄、处士徐延寿，丹徒有江都主簿马挺、武进尉申堂构，十八人皆有诗名。殷璠汇次其诗，为《丹杨集》者。"《新唐书》卷60，第1609—1610页。

兴盛,在时代风气的影响促进下,地域总集编纂蔚然成风。北宋神宗熙宁四年孔延之纂成《会稽掇英总集》,其后,董弅《严陵集》、李兼《宣城总集》、袁说友等《成都文类》、林师箴等《天台集》(有前集、续编,后李兼重新编次刊刻)、林表民《赤城集》与《天台续集别编》、郑虎臣《吴都文粹》等专录反映某一具体区域空间地理文化信息的地域文学作品之集竞相编成刊刻,成为宋代总集中特立独行的一类。元明时期,地域总集编纂更甚,至清呈现出繁荣景象。明清时期多数地域总集,选文宽泛,以人系文,占籍或寓集某一地区的相关作者作品悉数采录,体量宏大,据考明代至少一百三十种,清代则可能多达一千种以上①。此类总集的地域属性,与《丹阳集》一样,仅就入集作者籍贯归属层面而言,选文不以作品内容的地理关联为准,与本章所论地域总集概念略有差别,故不予论之。

　　地域总集是总集发展到一定阶段的产物,其编纂的兴起主要得益于地域空间意识的强化与地域文化(文学)的发展兴盛。宋代文化发展的地域性差异明显,其中以北方京、洛地区和以成都、梓州路为代表的四川地区以及东南的两浙、江西、福建等地区发展最为突出②。宋代地域文化发展兴盛最突出的一点,就是地方志编纂兴起。地方志的编纂流传,极大强化了宋人的地方观念,进一步推动了地域乡邦情结的认同和地域文化的弘扬,也在一定程度上为地域总集的编纂分类提供了参照借鉴之本。

　　地方志与地域总集分属于目录学"史部"和"集部"两个不同

①夏勇:《地域总集研究的回顾与前瞻》,《杭州电子科技大学学报(社会科学版)》,2017年第2期。
②程民生:《略论宋代地域文化》,《历史研究》,1995年第1期。

的文献系统。然地方志与地域总集在以"地域"为断的辑存文献方法和保存地域诗文史料、弘扬地域文化价值的功用层面取向一致，二者关联密切。本章拟从这种关联性出发，通过考察宋代地方志编纂特点、录文体例以及门类设置等方面的内容，结合地域总集编纂宗旨和选文特色，探究宋代地域总集编纂分类地志化倾向所体现的分类观念、体例诉求及其对后世的影响。

第一节　地方志的人文化与地域总集的编纂

中国古代华夏民族之文化，历数上下千年演进，造极于赵宋之世①。宋代文化在时间上承前启后，而于空间上则地域特色凸显。晚唐五代十国的政治割据，以及宋代国家版图的变动和不完整性，使得宋代文化的地域性和差异性逐渐突出，宋人的地域文化意识日趋强烈。中国古代地域文化源远流长，发展演变到宋代，出现了新的格局和气象，其中最突出的一点，就是地方志与地域总集编纂盛行。

地方志全面系统地记载具体区域自然地理、社会政治、经济物产、历史文化、风俗物产等方面的文献资料，其广泛性和综合性的著述特点，有利于展现一个区域的历史文化风貌，是承载地域文化和区域文明的重要文献载体。地方志编撰者搜集文献时，广征博引，凡涉一地自然山川、风土人情、人文建筑、名胜古迹之诗文作品皆搜罗殆尽。地方志中蕴含丰富的地方诗文文献，一直是地域文学研究的重要组成部分。

---

① 陈寅恪：《金明馆丛稿二编》，上海：上海古籍出版社，1980 年，第 245 页。

　　宋朝沿袭唐朝定期编呈图经版籍的制度,"图志三岁一上"①。徽宗年间设置九州图域局,大力组织汇编全国图经总集和区域图志,今可考证宋代地方志约有六七百部。方志的编纂与续修制度的确立,为方志体例的进一步完善打下了坚实的基础。

　　地方志渊源于地理书②。宋代以前,方志多单行各自为书,以图经、图志为名,体例门类不过图经之地域沿革,山川之区域地理,风物之地域风俗人情数种,多为地理书、风俗记、都邑簿等地记杂述之著,大抵详于地理,略于人文。《四库全书总目》以"载方域、山川、风俗、物产"的早期方志之体为正,批评后出地方志"列传侔乎家碟,艺文溢于总集,末大于本,而舆图反若附录"③的内容体例。中国古代方志从唐代开始渐录地方诗文,至宋代,地域诗文史料文献成为方志收录的重要部分。伴随着宋代地域文化的发展兴盛,地方志数量增多,内容逐渐丰富,体例趋于完善,"方志之书,至赵宋而体例始备"④。宋代方志"图经""政纪""人物传""风土记""古迹""谱牒""文征"诸体荟萃,无所不备⑤。方志之备载舆图、疆域、山川、名胜、建置、赋税、物产、乡里、风俗、人物、方技、金石、艺文、灾异等史地文并重的百科全书式内容,于宋代逐渐完善并趋于成型。撰成于宋太平兴国年间(967—983)的《太平寰宇记》,是继《元和郡县志》后第一部较为完整的地理总

①(元)唐天麟:《〈至元嘉禾志〉序》,《宋元方志丛刊》(第5册),北京:中华书局,1990年,第4413页。
②薛慧卿:《中国方志源流探论》,《河南社会科学》,2003年第6期。
③(清)永瑢等:《四库全书总目》卷68,第594页。
④张国淦:《中国古方志考·叙例》,北京:中华书局,1962年,第2页。
⑤梁启超:《清代学者整理旧学之总成绩》,《中国近三百年学术史》,北京:东方出版社,2012年,第356页。

志。该书"采摭繁复，惟取赅备"，于地理外又编入姓氏、人物、风俗数门，广泛采引历代史书地志、文集诗赋、碑刻以及仙佛杂记等资料，"后来方志，必列人物艺文者，其体皆始于史。盖地理之书，记载至是书而始详，体例亦自是而大变"①。这种将历史人文与自然地理紧密结合的编纂体例为后世方志继承，影响和意义自不需赘言。至宋代，尤以南宋为甚，地方志从早期科学的地理学著作，逐渐演进为人文地理学著作，人文化性质日益凸显。

宋代地方志将历史人文与自然地理紧密结合，体现在收录文献的广泛性上，即凡文献内容关涉具体地域空间，一概裒辑入志。宋代方志收录诗文作品，或录诗文附于志书之后，《乾道四明图经》（成书于1169年）附以古赋、古诗、律诗、绝句、长短句、记、碑、文、铭、箴、祭文等作品近五卷于后；或录诗文于各门目之下，《吴郡志》（成书于1192年）于平列诸目之中征引诗文；或平列"诗""文"等文体类目于诸目之中，《剡录》（成书于1214年）列有"书""文""诗"目，《舆地纪胜》于"府州军监"下，分目即有"碑记""诗""四六"等目。除此之外，《吴郡志》于平行各门目之外专设"杂咏"收录历代题咏吴郡诗文；《澉水志》卷下"碑记门""诗咏门"别录诗文作品；《方舆胜览》专设"题咏"之目，收录古今记、序、诗、赋等作品，《新安志》"杂录"门有诗话、杂艺。《剡录》《舆地纪胜》《乾道四明图经》等方志的诗文作品，从最初"城郭""厅壁""学校""祠堂""庙宇""山水""桥梁""泉池""庵堂""园林"等平行类目中分立出来，编次于"诗""文"，或"碑记""诗""四六"，或"古赋""古诗""律诗""绝句""长短句""记""碑""文""铭""箴""祭文"等文体类目之中，而这些文体类目在发展演变中逐渐汇聚成如"艺文志""诗文

①（清）永瑢等：《四库全书总目》卷68，第595—596页。

征""艺文""诗文"等专门类目,并在地方志体例中逐渐定型为固定体目,后世多有仿效,成为纲目体地方志收录地理区域诗文的基本体例。

宋人地方志对地域历史人文内容的重视,特别是诗文文献史料的收集,恰是宋人乡邦人文情怀和文学传统积淀的反映,在这一点上与地域总集选录诗文作品有着异曲同工之妙。"艺文""文征"虽依附地方志而存,设若独立出来,则与地域总集并无二致。

宋代地志的人文化倾向使得地志在一定程度上兼备地理志与地域总集的双重功能。《舆地纪胜》以府州军监为总目,总目下细分的子目以"碑记""诗""四六"最为繁复,其序曰:"收拾山力之精华,以借助于笔端,取之无禁,用之不竭,使骚人才士于一寓目之顷,而山川俱若效奇于左右。"①方志汇聚前人题咏山水名胜之文,以供骚人雅士临场创作借鉴,体现出王象之欲以《舆地纪胜》兼具诗文总汇类工具书的功能。吕午序《方舆胜览》曰:"学士大夫端坐窗几而欲周知天下,操弄翰墨而欲得江山之助,当览此书。"②又,《方舆胜览》引用文集前题曰:"是编搜猎名贤记序诗文,及史传稗官杂说,殆数千篇,若非表而出之,亦几明珠之暗投。今取全篇分类,以便检阅……盖演而伸之则为一部郡志,总而会之则为一部文集,庶几旁通曲畅云。"③显然祝穆寄寓此部地理书以"郡志"与"文集"的双重功能。无独有偶,《吴郡图经续记》将汇

---

① (宋)王象之:《〈舆地纪胜〉序》,(宋)王象之编著,赵一生点校:《舆地纪胜》,杭州:浙江古籍出版社,2012年,第3页。
② (宋)吕午:《〈方舆胜览〉序》,(宋)祝穆撰,(宋)祝洙增订,施和金点校:《方舆胜览》,北京:中华书局,2003年,第2页。
③ (宋)祝穆撰,(宋)祝洙增订,施和金总校:《方舆胜览》,第1页。

编吴郡文章的《吴门总集》附于志书之后,也体现了地理书兼有郡志和地域总集的性质。

从成书层面来看,一些地域总集得以纂成则直接得益于地方志。《吴门总集》依附于《吴郡图经续记》,并未独立成书;《吴都文粹》从《吴郡志》中搜集诗文作品,另编一集;《赤城集》录“《天台集》不暇载、《赤城志》载不尽”①之作成集;《严陵集》是董弅修纂《严陵图经》时“搜访境内断残碑版及脱遗简编,稽考订正”②而成书。《天台集序》曰:“州为一集,在昔有之。近岁东南郡皆有集,凡域内文什,汇次悉备,非特夸好事、资博闻也。于其山川土宇、民风士习,互可考见。然则州集,其地志之遗乎?”③李兼这里所述,显然是有感于地域总集在诗文的衷辑保存和展现地域自然地理、人文风情的功用价值上,具有补充方志遗漏之功。

总的来说,地方志与地域总集皆注重辑存地域文学作品,故成为历来研究地域文学的必备材料。宋人地方志中对地域人文内容的重视,特别是诗文文献的收集,恰是宋人乡邦人文情怀和文学传统积淀的反映,在这一点上与地域总集选录诗文作品有着异曲同工之妙。宋代地域总集,或附属于地方志存在,或取资于地方志文献成书,或修地方志之余编纂,或补地方志文献不足成集,地域总集与地方志在录文层面上存在一定程度的同源互补关系。一方面,地方志是地域总集诗文文献之源。宋郑虎臣感吴郡

---

① (宋)吴子良:《〈赤城集〉序》,(清)陆心源:《皕宋楼藏书志》卷114,《宋元明清书目题跋丛刊》,北京:中华书局,2006年,第1292页。

② (宋)董弅:《〈严陵集〉序》,《景印文渊阁四库全书》集部,第1348册,第525页。

③ (宋)李兼:《〈天台集〉序》,《景印文渊阁四库全书》集部,第1356册,第411页。

文苑之盛况,虽方志编纂渊源不断,然吴郡诗文专集却未有,故依范成大《吴郡志》之体例,编《吴都文粹》十卷。《吴都文粹》诗文作品,悉从《吴郡志》中出。另一方面,地域总集亦补地方志收录文献之不足。以《嘉定赤城志》与《赤城集》为例:《赤城集》,今存十八卷。陈耆卿统撰《嘉定赤城志》时,林表民曾负责采益增订相关工作,其后林又续陈耆卿《赤城志》为《赤城续志》《赤城三志》①。林表民参与编纂陈耆卿统撰《嘉定赤城志》,于收罗郡乡史料之时接触众多诗文资料,其后又续《赤城志》为《续志》《三志》,其经手有关赤城、天台之诗文文献自然丰富。"天台山至晋孙兴公始传……自晋以来,历宋、齐、梁、陈、隋、唐,天台人物见简册落落才十数人。本朝始渐盛,南渡迄今始益盛,而距晋亦且千年矣,又何盛之晚哉!"②林表民编《赤城集》,是以彰显台州诗文兴貌为目的。《赤城集》所录之文,乃"《天台集》不暇载、《赤城志》载不尽者",是以补前人地志(《嘉定赤城志》)、总集(《天台集》)收录文献不足,荟萃天台人物,以达"君子推本之以为是,本朝风化之所召,台之士大夫读是书而知其故,必将慨然奋厉,期无负君师以自昭于不朽"③的风化之旨。董弅《严陵集》亦是其在修《严州图经》时成书。

郑虎臣敏锐地体察到宋代地方志人文化的编纂意识,完成了地域诗文从地方志兼存到地域总集专录的变身,开启了吴郡地域总集编纂的先河。正缘于此,后世地域总集在文献来源、选文方

①《直斋书录解题》著录《续志》为吴子良撰,《三志》为林表民撰。(宋)陈振孙撰,徐小蛮、顾美华点校:《直斋书录解题》,第247页。
②(宋)吴子良:《〈赤城集〉序》,第1292页。
③(宋)吴子良:《〈赤城集〉序》,第1292页。

式以及分类体例等方面都与地方志结下了不解之缘。编纂者纷纷承接前人的体例传统,于细节中加以新变,从而彰显地域总集所寄寓的编纂宗旨和价值功用。诚然,地域总集与地方志在辑录文献的"地理空间性"特点和展示地域文化(文学)的功能宗旨的一致性取向,为我们考察分析地域总集编次分类提供相对清晰的思路,但观念上的认同永远不及体例上的明证更有说服力,宋代地域总集编次分类的地志化倾向还要从宋代地域总集与方志的类目体例上来探究。

第二节　宋代地域总集分类编次的地志化倾向

地域总集以其选录作品主题内容具备的地理书写特质而彰显地域属性,其在保存地域文学史料、展示地域文学底蕴、弘扬地域文化等层面已与一般总集区别开来,而趋同于地方志。我国古代,地方志之起源、发展演变以及体例之成熟乃至定型,皆先于地域总集。一个区域地域文化发展,特别是地方志编纂传统的延续与兴盛,也为地域总集的编纂起到推助作用。

纵观宋代地方志与地域总集的编纂,通常某一地域总集所选文学作品所涉的地理空间范围内,往往有文献收录赅备、体例相对成熟的地方志先行成书并流传。董弅于绍兴九年(1139)为《严陵集》所作之序称,是书纂于《严陵图经》之后①;《吴郡志》成书于绍熙三年(1192),《吴都文粹》则编成于德祐年间(1275—1276);《嘉定赤城志》撰成于嘉定十六年(1223),而《赤城集》则刊梓于淳祐八

----

① (宋)董弅:《〈严陵集〉序》,第525—526页。

年(1248)。宋代地方志以其广搜博取的录文方式、趋于定型的编纂体例,为同一地理空间地域总集分类编次提供了借鉴取资之本。

宋朝设立九域图志局,是专门管理各地方志编纂的机关,中央政权大力组织汇编全国图经总集和区域图志。从编纂人员上看,地方官员到任即有组织编纂当地方志的任务规定。相对来说,地域总集编纂则区别于地方志以及官修总集的制度保障,其编纂多缘于宋人的乡邦情结,属于偶发的自主行为。一些方志编纂者同时也是地域总集的编选者,《明越风物志》的纂者姜屿编有《庐山游览集》;江文叔编有《桂林志》的同时,亦有地域总集《桂林文集》行于世;曾旼编纂《永阳郡县图志》和《丹阳类集》;《镇江志》的编者熊克有《京口集》流传。下文所述的李兼、林表民两人则兼编方志与地域总集。

宋代地域总集编纂兴盛,然尚未形成相对成熟稳定的分类体例。宋代地域总集纂者在承继前人总集编次分类成果的基础上,逐渐尝试摸索出一条既能彰显选文地理空间特质,又能体现地域总集编纂宗旨和功用价值的分类方式,即取资借鉴类目体例相对成熟的地方志。

一、地域总集二级类目名称设置的地方志色彩

《会稽掇英总集》二十卷,孔延之编。孔延之于神宗熙宁四年(1071),以度支郎官知越州,编就《会稽掇英总集》。孔延之"恨诗书阙亡,使善恶之戒不详见于后代",均因"编脱简落不能即补之故",欲使诗书传之久远,"则纸本尚矣"①。面对会稽山水人物之

---

① (宋)孔延之:《〈会稽掇英总集〉序》,(宋)孔延之撰,邹志方点校:《〈会稽掇英总集〉点校》,北京:人民出版社,2006年,第3页。

记录赋咏散佚而不传的现实,孔氏到官后便申命吏卒广搜博取,旁及碑版石刻之文,选录自秦始皇三十七年至宋熙宁年间诗文共八百〇五篇①,编就现存绍兴最早的一部文学总集。《会稽掇英总集》所录诗文,多由搜岩剔薮得之,出于集本之外,其裒辑会稽诗文之功,屡被称善。俞樾《郦黄芝诸暨诗存序》肯定此集辑文之"富",指出孔氏选文"取有关于会稽而不必皆会稽人所作,是所以备掌故而非以存其诗,且存其人也"②,可见此集存录作品以主题内容是否关涉会稽为标准。《会稽掇英总集》"各有类目"③,前十五卷录"诗"七百五十四首,后五卷录"史辞""颂""碑""碑铭""记""序""杂文"五十一篇文。卷十六录"史辞"一篇,收司马迁《越世家史辞》,"颂"收李斯《秦德颂》一篇,"碑"收邯郸淳《曹娥碑》等七篇。卷十七"碑铭"收文十一篇,卷十八至卷十九"记"体收文十九篇,卷二十收"序"体七篇、"杂文"五篇。总体说来,《会稽掇英总集》一级分类以"体"相分,分"诗""史辞""颂""碑""碑铭""记""序""杂文"④八门。

各体之中,"诗"类作品最多,故再细分二级、三级类目。先以诗歌所关涉内容对象,分"州宅""西园""贺监""山水""云门寺(附若耶溪)""天衣寺""应天寺""天章寺""禹庙""曹娥庙""杂寺观""送别"十二个二级类目;"山水"二级类目之下再细分"鉴湖""兰

---

① (宋)孔延之:《〈会稽掇英总集〉序》,(宋)孔延之撰,邹志方点校:《〈会稽掇英总集〉点校》,第3页。

② (清)俞樾:《郦黄芝诸暨诗存序》,《春在堂杂文(四编)》卷5,见《清代诗文集汇编》,上海:上海古籍出版社,2010年,第623页。

③ (清)永瑢等:《四库全书总目》卷186,第1694页。

④《四库全书》本"史辞""颂""碑""碑铭""记""序"类,均未标目。然其所选,则以同类作品归并。故以"史辞""颂""碑""碑铭""记""序"名之。

亭""剡中""天姥""五泄山""石伞峰""四明山""浙江""山水杂咏"
九个三级类目。《四库全书总目》著录是书类目体例云:"首曰'州
宅',次'西园',次'贺监',次'山水',分'兰亭'等八子目;次'寺
观',分'云门寺'等四子目,而以'祠宇'附之;次'送别',次'寄
赠',次'感兴',次'唱和'。"①今《文渊阁四库全书》本《会稽掇英
总集》卷十二至卷十四并无类目标注,盖因传抄中漏写之故,然就
其所选诗歌篇目来看,可归纳为"寄赠""感兴""唱和"类。《四库
全书总目》云"寺观"分"云门寺"等四子目,今本篇章编排中亦无
标目,故应以"云门寺(附若耶溪)""天衣寺""应天寺""天章寺"为
四子目。《四库全书总目》所题分类,似更可取。《会稽掇英总集》
称"诗则以古次律,自近而之远,文责始于古"②,"诗"体经过二级
三级分类之后,再以律、古相分,大致先律后古。值得注意的是,
律、古之分相对比较灵活,一些类目如"兰亭"等惟存古诗而无律
诗,而"四明山"等则惟存律诗而无古诗。

　　《会稽掇英总集》二级分类虽借鉴《文选》类分之方式,然类目
命名却与前人总集大相径庭。《会稽掇英总集》"诗"下次级类目,
如周宅、西园、贺监、山水(鉴湖、兰亭、剡中、天姥、五泄山、石伞
峰、四明山、浙江、山水杂咏)、寺观(云门寺附若耶溪、天衣寺、应
天寺、天章寺)、禹庙、曹娥庙等类目名称,前人总集尚未有见。类
目以会稽地理空间之宅园亭台、山水楼亭、寺观庙宇等为名,命名
设置上皆带有浓厚的地域色彩。同样的类目命名倾向也存在于
后出的《成都文类》中。

① (清)永瑢等:《四库全书总目》卷186,第1694页。
② (宋)孔延之:《〈会稽掇英总集〉序》,(宋)孔延之撰,邹志方点校:《〈会稽掇
　英总集〉点校》,第3页。

　　《成都文类》五十卷，宋袁说友、程遇孙、扈仲荣等编。庆元间，袁说友为四川安抚使，五年（1199）作《成都文类序》。编者惟恐由汉以来益都之文不传，故"摭方策，裒诸碑识"，将"流传之所脍炙，友士之所见闻"之"大篇雄章，英词绮语，折法度，极炫耀，其以益而闻者"，"悉登载而汇辑"①一编，为《成都文类》。《成都文类》选文上起西汉，下迄孝宗淳熙年间②，共录文篇一千有奇，"益之文滋备"③，凡赋一卷，诗十四卷，文三十五卷，"颇为详整"④。《成都文类》分体编录，类分十一目。卷一收录"赋"体作品八篇，卷二至卷十五收录"诗"体作品，卷十六收录"诏策""铁券""赦文""敕"文十七篇，卷十七收"诏敕""制"类作品十四篇，卷十八收录"表""疏""笏记"类作品二十七篇，卷十九收录"书附笺、奏记"类作品十三篇⑤，卷二十、二十一收"书"类作品二十四篇，卷二十二、二十三收"序"三十三篇，卷二十四至四十六收"记"二百十一篇，卷四十七收"檄"七篇、"难"一篇、"牒"二篇，卷四十八收"箴"四篇、"铭"六篇、"赞"八篇、"颂"十四篇，卷四十九收"杂著"九篇，卷五十收"诔"三篇、"哀辞"一篇、"祭文"七篇。可知，编者将作品先大致按文体分门别类，分"赋""诗""诏策""铁券""赦文""敕""诏敕""制""表""疏""笏记""书附笺、奏记""序""记""檄""难"

①（宋）袁说友：《〈成都文类〉序》，《东塘集》卷18，《景印文渊阁四库全书》集部，第1154册，第371页。
②（清）永瑢等：《四库全书总目》卷187，第1699页。
③（宋）袁说友：《〈成都文类〉序》，《东塘集》卷18，第371页。
④（清）朱彝尊：《书〈成都文类〉后》，《曝书亭集》卷44，上海：世界书局，1938年，第532页。
⑤《梁聘书》与《蜀答聘书》为往来书信，计为两篇。

"牒""箴""铭""赞""颂""杂著""诔""哀辞""祭文"二十五类①。类目名称多以文题区分，分类并不严格，如卷十六收录"诏策""铁券""赦文""敕"类，而卷十七又有"诏敕""制"类目，究其原因则是《成都文类》以时间先后编次作品，卷十六收录汉至明德元年（934）作品，卷十七续收而下。故所分类目，据文题而立。"诏策"类实为"诏"类与"策"类作品合称，细看篇章目录，"诏敕"亦是如此。卷十六、十七多为政令类文体，故编次相临。此虽体现了编者按体分类的观念，但分类不那么明确，分类标准也不尽统一。

《成都文类》"诗"类作品十四卷，"记"体类二十二卷，占全书70％。"诗"类下解题云："取凡诗缘成都而作者载之，其类十有四，于类之中，又有别焉，若其人则以世先后为序。"②究其所述，"诗"体进行二级分类，分为十四类："都邑"（14首）、"城郭"（5首）、"宫苑"（2首）、"楼阁"（17首）、"江山（附池沼、堤堰、桥梁）"（52首）、"学校"（7首）、"寺观"（68首）、"陵庙"（14首）、"亭馆"（137）、"时序（附故事、宴集）"（78首）、"题咏（附书画、器物、雨雪、风月、草木、虫鱼）"（112首）、"赠送"（130首）、"诗（未分类）"（77首）③、"道释"（10首）。"记"体分"城郭"（5篇）、"渠堰附桥梁"（6篇）、"官宇"（36篇）、"府县学"（26篇）、"祠庙"（19篇）、"祠堂"（14

---

① 《四库全书总目》："所录凡赋一卷，诗歌十四卷，文三十五卷。上起西汉，下迄孝宗淳熙间，凡一千篇有奇，分为十有一门，各以文体相从，故曰《文类》。"（清）永瑢等：《四库全书总目》卷187，第1699页。朱彝尊《书〈成都文类〉后》亦以其"分门十一，颇为详整"评之。（清）朱彝尊：《曝书亭集》卷44，第532页。现以四库本查录，实为二十五门。

② （宋）袁说友等：《成都文类》卷2，《景印文渊阁四库全书》集部，第1354册，第305页。

③ 《四库全书》本《成都文类》卷14收录77首诗歌，未加以分类，二级类目阙。

篇)、"寺观"(55 篇)、"堂宇"(13 篇)、"居处"(28 篇)、"画像附名画"(11 篇)、"杂记"(9 篇)十一类。"诗""记"体二级分类按作品所涉及的题材对象来分。一些二级类目下又进一步划分,如"记"体"官宇"类分"茶马司""转运司""铃辖厅"三个子目,"居处"类分"阁""园""溪""亭""轩""斋""庵""坞"八个子目。三级分类,主要也是按题材对象来区别设类的。四库馆臣评《成都文类》体例曰:"每类之中,又各有子目,颇伤繁碎。然昭明《文选》已创是例,宋人编杜甫、苏轼诗,亦往往如斯。当时风尚使然,不足怪也。"①此书二级分类取向借鉴《文选》类总集,"诗""序""记"体主要按作品所关涉的题材对象进行二级分类,其类目名称与《会稽掇英总集》相类,借鉴地方志类目以作品来源的地理出处命名,从而使得地域总集区别于其他类型总集而具有地域色彩。

《丹阳集》今虽不可见,然其既以郡籍为限,选录丹阳籍文人诗歌作品,即有以人存诗之意,故编次分类,应以人分。《会稽掇英总集》《成都文类》初次分类分体录文,与一般总集分类体例并无二致。然此种分类方式,宋代地方志已有先例。宋代方志或平列文体类目于其它类目之中,如《剡录》之"书""文""诗"目,《舆地纪胜》"府州军监"下之"碑记""诗""四六"等目;或如《云间志》《方舆胜览》等以"艺文""题咏"专目形式收录地域诗文,其后再以文体形态细分,《云间志》卷下设"艺文",分为赋、诗、墓志、记、序、说、铭、箴、祭文九细类编次作品。方志中文体类目设置既是宋代辨体意识高涨的直接反映,同时也是宋代方志体例成熟的重要体现。宋人在文学创作上要求文章"以体制为先"②,谨遵各文体体

①(清)永瑢等:《四库全书总目》卷 187,第 1699 页。
②(宋)王应麟:《玉海》卷 202,第 3801 页。

制要素规范；而在分类实践上，明确体现"文各有体"的观念。宋代地域总集采用以"体"类编作品之方式，一方面是对魏晋以来总集文体分类成果的继承，同时亦与地方志收录诗文之体例以及文体分类方式密切相关。

自《文选》次级分类大致以题材内容区分，后世"分体编录"类总集类目名称设置皆沿其例。大体而言，《文选》类总集借鉴传统目录学与类书体例①以作品主题事类区分，类目名称所反映的是分类系统与认知系统的一般属性，一些"类分"之目由于分属相对固定的门类体系，类目名称多在已有的门类范畴之中取则，历代总集重复使用频率高。而《会稽掇英总集》《成都文类》的次级类目"西园""鉴湖""兰亭""天姥""四明山""云门寺""应天寺""禹庙""曹娥庙"等，是以取则地理空间的自然山水、人文景观等为名，带有浓厚的地域色彩，与一般总集大相径庭。而这些类目名称，又频见于地方志中。《会稽掇英总集》《成都文粹》编次分类中子目命名的地志化倾向，使总集类目在彰显地域特色的同时又进一步获得了地域认同。

二、作品编次以地方志类目体例为参照

（一）《宣城总集》分类体例与《宣城志》之关系

宛陵，古县名，今安徽宣城。宛陵自古名山胜水，人文彰盛，诚如谢灵运"山水借文章以显，文章凭山水以传"所言，自然景观与文学创作相得益彰。反映在总集编纂上，即历代宣城地域总集

---

① 参见屈守元：《略谈〈文选〉成书前后萧梁皇室所纂辑的一些类书和总集》，《文史杂志》，1991 年第 5 期；方师铎：《传统文学与类书之关系》，天津：天津古籍出版社，1986 年，第 107—118 页。

倍出。现可检最早的宣城地域总集，要数无名氏所撰《宣城诗（集）》与宣州知州刘泾所编《宣城集》，二书均已佚失。据《舆地纪胜》《嘉庆宁国府志》记载，《宣城诗（集）》专录唐人以前作品①。陈振孙《直斋书录解题》、马端临《文献通考》录刘泾元符三年所序《宣城集》三卷，然体例不明②。可考的诗文总集，以南宋李兼《宣城总集》最早，惜其久佚不传。李兼（？—1208）以乡邦之身，撰《宣城志》，编《宣城总集》，宣城地域文化建树之功颇为后人称道。《宣城志》虽久佚，王象之《舆地纪胜》记载志前有郡守赵希远嘉定九年序，则知是书刊刻不迟于是年。

　　《宣城总集》今可考之，《履斋遗稿》卷三存录吴潜《宣城总集序》，序称"守司业孙侯梦观，嘉书之成"③云云。考孙梦观知宁国府，乃宝庆三年至绍定元年（1227—1228），则《宣城总集》刊梓于此时。大致可推测《宣城志》成书略早于《宣城总集》。吴潜以"博雅好修""老不厌学"评李兼，于《宣城总集》赞誉有加。严可均《全上古三代秦汉三国六朝文》卷二十八《全隋文》存《宣城总集》录隋郑辨志《宣州稽亭山妙显寺碑铭》全文④，《全唐诗》卷七百九十五杜伟"忽睹邢武辞，泠其金石备"下引用《宣城总集》"唐开元甲子，武平一同河间邢巨同游泾川琴溪，题绝句，古刻尚存。后一纪，杜

---

① （清）鲁铨、钟英修，（清）洪亮吉、施晋纂：《嘉庆宁国府志》，《中国地方志集成（安徽府县志辑）》，南京：江苏古籍出版社、上海：上海书店、成都：巴蜀书社，1998年，第40页。

② （宋）陈振孙著，徐小蛮、顾美华点校：《直斋书录解题》，第455页。（元）马端临：《文献通考》，北京：中华书局，1986年，第1963页。

③ （宋）吴潜：《〈宣城总集〉序》，（宋）吴潜撰，（明）梅鼎祚编：《履斋遗稿》卷3，《景印文渊阁四库全书》集部，第1178册，第419页。

④ （清）严可均：《全上古三代秦汉三国六朝文》，第4187—4188页。

伟自柱史谪掾宣城,陪连帅班景倩来观,题句云云。余逸"①之语。可知,《宣城总集》诗(绝句)文(碑铭)并录。是集辑录作品自晋宋齐梁至南宋一千余年间,三百多或家居,或仕官,或游历,或寄寓之文人,但凡有"片言只字及吾宣者",悉尽渔猎网罗,共得诗歌千余首,赋、颂、杂文等二百篇,总二十八卷②。

　　《宣城总集》所列具体门目名称,今已不可见,然据吴潜序之"世变之盛衰,人物之贤否,风俗之美恶,山川、园林、亭堂、楼阁之景,花草、果木、鸟兽、虫鱼之名,莫不会萃于斯"③赞语,大致推测李兼应按作品主题内容分类,诗文各以门目相聚。《宣城总集》门类命名与中国古代地方志之"平列事类门目"④之法颇为一致。今《宣城志》编纂体例已不可知,而较早的《吴郡图经续记》三卷,上卷分封域、城邑、户口、坊市、物产、风俗、门名、学校、州宅、南园、仓务、海道、亭馆、牧守、人物十五门,中卷分桥梁、祠庙、宫观、寺院、山、水六门,下卷含治水、往迹、园第、冢墓、碑碣、事志、杂录七门,正是采用因事立目、分门别类的编纂体例;约近《宣城志》同时期的《乾道四明图经》篇首总叙全州,州下属县各以风土、物产、人物、寺观、祠宇、场镇、江湖、河堰、古迹等目,附以古赋、古诗等艺文于后的体例,可知《宣城志》的体例盖不出于此。由此大致推测,《宣城总集》的分类体例或依《宣城志》。李兼前后编纂《宣城志》与《宣城总集》,二书在辑录诗文作品以及编纂体例上所体现

①(清)彭定求等:《全唐诗》,北京:中华书局,1960年,第8943页。
②蒋旅佳:《南宋方志与地域总集编纂关系论——以李兼台州、宣城地域文化建树为中心》,《文艺评论》,2015年第4期。
③(宋)吴潜:《〈宣城总集〉序》,第418—419页。
④黄燕生:《宋代的地方志》,《史学史研究》,1984年第3期。

的关联性,为考察后出地域总集于编纂体例上借鉴学习地方志提供了可寻之迹。

(二)《吴都文粹》编排诗文全依地方志"平列门目"体例

旧题为宋郑虎臣编《吴都文粹》十卷①,系其任官时辑录苏州(吴都)地方诗文之作。吴郡自古以来,皆为东南一大都会,"山水之清淑,人文之彬郁,皆甲于他郡"②,而"儒林文苑,代必有人"③。郑虎臣既感吴郡文人之盛况,又惜此地诗文专集之未有,故而从《吴郡志》中辑录上起于魏晋六朝下迄南宋有关吴郡的名胜诗文"六百四十三首"④汇为一编。集中所录诗文,"凡吴中名山大川,官廨学校、名宦人物以及仙宫梵宇,古迹之所留传,昔贤之所纪咏,略备载焉"⑤。《四库全书总目》以"综缉颇富"⑥之语称誉此书

---

① 《四库提要辨证》卷二十四谓:"明许德溥《吴乘窃笔》(一卷,指海本)云:'《吴都文粹》虽郑公粹,要皆取材于范文穆,绝无增减,亦见古人服善心虚,今人不及也。'孙星衍《平津馆鉴藏记》卷三云:'《吴都文粹》十卷(旧写本),题苏台郑虎臣集。前后无序跋。《四库全书》本作九卷。此书全依《吴郡志》录写诗文,疑是坊贾所作,非虎臣原书。'钱熙祚《吴郡志校勘记序》云:'偶检郑虎臣《吴都文粹》,讶其篇目不出范志所录,因取以相校,删节处若合符节,乃知《文粹》全书并从范氏刺取。'《文粹》全出于范志,而《提要》乃谓其足与范志相辅,是未尝取两书对勘,而率尔言之也。"余嘉锡:《四库提要辨证》,北京:中华书局,1980年,第1578页。
② (清)董国华:《〈吴郡文编〉序》,(清)顾沅:《吴郡文编》,《苏州文献丛书》第一辑,上海:上海古籍出版社,2011年,第7页。
③ (清)梁章钜:《〈吴郡文编〉序》,(清)顾沅:《吴郡文编》,第5页。
④ (清)彭元瑞等:《天禄琳琅书目后编》卷20,北京:中华书局,1995年,第461页。
⑤ (清)张金吾著,冯惠民整理:《爱日精庐藏书志》卷35,北京:中华书局,2012年,第602页。
⑥ (清)永瑢等:《四库全书总目》卷187,第1702页。

收录文献之功。《吴都文粹》乃"合一州一邑为一集者"①，与《成都文类》《会稽掇英总集》《严陵集》《赤城集》同为宋人地域总集之代表。书虽以"文粹"名之，而其所录诸作皆从范成大《吴郡志》"刺取"②而出，地域总集收录文献"实与地志相表里"③。

　　《吴都文粹》对于诗文作品分类，既未采用如《丹阳集》《天台集》"以人系诗（文）"之法，又与北宋孔延之《会稽掇英总集》分体编录颇不相同，且并未有明确体例上的类目设置，亦无相关介绍说明文字。既然《吴都文粹》文献史料来源出于《吴郡志》，那么其编纂体例与《吴郡志》是否有关联呢？仔细校检《吴都文粹》作品编排情况，可知其明显借鉴《吴郡志》"平列门目"④的体例。

　　《吴都文粹》在具体作品编排上将相同题材的作品"以类编次"，如从卷一收录的十九篇诗文作品来看，《阊门》（唐·张继）、《阊门》（唐·韦应物）、《阊门》（唐·白居易）、《阊门》（宋·苏舜钦）、《胥门》（唐·皮日休）、《胥门》（唐·陆龟蒙），以上是将同一类题材的作品编次一起，按时间先后依次编排。"阊门""胥门"皆为吴郡城门古建，故汇编一处。朱长文《学校记》以下八篇均是修建"学校"的"记"体之文，类比于《吴郡志》卷四"学校附县学"门。

---

① （清）李元度：《天岳山馆文钞》卷25，清光绪六年刻本。
② 余嘉锡：《四库提要辨证》，第1578页。
③ （清）永瑢等：《四库全书总目》卷187，第1702页。
④ "宋代志书体例大致可分为平列门目、纲目法和史书体三种类型。平列门目是在旧图经体例的基础上加以扩充，形成多门类形式。最著名的是《吴郡志》，分门三十九，……（纲目法）志书有纲领、有子目、纲举目张，类例较为清晰。《咸淳毗陵志》分类十九，共辖五十二目，另有七图，……（史志体）志书模仿正史体例，以《景定建康志》和《绍熙永嘉谱》为代表。"黄燕生：《宋代的地方志》，《史学史研究》，1984年第3期，第38—39页。

卷二陆机《吴趋行》，乃古乐府，"此曲吴人歌其土风也"①。陆龟蒙《祝牛宫词并序》后注有"牛阑，亦名牛宫。吴地下湿，冬寒，牛即入阑，唐人谓之牛宫"②，皮日休《鱼斗》是吴中"以斗数鱼"③之俗的呈现。以上三篇，皆是反映吴郡风俗习惯的作品，从《吴郡志》卷二"风俗"门摘录而来，将此类作品编次一起，体现编者按类编排之意。独孤及《九日陪李苏州东楼宴》与皮日休、陆龟蒙《登初阳楼》后，收录主题关涉"东亭""西亭""西园""北轩""北池""后池""双莲堂""木兰堂""双瑞堂""三贤堂""思贤堂""瞻仪堂"等"亭台楼阁"之类作品，此从《吴郡志》卷十四"园亭"门出。自白居易《齐云楼晚望十韵兼呈冯侍御史周殷二协律》后，作品关涉"齐云楼""西楼""升庵""灵芝坊""留客亭""姑苏台"，卷三收录有关"吴王井""毛公坛"等体现吴郡"名胜古迹"的作品，实从《吴郡志》卷八、卷九"古迹"题咏出。此外卷三皮日休、陆龟蒙《虎丘古杉》诗后，收录题咏"虎丘"的作品，汇为一编；曾几《重修泰伯庙记》后收录"祠庙"类作品；卷七、卷八、卷九收录"寺观"类诗文作品。

《吴都文粹》虽以"文粹"为名，但其所录作品皆从范成大《吴郡志》中"剌取"④而出，不仅在收录文献上与"地志相表里"⑤，其分类方式亦明显袭用《吴郡志》。《吴郡志》"平列门目"为"沿革""分野""户口税租""土贡""风俗""城郭""学校附县学""营寨""官宇""仓库场务附市楼""坊市""官宇""古迹""封爵""牧守""题名"

①（宋）郑虎臣：《吴都文粹》卷2，《景印文渊阁四库全书》集部，第1358册，第627页。

②（宋）郑虎臣：《吴都文粹》卷2，第628页。

③（宋）郑虎臣：《吴都文粹》卷2，第628页。

④余嘉锡：《四库提要辨证》，第1578页。

⑤（清）永瑢等：《四库全书总目》卷187，第1702页。

"官吏""祠庙""园亭""山""虎丘""桥梁""川""水利""人物""人物附烈女""进士题名附武举""土物""宫观""府郭寺庙""郭外寺""县记""冢冢""仙事""浮屠""方技""奇事""异闻""考证""杂咏""杂志"①。《吴都文粹》诗文编排所体现的门类,无一例外地皆可对应范成大《吴郡志》。范成大于《吴郡志》中单立"虎丘"一门而与"山"并列,这一门类设置"匠心"也被《吴都文粹》刺取而来,《吴都文粹》在诗文编排上将"虎丘"主题作品汇为一帙。《吴都文粹》虽未设置明确的分类门目,但在篇章作品安排上却体现了以"类"编次的倾向,即将相同主题诗文汇编一类,吴郡之城郭沿革、土物风神、山水名胜、寺庙官宇,尽囊括于《吴都文粹》作品编排之中。这一切显然得益于《吴郡志》平列门目体例的影响。

（三）《赤城集》编次方式借鉴地方志门目体例

《赤城集》,今存十八卷,宋林表民编。林表民采《天台集》不暇载,《赤城志》载不尽"之诗文作品一百八十二篇,加以"分门会粹"②成集。林表民编纂《赤城集》初衷,现无文献记载。而《赤城集》编纂缘起,则与《赤城志》密切相关。林表民续《赤城志》时搜罗郡乡文献,多得之有关赤城、天台之诗文。以此别编为《赤城集》,以彰显一州一郡的人文兴貌,且使得"天台人物之盛才得萃于此书,君子推本之以为是,本朝风化之所召,台之士大夫读是书而知其故,必将慨然奋厉,期无负君师以自昭于不朽,孰谓于风化无关乎?"③

①（宋）范大成撰,陆振岳点校:《吴郡志》,南京:江苏古籍出版社,1986年。

②（宋）吴子良:《〈赤城集〉序》,第1292页。

③（宋）吴子良:《〈赤城集〉序》,第1292页。

　　《四库全书总目》著录《赤城集》收录"记、志、书、传、铭、诔、赞、颂之文"①而无诗，今检四库本可知四库馆臣所言为是。仅从文体类别来看，《赤城集》卷一至卷十五，在文体类别上主要录"记"体文。其中卷一收文七篇，除陈观《筑城议》外，其余六篇均为"记"体文；卷二收录十一篇，除赵汝愚《上宰执论台州财赋》、赵师回《台州推官重建厅事述》外，均为"记"体文；卷三收录十三篇"记"体文，卷四收录十四篇"记"体文，卷五除贾南金《州学更造释奠祭器颂》外，其余七篇为"记"体；卷六、卷七各收录十篇"记"体；卷八除尤袤《思贤堂三赞》、陈瓘《台州羁管谢表》外，其余七篇为"记"体文；卷九除杜范《宋郭孝子碑》、朱熹《义灵庙碑》外，收"记"体文六篇；卷十除王象祖《寿台楼赋》外，收"记"体文六篇；卷十一除《台州城隍封诰》外，收十一篇"记"体文；卷十二录十一篇"记"体文；卷十三除唐仲友《新建中津桥碑》外，收"记"体文八篇；卷十四除张端《放生池碑》、吴芾《朱氏旌表门闾碑》外，其余十篇均为"记"体文；卷十五收"记"体文十一篇；卷十六收录陈瓘《有宋八行先生徐公事略》、苏舜钦《杜孝子传》、石塾《徐季节先生墓志铭》、赵师夏《方山隐士杜君圹志》、叶适《草庐先生墓志铭》、吴子良《大田先生墓志铭》、陈耆卿《竹邨居士林君墓碑》、吴子良《四朝布衣竹村林君墓表》八篇，收传状、墓志类文体；卷十七收"序"体文八篇，且都为书序；卷十八收"序"体文六篇，三篇为书序，三篇送序，以及李昌龄《滕侯守台颂并序》、王然《大成殿奉安先圣文》、陈襄《劝谕文》、王然《黄岩劝学文》、陈襄《仙居劝学文》、叶棠《台州寿台楼记》、苏轼《跋渊明词赠卓契顺》。十八卷作品若按文章文体类别分类，即以"记""传""状""铭""墓碑""墓表""序""劝学文"分

━━━━━━━━━━

① （清）永瑢等：《四库全书总目》卷187，第1700页。

体编之,然是书却未采用分体编录作品之体例,而是借鉴了《赤城志》"分门荟萃"之方法。

《赤城集》卷一收录陈观《筑城议》等七篇关涉台州"城郭"题材的作品;卷二收录赵汝愚《上宰执论台州财赋》、赵师回《台州推官重建厅事述》等十一篇"厅壁"类题材作品;卷三卷四收录"县属"类文,分"临海县""黄岩县""宁海县"等类,同一县属之文相次左右,卷五至卷七则收录有关"州学""县学"类题材作品;卷八至卷十收录"祠堂""庙宇"类文;卷十一、十二收录"亭台楼阁"类文;卷十三、十四则收录有关"桥梁""泉池"类文;卷十五收录"庵堂""园林""洞宇"类文;卷十六收录文章除陈瓘《有宋八行先生徐公事略》、苏舜钦《杜孝子传》二篇外,其余皆为"碑志"类文,"墓志铭"与"墓碑""墓表"类作品分开编次;卷十七十八同为"序"体文,"书序"与"送序"类分开,同一人所作,因文体不同而分类不同,如陈襄的"劝学"文与"劝谕"文分开。

《赤城集》虽没有明确列出文体类目,然其编排也有将相同题材内容文章汇编左右的意图。此种编纂体例,与《吴都文粹》如出一辙。《赤城集》所录皆为补《赤城志》之不足,而其编次作品之体例亦与《赤城志》相类。《赤城志》共分地里门、公廨门、秩官门、版籍门、财赋门、吏役门、军防门、山水门、寺观门、祠庙门、人物门、风土门、冢墓门、纪遗门、辨误门十五门,每一门目之下,再细分小类目,如地里门下先叙州县历史沿革和区境范围,后记城郭、乡里、坊市、馆驿、桥梁、津渡等;寺观门和祠庙门则记载台州各地的寺院、宫观和宗庙祠堂;冢墓门记载台州各地知名人物的冢墓。《赤城志》分门别类,全面而系统地涵括了台州的历史沿革、版籍财赋、吏役军防、自然山水、观庙祠院、先贤人物、风土人情等地理人文资料,其体大思精之处颇为后人称道。《赤城集》编录作品所体现的按主题内容分类辑录文章的做法,盖亦多受《赤城志》影响。《赤城集》按"城郭""厅壁""县属""州学""县学""祠堂""庙宇""亭台楼阁""桥梁""泉池""庵堂""园林""洞宇""碑志"("墓志铭""墓碑""墓表")等类编次作品,而其类目多与《赤城志》相似,不仅如此,其类目编次顺序亦与方志一致,可见《赤城集》在编纂体例的选择上借鉴了《赤城志》。

综上,早期地域总集初次分类以"体"为目编次诗文,取向于《文章流别集》《文选》等总集"分体编录"传统,一方面是源于总集经典编纂体例的承继认同,同时也与地志编录诗文方式密切相关。平列门目体地方志平列"诗""文""四六""碑记"等文体类目于他目之中,诗文作品系于各"体"目之下,而纲目体地方志中"艺文志""诗文征""艺文"等集中收录诗文专门类目亦按文体类型编次作品,这都在一定程度上影响地域总集初次分类方式的选择。

宋代地域总集再次分类注重反映诗文作品的地理空间特征,设置具有地域特色的类目名称,则是其仿效地方志类目凸显地域属性,获得地域认同的最为直接有效的方式。

随着地域总集编纂兴盛,编者对其宗旨和功能有进一步的认识,地域总集已逐渐与便于读者阅读欣赏和创作取则,以及以诗文评点或分类编纂寄寓批评观念的总集区别开来。地域总集在保存地域文学史料、呈现地域文学底蕴和文学传统、弘扬地域文化价值层面趋同于地方志,故其编次分类自然不同于传统总集分体别录、以类区分、以人编次的体例,而倾向于借鉴具备同样功能且体例相对完善的地方志。这一时期,地域总集在分类上从早期类目名称的部分借用,逐渐演化为平列类目式的整体仿效,这种地志化的分类倾向将总集的地域功能强化,并最终促使明清地域总集直接套用地方志类目体例分类编文。

第三节　地志化分类意识与明清地域总集体例设置

就目前可考的文献资料来看,中国古代多数地域总集的分类体例,或延续前人总集以人区分,或以时叙次,或以类编次,或分体编录,在分类体例上与普通总集并无二致。受宋代地方志编纂的影响,宋人地域总集二级类目设置上已体现鲜明的地方志色彩,如郑虎臣《吴都文粹》虽没有明确的设立部类门目,然作品编次却直接仿效《吴郡志》"平列类目"体例,将同一门类的作品集中编排。元明时期,地域总集编纂日趋兴盛,分类编纂体例也逐渐成熟。宋代地域总集类目命名设置上,取则地方志而凸显地域色彩,特别是直接仿效地方志类目体例编次作品的意识观念,在明清时期部分地域总集编纂分类上得以实现运用,并最终作为基本分类体例之一传承下来。

一、方志类目与文体类目平列——《吴都文粹续编》的分类体例

自公元前514年吴王阖闾建城,吴郡地区至今已有两千五百余年的历史。据《隋书·经籍志》记载,三国时期即有陆凯《吴国先贤传》、韦昭《三吴郡国志》、顾微《吴县记》等典籍记述该地的乡贤人物、地理沿革。唐宋时期,吴越地区已成为重要的地域文化中心。南宋以降,吴郡地区人文益盛。最迟于明中期,吴郡已为明三大文人地域集团之一。吴郡"山水之清淑,人文之彬郁,皆甲

于他郡"①,"儒林文苑,代必有人"②。吴郡创作风气之盛与人文风俗、自然山水相结合,造就了诗文作品丰厚的地域文化特色。吴郡地域总集编纂历史悠久。现存吴郡最早的地域总集,为南宋德祐年间郑虎臣编纂的《吴都文粹》(10 卷),明钱穀编成《吴都文粹续集》(56 卷补遗 2 卷),一方面补《吴都文粹》选文之漏,另一方面续辑南宋至明中叶的吴郡诗文。

　　《吴都文粹续集》前四十五卷,以收录文献主题内容区分为都邑、书籍、城池、人物、学校、社学、义塾、风俗、令节、公廨、仓场、古迹、驿递、坛庙、书院、祠庙、园池、第宅、山、山水、题画、花果、食品、徭役、道观、寺院、桥梁、市镇、坟墓二十九门③;第四十六至五

---

① (清)董国华:《〈吴郡文编〉序》,(清)顾沅辑:《吴郡文编》第 1 册,上海:上海古籍出版社,2011 年,第 7 页。

② (清)梁章钜:《〈吴郡文编〉序》,(清)顾沅辑:《吴郡文编》第 1 册,第 5 页。

③《四库全书总目》总集类提要著录《吴都文粹续集》"二十一门",后人书目多沿其说而误,如《中国诗学大辞典》亦云《吴都文粹续集》按诗文内容分类二十一门,并一一录其门目:"一、都邑、书籍,二、城池、人物,三、学校,四、社学、义塾,五、风俗、令节、公廨,六、仓场,七、古迹、驿递,八、坛庙,九、书院,十、祠庙,十一、园池、第宅,十二、山,十三、山水,十四、题画,十五、花果,十六、食品,十七、徭役,十八、寺院,十九、桥梁,二十、市镇,二十一、坟墓。"详见傅璇琮、许逸民等主编:《中国诗学大辞典》,杭州:浙江教育出版社,第 802 页。四库馆臣原只抄撮各卷卷首类目名称为一门,诸如卷一卷首类目为"都邑、书籍",馆臣便合"都邑、书籍"为门目一。今检《吴都文粹续集》卷一所录,自晋左思《吴都赋》始至明徐祯卿《吊故宫赋》,数文皆为吴郡"都邑"之赋,以"都邑"门属之最善;而自朱长文《〈吴郡图经〉续记续》始至卷末钱福《重刊〈吴越春秋〉序》止,皆为吴郡书籍序跋之类,属之"书籍"类最为合适。由此观来,"都邑""书籍"各为门目,故《吴都文粹续集》前四十六卷分类远不止二十一门,是为二十九门。

十六卷,则以杂文、诗、诗词、诗文集序①为类目,《补遗》上下卷皆以"杂文"名之②。从类目名称上看,该书杂糅"主题内容"与"文体类型"两种分类方式,体例近于芜杂,背离分类标准的唯一性原则。若以主题内容设置门目,则应考虑门目名称的涵括性,尽量将四十六卷至五十六卷诗文作品归并门目之中;若以文体分类,则应据收录作品文体样式分类编排,便于后人查找、阅读。《吴都文粹续集》主要编纂目的乃是保存吴郡史料,非如它类总集承担为写作提供例文与文体范式之功能,故分类以突出作品地域特点为主,在这一点上,地方志编纂体例及其类目设置则更可取。不可否认的是,《吴都文粹续集》的分类体例明显借鉴了地方志。

《吴都文粹续集》前四十五卷中二十九类目,多与地方志类目相同。《吴都文粹续集》中"人物""学校""风俗""古迹""祠庙""山""桥梁"直接移取于《吴郡志》;"都邑""城池"之于《吴郡志》"城郭","书籍"之于"县志","学校""社学""义塾"之于"学校附县学","公廨""仓场"之于"仓库场务附市楼",《吴都文粹续集》类目名称在地方志的基础上或细分,或合并。至于"花果""食品"等类,《吴郡志》"杂咏"类可涵括;"坟墓"类亦可入《吴郡志》"冢墓"门。"杂文""诗""诗词""诗文集序"四类则从《吴郡志》"杂咏""杂志"门演化而来。

---

①《中国诗学大辞典》于《吴都文粹续集》条中分析其编纂体例时,言"第四十九卷至五十二卷为'杂文',所收皆为诗。"今据《四库全书》原本,则知第四十九卷、五十卷为"诗",五十一卷、五十二卷为"诗词",有"诗""诗词"两个文体类目,并非"杂文"。两个类目之中,"诗"类所收皆为诗歌作品,"诗词"类亦有少量词作录入。

②(明)钱穀:《吴都文粹续编》,《景印文渊阁四库全书》集部,第1386册,台北:台湾商务印书馆,1965年。

　　《吴都文粹续集》后十一卷以文体分类编次作品，虽有一定的文体学价值，然其分类亦有不善之处，"诗"与"诗词"类文体类目设置尚有疑异，今检"诗词"类作品，词作仅数首，既以文体区分，"诗""词"不同体，且既设立"诗"，何以"诗词"类目继之？"诗""诗词""诗文集序"收录文体较为明确，盖钱穀以此为主要文体类目，他则统以"杂文"归并，此处"杂文"取其杂糅并包之意。明代总集带有明确辨体意识的成果比比皆是，而是书文体分类意识却相对模糊，这与钱穀设定《吴都文粹续集》保存吴郡史料、突出地域特色，而非服务于文学创作或以选文寄寓文学批评的功能定位有关。后十一卷"杂文""诗""诗词""诗文集序"类目编次作品的方式，与前四十五卷带有浓厚地方志色彩的类目相一致，明显借鉴了宋代地方志体例。《吴都文粹续集》借鉴平列门目体方志之体例，将"杂文""诗""诗词""诗文集序"平列附后于"都邑""书籍""市镇""坟墓"等类之中，在兼顾诗文作品地域（文化）特点的同时兼顾文体类型，使得《吴都文粹续集》在总结和宣扬吴郡地域文学传统和成就的基础上而具有了地域文化的品格。

二、调整类目，分层编次——《吴郡文编》分类体例的地方志化

　　清道光年间，长洲顾沅（1799—1851）有感于当朝文治隆兴超越前古，吴郡尤为"人文之薮"，在宋郑虎臣《吴都文粹》、明钱穀《吴都文粹续集》、本朝吴伟业《吴郡文献》选文基础上，去其重复又广搜博取，增益明末以来两百年吴郡文章，"以补志乘之缺，以储文献之资"①，最终纂成《吴郡文编》二百四十六卷②。《吴郡文

① （清）梁章钜：《〈吴郡文编〉序》，（清）顾沅辑：《吴郡文编》第1册，第6页。
② （清）顾沅：《〈吴郡文编〉例言》，（清）顾沅辑：《吴郡文编》第1册，第8页。

编》主要的编纂宗旨就是保存地域文献。《吴郡文编》在地域总集编纂的传统上承接宋明，弥补了清初以来地域文章采集的空缺。是编卷帙浩繁，若依《吴郡文粹》无甚明确体例分类，翻检多为不便。顾沅分类辑文，分志序、堤防、山水游记、水利、赋役、桥梁坊巷、公廨、学校、坛庙、僧寺、道院、第宅园林、列传、政绩、记事、赠送、庆挽、行状、冢墓、墓碑、墓志碣、书序、集序、书画金石、杂文、赋二十六类。

顾沅《吴郡文编》参照地方志、乘之体例，取"事类"编次。今观其二十六类目名称，并非全为"事类"，诸如"山水游记""列传""行状""墓碑""墓志碣""书序""集序""杂文""赋"等类目则更近于文体门目。"文体"与"事类"，不属同一分类体系，其类目看似杂芜，背离了分类的基本原则，实则为便于检索取则而设，更具实用性。《吴郡文编》实际是借鉴了地方志的编纂体例来编次地域文学作品。从这一个层面上看，《吴郡文编》与《吴都文粹续集》的分类体例取向一脉相承。

1.类目名称的变更、增设与类目顺次的调整

今观《吴郡文编》门类名称设置多与《吴都文粹续集》相同或相近，类目完全相同的有"学校""公廨""坛庙""杂文"；相似为多，《吴郡文编》的"赋役"之于《吴都文粹续集》的"徭役"，"冢墓"之于"坟墓"，"僧寺"之于"寺院"，"道院"之于"道观"。《吴郡文编》在延续钱穀《吴都文粹续集》套用方志类目体例编次作品的基础上，通过适当地增设、归并、替换类目名称，调整类目编排顺次，使其类目设置更显科学系统、成熟合理。

吴郡自古山水秀丽，《吴都文粹续集》因诗、文并收，故而立"山""山水"类收录相关诗文，"山"与"山水"并列为前后类目，极为不妥。《吴郡文编》不录诗歌，合《吴都文粹续集》"山""山水"类目为"山水游记"，专门收录吴郡山水的游记之作，类目命名与收

录作品两相适宜。同时，顾沅用"记事"替换《吴都文粹续集》"食品""花果"类。

《吴都文粹续集》立"题画"类专门收录吴郡题画文献。题画诗文在中国由来已久，汉代即有萌芽之作，隋唐已形成相对成熟的题画作品；两宋及元，创作云蒸霞蔚，至明清而兴盛。吴中郡县素以山水秀丽、人文汇聚而著称，题画文献尤盛。《吴都文粹续集》"题画"类的设置，实则兼顾了题画诗文发展演变的时代性和地域性两个方面特点。钱毂是明代吴门画派第二代传人代表，创作有大量以本郡山水风景为素材的画作，如今藏故宫博物院的《虎丘小景图》，上即有题画诗。《吴都文粹续集》将"题画"单独设类，与钱毂文人画家的身份不无关系，更重要的是题画作品在反映地域文化特色上，自有其他作品不能匹及的独特之处。顾沅显然是体察到钱毂的匠心，并结合相关文献，立"书画金石"类，收历代金石书画之文。

《吴都文粹续集》"书籍"类录朱长文《吴郡图经续记序》、林虑《图经续记后序》、宋濂《苏州府志序》、祝允明《太仓州新志序》《越绝书序》、徐天佑《吴越春秋序》等图谱、地方志、史书之序跋，又立"诗文集序"类收录关涉吴郡诗文集之题跋之作，而将诸多"送序"之作尽归"杂文"之类，虽已体现钱毂区分"书序""集序""赠（送）序"之意，然其于体例设置上尚不明晰。《吴郡文编》单立"赠送"一类，收录"赠序""送序"类作品，又设"书序""集序"两类，类目设置上明确体现了顾沅的文体分类意识。特别是增设"志序"一类，专收历代方志之序，且位居诸类目之首，则有突出吴郡方志编纂传统源远流长之意。

历代地方志多有"人物（或附烈女）"之类，《吴都文粹续集》亦仿之而设"人物"类目。《吴郡文编》易"人物"为"列传"，广搜博取吴郡先贤列传之作,选文标准为"有关于乡邦利病、名贤事迹"而后可入选。

《吴都文粹续集》"杂文"类收录文体甚为芜杂,有《苏州刺史谢上表》《苏州上后谢宰相状》《张正甫苏州刺史制》《赐工部尚书浙江东制置使兼江西安抚大使之平江府文天祥诏》《工部尚书兼都督府恭赞军事浙西江东制置使兼江西安抚大使知平江府事文天祥除瑞明殿学士制》等"表""状""奏""制""诏"等公文类文体作品,后又收录《胡琴婢胜儿》、《王敬伯歌婉转歌二首》(唐郎)、《婉转行》(张籍)、《王敬伯歌》(李端)等韵文作品,以及《太祖皇帝围苏州下张士诚书》《太祖征张士诚下令》《代张士诚谕士民榜》等作,还有《送丁谓序》(王禹偁)、《巳未春正月再复书》等"送序""书"类作品,亦收录《蔡侯平海盗叙》(方凤)、《崇明剿海寇纪事碑》(杨循吉)、《平江路达噜噶齐西夏六十公纪绩碑颂》(陈基)等碑颂、碑文类作品。《吴郡文编》"杂文"收录"表""疏""议(谥议)""书(上书)""字说""题辞"等类作品,以"体"分之,将所录作品按文体区分,且遵循先"表"后"疏""议(谥议)""书(上书)"再"字说""题辞"等的文体顺序依次编次。

《吴都文粹续集》"杂文"收录的"送序""碑文"作品,《吴郡文编》因已设立"赠送""墓碑""政绩"等类,故此类文尽归以上诸类。如《吴都文粹续集》第四十七卷"杂文"录方凤《蔡侯平海盗叙》、杨循吉《崇明剿海寇纪事碑》;《吴郡文编》第一百五十卷"政绩(四)"类收录;《吴都文粹续集》第四十六卷"杂文"录王祎《送贡公守平江序》、徐有贞《送太守况侯述职诗叙》,则见于《吴郡文编》第一百五十五卷"赠送(一)"类。

《吴都文粹》《吴都文粹续集》皆收录赋作,然多归于他类。如《吴都文粹续集》卷一"都邑"类收录左思《吴都赋》、王鏊《吊阖闾赋《吴子城赋》、徐祯卿《吊故宫赋》等作,皆关涉吴郡都邑,故而按主题内容归并于"都邑"类较为合适,《吴都文粹续集》其他赋体作品多散见他类之中。顾沅《吴郡文编》于骈律之文,多有指摘,却独立"赋"类,使其平列于"学校""道院""政绩"等事类门目以及"山水游记""集序"等文体类目之中。其所选篇,自《吴都文粹续集》所录之赋外,又有增添,共录历代作品四卷四十篇。顾沅选录作品,凡骈四俪六之文,绘声镂影之作,徒擅词华,无俾故实者,一概不录。"赋"之体性多擅辞藻,历代赋作中无俾故实之作比比皆是,顾沅为其立类,自有其考虑。顾沅并非单纯反对骈俪之作,其关注点不在于文章体式差异,而更多地侧重于作品本身所寓含的主题内容和承载的价值观念。观其所选赋作主题内容,皆关涉吴郡"城邑""古迹""名胜""物产""怀古"之作,如《苏州赋》《吴都赋》《吴子城赋》等合乎"都邑"之类,《馆娃宫赋》《北池赋》《姑苏台赋》等皆为吴郡古迹名胜之属,而《吊阖闾赋》《苏台览古赋》《吊故宫赋》是为怀古之赋,而《枇杷赋》《水仙花赋》《郁李花赋》是为"物产"之作。顾沅立"赋"以备一体,关注点在于赋作所反映的地域城邦沿革、古迹名胜、物产风俗、人文情怀等方面内容,且赋纵横铺陈的写作方式,在一定程度上承担标示、记录和描写地理空间的地志功能,这正是顾沅"有俾故实"①选文标准的体现。

《吴都文粹续集》《吴郡文编》不仅在类目设置上套用地方志类目编次诗文作品,同时还在类目排列上依循地方志类目排序,先建置沿革、地理生态后风俗人情、古迹名胜,附以诗文杂事的排列顺次,将"杂文""诗词""集序""书序"等文体类目平列附于"都邑""书籍""市镇""坟墓"一般地志类目之后,于关注诗文作品地

---

① (清)顾沅:《〈吴郡文编〉例言》,(清)顾沅:《吴郡文编》第1册,第8页。

域特质之时兼顾了文体类型,然文体属性位居地域属性之后,正是地域总集的特色所在。

　　2.二次分类"仍以七属",分县编录

　　《吴郡文编》卷帙浩繁,作品数倍于《吴都文粹续集》,且所分各类篇章数量不等,"堤防"类三卷收录五十九篇作品,"冢墓"类两卷录文仅四十三篇,而"墓志碣"类收录二十二卷二百五十五篇作品,"坛庙"类收录二十卷三百八十一篇作品。若依《吴都文粹续集》借鉴平列类目体地方志的分类方式,仅取事类编,各类之文按时代先后编排,则不便后人翻检。故《吴郡文编》于二十六类目之下,"仍以七属"①,仿照康熙卢志(《苏州府志》)之例,再以文章县域之属细分。如"堤防"类,卷十一(堤防一)录《吴山总记》《吴县疆域图说》《吴县城图说》等文;卷十二(堤防二)录《昆山县新筑砖城记》《修茸昆山城池纪略》《昆山县四难三易记》等作,又录《重建常熟县城记》;卷十三(堤防三)录《吴江城记》《吴江县修城碑阴记》,后续接《请分立太仓州疏》《太仓州新建城楼记》,续而录《奏建嘉定县省劄》《重修嘉定县城池记》,续录《崇明县前迁信新城记》《崇明县迁新城记》以及《崇明县赵公海堤记》。可见,"堤防"类所录之文以吴县、昆山县、常熟县、吴江县、太仓州、嘉定县、崇明县而分之;各县之文,以时代次之。崇明县"堤防"之文,先录明张寰《崇明县前迁信新城记》,次王世贞《崇明县迁新城记》,后续清柏谦《崇明县赵公海堤记》。《吴郡文编》在二十六类目之下,文章进一步分县编录,从而建立类目清晰、层次分明的分类结构。

　　综上所述,从《吴都文粹》仿效《吴郡志》编次作品,到《吴都文粹续编》直接套用地方志平列门目体例分类编次诗文;宋代地域

---

① (清)顾沅:《〈吴郡文编〉例言》,(清)顾沅:《吴郡文编》第1册,第9页。

总集借鉴地方志类目体例分类编次的观念意识,在明人地域总集的分类实践中得以承继运用并逐渐固定完善。清代顾沅于承继前人地域总集分类体例成果的基础上,结合《吴郡文编》自身的选文情况进一步探索创建,通过增设、合并、替换钱毂《吴都文粹续集》类目名称和调整类目顺次,形成科学系统、合理有序的类目体例;同时兼顾各类目文章数量不一的特点,仿效(康熙)《苏州府志》体例,于二十六类之下再以文章内容的县域归属细分,最终建立起类目明细、层次分明的分类系统。在地域文化的视野下,《吴郡文编》将吴郡地域总集分类的地方志化传统承继下来,并发扬光大,其编纂分类具有重要的文化意义。

绾结而言,地域总集以作品反映的地理文化信息为选录标准,广搜博取,凡语涉一地城邑沿革、自然生态、风俗人情、山水风景、古迹名胜、人物纪事等便悉萃备辑,不论诗文出处及高下优劣之分。区别于一般总集,地域总集在存录地域诗文、展现地域风貌、弘扬地域文化的层面上凸显出独特的功能属性;反映到编次分类体例的设置上,地域总集既要具备一般总集便捷检索的阅读取则功用,又要彰显所录文学作品的地理空间特质。地方志正好契合地域总集分类编次的体例诉求。地域总集仿效地方志以作品内容关涉的地理因素分类编次,最大程度地匹配了选文的地域特质;而众多凸显地域风貌的类目组合在一起,共同营造出地理空间的印象序列,这正是地域总集编次分类所欲企及的理想体例。宋代前期的地域总集虽多仿效《文章流别集》《文选》等总集"分体编录",但一些总集的二级分类已经出现了具有鲜明地域特色的类目设置:《会稽掇英总集》《成都文类》取资地方志设置地域色彩的类目名称;《吴都文粹》《赤城集》虽无明确分类体例,但其作品编次体现出仿效地方志体例加以分类的意识。《吴都文粹续集》《吴郡文编》套用地方志类目编次诗文作品，依循地方志类目排序并附置文体类目于地志类目之后的体例，正是源于宋代地域总集编次分类地志化倾向的影响启迪。

结　语：宋元文章总集分体与分类
趋势、新变与影响

《文章流别集》《文选》开创的"类聚区分""分体编录"的编次作品方式成为中国古代总集基本分类体例之一。宋元总集在沿用《文章流别集》《文选》分类体例的基础上，适度变化，不断创制，形成新的分类结构。

第一节　宋元"分体编录"类
总集分类特点与趋势

宋元"分体编录"类总集所分的文体类目在《文选》三十九类基础上变化，大体呈现出分类越来越精细，类目越来越繁多的发展演变趋势。宋元"分体编录"类总集文体分类呈现的这种趋势，一方面是文学创作中新文体不断出现在文体分类上的必然体现，另一方面也与宋元文学批评中辨体意识的增强密切相关。文学创作中新文体的出现和定名，在一定时期内得以传播和接受，总集是最为重要的展现窗口之一。而在文学批评上，宋元兴起的辨体意识高涨，文体之间的界限愈加分明，文体区分更加细密；总集编纂分类中，文体类目也更加丰富。宋元"分体编录"类总集文体类目的变迁，从一个侧面展示了文体的发展演变历程：中国古代文体的发展、衍化、增殖、消亡以及文体内涵、文体地位的变化都在总集文体类目的变动中动态地呈现出来①。每一部总集文体类目的设置命名都是不同时代、不同编者的文体观念的客观反映。宋元"分体编录"类总集在《文选》经典体例的基础上,将不同时期的文学观念与文体发展的时代特点以及编者的文体意识融入总集分类实践之中,于承继中加以超越,建构起自身的分类体例,在总集分类史上具有重要的文体分类学意义。《文选》"以类相从"所构成的文体序列在宋元总集的实际编次排列中加以运用,并一直延续到明清。当然一些总集编者根据自身的编纂理念和分类思维编次作品,又对《文选》的文体排序适当地加以调整,形成新的文体序列。

　　宋元总集在《文选》所确立初次分类分体编录,再次分类以类编次的体例基础上,根据文体发展的时代特点和实际编纂需要加以选择,并积极建构,形成更为丰富的文体分类结构。宋元总集二次分类由《文选》仅限"诗""赋"两体,扩展到多种文体之下,二次分类方式上亦在《文选》以主题事类为划分标准的基础上,或仿效类书分类体例设置部类,或根据文体关涉行政机构划分,或再以文体细目、文体功用与应用场合划分二级类目,或根据文体历史演变以朝代区别分类,或以作品音乐曲调区别分类,这些多样化的分类方式和分类标准反映了宋元总集分类方式和分类观念的复杂多样性特点。不仅如此,宋元总集更在纵向上将《文选》二级分类延伸至多级分类,形成级次丰富、分类标准多样的总集分类结构。宋元总集的这种建立在"分体编录"体例基础上,在一级

---

① 吴承学:《宋代文章总集的文体学意义》,《中国社会科学》,2009年第2期,
　　第190页—195页。

文体类目之下逐层细化分类而形成二级、三级、四级以至于更为丰富的总集分类结构,一方面是卷帙浩繁的总集便捷读者检索取则文献的功能在编纂体例上的客观要求,同时也是文体发展演变和细化分类的直接反映。这不仅在一定程度上推动了文体学与文体分类理论的研习,还在编纂实践上为后出总集分类编次提供了借鉴的范本,丰富了中国古代总集分类框架结构。

第二节　子、史文章入集过程与
宋元文体观念新变

宋代总集存世数量较多,编纂旨趣多样,形态功能丰富,其选文立体也呈现新的特点。宋代总集一个非常重要的创举,就是将文学经典的范围扩展到子、史两部。《会稽掇英总集》《三国志文类》《古文集成》《崇古文诀》《妙绝古今》《文章正宗》《文选补遗》等总集,大量选录《左传》《战国策》《国语》《史记》《汉书》《后汉书》《晋纪》《宋书》等史书文献入集,《庄子》《淮南子》等先秦诸子之作也选录在内。现仅以史书文章入集考察为例。

北宋孔延之《会稽掇英总集》"史辞"只截录《史记·越王勾践世家》部分文字,并重新命名为《越世家史辞》,从而独立成体。楼昉《崇古文诀》先秦文中收录乐毅《答燕惠王书》与李斯《上秦皇逐客书》,两文分别出自《战国策》《史记》。两汉文中选录文帝《赐南粤王托书》、贾谊《过秦论》与司马迁《自序》,前文出自《汉书·西南夷两粤朝鲜传》,后两文源于《史记》。王霆震《古文集成前集》卷十五"书"体选录乐毅《报燕惠王书》、吕巷《绝秦书》与李斯《上秦皇书》,三文选自《战国策》与《史记》。卷五十五"封事"选录的刘向《元光封事》,出自《汉书·楚元王传》。

《四库全书总目》称：“《文选》而下，互有得失，至宋真德秀《文章正宗》，始别出谈理一派，而总集遂判两途。”①大体而言，宋代以前，总集多为文章之选，即重视文章辞采，服务于文学创作。而自《文章正宗》以后，总集编纂遂生而为二途：重辞章的文章之选与重义理的理学之选。馆臣之言，虽失之于绝对，却指明总集编纂选文的另一个方向。

真德秀《文章正宗》创新文章分类体例，所录诗文为“辞命”“议论”“叙事”“诗赋”四门，其中收录了《左传》《战国策》《国语》《史记》《汉书》等史书文献。据漆子扬、马智全统计，《文章正宗》编选文章中，《左传》一百三十三篇，《公羊传》十一篇，《穀梁传》十篇，《国语》三十五篇，《战国策》八篇，《史记》六十五篇，《汉书》二百七十一篇，《后汉书》二十九篇②。真氏之后，汤汉《妙绝古今》“取《左氏》《国策》所载之事，以昭讽劝”③，寄托现实关怀的深意。《妙绝古今》卷一选录《左氏》《国语》《孙子》《列子》《庄子》《荀子》文章，卷二选入《战国策》《史记》文字。陈仁子《文选补遗》从《史记》《汉书》《后汉书》中选录大量篇章入集，其中“诏诰”“奏疏”选文最多。卷三“玺书”选录《汉书》中《答晁错玺书》《赐吾丘寿王玺书》等七篇，《赐窦融玺书》出自《后汉书》。卷二十六“史叙论”选录《史记》中《六国年表》《汉兴以来诸侯年表》《外戚世家》《货殖列传》《儒林列传》《日者列传》《滑稽列传》等十二篇。卷三十八“赞”体从《史记》选录《燕世家赞》《韩世家赞》《孔子世家赞》《张良世家

①（清）永瑢等：《四库全书总目》卷187，第1703页。
②漆子扬、马智全：《从〈文章正宗〉的编选体例看真德秀的选学观》，《湖南大学学报（社会科学版）》，2008年第2期，第90页。
③（清）永瑢等：《四库全书总目》卷187，第1700页。

赞》等赞语二十条。

　　子、史文章进入总集，一般需要涵括两个阶段的操作：一是篇章选择与命名，即篇章化；二是篇章属性认定与归类，即体类化①。总集编者最先秉持一定的观念思想，遴选子史典籍，并从中选录契合自己编集需要的文献加以编辑命名，使其独立成篇。子史文献篇章的节录与命名，其实也涵括着文体认定与归类的意味，特别是分体编录的总集中，选文篇目形态的改造与重构，一开始就沿着突出文体特征的方向而展开。

　　因总集编者各自秉持编纂宗旨不同，其选文倾向也有差异。史书中一些篇目，诸家总集都有选入，然入集时篇章的文本形态或有细微差别，篇名也不尽一致。如《文章正宗》与《文选补遗》都选入《战国策》"鲁仲连遗燕将书"的文献，但选入总集的文本略有差异。《文选补遗》全录《遗燕将书》的书信正文，命题为《遗燕将书》；而《文章正宗》则将《遗燕将书》书信正文前"燕攻齐取七十余城……鲁仲连乃为书约之矢，射城中遗燕将书曰"的大段文字一并录入，交代事情发生的历史背景，篇名为《鲁仲连遗燕将书》。不仅如此，在篇章的文体认定上，《文章正宗》属于"议论"类中的"战国策士谈说之辞"，而《文选补遗》则明确将其归并入"书"体。《战国策·燕策二》记载燕国乐毅回复燕惠王的信件，宋代四部文章总集皆有选录，选文文本相同，但篇题略有差异。《文章正宗》《古文集成前集》为《乐毅报燕王书》，《文选补遗》则径题为《报燕王书》，《崇古文诀》命名为《答燕惠王书》，可视为总集选文中"同文异题"现象；而在具体的文体认定上，《古文集成前集》将其归并入"书"体，而《文选补遗》辨体更精，认定其为"上书"体，视为总集选文分类

---

① 吴承学：《宋代文章总集的文体学意义》，《中国社会科学》，2009 年第 2 期。

中"同文异体"现象。相同段落的文本，其篇题可能各有差异，因此也会被划分为不同文体类别。宋代总集选文分类中的"同文异题""同文异体"现象，与史部文章入集的"命篇"和"命体"方式与过程相互关联，而这种现象在明清总集中更为普遍，情况也更为复杂。

宋代总集编者选录史书的论赞之语之时，各自命篇，分体归类。《会稽掇英总集》因《越世家史辞》而立"史辞"，《三国志文类》"评"与《文选补遗》"史叙论""赞"，皆因所选之文别立新体。自宋以后，明清诸多总集皆有选入此类史书论赞文字，并为之命篇与命体。吴讷《文章辨体》第三十五卷，将"史论"作为"论"之二体中的一体。《涵芬楼古今文钞》则从文体的演变角度说明《史记》的"赞"文并非正体，但仍大量采摘并示为典范。

史"传"与文"传"的接轨，是由史入集过程中需要辨析的内容。宋代文章总集中史传的选入和命题，也对后世总集的选文分类产生重要影响。《文章辨体》卷四十五"传"体以《孟子荀卿》置于卷首，以示《史记》"传"之体的开山地位。《文体明辩》卷五十八"传"类小序称"自汉司马迁作《史记》创为列传以记一人之始终，而后世史家卒莫能易"①。徐师曾从《史记·管晏列传》中摘录部分文献为《管仲传》，将《范雎蔡泽列传》拆为《范雎传》和《蔡泽传》两篇单人传记，其形态就与后面的家传、托传和假传相近。《文章辨体汇选》于"传"体之外，别立"史传"一体，收录《史记》《汉书》《后汉书》等史传之文。

《文章正宗》"议论"类选录《汉书》十表中的三篇。《文选补遗》将《史记》中《六国年表》《汉兴以来诸侯年表》《建元以来侯者

①（明）徐师曾：《文体明辩》卷58，《四库全书存目丛书》集部，第312册，济南：齐鲁书社，1997年，第370页。

年表》《建元以来王子侯者年表》中论说之语入集，并以"史叙论"体称之。《文章辨体汇选》第五百五十六卷新立"世表"之体，从《史记》中选录《三代年表》《秦楚之际月表》两篇，将《史记》原文中图表也一并选入，标著其事，一览了然，为后来谱系之祖。此外，贺复征将《史记》之《秦始皇本纪》《项羽本纪》《汉高祖本纪》《吕后本纪》，与《后汉书》之《光武帝纪》选录入集，新立"本纪"之体明之。明清总集如《文章辨体汇选》《古文奇赏》《古文辞类纂》等将节录史部文章加以命体，形成如实录、仪注、书志、说书、年谱等新的文体名称，大大地丰富了中国古代的文体形态。

第三节　宋元文章总集多样化的 分类方式与体例设置

"分体编录"，以文体类别区分编次作品作为总集最基本的分类体例，在总集编纂史上占有重要的地位，是研究中国古代总集文体学与文体分类学的重要关注点。《隋书·经籍志》著录的早期总集今多不存，但其编次分类方式大概可考。《文章流别本》十二卷，此本或为《文章流别》别本，曾经谢混删，后人转写遂成误笔为谢混撰①。《续文章流别》，《北齐书·文苑传》记载此本为北齐文林馆诸人所撰②，旧题孔甯撰。二集今已不存，然一为删本，一

---

①（清）姚振宗：《隋书经籍志考证》卷40，李万健、罗瑛辑：《历代史志书目丛刊》（第六册），北京：国家图书馆出版社，2009年，第372页。

②《北齐书·列传》著录："齐武平中，署文林馆待诏者仆射阳休之、祖孝征以下三十余人，之推专掌，其撰《修文殿御览》《续文章流别》等皆诣进贤门奏之。"《北齐书》卷45，北京：中华书局，1972年，第624页。

为续本，故其编纂体例应与挚虞《文章流别集》无其差距。今参以
《文章流别论》散佚条例，可推论其文体分类情况。《隋书·经籍
志》载南朝孔逭撰有《文苑》一百卷，今已不存。南宋王应麟《玉
海》卷五十四引用《中兴书目》记载《文苑》曰："孔逭集汉以后诸儒
文章，今存十九卷。赋、颂、骚、铭、诔、吊、典、书、表、论，凡十
属。"①以上总集，则与《文章流别集》《文选》分类体例大致相同。
《隋志·经籍志》著录傅玄《七林》、陈勰《杂碑》和《碑文》等汇聚某
一体的文章总集，或大致以主题内容区别分类。此外，《经籍志》
著录"妇人"集四部②，因其编纂目的是为女性提供专门读物，录
关涉妇人事迹之文③，且多为女性传记，故是类总集编次体例很
有可能根据收录作品中关涉妇女事迹的内容特点而分类编次。
"分体编录"与按主题事类分类编次之外，徐陵《玉台新咏》以作家
时代先后分类编次，"唐人选唐诗"亦多以"人（作家）"分类编次
作品。

　　宋元总集在承继前人分类体例的基础上，极大地丰富了总集
分类方式。宋元总集所呈现的多样化编次体例与分类方式既是
编者的分类思维和文学（文体）观念的体现，同时也受时代特点、
文化倾向的影响。

　　分门别类的思想是认知水平发展演进的产物。最早对事物
做出具体划分的是《尔雅》。《尔雅》中十五篇释有名物宫、器、乐、

---

① （宋）王应麟：《玉海》卷 54，第 1061 页。
② 《妇人集》二十卷（不著撰人）、《妇人集》三十卷（宋殷淳撰）、《妇人集》十一卷
　（亡，不著撰人）、《妇人集钞》二卷（不著撰人）。《隋书》卷 35，第 1082 页。
③ 许云和先生曾作《南朝妇人集考论》一文，考证所谓妇人集，即撰录一些写
　妇女事迹的文章成集以给后宫。详见许云和：《汉魏六朝文学考论》，上
　海：上海古籍出版社，2006 年。

天、地、丘、山、水、草、木、虫、鱼、鸟、兽、畜等类。《周易》将事物分门别类,构建起一个有序的宇宙体系。魏晋南北朝兴起的类书分类体例即与《尔雅》分类方法相似,而影响到总集的分类。《隋书·经籍志》著录总集赋之属及注解音训图谱共十八部[1],首录谢灵运撰《赋集》、宋明帝《赋集》、无名氏《赋集钞》、崔浩《赋集》以及残本《续赋集》,后著录《皇德瑞应赋颂》《五都赋》《杂都赋》《齐都赋》《相风赋》《迦维国赋》《遂志赋》《乘舆赭白马》《述征赋》《神雀赋》《献赋》《围棋赋》《观象赋》《洛神赋》《枕赋》等专门著录某一题咏对象的赋体总集。可见其时将特定题材内容的赋体作品分类收录成集,已经成为总集纂者之通识。因此,我们有理由猜测谢灵运《赋集》、宋明帝《赋集》、崔浩《赋集》等以“集”为名的赋体总集在具体作品编次上采用以“题”分类的体例。待及《文选》以题材内容类分“赋”为十五细目,则开启了总集以主题内容区分作品的分类体例。

　　宋孙绍远编《声画集》八卷,将集中所录唐宋题画诗分“古贤”“故事”“佛像”“神仙”“仙女”“鬼神”“人物”“美人”“蛮夷”“赠写真者”“风云雪月”“州郡山川”“四时”“山水”“林木”“竹”“梅”“窠石”“花卉”“屋舍器用”“屏扇”“畜兽”“翎毛”“虫鱼”“观画题画”“画壁杂画”二十六门;元方回《瀛奎律髓》选录唐宋两代五七言近体律诗,分“登览”“朝省”“怀古”“风土”“升平”“宦情”“风怀”“宴集”“老寿”“春日”“夏日”“秋日”“冬日”“晨朝”“暮夜”“节序”“晴雨”“茶”“酒”“梅花”“雪”“月”“闲适”“送别”“拗字”“变体”“着题”“陵庙”“旅况”“边塞”“宫阃”“忠愤”“山岩”“川泉”“庭宇”“论诗”“技艺”“远外”“消遣”“兄弟”“子息”“寄赠”“迁谪”“疾病”“感旧”“侠

少""释梵""仙逸""伤怀"四十九类。

宋《乐府诗集》以乐府音乐类型为划分依据分类编次乐府歌词;宋蒲积中《古今岁时杂咏》将古来时令之诗,分为元日、立春、人日、上元、晦日、中和节、春社、寒食、清明、上巳、春尽日、端午、夏至、立秋、七夕、中元、秋社、中秋、重阳、初冬(立冬附)、冬至、除夕等二十八目,以时令、节气编次诗歌。

仅以南宋与科举相关联的总集来看,就有以"人"叙次分类(《古文关键》)、以"时"分类编次(《崇古文诀》)、以"体"区分(《古文集成前集》)、以"类"分类编次(《文章正宗》)、以"技"叙次分类(《文章轨范》)、以"格"分类编次(《论学绳尺》)六种分类方式。这其中"分体编录""以时叙次""以人叙次""以类分编"这四种方式,前人总集多有运用,而以"技"与以"格"分类,则是宋人总集中最先使用的。这两种分类方式根深于宋代文章学对于章法技巧的重视,以及科举时文创作需要的双重历史文化语境,当其运用到《文章轨范》《论学绳尺》作品编次中,更能体现编纂者在充分把握文章创作规律和读者心理接受层次的基础上,将创作技巧通过范文示例和评点注解结合起来以示学人的编纂用心,当然也更具实用性。

依据分类学的观念,对事物作怎样的分类,首先取决于研究的目的。研究的目的不同,分类的依据和分类的标准也随之做出相应的变化,自然划分的类目也千差万别①。每一次分类只允许采用一个分类依据和分类标准,是分类学的最基本原则②。由于人的社会实践活动内容意旨和功能目的具体丰富性,反映到文学

①陆俭明:《关于分类》,刘利民、周建设主编:《语言》第 3 卷,北京:首都师范大学出版社,第 17 页。

②陆俭明:《关于分类》,第 18 页。

创作上,即一篇文学作品同时具备多种内容意旨和功能目的,可以纳入不同的类别之中。出于实用性的编纂目的,宋代总集分类中出现了将不同的分类标准混合使用的趋势。《文章正宗》从文章所反映具体内容的表达方式的不同,分"议论""叙事"两类;又以文章运用的具体场合、领域和读者对象来揭示其实际功用特点,确立"辞命"类,"诗赋"则以文体形态分类划分。《文章正宗》四分法将文章功用与表现方式(文章功能)以及文体形态综合起来加以分类,与真德秀标举选文"源流之正",强调文章明义理、切世用的文学观念以及宣扬理学思想的编纂目的是密切相关的①。当然,这种违背普适性分类原则的分类实践,实际上是为了方便后人写作时能根据不同的写作目的,参考检索到不同类别的作品。

第四节　宋元文章总集分体与分类影响

　　合理的分类方式,不仅能够帮助总集编者表达文学与文体观念,实现编纂宗旨和目的,便于读者取资检索,同时还能在总集编纂体例上确立分类范式,为后出总集分类提供借鉴。

　　明清"分体编录"类总集在分类方式上固然受《文选》《文章流别集》分类体例的影响,而在具体类目设置和分类层级上却与宋元总集的关系更为密切。

　　明吴讷《文章辨体》分体五十九类:古歌谣辞、古赋、乐府、古诗、谕告、玺书、批答、诏、册、制、诰、制册、表、露布、论谏、奏疏、议、弹文、檄、书、记、序、论、说、解、辨、原、戒、题跋、杂著、箴、铭、

---

① 袁行霈:《中国文学史(第三卷)》,北京:高等教育出版社,1999年,第114页。

颂、赞、七、问对、传、行状、谥法、谥议、碑、墓碑、墓碣、墓表、墓志、墓记、埋铭、诔辞、哀辞、祭文、连珠、判、律赋、律诗、排律、绝句、联句诗、杂体诗、近代词曲①。

明程敏政《明文衡》分体四十一类：檄、诏、制、诰、册（谥册文）、遗祭文、赋、骚、乐府、琴操、表笺、奏议、议、论、说、解（附释）、辩、原、箴、铭（物铭）、颂（附诗，指以诗名之颂文）、赞、七、策问、问对、书、记、序、题跋、杂著、杂记、传、行状、碑、神道碑、墓碑、墓志、墓表、哀诔、祭文、字说。

明徐师曾《文体明辩》分体一百二十一类：古歌谣辞（附谚）、四言古诗、楚辞、赋、乐府、五言古诗、七言古诗、杂言古诗、近体歌行、近体律诗、排律诗、绝句诗、六言诗、和韵诗、联句诗、集句诗、命、谕告、诏、敕（附敕榜）、玺书、制、诰、册、批答、御札、赦文（附德音文）、铁券文、谕祭文、国书、誓、令、教、上书、章、上表（附笏记）、笺、奏疏、盟（附誓）、符、檄、露布、公移、判、书记、约、策问、策、论、说、议、辨、解、释、问对、序（附序略）、小序、引、题跋、文、杂著、七、书、连珠、义、说书、箴、规、戒、铭、颂、赞、评、碑文、碑阴文、记、志、纪事、题名、字说、行状、述、墓志铭、墓碑文、墓碣文、墓表、谥议、传、哀辞、诔、祭文、吊文、祝文、嘏辞、杂句诗、杂言诗、杂体诗、杂韵诗、杂数诗、杂名诗、离合诗（附口字咏、藏头诗、歇后诗）、诙谐诗、诗余、玉牒文、符命、表本、口宣、宣答、致辞、祝辞、贴子词、上梁文（附宝瓶文说、上牌文）、乐语、右语、道场榜、道场疏、表、青词（密词附）、募缘疏、法堂疏。

---

① 又一说《文章辨体》分体六十类，仲晓婷通过考证论述将内集中"歌行"从"古诗"中独立出来，自成一体。参见仲晓婷：《〈文章辨体〉的文体分类数目考》，《上饶师范学院学报》，2005 年第 5 期。

明汪宗元《皇明文选》分诏、制、诰、册文、表、颂、赞、箴、铭、述、论、议、说、文、解、辩、对、杂著、记、序、题跋引、传、原、书、碑、神道碑、墓碑、行状、墓表、祭文三十类。

明何乔远《皇明文征》分体六十七类：赋、乐章、琴操、古乐府、三言古诗、四言古诗、五言古诗、七言古诗、五言律诗、五言律诗、六言律诗、七言律诗、五言排律、七言排律、五言绝句、六言绝句、七言绝句、诗余、册文、诏、制、诰、敕谕、檄、策问、表、露布、疏、举业、颂、赞、箴、铭、文、辞、枚乘体、连珠、读、考、辩、解、问、对、原、篇、论、议、说、序、题、引、跋、记、书事、疏、启、书、传、述、杂记、碑、神道碑、祭文、诔、墓表、墓碣、墓志铭。

明贺复征《文章辨体汇选》七百八十卷。清《钦定续文献通考》卷一百九十八"经籍考"、《钦定续通志》卷一百六十三"艺文略"著录与《四库全书总目》略同①。四库馆臣当日所见，已是传播甚稀的抄本，今存只有四库本。贺复征《文章辨体汇选》多因吴讷《文章辨体》"所收未广"，有意接踵《文章辨体》与徐师曾《文体明辩》二书扩展而成，其文体分类亦建立在吸收二者成果的基础上，更为宏富浩大。贺复征将先秦至明末（个别清初）经、史、诸子、百家、山经、地志等各体文章，类聚区分为一百三十九类，如下表：

序号	卷次	文体	序号	卷次	文体	序号	卷次	文体
1	1—11	诏	2	12—18	制	3	19—25	诰
4	26—27	策问	5	28	九锡文	6	29	铁券文
7	30	敕文	8	31	谕祭文	9	32—39	祝文

①"《文章辨体汇选》七百八十卷，浙江巡抚采本。明贺复征编。复征，字仲来，丹阳人。"（清）永瑢等：《四库全书总目》卷189，第1723页。

续表

序号	卷次	文体	序号	卷次	文体	序号	卷次	文体
10	40	盟	11	41	誓	12	41	祷
13	42－43	檄	14	44	露布	15	45	教
16	46	榜	17	47	公移	18	47	移
19	48	状	20	49	牒	21	49	关
22	49	咨	23	49	牌	24	49	申
25	49	呈	26	49	揭帖	27	49	批
28	49	告示	29	50	判	30	51	约
31	52－60	论谏	32	61－65	说	33	66－86	上书
34	87－120	疏	35	121－122	奏	36	123－124	章
37	125－139	表	38	140－141	弹事	39	142－143	封事
40	144	条事	41	145－148	奏对	42	149－154	奏议
43	155－158	谥议	44	159－169	奏状	45	170－177	劄子
46	178－180	奏启	47	181－182	奏笺	48	183	奏揭
49	184	笏记	50	185－191	制策	51	192	试策
52	193－197	进策	53	198	符命	54	199	上寿辞
55	200	致语	56	201	故事	57	202	说书
58	203	义	59	204	连珠	60	205－258	书
61	259－265	尺牍	62	266－272	启	63	273	奏记
64	274－275	私笺	65	276	简	66	277	帖
67	278	私状	68	279	私疏	69	280	私令
70	281－360	序	71	361－362	引	72	363	题辞

续表

序号	卷次	文体	序号	卷次	文体	序号	卷次	文体
73	364—367	题	74	368—371	跋	75	372—376	书①
76	377—378	读	77	379—380	募缘疏	78	381	荐亡疏
79	382—391	史论	80	392—423	论	81	424—426	议
82	427—429	说	83	430	字说	84	431—432	原
85	433—434	辨	86	435—436	解	87	437	喻
88	437	难	89	437	考证	90	438	评
91	439	品	92	440	释	93	441	问对
94	442—443	设	95	444—446	箴	96	447—455	铭
97	456—462	颂	98	463—471	赞	99	472	训
100	473—474	诫	101	475	规	102	476	仪
103	477	偈	104	478—482	本纪	105	483—527	史传
106	528—547	传	107	548—549	实录	108	550	仪注
109	551—555	行状	110	556	世表	111	557—558	世谱
112	559	年谱	113	560—615	记	114	616—621	书志
115	622—624	志	116	625—627	录	117	628—629	述
118	630	篇	119	631	表	120	632	帐词
121	633	题名	122	634—636	纪事	123	637—638	纪
124	639—641	日记	125	642—664	碑	126	665—685	墓碑
127	686—692	墓表	128	693	阡表	129	694—696	碣铭
130	697	碑阴文	131	698—735	墓志铭	132	736—739	谏

①此处题名为"书",与卷205—258收录的"书"信体不同,实为"书后"类文体。

序号	卷次	文体	序号	卷次	文体	序号	卷次	文体
133	740—743	哀辞	134	744—746	吊文	135	747—748	吊书
136	749—765	祭文	137	766	谒文	138	767—772	杂文
139	773—780	杂著						

　　清陈廷敬编,张廷玉续编《皇清文颖》一百二十四卷,收录顺治元年(1644)至乾隆九年(1744)之文,卷首录圣祖、世宗、高宗御制诗文二十四卷,正文录诸臣之作一百卷。卷首圣祖、世宗、高宗三人作品诗文分开录入,先御制文后御制诗。如圣祖皇帝御制文分论、说、解、序、记、碑文、杂著、连珠、颂、赞、箴、铭、赋,御制诗分四言古诗、五言古诗、七言古诗、五言律诗、七言律诗、五言排律、五言绝句、六言绝句、七言绝句。诸臣之作分体编录,有表、论、说、解、序、记、跋、辨、策问、策对、议、疏、碑、赞、箴、铭、对、书、诗问、考、杂文、颂、赋、诗①二十四体。

　　清董诰在陈廷敬、张廷玉《皇清文颖》基础上编辑《皇清文颖续编》,其分类体例与《皇清文颖》相类。卷首录高宗与仁宗御制诗文,诗文各以体分,如高宗御制文分论、说、解、谕、诏、训、祝文、序、记、题辞、书后、跋、考、辩、书事、杂著、连珠、颂、赞、铭、碑文、赋。高宗御制诗有乐府、四言诗、五言古诗、七言古诗、五言律诗、七言律诗、五言排律、七言排律、五言绝句、六言绝句、七言绝句诸

---

① "诗"下分"乐府""四言古诗""五言古诗""七言古诗""九言诗""五言律诗""七言律诗""六言律诗""五言排律""七言排律""五言绝句""七言绝句"。(清)陈廷敬、张廷玉编:《皇清文颖》,《景印文渊阁四库全书》集部,第1449册,第9—112页。

类目。正文录诸臣之作,亦分体编录,有表、论、说、解、序、记、跋、议、疏、劄子、碑、赞、箴、铭、讲义、答问、连珠、露布、杂著、颂、赋、诗①诸文体类目。

　　清薛熙编《明文在》,分体四十九类:赋、乐章、古诗、律诗、骚、七、演连珠、诏、制、诰、祝册谕祭文、策问、檄、露布、颂、表、笺、启、奏疏、赞、箴、铭②、原、议、论、辩、说、书、序、寿序、记、碑、神道碑、墓碑、墓表、墓志铭、传、行状、事状、录、书事、杂志、冠辞、字辞、哀辞③、诔辞、祭文、公移、题跋④。

　　清庄仲方《南宋文苑》分体编录,有赋、骚、辞、乐章乐歌、四言、乐府歌行、五言古诗、七言古诗、诏、敕、册文、批答、赦文、制诰、檄文、奏疏、缴指挥、进故事、经筵讲义、表、笺、启、书、箴、铭、颂、赞、庙碑、御试策、试策、策问、记、序、策、议、论、说、言、辨、解、史断、义、答问、讲义、题跋、劝谕、祈谢文、上梁文、送荐文、吊哭文、祭文、哀词、谥议、行状、传(事实附)、书事、墓铭、墓表(含墓碣)、神道碑等类。

　　上文繁举明清各"分体编录"类总集文体类目,是为了更好地将其与《文选》和宋元"分体编录"类总集文体类目相比较。很显

───────────────

①"诗"下分"乐府""三言""四言诗""五言古诗""七言古诗""九言诗""五言律诗""七言律诗""五言排律""七言排律""五言绝句""六言绝句""七言绝句"。(清)董诰编:《皇清文颖续编》,《续修四库全书》集部,第1663册,第11—197页。

②清康熙三十二年古渌水园刻本《明文在》卷92"杂志"后又以"铭"为目,收录方孝孺《双桂轩铭》《五云山房铭》和归有光《书斋铭》三首。

③《文渊阁四库全书》本《明文在》卷94卷目录作"哀词",今改为"哀辞"。

④郭英德先生统计文体数目为46类,今依清康熙三十二年古渌水园刻本《明文在》重新统计为50类,"铭"目重复,故而为49类。

然，明清"分体编录"类总集文体类目的命名设置与宋元总集的关联更为密切。

"郊庙""乐府""挽歌""杂歌"在《文选》中尚属"诗"体下二级类目，《文苑英华》已将"歌行"区别于"诗"并单独立类，《宋文鉴》"诗"体之外又设"琴操"一体，《古文苑》平列"诗""歌"体目；《宋文鉴》"诗"体下细分的"四言古诗""五言古诗""七言古诗""五言律诗""七言律诗""五言绝句""七言绝句"等二级类目，在《元文类》中已成为一级类目，苏天爵撤销"诗"这一文体类目而以"四言诗""五言诗""乐府歌行""七言古诗""杂言""杂体""五言律诗""七言律诗""五言绝句""七言绝句"等"诗"体下位的二级类目替之。宋元总集平列"诗"体下二级类目替代"诗"，成为一级文体类目的设置方式，在明清总集文体分类中得以延用。

宋元总集在文体类目设置上单列"传""记"为一类，以示对唐代以来叙事性文体的关注和重视，明清总集中"传""记"文体逢集必列的立体趋势亦多源于此。宋元总集选文分类中表现出对唐宋古文运动出现的新文体的关注，如姚铉《唐文粹》中设置"古文"收录唐代文人日常应用文章，并于体下列"五原""三原""五规""读""辨""解""说""评"等十九个二级类目，明清总集《文章辨体》《文体明辩》《明文衡》《皇明文选》《皇明文征》《明文在》《皇清文颖》《南宋文苑》等则将"原""解""说""读""辨"等单独立体。

宋元总集在选文上突破《文选》"综缉辞采""错比文华""事出于沉思，义归乎翰藻"①的准则，开始将"以文为戏"之文与民间实用文体收录集中。《宋文鉴》设置"上梁文""乐语"文体类目并选录作品，《圣宋名贤五百家播芳大全文粹》立有"青词""祝文""婚

---

① （梁）萧统：《〈文选〉序》，《文选》卷首，第2页。

书""乐语""上梁文"等类目,《天下同文集》收录"祝文",《元文类》录"上梁文""祝文"。明清总集对于戏笔之文和民间俗文体关注更甚,从上文所列文体类目中即可得知。《文体明辩》设置"诙谐诗""离合诗"两类,"离合诗"后又附"口字咏""藏头诗""歇后诗",收录古人游戏诗作。徐师曾广泛收录"闾巷家人之事,俳优方外之语"①作品,除宋元总集中已经列入的"上梁文""乐语""祝文""青词"等民间俗文体之外,又录"宝瓶文说""上牌文"②"嘏辞""题名""玉牒文""表本""口宣""宣答""贴子词""右语""道场疏""募缘疏""法堂疏""道场榜""祝辞""密词"等类。游戏文体、民间俗文体与宗教文体入集,突破传统文体观念之余,又显现出编纂者的文学趣味以及推崇文化旨趣的理念宗旨。明清总集将民间实用文体纳入选文分类视野的趋势,多承宋元而来。除《天下同文集》外,宋元"一代文学"类总集皆不录"词"体,此点第一章已有辨述;明清总集如《皇明文征》设"诗余"类收录词体作品,盖亦受周南瑞影响。

　　宋元总集在《文选》二级分类体例的基础上根据文体发展的时代特点和实际编纂需要加以选择,并积极建构,形成更为丰富的文体分类体系。明清总集延续宋元总集二级分类成果,在拓展二次分类范围,丰富二次分类方式以及建立多层分类结构等方面走得更远。

　　以贺复征《文章辨体汇选》的二级分类为例:卷三十二至三十九收录"祝文",其序题谓:"徐师曾曰:'按祝文者,飨神之辞也。刘勰所谓祝史陈信资乎文辞者是也。昔伊祈始蜡以祭八神,此祝

---

①（明）徐师曾:《〈文体明辩〉序》,（明）徐师曾:《文体明辩》,《四库全书存目丛书》集部,第310册,第360页。
②《文体明辩》"宝瓶文""上牌文"附于"上梁文"后。

文之祖也。厥后虞舜祠田,商汤告帝,《周礼》设太祝之职,掌六祝之辞。《春秋》以降,史辞浸繁,则祝文之来尚矣。考其大旨,实有六焉:一曰告,二曰修,三曰祈,四曰报,五曰辟,六曰谒,用以飨天地山川、社稷宗庙、五祀群神而总谓之祝文。其辞亦有散文俪语之别也,今去辞、谒二体。"①贺复征在"祝文"体下进行二级分类,分"告辞""修辞""祈辞""报辞""碫辞(祝辞附)""冠昏辞(祭射侯辞附)""玉牒""青词""叹佛文""叹道文""上梁文"等类。卷一百二十五"表"类在援引吴讷《文章辨体》序题基础上参以己见,曰:"按表有三体,分而别之,一曰古体,二曰唐体,三曰宋体。学者宜有以考云。"②贺复征将"表"体分为"古体""今体"两个二级类目。卷二百六十六"启"体序题云:"刘勰曰:'启者,开也,开陈其意也'。一云:跪也,跪而陈之也。分古体、今体二种。"③《文章辨体汇选》"启"体分"散体""律体"两个二级类目。贺复征收录"序"体作品八十卷,分"经类""史类""文类""籍类""骚类""赋类""诗类""集类""奏议类""政类""学类""图类""志类""谱牒类""纪录类""目录类""试录类""齿录类""时艺类""词曲类""名字类""社会类""游宴类""古迹""赠送类""贺祝类""俳类""律体""释类""变体""小序"等三十一小类。卷三百九十二"论"类序题曰:"刘勰云:'论者,伦也,弥纶群言而研精一理者也'。论之立名,始于《论语》,若《六韬》二论,乃后人之追题耳。其为体则辨正然否,穷有

①(明)贺复征:《文章辨体汇选》卷32,《景印文渊阁四库全书》集部,第1402册,第167页。
②(明)贺复征:《文章辨体汇选》卷125,《景印文渊阁四库全书》集部,第1403册,第440页。
③(明)贺复征:《文章辨体汇选》卷266,《景印文渊阁四库全书》集部,第1405册,第327页。

数,追无形,钻坚求通,钩深取极,乃百虑之筌蹄、万事之权衡也。至其条流,实有四品:一陈政,二释经,三辨史,四铨文。此论之大体也。而萧统《文选》则分为三:设论居首,史论次之,论又次之,较诸勰说差为未尽。惟设论则勰所未及,而乃取《答客难》《答宾戏》《解嘲》三首以实之,夫文有答有解,已各自为一体,统不明言其体而概谓之论,岂不误哉?愚谓析理亦与议说合契,讽寓则与箴解同科,设辞则与问对一致,今兼二子之说例为八品:一曰理论,二曰政论,三曰经论,四曰史论(有评议述赞二体),五曰文论,六曰讽论,七曰寓论,八曰设论。其题或曰某论,或曰论某,则各随作者命之无异义也。"①《文章辨体汇选》"论"下有"论史""理论""论经""政论""文论""讽论""寓论""设论"八个二级类目。卷四百五十六"颂"体,贺复征在刘勰、吴讷之说后按曰:"后世所作诸颂皆变体也。其体不一,有谣体,有赋体,有骚体,有箴铭体,有散文体,不能各分,或注题下一二,使读者自别云。"②《文章辨体汇选》"颂"体下有"散体""整体""佛仙类""庶物类"四个二级类目。卷五百六十"记"体序题曰:"记如丝之有纪,谓编事实以备遗忘也。按记有序事,有兼杂议论,今列为二体。外有排体、韵文体、律体、托物寓意体,皆为别体。又有墓碑记、坟记、塔记则皆附于墓志之条,兹不复列。"③贺复征将"记"分为"考工""叙事体"

---

① (明)贺复征:《文章辨体汇选》卷 392,《景印文渊阁四库全书》集部,第 1406 册,第 699 页。

② (明)贺复征:《文章辨体汇选》卷 456,《景印文渊阁四库全书》集部,第 1407 册,第 588 页。

③ (明)贺复征:《文章辨体汇选》卷 560,《景印文渊阁四库全书》集部,第 1409 册,第 2 页。

"议论体""变体""寓体"五类①。此外，《文章辨体汇选》卷六百四十二至卷六百六十四"碑"体下分"纪功""叙事体""议论体""排体""杂碑"五类②；卷六百九十四至六百九十六"碣铭"分"正体""别体"两类；卷六百九十八至七百三十五"墓志铭"分"正体""变体""排体""别体（墓志、墓铭）""杂志（杂墓志铭，附杂文、诸记、椰铭、诸志）"五个二级类目。由此可见，《文章辨体汇选》二级分类方式复杂多样。

　　综合来看在二级分类方式上，明清"分体编录"类总集于延续宋元分类成果基础上，更具创新。

　　《文体明辩》"古歌谣辞"下细分"歌""谣""讴""诵""诗""辞""谚"七个二级类目；贺复征"祝文"体下二级分类，有"告辞""修辞""祈辞""报辞""蜡辞（祝辞附）""冠昏辞（祭射侯辞附）""玉牒""青词""叹佛""叹道""上梁文"等类，则以更细一级文体类目区别分类。

　　《文体明辩》"戒"体分"散文""韵语"两类，以作品语言的韵散特点进行二级分类。

　　《文体明辩》"箴"分"官箴""私箴"，则以宗法仪礼秩序的"公"与"私"之别进行分类。

　　《文体明辩》"记"体细分"托物以寓意者""首之以序而以韵语

---

① "叙事体"下再细分为学宫、佛宇、神庙、祠堂、遗爱、官署、古迹、亭阁、园墅、游览、兴复、图画、技艺、花石、杂记 15 类。"议论体"下有学宫、佛宇、祠堂、官署、古迹、亭阁、园墅、游览、兴复、懿范、书翰、图画、花鸟、杂记 14 个三级类目。

② "叙事体"细分文庙、释教、道教、神庙、古贤、忠节、遗爱、家庙、文庙、佛宇 10 类，"议论体"分神庙、帝王、古贤、遗爱、寓言 5 类，"排体"分文庙、佛宇、神庙 3 类。

为记者""篇末系以诗歌者"三类,以文体表现方式和文体体制篇章结构差异区分类目。

《文章辨体》"古赋"体下分"楚""两汉""三国六朝""唐""宋""元""国朝(明)"七类,《文体明辩》"表(附笏记)"分"古体""唐体""宋体"三类,则以历史朝代先后划分二级类目。

《文章辨体》"乐府"的"郊庙歌辞(吉礼)""恺乐歌辞(军礼)""燕飨歌辞(宾礼、嘉礼)""琴趣歌辞""相和歌辞""清商曲辞"六个二级类目,在兼顾乐府礼乐仪式的同时大致按照音乐曲调区别分类。

《文体明辩》"序"分"正体""变体"两类,"碑文"分"正体(主于叙事者)""变体(主于议论者)""变而不失其正(叙事而参之以议论者)"三类;《文章辨体汇选》"碣铭"分"正体""别体"两类,"墓志铭"分"正体""变体""排体""别体(墓志、墓铭)""杂志(杂墓志铭,附杂文、诸记、椰铭、诸志)"五个二级类目;则以文体"正""变"区别分类。

明清一些总集的二级分类甚至出现了同一次分类中兼用两种不同分类方式和标准的趋势:

《文体明辩》"诏""敕""笺"等体下分"古体""俗体"二类,则兼以文体历时发展的古今差异和文体审美趣味的雅俗风格两种标准。

《文章辨体汇选》"序"体中"经类""史类""文类""籍类""骚类""赋类""诗类""集类""奏议类""政类""学类""图类""志类""谱牒类""纪录类""目录类""试录类""齿录类""时艺类""词曲类""名字类""社会类""游宴类""古迹""赠送类""贺祝类""释类"二十七类,大致按"序"作品内容性质分类;"小序"作为"序"体一种,是以"体"区分产生的二级类目;"俳类""律体"以文体的语言声律因素划分立类,"变体"则以文体演变中的"正""变"区分。《文章辨体汇选》"颂"体下有"散体""整体""佛仙类""庶物类"四个二级类目;"记"分类"考工""叙事体""议论体""变体""寓体"五类;"碑"体下"纪功""叙事体""议论体""排体"四类等,皆是在二级分类中兼用不同的分类方式。

在分类层级上,明清"分体编录"类总集也形成了多层分类结构,如《文章辨体汇选》"记"体下二级类目"叙事体"下再细分为学宫、佛宇、神庙、祠堂、遗爱、官署、古迹、亭阁、园墅、游览、兴复、图画、技艺、花石、杂记十五类,"议论体"下有学宫、佛宇、祠堂、官署、古迹、亭阁、园墅、游览、兴复、懿范、书翰、图画、花鸟、杂记十四个三级类目。"碑"体下分纪功、叙事体、议论体、排体四个二级类目中,"叙事体"细分文庙、释教、道教、神庙、古贤、忠节、遗爱、家庙、文庙、佛宇十类,"议论体"分神庙、帝王、古贤、遗爱、寓言五类,"排体"分文庙、佛宇、神庙、杂碑四类。由此可知,是书亦建构起总集三级分类体系。

除"分体编录"之外,明清总集亦在宋元总集分类基础上,进一步丰富中国古代总集分类编次方式。

明贺泰编《唐文鉴》二十一卷,杂采《唐书》及诸典籍所载奏议、表、记、策、赋等有关治道,有裨于风教之文汇为一集。林瀚《序》称汉文选本有陈石壁《两汉文鉴》,宋文选本有吕祖谦《宋文鉴》,"惟唐一代阙焉"[1]。可见是编欲与汉、宋《文鉴》并传于世。与吕祖谦《宋文鉴》分体编录不同的是,是编将李唐一代三百余年名臣文士之文按帝王朝代先后分为高祖朝、太宗朝、高宗朝、中宗

---

[1]（明）林瀚:《〈唐文鉴〉序》,（明）贺泰辑:《唐文鉴》卷首,《四库存目丛书补编》,第11册,第494页。

朝、睿宗朝、玄宗朝、肃宗朝、代宗朝、德宗朝、顺宗朝、宪宗朝、穆宗朝、敬宗朝、文宗朝、武宗朝、宣宗朝、懿宗朝、僖宗朝、昭宗朝十九类,各类选文数量不一。卷一高祖朝只选录傅奕《请更革隋制》、李纲《谏不以伶人为近侍》、傅奕《请除佛法》、孙伏加《上言三事》和《谏责贼支党》五篇文章;而宪宗朝之文有六卷(卷十三至卷十八)七十三篇,收录文章的文体类别涵括有策、论、奏记、书、碑、诗、表、祭文、题跋、传、状、原、序、箴、铭、议、说、解、颂、赋等。

明朱升编《风林类选小诗》,分直致、情义、工致、清新、高逸、富丽、艳冶、凄凉、衰暮、旷达、豪放、俊逸、清润、沉著、边塞、宫怨、闺情、客况、离别、悲愁、异乡、感旧、癕想、寄赠、慨叹、消遣、讽谏、颂善、戏嘲、怀古、景物、风土、时事、乐府、风人、问答、摘句三十八类,闺阁、仙鬼诗附于末,实三十九门。

明郭铁辑《石洞贻芳集》二卷,取正德中诸人有关石洞山之碑刻题咏及志铭、状序诸作汇成此编。以"芳音""芳纪""芳泽""芳传""芳绪"五分,其中"芳音"集古诗附评释,"芳纪"集记、序之文,"芳泽"录书、铭、序等书翰之文,"芳传"集"时咏"诸作,"芳绪"则收录石洞山景物二十六胜作品①。

明沈易编《五伦诗》五卷。《四库全书》本分内外两集,内集以"父子""君臣""夫妇""兄弟""朋友"五伦分类,外集则分"睦族""并言""务本""尚志""比喻""警省""诗余"七类,此本只有内集。

明杨瞿崃编《岭南文献轨范补遗》六卷,系在张邦翼《岭南文献》三十二卷基础上增补成集,自序谓张刻详于人,此集则详于事理。故是集一改张书分体编录之体例,分事理疏议(制敕附)、理

---

①(明)郭铁:《石洞贻芳集总目》,《四库存目丛书》集部,第300册,第833—839页。

类杂文、事类杂文、理类语录、事类语录等类目编排作品。

明汪廷讷编《文坛列俎》十卷，所录之文上及周、秦，下迄明代。廷讷博雅多通，"冥搜经子，捃摭玄释，哀达人之短章，采英儒之鸿撰。汉、宋毕收，古今咸载。斯亦六谷九鼎，千珍百叶，总而为宾筵之献也。擅文苑之大观，极词人之巨丽"①。是集广搜博采之性质近于类书，而其分类亦与前人总集颇不相同。《文坛列俎》分十类：一曰经翼，二曰治资，三曰鉴林，四曰史摘，五曰清尚，六曰掇藻，七曰博趣，八曰别教，九曰赋则，十曰诗概。经翼类所录之文"以阐绎经指为本"②，使经学者睹指识归；治资类选录"最关政要"③之文，禀于前训而附以今议；鉴林类取"立论之极精"者编次其中"用为心印"④；史摘类择录《春秋左传》《史记》《汉书》叙事议论尤佳者数十篇，以见史之一斑；清尚之文，即所谓"会心不远者，其清风亦可挹也"⑤，庄诵以祛鄙气云；掇藻类以"铲采流华"为准，于"烨烨明灿而无俾圣学主术者，又有持论失中而文特新丽奇瑰为可爱"的说理刺事之文亦多收录，盖有合《文选》《文章正宗》二书选文未足之意⑥。博趣之文往往使人讽之可思、可解颐、可寄玄邈之象⑦；将释家、老庄与二氏之徒诵说之文以及后世儒者为二氏指者之作视为"别教"⑧。从以上八个类目名称上看，

①（明）焦竑：《〈文坛列俎〉序》，《澹园续集》卷 2，《金陵丛书》本。
②（明）汪廷讷编：《文坛列俎》卷 1，《四库存目丛书》集部，第 348 册，第 3 页。
③（明）汪廷讷编：《文坛列俎》卷 2，第 65 页。
④（明）汪廷讷编：《文坛列俎》卷 3，第 167 页。
⑤（明）汪廷讷编：《文坛列俎》卷 5，第 401 页。
⑥（明）汪廷讷编：《文坛列俎》卷 6，第 451 页。
⑦（明）汪廷讷编：《文坛列俎》卷 7，第 533 页。
⑧（明）汪廷讷编：《文坛列俎》卷 8，第 626 页。

其分类依据或因文章之出处，或因主题内容之关涉，或因辞藻华彩之运用，纷繁不一；类目与类目之间完全不在一个分类层级上。至于"赋则""诗概"两类又与前八类明显不同，这是从文体类别层面上区分。《文坛列俎》所分十个类别门目，所采取的分类标准不一，将文章的文体类别、文章主题内容、文章之功能等分类标准杂糅起来运用在同一级分类之中，背离了分类的同一性和排他性原则。

地域总集至宋代而编纂兴盛，其中一些总集如《会稽掇英总集》《成都文类》等在借鉴《文选》等"分体编录"类总集分类体例的基础上，二级类目命名设置已带浓厚的地方志色彩；另一些总集如《吴都文粹》，其作品分类编次以地方志（《吴郡志》）的类目设置与分类方式为参照，这为明清时期地域总集直接借用地方志类目体例编次作品打下了理论和实践基础。明清地域总集如《吴都文粹续集》《吴郡文编》等仿效地方志"平列门目"体例编次作品，并逐渐固定为地域总集最基本的体例之一。

除"分体编录"类总集外，明清其他总集在纵向上亦建立起多层级的分类结构。明沈易编《幼学日诵五伦诗选》，其内集一级分类以父子、君臣、夫妇、兄弟、朋友五伦类分诗作，各类之中再次分类，以诗歌"言（字数）"分类为"五言""六言""七言"，视为二级分类；"五言""七言"又一次按诗歌体式类别分为"古诗""绝句""律诗""长律"。《幼学日诵五伦诗选》将诗歌按其伦理归属划分为五，各类伦理诗歌再按"言（字数）"不同分"五言""六言""七言"三种，"五言""七言"之下再以诗歌体式类别细分形成三级分类结构①。

---

① （明）沈易：《五伦诗》，《四库存目丛书》集部，第290册。

吴承学教授指出:"分体与归类,是中国古代文体分类学的两种不同路向,前者尽可能详尽地把握所有文体的个性,故重在精细化;而后者尽可能归纳出相近文体的共性,故所长在概括性。"①总集分类的最先意义是便于检索,在分类的驱使下,使得作品各得其所。总集分类的核心是文体。中国古代总集在长期的编纂实践中和文体论的发展影响下形成两个方向的分类传统,即以文体为中心,一是将文体类目作为母体,运用题材内容、文体样式、音乐元素、作家时代等因素进行层层划分,形成网状发散的分类结构,可以概括为总集文体分类的"析类"传统,以《文章流别集》《文选》《文苑英华》《文体明辩》等为是;外一种,则以文体类目为构成元素,将某些文体按照一定的标准归纳综合成"类",再由"类"入"门",试图建立一种"文体——类——门"的多层级归类体系,以明李天麟《词致录》和清储欣《唐宋八大家类选》、姚鼐《古文辞类纂》、李兆洛《骈体文钞》、曾国藩《经史百家杂钞》等为代表,从而形成中国古代总集文体分类的"归类"传统。

受中国哲学"一元论"思想的影响,古人在文学观念的认定上,认为所有文体的本原和内质都是一元的。曹丕《典论·论文》所谓"文本同而末异",正是在区分辨析不同文体的形态特征的同时,又看到文体之间的相似之处,即同中见异,异中见同②。中国古代总集文体分类存在一个基本的趋势:区分日趋细密,类目日愈繁多。文体分类中"同中见异"的层面,重点在于采用辨析区分

①吴承学:《中国古代文体学研究》,北京:人民出版社,2011年,第340页。
②参见郭英德:《中国古代文体学论稿》,北京:北京大学出版社,2005年,第149页。

的方法把握文体的差异特征。另一个维度,即在分类的同时采用归纳的方法,将具有相同属性的文体合并归类,重点在于把握文体之间的共同之处。曹丕提出"四科八体"之说,陆机"诗赋""碑诔""箴铭""颂论""奏说"二二合并,而后刘勰《文心雕龙》以"文"(有韵)、"笔"(无韵)区分,将"颂赞""祝盟""箴铭""诔碑""哀吊""谐隐""论说""诏策""檄移""章表""奏启""书记"等内容形式和功能相近的两种或两种以上的文体合并成类;又于《定势》篇中从文体风格特点出发,将诸多文体分为"章表奏议""赋颂歌诗""符檄书移""史论序注""箴铭碑诔""连珠七辞"六大部类,此种在把握文体差异的基础上,注重从文体形态的角度进行归类合并的"异中见同"之法,在后世总集分类之中多加以运用,从而以简驭繁,形成另一种总集分类框架。

　　最早在总集分类中采用归类合并之法,以真德秀《文章正宗》为是。真氏在借鉴曹丕、刘勰等人文体分类观念的基础上将集中作品"辞命""议论""叙事""诗赋"四分,在中国古代总集文体分类史上独树一帜,影响深远。真德秀从文章功能入手,将不同历史时期的各体文章重新编排归类:其中"辞命"所收为王言诏策(辞、命、诰、令、祷、策、赞、诔等)类文体作品;"议论"收录论、谏、疏、对、请、戒、奏、议、驳、表、书类文体作品;"叙事"选录史书叙事以及记、序、传、志之文。《文章正宗》把文章功用与表现方式(文章功能)以及文体形态综合起来,以"辞命""议论""叙事""诗赋"四分,一变"分体编录"类总集细分传统而以归类为是,其分类理念和分类实践颇为后人取则。

　　成书于康熙三十八年(1699)的《唐宋八大家类选》十四卷,是储欣(1631—1706)在其五十一卷本《唐宋十大家全集录》的基础上,为指导子孙习文进一步改编的家塾读物①。储欣于《唐宋八大家类选引言》将韩愈、柳宗元、欧阳修、苏轼等人文章分为六大类二十九体,具体如下:

　　　奏疏第一……曰书、曰疏、曰劄子、曰状、曰表、曰四六表,为类六。

　　　论著第二……曰原、曰论、曰议、曰辨、曰说、曰解、曰题、曰策,为类八。

　　　书状第三。曰状、曰启、曰书,为类三。

　　　序记第四……曰序、曰引、曰记,为类三。

　　　传志第五……曰传、曰碑、曰志铭、曰墓表,为类五。

　　　词章第六……曰箴、曰铭、曰哀辞、曰祭文、曰赋,为类五。②

　　《引言》中储欣将唐宋八大家古文作品分为书、疏、劄子、状、表、四六表、原、论、议、辨、说、解、题、策、状、启、书、序、引、记、传、碑、志铭、墓表、箴、铭、哀辞、祭文、赋二十九种,这是沿用自《文章流别集》《文选》而下文体分类的传统,即以文体类别作为分类标

---

① 《四库全书总目》与《清史稿·艺文志》著录《唐宋十大家全集录》名称卷数不尽一致,后者以《唐宋八大家全集录》名之,《清史稿·艺文志拾遗》则易《总目》五十一卷为五十二卷。今检《四库全书总目》曰:“是编乃仿明茅坤《唐宋八家文钞》,增李翱、孙樵为十家,各为批评,亦间附考注。其中标识,悉依茅本之旧。”(清)永瑢等:《四库全书总目》卷194,第1773页。可见,《清史稿》“八家”有误无疑。而“卷数”之差,多半是因版本不同,将卷首序文独立出来衍为一卷,五十一卷遂增至五十二卷。参见常恒畅:《储欣及其〈唐宋八大家类选〉》,《学术研究》,2013年第4期。

② (清)储欣:《唐宋八大家类选》,广东省中山图书馆藏光绪元年(1875)湖北崇文书局刻本。

准,细分作品。所不同的是,储欣在文体"析类"之上进行文体"归类",即在已经细分的文体形态之上进行归纳总结,用某一能涵盖辖内各种文体共同特征的类目名称将相近文体合并归类。《唐宋八大家类选》"奏疏""论著""书状""序记""传志""词章"各类之下则以"人"为目,先韩愈文、柳宗元文,后欧阳修文、苏轼文;各家文中,不再细分文体类目,按照文体类别将相同文体作品编次左右,如卷一至卷二为"奏疏"类文,其下以昌黎、庐陵、老泉、东坡、颖滨、南丰、半山七人字号为目,各家之下不再设置名目。昌黎文录文三篇,即《论佛骨表》《潮州刺史谢上表》《论今年权停举选状》;庐陵文选五篇:《论选皇子疏》《论台谏官言事未蒙听允书》《论台谏官唐介等宜早牵复劄子》《论杜衍范仲淹等罢政事状》《论修河第三状》;老泉文选《上仁皇帝书》与《修礼书状》两篇;东坡文录九篇:《上神宗皇帝书》《代张方平谏用兵书》《代滕甫辩谤乞郡书》《议学校贡举劄子》《上园丘合祭六议劄子》《到昌化军谢表》《到黄州谢表》《谢量移汝州表》《乞常州居住表》,颖滨文录《陈州为张安道论时事书》,南丰选《移沧州郭阙上殿疏》,半山文录《上仁宗皇帝书》。七家之文,编次上将同一文体之作编次左右,如东坡文排列顺次为先三篇"书"文,两篇"劄子",后四篇"(谢)表"。《唐宋八大家类选引言》所论,原意为阐释各类文体的命名缘由以及涵括的文体类目,具体分类实践中仍以"人(八大家)"为目,其分类结构为:类——作家——作品(大致以文体区别编次)。储欣以"奏疏""论著""书状""序记""传志""词章"六类涵括二十九体,在分体的基础上归类,自此而后,清人总集如姚鼐《古文辞类纂》、吴曾祺《涵芬楼古今文钞》编纂分类多取鉴于此。

姚鼐编《古文辞类纂》七十四卷,选先秦至清古文七百余篇,卷首《序目》分类十三,即:论辩类一,收录论、原、辨、解、说等说理论道类文章;序跋类二,录史序、诗文集序和跋语;奏议类三,将战国以后的上书、表、奏疏、奏议、封事,并附时务策、对策等收录在内;书说类四,录游说辞令以及呈献上位和友朋之间往来的书牍;赠序类五,录离别赠文和寿序文等;诏令类六,录诏令、封册和檄文等;传状类七,以史书以外的传记、行状为收录对象;碑志类八,大致包括刻石文、碑文、墓志铭和墓表文等文体;杂记类九,收录刻石文外记物、记景、记事作品;箴铭类十,录箴文、铭文、座右铭等作品;颂赞类十,录史赞、画赞和颂文;辞赋类十二,收楚辞(《九歌》入哀祭类除外)、古赋、骈赋、文赋等作;哀祭类十三,录哀祭性的辞赋、祭文、哀辞等。姚鼐《古文辞类纂》十三类之分,在《文选》等总集一一区分文体类目的基础上,从文体功能出发,将具有相近功用之文体合并归类,并以文体名称组合命名,以类为纲,以体为目,在总集文体分类日趋繁琐之时走向简明一途。姚永朴盛赞其"辨别体裁,视前人乃更精审"①,在精简类目的同时合并归类,"分合出入之际,独蘤然当于人心。乾隆、嘉庆以来,号称善本,良有以也"②。《古文辞类纂》分类成果和体例方式很快被广泛接受,被总集编纂家奉为圭臬,在文体分类学上产生了重要影响③。清吴曾祺《涵芬楼古今文钞》则直接取法《古文辞类纂》文体分类方法,将历代文章分为十三类,类目名称和排列顺次几乎全依《古

① 姚永朴著,许结讲评:《文学研究法》,南京:凤凰出版社,2009 年,第 36 页。
② 姚永朴著,许结讲评:《文学研究法》,第 36 页。
③ 梅曾亮《古文词略》分文体为论辨、序跋、奏议、书说、诏令、赠序、传状、碑志、杂记、箴铭、颂赞、辞赋、哀祭、诗歌 14 类,王先谦《骈文类纂》分论说、序跋、表奏、书启、赠序、诏令、檄移、传状、碑志、杂记、箴铭、颂赞、哀吊、杂文、辞赋 15 类,都明显吸收了姚鼐的分类成果。何诗海:《从文章总集看清人的文体分类思想》,《中山大学学报(社会科学版)》,2012 年第 1 期。

文辞类纂》。稍有变通之处，即《涵芬楼古今文钞》将《古文辞类纂》"书说"类变"书牍"类，收纳"同辈相告"文辞。《涵芬楼古今文钞》"乃仿桐城姚氏之法，分为十三类，使各以类相从。又以姚氏之书，纲则具矣，而目未备。乃于一类之中，分为十余类，至数十类。熟乎此者，则所见易明，所为易成，此可决之理也"①。吴曾祺以为姚鼐之书第举其纲，而未详其目，故于十三类之中细分各家文体子目，如"论辨类"分出论、设论、续论、广论、驳、难、辨、义、说、策、程文、解、释、考、原、对问、书、喻、言、语、旨、诀二十二个子目，"书牍类"分序、后序、序录、序略、表序、跋、引、书后、题后、题词、读、评、述、例言、疏、谱十六个子目，"奏议类"分二十七个子目，"书牍类"分十三子目，"赠序类"分为五个子目，"诏令类"则多达三十五个子目。《涵芬楼古今文钞》将二百余类细目归并至十三类之中，分类矩细，又纲目并举。

李兆洛（1769—1841）编纂《骈体文钞》三十一卷，分为上、中、下三编，上编"庙堂之制，奏进之篇"，收录铭刻、颂、杂飏颂、箴、谥诔哀策、诏书、策命、告祭、教令、策对、奏事、驳议、劝进（表）、贺庆（表）、荐达（表）、陈谢（表）、檄移、弹劾类文；中编"指事述意之作"，录书、论、序、杂颂赞箴铭、碑记、墓碑、志状、诔祭类文；下编"缘情托兴之作"，收设辞、七、连珠、笺牍、杂文类文②。相对于《唐宋八大家类选》六类三十体之分，《骈体文钞》三编的设置明显有着更高一级的意图。

储欣六分法及其类目命名，其基本的分类思维是文体合并立

---

①吴曾祺：《〈涵芬楼古今文钞〉叙》，《涵芬楼古今文钞》，上海：商务印书馆，1910年，第1页。

②（清）李兆洛：《骈体文钞》，《续修四库全书》集部，第1610册，第344—354页。

类，在文体类目基础上，将几种文体功能相近的文体合并归类组成文体类群，这是建立在《典论·论文》《文赋》二分法基础之上的合并归类。李兆洛的上、中、下三编，在类目分类设置上受《文章正宗》四分法影响更为直接。"庙堂之制，奏进之篇"收录王言诏策以及臣属进奏陈谢之文，类于《正宗》"辞命"类；"指事述意之作"，录书论、序记、碑状、杂颂赞箴铭以及诔祭之文，相当于《正宗》"议论""叙事"类；"缘情托兴之作"类于"诗赋"类。《骈体文钞》三编类目名称不同于《唐宋八大家类选》以及后出姚鼐的《古文辞类纂》，后二者类目命名多以文体名称为基础，将文体功能相近的文体并称立类，《骈体文钞》"庙堂之制，奏进之篇""指事述意之作""缘情托兴之作"三编之目，在具体文体类目的基础上加以归纳概括，一级类目命名设置上完全剥离《唐宋八大家》《古文辞类纂》等建立在文体类目基础上的合并归类，而走向抽象概括，在一级分类上走出了新路。

曾国藩《经史百家杂钞》三门十一类包容各体作品，是直接受《古文辞类纂》《骈体文钞》启发而进行文体归类实践。《经史百家杂钞》中论著类、词赋类、诏令类、奏议类、书牍类、哀祭类、传志类、杂记类九者，与姚书完全相同，删《古文辞类纂》"赠序"类，增"叙记""典志"二类，姚书"颂赞""箴铭"类则并入曾书"辞赋类"，姚之"碑志"附入"传志"类。如果说《经史百家杂钞》十一类之分，是受姚鼐《古文辞类纂》启发进而有所调整变化，那曾国藩以十一类归并"著述""告语""记载"三门，则更多地受李兆洛《骈体文钞》体例影响。《经史百家杂钞》吸收《唐宋八大家类选》《古文辞类纂》以来以相近文体合并归类的分类成果，在此基础上增加"门"来统摄，建立起"由体归类""由类入门"的"门——类——文体——作品"分类层级，体统于类，类归于门，在文体类目之上以类(种)制体(样)、以门(科)摄类(种),在文体析类的同时加以文体归类,以达分门别类、纲举目张之效果。

"门"是一个相对古老的概念。《周易》有云"成性存存,道义之门","《乾》《坤》,其《易》之门邪"①,"门"其实也就是"类"的概念。今人颇以曾国藩《经史百家杂钞》为总集中首次运用"门"之概念进行分类,而实际上早在明代即有以"门"分类的总集。明人李天麟编《词致录》十六卷,录汉晋至宋四六词命之文,分"制词""进奏""启劄""祈告""杂著"五门,各门之中以文体分类,个别文体之下再分细目。具体分类如下:

卷1—2:制词门一。收录册文、诏令、制诰、敕、麻、赦、批答、铁券文、德音、赐书、策问十一种文体,其中,制诰再分"爵封""宰执""官僚""八座""馆殿""台谏""帅臣""宫观使""节使"九个三级类目。

卷3—7:进奏门二。收录表、章、状、议、书劄、致语、对策、露布、笺九种文体;其中,表、笺又以具体功用和应用场合细分类目,表有"贺表""起居表""请表""荐表""进表""谏表""慰表""辞免表""陈情表""谢表""陈乞表"十一类,"笺"有"请笺""贺笺""谢笺""上笺""辞笺""劝进笺"六类;三级类目"贺表""谢表"再细分四级类目,"贺表"分"登极""御临""上尊号""圣寿""圣节""诞储""封建""宝册""谱牒""冠婚""祭祝""肆赦""改元""改旦""贺幸""籍田""祥瑞""讲好""奏捷"十九类,"谢表"分"储贰""宰执""侍从""八座""贰卿""内外制""琐闱""丞辖""馆阁""官僚""节制""镇守""转运""提举""郡守""内召""加职""及第""叙谪""叙复"

---

① 《周易正义·系辞》卷8,(清)阮元校勘:《十三经注疏》(上册),上海:上海古籍出版社,1997年,第79、89页。

"赐诏""宫祠""侍养""肆赦""锡赉"二十五类。

卷 8—14：启劄门三。收录启、状、长书、小简、合尖①四种文体。启类又进行更细层次的分类：先以启之功用场合分"贺启""谢启""上启""通启""回启""与启""婚启"七类；七类之中"贺启""上启""通启""回启"再次分类，"贺启"分"帝王""师保""宰执""元枢""八座""微省""西掖""翰苑""中司""南床""贰卿""丞辖""琐闼""修撰""秘阁""大小坡""察官""宗卿""卿监""史掖""史馆""国学""宰据""爵封""建节""制置""京尹""漕使""仓使""宪使""茶马史""总管""郡守""郡卒""职曹""邑宰""试中""被召""加职""入觐""宫观使""致仕""杂贺""正旦""冬至"四十五类②，"谢启"又分"除授""到仕""升陟""改秩""荐辟""试中""科目""杂谢"八类，"上启"分"赴任""干求""论事"三类，"通启"分"内任""外任"两类，而"回启"分"宗藩""内任""帅臣""诸使""郡县""学职""慕官""科目""节序"九类。

卷 15：祈告门四。收录朱表、青词、疏语、告文、祭文、叹文、榜七种文体。

卷 16：杂著门五。收录序、记、论、文③、碑、辞、箴、连珠、檄、牒、教、判十二种文体。

由上可见，《词致录》的分类体例是以"门"制"体"，"体"下细分次级类目，形成"门——体——类（大类）——类（小类）——作

①《词致录》收"合尖"二首，皆宋人作四六，其一《五百家播芳大全文粹》收录，二首皆为赴试举子干请之辞。

②贺启下细分的类目名称与排列顺次多与《圣宋名贤五百家播芳大全文粹》同，以恭贺官职以及恭贺具体内容分类。

③实际收录上梁文 2 篇，劝农文 1 篇，移文 1 篇。

品"四级分类结构。若仅从门目名称上看,《经史百家杂钞》"著述门""告语门""记载门"与《词致录》之"制词门""进奏门""启劄门""祈告门""杂著门"颇相关联。然《经史百家杂钞》的分类结构是"门——类——体",其"门"是由"体"并"类"之后的更高层级的归类,而《词致录》"门"下涵括的是具体单个文体类目。由此看来,《词致录》"门"在功能上同李兆洛《骈体文钞》"庙堂之制,奏进之篇""指事述意之作""缘情托兴之作"之分颇相一致,唯一不同的是《骈体文钞》三编类目名称尚处于描述形容的层面,而《词致录》则以抽象概括的门目名称统系文体。值得注意的是,虽然《词致录》"门"属之下直接系文体类目,"门"在文体归类上的功能相当于《唐宋八大家类选》《古文辞类纂》的"类";若细化分析,从上文《词致录》"门"下所系文体类目来看,各门之下涵括数量和内容远比《唐宋八大家类选》《古文辞类纂》丰富。由此可见,李天麟《词致录》"门"虽在总集分类结构中与后出《唐宋八大家类选》《古文辞类纂》"类"所承担的功能一样,都是基于"文体"类目之上高一级次的归类概念,然而在实质的涵括文体容量层面却超越后者,特别是首次在总集分类中确立"门"这一超越"文体"类目之上的更高级次类目名称,确立了门——体——类(大)——类(小)——作品四级分类结构;《词致录》在宋真德秀《文章正宗》四目基础上,"制词门""进奏门""启劄门""祈告门""杂著门"五分,兼顾文体细化分类的同时进行文体归类,为清代文章总集分体归类确立了体例榜样。特别是"门"之概念至曾国藩之手用于包举天下文章,在由"体"并"类"的基础上,由"类"入门,确立上中国古代总集在文体类目基础之上的二级归类系统:即门——类——体。

曾氏之后,黎庶昌《续古文辞类纂》就完全采纳《经史百家杂钞》的十一类之分而变为:论辩类、序跋类、书类、赠序类、传状类、碑志类、杂记类、箴铭类、颂赞类、哀祭类十类，其中变"书牍"为"书"，"辞赋类"因风雅变体，"取工骈俪，国朝诸大家尤罕沿袭，间有述作，不复甄采"①。光绪末年，来裕恂《汉文典·文章典》第三卷"文体"论中，以"叙记""议论""辞令"三分古今文体，各为一篇；各篇之中细分三大类，每类各为一章，如"叙记篇"分序跋类、传记类、表志类，"议论篇"分论说类、奏议类、箴规类，"辞令篇"分诏令类、誓告类、文词类；每类再细分若干文体，如"序跋类"分序、引、跋、题、书、读六体，每体各为一节。来裕恂《文章典》第三卷"文体"以篇、章、节建构起三目九类一百〇三体的分类体系②。在文体类目的基础上进行归类，类属之上再以"叙记""议论""辞令"统领，其分类思路以至于类目名称多与《经史百家杂钞》相近。

　　由此可见，明清总集将《文章正宗》作品编次中采用的"归类合并"之法，进一步发展延伸，在分类中逐渐形成"文体——类——门"的归类体系。这种建立在文体类目基础上的归类体例在清末民初总集编纂中继续沿用。张相《古今文综》以"部""编""章"三层划分文体，三层对应的正是明清文体总集分类体系中的属、类、体三个层级③。张相在文体类目基础上归并成"类"，"类"合并成"属"，两次归类之后形成类似于《经史百家杂钞》的门——类——体三层结构，所不同的是，《经史百家杂钞》于文体之下直接编次作品，而《古今文综》则再次根据主题或题材细分次级类

①（清）黎庶昌：《续古文辞类纂·目录》，《续修四库全书》集部，1610 册，第74 页。

②（清）来裕恂著，高维国、张格注释：《汉文典注释·目录》，天津：南开大学出版社，1993 年。

③张相：《古今文综·目录》，上海：中华书局民国十一年本。

目,如论体下再细分"论理""论文""论政""论史""杂论"五个四级类目,四级类目"论史"再分"史传论"与"史论"两个五级类目,"史论"再分"论制度""论学术""学形式""论人物"四个六级类目,"论人物"分论"一人一事"和"数人合论"两个七级类目,其分类细致到无以复加的地步。

《古今文综》分类,以文体为基础,在文体之上归并成类,由类入门,借鉴了《经史百家杂钞》等总集所形成的门——类——体——作品三级归类体系,而在文体之下,分层细分类目,则是沿用《文馆词林》《文苑英华》等总集所形成的文体——类(大)——类(小)……——作品的多级分类体系。其所确立的属(门)——类(文体类)——文体——大类——小类……——作品分类体系,集中国古代总集分类与归类编纂体例之大成。综上所述,明清总集在宋元总集分类体例成果的基础之上,类目设置命名趋向于概括抽象性,分类结构趋向于以简驭繁。这些分类趋势既是传统分类学的终结,又意味着近现代分类学的开端①,推动着总集分类谱系的近代化转型。

---

① 何诗海:《从文章总集看清人的文体分类思想》,《中山大学学报(社会科学版)》,2012年第1期。

下　编
宋元总集分类叙录

弁言

部分宋元时期总集分体与分类体例，前辈学者关注较多，成果丰硕，故不赘笔。此部分著录宋元时期文章总集三十部，今以《四库全书总目》著录先后顺序依次编排。各总集分类体例之叙录，一般包含以下几个方面的内容：总集编者考辨，总集版本流传的梳理与存录情况介绍，总集选文标准与分类方式的阐释，总集相较于它集的分类体例特点及其建树影响。

"叙录"是总集分类体例与分类观念研究基本的文献保障。"叙录"通过梳理单本总集的编纂目的、选文依据、分类方式与结构、类目序列等问题，建立起总集分体与分类研究的基础资料库，由此进一步探究宋元文章总集分类体例所蕴含的分类观念与文体学、文学意义。

各总集"叙录"详略不一。叙录内容与上编正文相对应，起到补充说明的作用。多数总集采用表格形式呈现其分类体例，相比于文字描述更为直观醒目。因本书写作思路与行文逻辑所限，叙录部分撰述所阙与不足之处，敬请学界批评。

《古文苑》

　　《古文苑》,不著编辑者姓氏,旧传为"唐人所藏古文章"①。章樵以《古文苑》为"唐人所编"②,后人多非之,又有一说言编者为南宋王厚之③。郑樵《通志》最早记载《古文苑》十卷。《古文苑》现行版本分两个系统:一为南宋淳熙六年(1179),韩元吉整理校订本,九卷;一为绍定五年(1232),章樵增订,并为注释,重分为二十一卷。明清以来两个版本系统,均经重新刊刻或抄写。九卷本无注系统中,清孙星衍和顾广圻校刻的《岱南阁丛书》本是较好的版本。章樵注本系统中,经过钱熙祚校勘,后附有钱氏《校勘记》的《守山阁丛书》本为优④。

一、《古文苑》收录文体类型数量之辨

　　关于《古文苑》收录文体类别,历代文献有不同记载:

　　　　歌、诗、赋、颂、书、状、笺、铭、碑、记、杂文,为体二十有

①（宋）韩元吉:《〈古文苑〉序》,（宋）章樵注,（清）钱熙祚校勘:《古文苑》,《守山阁丛书》,清道光二十四年(1844)本。

②（宋）章樵:《〈古文苑〉序》,（宋）章樵注,（清）钱熙祚校勘:《古文苑》,《守山阁丛书》,清道光二十四年(1844)本。

③范邦甸《天一阁书目》集部卷四之三曰:"《古文苑》二十一卷,刊本。宋绍兴己卯临川王厚之伯顺编。"（清）范邦甸等撰,江曦、李婧点校,杜泽逊审定:《天一阁书目》,上海:上海古籍出版社,2010年,第486页;王晓鹃:《〈古文苑〉编纂者新考》,《南京师大学报(社会科学版)》,2009年9月第5期。

④《古文苑》版本流传情况,详见王晓鹃:《〈古文苑〉版本考》,《福州大学学报(哲学社会科学版)》,2009年第5期。

一，为编二百六十有四，附入者七。(章樵《〈古文苑〉序》)

《古文苑》九卷……自石鼓文而下，曰赋，曰诗，曰歌，曰曲，曰敕，曰书，曰对，曰颂，曰箴，曰铭，曰赞，曰记，曰碑，曰杂文，皆周、秦、汉人之作也。(赵希弁《读书附志》集部总集类)①

为体二十有一，为编二百六十四，附七，上下千三百年，诸人文集，今亦罕传。(明高儒《百川书志》)②

所录自周迄南齐，诗、赋、杂文凡二百六十余首，皆史传、《文选》所不载。书九卷，末有淳熙六年韩元吉记。(清彭元瑞等《天禄琳琅书目后编》)③

《古文苑》九卷……凡赋五十七首，诗五十八首，文一百五篇。(清耿文光《万卷精华楼藏书记》)④

前文所说，因《古文苑》有两个版本系统，故文献记载不同版本的《古文苑》，收录文体类型、数量也不尽一致。自章樵序称二十一卷本《古文苑》录文"二十一体"后，历来多沿其说。赵希弁《读书附志》集部总集类记载九卷本《古文苑》收入的文体类型，只是例举，并非悉列。清人著录九卷本《古文苑》只标文类"诗""文(杂文)""赋"以及收录文类作品数量，不于"文"类下细分文体。这里我们将两个版本收录作品的篇章目录加以比较，便可知晓。九卷本《古文苑》卷一收录石刻文四篇；卷二与卷三录赋作五十七篇；卷四收录诗歌七十首；卷五至卷九录文一百〇八

---

① (宋)晁公武撰，孙猛校证：《郡斋读书志校证》，上海：上海古籍出版社，1990年，第1214页

② (明)高儒：《百川书志》卷19，上海：上海古籍出版社，2005年，第287页

③ (清)彭元瑞等：《天禄琳琅书目后编》卷7，《清人书目题跋丛刊(十)》，北京：中华书局，1995年，第327页。

④ (清)耿文光：《万卷精华楼藏书记》，《清人书目题跋丛刊(九)》，第1138页。

篇。所收作品始于金石文,终于诔文,是一种新型的总集诗文体目编排模式。

　　章樵厘分《古文苑》为二十一卷时,对九卷本的篇目排列次序做了调整:卷一保留《石鼓文》《诅楚文》《峄山刻石文》三篇石刻文,将《魏敬侯碑阴文》抽出放入卷十七"杂文"类;将九卷本《古文苑》卷二至卷三所收赋作,重新别为六卷,宋玉赋与扬雄赋独为一卷,其余赋作按时代先后分为四卷,即"汉臣赋十二首""汉臣赋九首""汉臣赋六首""赋十一首",另增五篇赋作(枚乘、路乔如、公孙乘、中山王、陆机人各一篇),却不慎遗漏张衡《羽猎赋》,故二十一卷本比九卷本多收四首赋;卷八与卷九为诗歌卷,共计八十四首;卷十至卷二十收录三十七位作者之文一百一十六篇。另外,章樵把九卷本"歌""曲"与"诗","书"与"状"的次序互换,又将九卷本之"叙"类(仅《董仲舒集叙》一篇)取消,文章并入杂文类。九卷本所录的残缺诸篇,二十一卷本《古文苑》将其全部抽出列入卷二十一,定名为"杂赋十三首"。其它作品次序与九卷本相同。

　　通过两个版本收录作品分卷编次情况的对比,可见章樵注本《古文苑》收文较九卷本丰富,所收录文体数量实比韩元吉本《古文苑》少"叙"这一体。历来对于九卷本《古文苑》收录文体类型数量未有或较少有分歧,一般认为其收录文①、赋、诗、歌、曲、敕、启、状、书、对、颂、述、赞、铭、箴、杂文、叙、记、碑、诔二十体②。

　　相对来说,二十一卷本《古文苑》争议较多。章樵序说"二十一"体,今有"十九体"之说,详见于下:

―――――――

① 此处之"文"则指卷一收录《石鼓文》《诅楚文》《秦二世峄山刻石文》《魏晋侯碑阴文》四篇。
② 详见于清孙氏重刊宋淳熙本《古文苑》目录。

1."二十一体"之说——章樵《序》分体蠡测

据章樵《〈古文苑〉序》中述其为体"二十有一"，《守山阁丛书》本《古文苑》除已列出歌①、诗、赋、颂、书、状、箴、铭、碑、记、杂文十一体之外，还收录敕、启、对、述、赞、诔、杂赋（残阙篇章）②。若依《序》述"二十一体"，则章樵把卷一收录的三篇石刻之文各视为一体，实够"二十一体"之数。由此可蠡测出章樵的"二十一体"为：石鼓文、诅楚文、刻石文、赋、歌曲、诗、敕、启、书、对、状、颂、述、赞、铭、箴、杂文、记、碑、诔、杂赋③。

章樵"二十一体"之说，是将"石鼓文"（《周宣王石鼓文》）、"诅楚文"（《秦惠文王诅楚文》）、"刻石文"（《秦始皇峄山刻石文》）单篇立为一体，可见其对于三篇石刻之文的重视。

石鼓文，是我国最早的石刻文，被称之为"石刻之祖"，刻于岩石上，因石墩形似鼓，故称为"石鼓文"。现存的石鼓文是宋朝收集的十石鼓，上面刻有文字，有的字已经残缺不全。《周宣王石鼓文》是周宣王史籀所作（取王厚之观点），其文体特征近于《诗经》的四言铭诗。

《诅楚文》相传为秦石刻文字。战国后期秦楚争霸激烈，秦王祈求天神保佑秦国获胜，诅咒楚国败亡，因称《诅楚文》。《诅楚文》刻在石块上，北宋时发现三块。但由于史书没有记载《诅楚文》刊刻于什么时代，因而造成后世学者的争论。《秦惠文王诅楚文》为秦惠文王（取王厚之观点）时期宗祝，楚怀王引六国兵一再

①《守山阁丛书》本《古文苑》目录记载为"歌曲"。
②卷二十一收录残缺篇章有赋 13 首、颂 3 首、蔡邕《九惟文》1 首。《守山阁丛书》本《古文苑》以及《丛书集成初编》本《古文苑》皆题为"杂赋"类。
③此处借用《守山阁丛书》本《古文苑》以及《丛书集成初编》本《古文苑》所题。

侵秦,秦求巫咸、湫渊、亚驼之神保佑,用以"克剂楚师"的文章。

秦始皇统一中国之后,曾多次巡游各地并刻石表功,现存刻石文共有七篇:《峄山刻石》《泰山刻石》《琅琊台刻石》《之罘刻石》《东观刻石》《碣石刻石》《会稽刻石》。这些刻石文大都出自李斯之手,以四字为句的韵文写成。这其中,除《琅邪台刻石文》为两句一韵外,其余皆三句一韵。《峄山刻石》是秦始皇二十八年(前219)第二次东巡登邹县峄山时,命李斯等颂秦德而立。

《周宣王石鼓文》《秦惠文王诅楚文》《秦始皇峄山刻石文》这三篇石刻之文,虽在文献载体上与碑文相似,但仔细辨别又与碑文不同。刘勰在《文心雕龙·诔碑》之中将碑文分为两种:封禅之碑文和宗庙之碑文。而这里的三篇石刻之文与神道碑文、庙宇碑文有别。因为《石鼓文》虽然名为文,其文体特征类似于四言诗,《峄山刻石文》也是四言韵文,因此不能简单等同于后代文体分类中通常意义上的"文"。

编者将三篇刻石之文置于篇首,不仅增加了总集收录文体类型的数量,同时形成一种崭新的以金石文置篇首的文体类目编次体例,影响了后世的总集编纂。清孙星衍所编《续古文苑》,就在篇首收录十六篇周、秦、汉三代钟鼎文,其次为赋,再次为诗,再次为文(包括庙宇碑文、神道碑文)。章樵将九卷本《魏敬侯碑阴文》放入"杂文"类中,合《周宣王石鼓文》《秦惠文王诅楚文》《秦始皇峄山刻石文》为一卷,分三篇石刻之文为"石鼓文""诅楚文""刻石文"三体。若非如此,序之"二十一体",则无从说起。

2."二十体""十九体"之说——二十一卷版本收录文体类别

同为章樵二十一卷版本系统,龙溪精舍本《古文苑》因"潮阳郑氏用岱南阁本参校守山阁本",其文体分类又与它本不同,分为文、赋、歌、曲、诗、敕、启、书、对、状、颂、文①、述、赞、铭、箴、杂文、记、碑、诔等二十体。此本《古文苑》将卷一收录三篇刻石文归类为"文"体;而"歌曲"二分为"歌""曲"两目;将蔡邕《九惟文》中"九惟之一"另立为"文";卷二十一收录的残缺之文(赋十三篇)以"赋"体统称,而傅毅《东巡颂》、蔡邕《东巡颂》《南巡颂》《九惟文》,各录入"颂""文"类,此处仅录题目而不再录其文。

今人王晓鹃以章樵二十一卷本《古文苑》收录的文体,大致可以分为刻石文、辞赋、诗歌、散文四类。刻石文主要是卷一收录的《石鼓文》《诅楚文》《峄山刻石文》。辞赋包括宋玉等人六十一篇赋作,诗歌分诗、歌、曲三类,散文则以箴、铭、书、碑、颂体为主体,共有十四类,收文一百一十六篇。② 王晓鹃将《周宣王石鼓文》《秦惠文王诅楚文》《秦始皇峄山刻石文》归为"刻石文","歌曲"分"歌""曲"为二,使"杂赋"归为"赋"体类③。二十一卷本《古文苑》收录:刻石文、赋、歌、曲、诗、敕、启、书、对、状、颂、述、赞、铭、箴、杂文、记、碑、诔十九体。

前文分析《古文苑》不同版本收录文体类型数量差异,大致还原章樵《〈古文苑〉序》中"二十一体"说的文体分类蠡测。今人或以二十一卷《古文苑》收录十九种文体,这里姑存一说。总的来看,《古文苑》收录文体类型数量争议,在于是统称"歌曲",还

---

① 龙溪精舍本《古文苑》以蔡邕《九惟文》另为"文"一体,区别于卷一收录三篇刻石文之"文"。

② 参见王晓鹃:《〈古文苑〉研究》,西北师范大学 2008 年博士学位论文,第82 页。

③ 王晓鹃以"杂赋"中十三首赋篇制短小、残缺不全,并以章樵注"旧编载此诸篇,文多残缺,搜检他集,互加参证,或补及数句,犹非全文。姑存卷末,以俟博访"为由,将"杂赋"归为"赋"体。

是"歌""曲"二分；在于统称"刻石文"，还是分"石鼓文""诅楚文""刻石文"为三体；在于将卷二十一中收录残阙赋颂作品视为"杂赋"一体，还是并入"赋""颂"类。弄清这些，自然也就拨开收录文体类型数量差异的迷雾，而这些都与《古文苑》的文体分类特点息息相关。

二、《古文苑》文体分类特点

前文讨论《古文苑》收录文体类别的争议由来，具体论述"十九体""二十体""二十一体"之说所赖版本依据和文体分类思想，据此，《古文苑》按"体"编次作品的分类体例则毋庸置疑。

1. 辨析文体，分体编录

《古文苑》所收作品时代年限虽与《文选》相仿，然皆是"史传所不载，《文选》所不录之文"①，在编纂动机上亦多有补《文选》未足之意。但《古文苑》远非续《文选》之作，所收录除歌、曲、敕、状、述、杂文、记、杂赋②八种文体不见于《文选》之外，亦收录《周宣王石鼓文》《秦惠文王诅楚文》《秦始皇峄山刻石文》三篇文体归类尚有争议之文。

卷一中三篇石刻之文无论是归为"文"或者"刻石文"，还是孤篇成三体，又或置于卷首不加归类，都体现了编者辨析文体，分类编排之思。三篇石刻之文，在文献载体、文体功能、文体形态上都

---

① (宋)韩元吉：《〈古文苑〉序》曰："世传孙巨源于佛寺经龛中得唐人所藏古文章一编，莫知谁氏录也。皆史传所不载，《文选》所未取，而间见于诸集及乐府，好事者因以《古文苑》目之。"(宋)章樵注，(清)钱熙祚校勘：《古文苑》，《守山阁丛书》，清道光二十四年(1844)本。
② 此处姑且将"杂赋"视为一体。

与其它作品有别，不宜归入某一体类，故韩元吉九卷本《古文苑》将其与《碑阴文》置于卷首，不标属归于任何体类；章樵以篇为体，为"石鼓文""诅楚文""刻石文"，后人或归属为"文"，或为"石刻文"，均认可编者的文体辨析成果。

九卷本《古文苑》辨析"歌""曲"之别，分为二体，二十一卷本又合"歌""曲"二体为"歌曲"一体，其中自可见出韩、章二人文体分类与归类的观念差异。九卷本以《董仲舒集叙》为"叙"体，一则因题有"叙"而立"叙"体；二则，因其文体功能与文体形态与其他文体不相类属之故。二十一卷本并《董仲舒集叙》入"杂文"体，细看"杂文"所收的《董仲舒集叙》《僮约》《奕旨》《篆势》《责髯奴辞》《魏敬侯碑阴文》六篇作品，含括集叙、约、势、辞、碑阴文等文体，可见此类乃是杂合各种文体的"杂文"。刘勰《文心雕龙·杂文》所列杂文类仅包括对问、七、连珠三类。《文选》未设"杂文"一类，而将这三种文体独立成体。《古文苑》所收杂文范围已经扩大到六种，这几种文体皆见于《文章缘起》。《文心雕龙》曾论及"约"，《文心雕龙·书记》中有著录。故无论独归为"叙"，又或归属"杂文"，皆可见《董仲舒集叙》文体功能与文体形态的特殊之处，也见出编者辨析文体，以"体"类分作品之意。

二十一卷本剔出残阙篇章附于卷末，《守山阁丛书》本和《丛书集成初编》本《古文苑》皆以"杂赋"命之，章樵"二十一体"之说，似有另立"杂赋"一体之意。此处收录的残阙赋颂，文体功能和文体形态皆可归入"赋""颂"类，《九惟文》因其文体特征可归入"杂文"一类，"杂文"之意，取《文心雕龙》"杂文"之意。

2.体下"类"分，按时代先后编次

《古文苑》虽收录文体类别甚多，前文已述，但是各体作品数量不同。九卷本收录诗歌七十首(二十一卷本八十四首①)、赋五十七首(六十一首)、箴四十一(四十三首)、铭十五首(二十一首)、书十篇(十三篇)、杂文七篇(七篇)、碑文九篇(十篇),敕、启、状、述等体只录一篇。相对于作品数量较少的文体,如何编排诗、赋类众多作品而又不乱其体例则是重要问题。

　　九卷本《古文苑》"体"下并无细分,大体按时间先后排列,作者名下系作品。例如"赋"体,首为宋玉,依次而下分别是贾谊、董仲舒、枚乘、司马相如、刘安、羊胜、班婕妤、刘向、扬雄、刘歆、杜笃、班固、傅毅、黄香、曹大家、马融、张衡、李尤、崔寔、王延寿、蔡邕、魏文帝、王粲、曹植、刘桢、应玚、左思、谢朓、庾信。"诗"体作品也是大致按时间先后排列,体下又列"齐梁诗四十五篇"一类,以示四十五首"齐梁诗"不同于所收他诗之处。

　　章樵重新编次《古文苑》为二十一卷本,将原先九卷本的篇章编次作些许调整,详见前文。章樵二十一卷本《古文苑》"诗""赋"体下再以"类"分。

　　二十一卷本《古文苑》收录三十五位作家的赋作六十一首,其中蔡邕九篇,宋玉六篇,张衡五篇,王粲四篇,扬雄三篇,其他人一到两篇不等。章樵将赋作进行了二级分类,"赋"体作品共有六卷,依次为宋玉赋六首、汉臣赋十二首(收贾谊、董仲舒、路乔如、公孙乘、羊胜、刘安、中山王、司马相如、班婕妤、曹大家各一首,枚乘两首)、扬雄赋三首、汉臣赋九首(刘歆、杜笃、马融各一首,班固两首,张衡四首)、汉臣赋六首(黄香、李尤、崔寔、张超各一首,王延寿两首)、赋十一首(蔡邕四首、王粲三首,陆机、左思、谢朓、庾

---

①括号标注二十一卷本《古文苑》相应文体所收作品数量,以下不另标。

信各一首）六类①，一类一卷，宋玉、扬雄赋作各为一卷，似有看重之意。此种二级分类方法，整体上以时间先后编次作品，时而以作者身份区分"汉臣"与"非汉臣"，卷三、卷五、卷六为"汉臣赋"，卷七编录蔡邕、王粲、陆机、左思、谢朓、庾信六人作品，陆机、左思、庾信非汉臣，故立类为"赋十一首"。虽历代"赋"体分类多有不同，如《汉书·艺文志》分为四类：屈原赋、陆贾赋、孙卿赋、杂赋。《文选》借鉴类书以题材内容分为十五类，虽然不尽完美，却使赋的类目相对清楚。二十一卷本《古文苑》"赋"体二级分类，相对来说，其标准不一，故略显杂乱。

二十一卷本《古文苑》于"诗"体下，立"齐梁诗四十五首"一类编次为第九卷，使所收诗歌二分为"齐梁诗"与"非齐梁诗"，可见编者对于齐梁诗的看重。关于"诗"体的二级分类，王晓鹃断定章樵将歌、曲合并，重新排列为歌曲、诗、齐梁诗四十五篇②。王晓鹃将《古文苑》收录文学作品分为刻石文、辞赋、诗歌、散文四类，并统计出《古文苑》所收的文体实为十九。这里的四类，是王晓鹃通过查阅《古文苑》概括出来的，并非编者编排作品时所归之类，故在论述文体的二级分类之时，应以一级分类为据。《古文苑》两个版本系统都是直接按"体"分类，"诗"既与"歌曲"（或者"歌""曲"）同为一级文体，自然不可将其与"齐梁诗四十五篇"同为二级类目，王之"诗"体二级类目分为"诗、齐梁诗四十五篇、歌、曲"四类的观点，似可商榷。

---

①卷二十一"杂赋"收录残阙赋作 13 首，此处不论。
②详见于王晓鹃：《〈古文苑〉研究》，西北师范大学 2008 年博士学位论文，第87—88 页。

《文苑英华》

　　《文苑英华》，宋太平兴国七年（982）由李昉、扈蒙、徐铉、宋白等奉敕编纂，其后又命苏易简、王祐、范杲与宋白等人续修，雍熙三年（986）书成。凡一千卷，又目录五十卷。虽太宗御览称善，周必大亦赞评校雠精审，然因编纂时间较短，参编人员因变更调整而又非尽精熟于编纂之事，加之卷帙繁多导致编纂之后难以遍检，故脱漏、重复、割裂、颠倒等问题尤多。《文苑英华》历经宋景德四年（1007）、大中祥符二年（1009）、淳熙八年（1181）、嘉泰四年（1204）四次修订校勘，才成定本。《文苑英华》南宋刊本，今存残本一百四十卷；足本为明刊本，多有舛误。1966 年，中华书局以宋刊本一百四十卷配明刊本八百六十卷，影印出版《文苑英华》，同时收入彭叔夏《文苑英华辨证》和劳格《文苑英华辨证拾遗》。

　　《文苑英华》共收录诗文作品两万余篇。第一百五十七卷收录魏人程晓《伏日作》（原为《嘲热客》），第二百〇二卷收录徐干《自君之出矣》（原为《室思诗》六章之三），可见其收录作品始于魏，收录作品年限与《文选》有交叉。就所选作品数量来看，先唐仅十分之一，唐代则十分之九。明胡维新不仅在收录诗文作品年限上指出《文苑英华》"嗣文以承统"的续《文选》性质，同时在分类体例上又以其"部系类分，悉宗《选》例"①，明示《文苑英华》借鉴《文选》之处。《四库全书总目》亦主此论，谓《文苑英华》与《文选》"分类编辑，体例亦略相同，而门类更为繁碎"②。上述诸家论断，均在编纂体例上指出《文苑英华》与《文选》之间的密切关系。从文体分类的角

---

①（明）胡维新：《刻〈文苑英华〉序》，（宋）李昉等：《文苑英华》（第一册），第 5 页。
②（清）永瑢等：《四库全书总目》卷 186，第 1691 页。

度来看,《文苑英华》在借鉴《文选》基础之上又有新的特点。

一、初次分类按"体"区分

《文苑英华》对前代的诗文作品"撮其精要"、辨其妍媸、止取"菁英"①,选录诗文作品两万余篇。编者将诗文作品首先按照文体类别分类编次,一级分类以"体"相分。《文苑英华》收录作品卷次和文体情况如下:

起止卷次	收录文体	起止卷次	收录文体
卷一至卷一五〇	赋	卷六九九至卷七三八	序
卷一五一至卷三三〇	诗	卷七三九至卷七六〇	论
卷三三一至卷三五〇	歌行	卷七六一至卷七七〇	议
卷三五一至卷三七九	杂文	卷七七一	连珠
卷三八〇至卷四一九	中书制诰	卷七七一	喻对
卷四二〇至卷四七二	翰林制诏②	卷七七二至卷七七九	颂
卷四七三至卷四七六	策问	卷七八〇至卷七八四	赞
卷四七七至卷五〇二	策	卷七八五至卷七九〇	铭
卷五〇三至卷五五二	判	卷七九一	箴
卷五五三至卷六二六	表	卷七九二——七九六	传
卷六二七	笺	卷七九七——八三四	记

---

① (宋)王应麟:《玉海》卷54,第1067页。

② 《景印文渊阁四库全书》本卷420—426题为翰林制诰一至七,卷421—472题翰林制诏八至五十三;中华书局影印本卷420—472,统题为翰林制诏,今从之。

起止卷次	收录文体	起止卷次	收录文体
卷六二八至卷六四四	状	卷八三五——八三九	谥哀册文
卷六四五至卷六四六	檄	卷八四〇——八四一	谥议
卷六四七至卷六四八	露布	卷八四二——八四三	诔
卷六四九	弹文	卷八四四——九三四	碑
卷六五〇	移文	卷九三五——九六九	志
卷六五一至卷六六六	启	卷九七〇	墓表
卷六六七至卷六九三	书	卷九七一至卷九七七	行状
卷六九四至卷六九三	疏	卷九七八至卷一〇〇〇	祭文

编者首先将全部作品分为三十八类,即赋、诗、歌行、杂文、中书制诰、翰林制诏、策问、策、表、判、笺、状、檄、露布、弹文、移文、启、书、疏、序、论、议、连珠、喻对、颂、赞、铭、箴、传、谥哀册文、谥议、诔、碑、志、墓表、行状、祭文。

总集编纂的动因和体例本身就蕴含着文体辨析的意义。《文苑英华》之前的诗文总集现多已不存。《文选》之外,唐许敬宗等主持编纂《文馆词林》一千卷,残阙甚重,从现存的日藏《文馆词林》中可以得知,是集采用分体编录的形式,分诗、颂、七、碑、诏、敕、令、教、表(残简二)等文体类型编次作品。另据《崇文总目》"总集类"著录"《文馆词林·弹事》四卷,阙"①可知,《文馆词林》存录有"弹事"类作品。《文苑英华》借鉴《文选》和《文馆词林》分体编录作品的编纂体例,其文体类目与《文选》对比如下:

①(宋)王尧臣等编次,钱东垣等辑释:《崇文总目》卷5,北京:中华书局,1985年,第326页。

序数	《文选》收录文体名称	《文苑英华》收录文体名称	序数	《文选》收录文体名称	《文苑英华》收录文体名称
1	赋	赋	21	设论	喻对
2	诗	诗	22	辞	
3	骚	歌行	23	序	序
4	七	杂文	24	史论	传
5	诏	中书制诰	25	史述赞	记
6	册	翰林制诏	26	论	论
7	令	策问	27	颂	颂
8	教	策	28	赞	赞
9	策文	判	29	符命	志
10	表	表	30	连珠	连珠
11	上书	状	31	箴	箴
12	启	启	32	铭	铭
13	弹事	弹文	33	诔	诔
14	笺	笺	34	哀	谥哀册文
15	奏记	露布	35	碑	碑
16	书	书	36	墓志	墓表
17	移	移文	37	行状	行状
18	檄	檄	38	吊文	谥议
19	难	疏	39	祭文	祭文
20	对问	议			

《文苑英华》在一级文体命名上,与《文选》完全相同的有二十

体,即赋、诗、表、笺、檄、移文、启、书、序、论、连珠、颂、赞、铭、箴、诔、碑、行状、祭文;有一些文体名称因时代等因素变化,不尽相同,如《文选》中"弹事",《文苑英华》变为"弹文","移(移书)"改为"移文";还有一些文体在发展中,由于创作数量相对减少,在《文苑英华》中不再列为一体,如《文选》中的"骚""辞"体,此集归之于"杂文"。《文苑英华》收录的《七契八首》(梁昭明太子)、《七励八首》(梁简文帝)以及《七召八首》原可归为《文选》中"七"体,《文苑英华》类属于"杂文"体下"问答"类。《文选》收录两篇"辞"体作品:汉武帝《秋风辞(并序)》、陶渊明《归去来(并序)》,《文苑英华》归为"杂文"体;"杂文"体下二级分类"骚"目收陆龟蒙《迎潮送潮辞》和刘蜕《悯祷辞》。

《文选》"墓志"体下仅选任彦升《刘先生夫人墓志》一文,《文苑英华》中的"志"体中收录大量的"墓志文",同时又增设置"墓表"一体。《文选》中有"策文",《文苑英华》则有"策问""策"。《文苑英华》在文体分类上借鉴和继承《文选》并加以发展,正如刘永济先生所说:"至李昉等之《文苑英华》,姚铉之《文萃》,吕祖谦之《文鉴》,苏天爵之《文类》,程敏政之《文衡》,黄宗羲之《文海》,大都祖述萧《选》,体尤踳驳。"[1]总的来说,《文苑英华》中这些文体名称的沿用、变更,反应这一时期不同文体的创作情况,同时也呈现了文学观念的演变过程。

《文苑英华》杂文、状、露布、喻对、疏、议、传等体,《文心雕龙》多有论述。歌行、判等体,《文苑英华》独为一体;中书制诰、翰林制诏、记、谥哀册文、谥议等体,则是《文苑英华》首次命名的文体名称。

---

[1]刘永济:《十四朝文学要略》,武汉:武汉大学,2013年,第5页。

歌行，与乐府关系密切。《文苑英华》不仅将其与乐府相区别，而且设立"歌行"一体，并选录三百多首作品厘为二十卷，首次在总集中以文体之名为其立类。

"中书制诰""翰林制诏"，收录诏令类作品。中书省最重要的职权是撰作诏令文书。翰林院从唐朝起开始设立，始为供职具有艺能人士的机构，自唐玄宗后演变成了专门起草机密诏制的重要机构。翰林学士院设置之后，与中书舍人院有了明确分工。一般来说，翰林学士所起草的是任免将相大臣、宣布大赦、号令征伐等有关军国大事的诏制，称为内制；中书舍人所起草的则是一般臣僚的任免以及例行的文告，称为外制。《文苑英华》将诏令类作品分为中书制诰和翰林制诏两类，其分类的依据是根据起草机构职能分工不同，乃至撰作诏令文书的应用场合，以及具体内容不同而分。《文苑英华》所收诏令类文体，除极少数唐前作品外，其余皆为唐作。《文苑英华》将中书制诰和翰林制诏置为一级文体类目，体现宋人对于唐代诏令的文体认知。详见下文对《文苑英华》次级分类体例与观念的分析。

判文于总集中被立为一体，实以《文苑英华》始。现存唐前判文不多，但最迟在六朝中后期判文已经出现①。判文在唐代兴盛的原因，与科举取士直接相关。《文苑英华》中列"判文"为一体，并选录五十卷唐代判文一千一百余道，足见唐代判文之盛，亦可见出《文苑英华》对于新兴文体的关注。

《文苑英华》卷八百三十五至八百三十九选谥哀册文作品五卷。将谥册文与哀册文统称为谥哀册文一体，自《文苑英华》始。"谥议"原为礼官评议古代帝王、贵族、大臣等生平事迹并加以定

---

① 吴承学：《唐代判文文体及其源流研究》，《文学遗产》，1999年第6期。

谥的奏请文字,《文苑英华》收录此类作品两卷。

　　总之,《文苑英华》的一级分体分类或沿用前人的分类成果,或结合创作实绩为新的文体设置类目,在文体命名的过程中,体现了文体功能与文体形态的结合。

二、文体类目之下多层细类

　　李焘《续资治通鉴长编》记载《文苑英华》的编纂体例为:"太宗以诸家文集其数实繁,虽各擅所长,亦蓁芜相间,乃命翰林学士宋白等精加铨择,以类编次。"①《玉海·艺文》引用《会要》记载曰:

　　　　太平兴国七年九月,帝以诸家文集其数至繁,各擅所长,蓁芜相间,乃命翰林学士承旨李昉……阅前代文章,撮其精要,以类分之为千卷,目录五十卷,雍熙三年十二月壬寅书成,号曰《文苑英华》。……宋白等表曰:"席翻经史,堂列缣缃,咀嚼英腴,总览翘秀,撮其类例,分以布居,使沿沂者得其余波,慕味者接其妍唱。"②

　　若将"以类编次""以类分之""撮其类例,分以布居"综合起来,参之《文苑英华》篇章目录,则知"类"之涵义。这里的"类"包括文体以及文体之下的二级、三级类目,即《文苑英华》不仅将集中收录作品按"体"类分,同时于"体"之下,再细分部类,最后大致按时间先后顺序编次。

　　(一)二级分类

　　一级文体类目之下再分细类的编次方式,自总集编纂之始后

---

①(宋)李焘:《续资治通鉴长编》卷27,北京:中华书局,1979年,第625页。
②(宋)王应麟:《玉海》卷54,第1067页。

皆有沿用。《文选》于诗、赋体下进行二级分类，赋分十五类，诗二十四类；《文馆词林》也于多数文体之下进行二级分类，诗体分人部、礼部等，颂体分礼部、武部等。《文苑英华》一级分类三十八体，各体作品数量不同：赋体收录作品一百五十卷，诗一百八十卷，碑九十一卷，而书、论之作只有二十几卷，部分文体如弹文、移文等，作品只有一两卷，喻对和连珠作品则合为一卷。《文苑英华》赋、诗等体因收录作品数量甚多，故在一级分类，又于体下再次分类，二级类目再分三级、四级类目。

《文苑英华》除笺、檄、露布、弹文、移文、连珠、喻对、箴、传、谥议、诔、墓表、行状十三体外，其他二十五体之下都进行二级分类。

赋体分天象、岁时（刻漏附）、地类、水、帝德、京都、邑居、宫室、苑囿、朝会、禋祀、行幸、讽谕、儒学、军旅、治道、耕籍（附田农）、乐、钟鼓、杂伎、饮食、符瑞、人事、志、射、博弈、工艺、器用、服章、图画、宝、丝帛、舟车、薪火、畋渔、道释、游览、哀伤、鸟兽、虫鱼、草木。

诗体二级类目有：天部、地部、帝德、应制、应令、应教、省试附州府试、朝省、乐府、音乐、人事、释门、道门、隐逸、寺院附塔、酬和、寄赠、送行、留别、行迈、军旅、悲悼、居处、郊祀、宿斋、祠堂、花木、禽兽。

歌行体分类细目为：天、四时、仙道、纪功、征戍、音乐、酒、草木、书、图画、杂赠、送行、山、石、隐逸、佛寺、楼台宫阁、经行、兽、禽、愁怨、服用、博戏、杂歌。

杂文体下有：问答、骚、帝道、明道、杂说、辩论、赠送、箴诫、谏刺、杂说、记述、辩论、讽谕、论事、杂制作、征伐、杂制作、职行、杂制作、纪事二级类目。

中书制诰体分北省、翰院、南省、宪台、卿寺、诸监、馆殿（附监官)、环卫、东宫、王府、京府、诸使、郡牧、幕府、上佐、宰邑、封爵、加阶、内官、命妇等类目。

翰林制诏分赦书、德音、册文(册四六)、制书、诏敕、批答、蕃书、铁券文、青词、叹文十类。

策分文苑、玄经、将相、宁邦、经国、长才、方正、沉谋、雅丽、体用、直言、直谏、茂才、帝王、任官、政化、礼乐、刑法、平农商、历运、灾祥、泉货、边塞、求贤、文学、射御。

判文分乾象、律历、岁时、雨雪、傩、水旱、灾荒、礼乐、乐、师学、勤学、惰教、师殁、直讲、教授、文书、书数、投壶、选举、礼贤、祭祀、丧礼、刑狱、田农、田税、沟渠、堤堰、陂防、户贯、帐籍、商贾、佣赁、拜命、职官等七十余类。

表分贺登极、贺南郊、尊号、封禅、明堂、后妃、太子、贺赦、贺祥瑞、贺捷、杂贺、慰贺、宰相让官、文官让官等四十九类。

状分谢恩、贺、荐举、进贡、杂奏、陈情六类。

启分谏诤、劝学、荐士、贺官(附杂贺)、谢官、谢辟署、谢赐赍、杂谢、谢文序并和诗、上文章启、投知、杂启类。

书分太子(附诸王)、宰相、北省、节度(附刺史)、幕职、州县、刑法、谏诤、赠答、文章、边防、祥瑞、医药、劝谕、宗亲、交友、道释(附隐逸)、荐举(附铨选)、经史、迁谪、杂书类。

疏分封建、行幸、边防、书籍、直谏、选举、刑法、货殖、水旱、杂疏。

序分文集、游宴、诗集、诗序、饯送、赠别、杂序。

论分天、道、阴阳、封建、文、武、贤臣、臣道、政理、释、食货、兄弟、宾友、刑赏、医、卜相、时令、兴亡、史论、杂论二十类。

议分封禅、郊祀、庙乐、明堂、宗庙、祭祀、选举、冠冕、经籍、丧服、刑法、货食、边防、杂议。

颂分帝德、颂德、宫阙(附城邑)、杂颂。

赞分帝德、圣贤、佛像(附道像)、写真、图画、杂赞。

铭分纪德、塔庙(附画像)、山川、楼观(附关防桥梁)、器用、杂铭。

记分宫殿、厅壁、公署、馆驿(附馆驿使)、楼、阁、城、城门、水门(附斗门)、桥、井、河渠、祠庙、祈祷、学校(附讲论)、文章、释氏、观(附院)、尊像、童子、宴游、纪事、刻候、歌乐、图画、灾祥、质疑、寓言、杂记二十九类。

谥哀册文分谥册文、哀册文、后妃哀册文、太子哀册文。

碑分儒、道、释、德政、纪功、隐居、孝善、遗爱、台、陵庙、祠堂、祠庙、家庙、神道。

志分皇亲、宰相、职官(附京官)、杂、妇人。

祭文分交旧、亲族、杂祭文、神祠、祭古圣贤、哀吊。

《文苑英华》二十五体之下所分二级类目的数量不等:赋体下分列四十一个,判体则多达七十个二级类目,状体分六个二级类目,而谥哀册文则只有四个二级类目。相对来说,收录作品数量多的文体二级类目数量也多一些,但不绝对。从上文列出的二级类目名称来看,《文苑英华》的二级分类多按题材内容区分,如诗、赋、歌行、策、判、表、状、启、书、疏、论、议、颂、赞、铭、记、谥哀册文、碑、志、祭文等体。另一些分体则采用其它标准,如中书制诰以作品所涉及的机构划分类目,翰林制诏以收录作品的功能以及文体形态细分赦书、德音、册文、制书、诏敕、批答、蕃书、铁券文、青词、叹文等类,序以作品应用场合和主题内容分为七小类。

《文苑英华》对一级文体进行二级分类,主要以所选作品的题材内容为主,兼以作品功能和应用场合划分二级类目。《文苑英华》的二级分类总体上较《文选》更为丰富,类目数量繁多,这是千卷《文苑英华》编纂时所必须的,但是一些类目的设置前后重复,而且繁碎,也是因为其成书时间跨度大,数易编员,加之不易检校,故而有此不善之失。

（二）三级分类

《文苑英华》诗体二级类目下除应令（附应教）、省试、乐府、释门、寺院（附塔）、酬和、寄赠、留别八类外,其余均有子类。

天部分日、月、中秋月、玩月、对月、望月、杂题月、星、雨、喜雨、对雨、苦雨、杂题雨、咏雪、对雪、咏雪杂题、喜雪、晴霁、风、杂题风、云、杂题云、霜、露、雾、烟霞、天河、虹蜺、元日、春、人日、上元、寒食、上巳、夏、端午、伏日、秋、七夕、九日、冬、除夜四十二类。

地部分山、终南山、太山、华岳、南岳、庐山、望夫山、归山、山中、杂题、山杂题、洞、峡、石、孤石、太湖石、杂题、海、江、潮、河、湖、潭、水、泉、瀑布、杂题、曲江、昆明池、温汤、池、游泛、池杂题、溪、游泛、杂题三十六类。

应制分赐宴、醵宴、侍宴、巡幸、扈从、元日、人日、上元、晦日、春、寒食、仲春、中和节、上巳、夏、秋、七夕、九日、追赏、雨、晴、雪、宫、台、宅、殿、楼、阁、亭、园、幸宅、昆明池、兴庆池、降庆池、公主林亭、送公主、送钱、寺院、杂题、宫观、杂题四十一类。

朝省分趋朝和寓直两类。

音乐分乐、琴、筝、笙、琵琶、箜篌、箫、笛、杂乐、歌、舞、歌妓十二类。

人事分宴集、宿会、逢遇三类。

道门分游仙、神仙、怀仙、梦仙、谪仙、仙谷遇毛女、桃源、秦越人洞中咏、下元斋咏、歌词、宫观、送赠道人、送宫人入道十三类。

隐逸分征君、居士、处士、山人、隐士五类。

送行分送人省觐、赋物送人、歌三类①。

行迈分奉使、馆驿两类②。

军旅分讲阅、征伐、边塞、边将四类。

悲悼分追述、哭人、哭僧道、哭妓、送葬、坟墓、第宅、怀古、遗迹、挽歌十类。

居处分上阳宫、九成宫、华清宫、宫、苑、殿、楼、台、阁、堂、亭、园斋、别业、村墅、山庄、田家十七类。

郊祀分宿斋和祠庙两类。

花木（附果实草）分牡丹、桃花、杏花、紫薇、梅花、芙蓉、莲荷、石榴、海棠、玫瑰、玉蕊、蔷薇、菊花、蜀葵、山花、刺桐、看花、惜花、残花、杂花、柳、松、柏、桂、桧、杉、桐、槐、竹、笋、樱桃、柑橘、桃李、梨、石榴、枣栗、柰、梅、荔枝、杂果实、树木、藤、药、茶、兰、萱、众草、苔、芦苇、萍、枸杞、杂咏、木叶五十三类。

禽兽分凤、鹤、鹰、乌、鹊、雁、莺、百舌、鹦鹉、鸳鸯、鹈鹕、孔雀、鹭鹚、鸡雉、鹧鸪、枭、鸥、鹅鸭、燕、雀、子规、杂题、蝶、蜂、萤、蝉、促织、蜘蛛、马、猿、獭、鱼、龟三十二类。

除"诗"类外，"中书制诰""翰林制诏"下的一些二级类目之下亦进行三级分类。如"中书制诰"先根据涉及机构划分十七个二级类目，而于二级类目"北省"下又根据其关涉对象分侍中、中书令、门下侍郎、中书侍郎、左右常侍、给事中、谏议大夫、中书舍人、知制诰、起居郎、起居舍人、左右补阙、左右拾遗、通事舍人等类。

---

①前面十八卷（卷266至卷283）未立子类，后面列送人省觐、赋物送人、歌三目。
②前面七卷（卷289至卷295）未立子类，后面列奉使、馆驿二目。

"翰林制诏"分敕书、德音、册文等十个二级类目,而于"敕书"下又细分登基敕书、改元敕书、尊号敕书、禋祀敕书、平乱敕书、杂敕书六类。"记"类二十九个二级类目中"厅壁""释氏""宴游"细分三级类目。"厅壁"分中书、翰林、尚书省、御史台、寺监、符署(附街)、藩镇(附观察)、州郡、判司、监军使(附给纳使)、使院、幕职、州上佐、州官上(附录事、判司)、县令、县丞、薄尉、宴飨。"释氏"分寺、院、佛像、经、塔(附浮图)、石柱(附石阶)、幢、方丈(附西轩)、僧、观(附院)、尊像、童子。"宴游"分宴游、溪谷丘、园圃、亭、居处、堂、泉(附瀑)、池、竹、山(附石)。

从上面类目名称和划分依据来看,《文苑英华》的三级分类,相对细致,划分标准不尽相同。

《唐文粹》

《唐文粹》,宋姚铉(968—1020)编。原题《文粹》①,又作《唐贤文粹》②,宋真宗咸平五年(1002)始编,大中祥符四年(1011)成

---

① 姚铉《〈唐文粹〉序》以"《文粹》"名之。早期的文献记载,如王得臣《麈史》《文献通考·经籍志》著录曰"《文粹》"。《郡斋读书志》衢本著录为《文粹》,而袁本却著录为《唐文粹》,据《郡斋读书志校证》所言:"衢本标题当是公武原题,袁本'唐'字,疑系赵希弁所加。"(宋)晁公武著,孙猛校证:《郡斋读书志校证》,上海:上海古籍出版社,1990年,第1058页。此中原委,郭勉愈已有详论。参见郭勉愈:《从宋绍兴本看〈唐文粹〉的文本系统》,《清华大学学报(哲学社会科学版)》,2003年第1期。
② 袁本作'《唐文粹》一百卷'。按据姚铉序,此书盖本名《文粹》,后人改题《唐贤文粹》"。(宋)晁公武著,孙猛校证:《郡斋读书志校证》,第1058页。

书，一百卷①。《文粹》成书之后，一直以抄本形式流传②，藏于内府之本③实为《文粹》最早版本，已不得见。初刻本为北宋宝元二年(1039)临安进士孟琪摹印本。《天禄琳琅书目》宋版集部著录曰："此乃临安孟琪所刊，为《文粹》一书初刻本。……相其纸墨，实为北宋初印。"④清瞿镛《铁琴铜剑楼藏书目录》元本《文粹》下解题云："康熙中李穆堂藏有宋本……乃赵仁宗十七年刻，有施昌延后序，为此书初刻本。"⑤北宋宝元本今已不存，目前所能见到的最早刻本为南宋绍兴九年(1139)临安府刻本，陈振孙《直斋书录解题》和尤袤《遂初堂书目》均有著录，傅增湘《藏园群书经眼录》附有解题⑥，现藏中国国家图书馆。元明清各朝，《唐文粹》被

────────────

① 《崇文总目》著录《文粹》五十卷，《增订四库简明目录标注》亦有"昭文张氏有宋刊五十卷本"之记载；《郡斋读书志校证》载"铉……采唐世文章，分门编类，初为五十卷，后复增广之"。(宋)晁公武著，孙猛校证：《郡斋读书志校证》，第1058页。晁氏认为"五十卷"为未定本，待及姚铉序《文粹》时，已言百卷。故《崇文总目辑释》载"五十卷本，盖初定之本"(钱东垣等：《崇文总目辑释》卷5)，不确。

② "《文粹》一百卷，好事者于县建楼贮之。官属多遣吏写录"。(元)马端临著，华东师大古籍研究所点校：《文献通考·经籍志》卷75，上海：华东师范大学出版社，1985年，第1763页。

③ 《宋史》卷441："(铉)卒后，子嗣复以其书上献，诏藏内府。"《宋史》，第13055页。

④ (清)于敏中等撰，徐德明标点：《天禄琳琅书目》卷3，《中国历代书目题跋丛书(第二辑)》，上海：上海古籍出版社，2007年，第88—89页。

⑤ (清)瞿镛编纂，瞿果行标点，瞿凤起覆校：《铁琴铜剑楼藏书目录》卷23，上海：上海古籍出版社，第652页。

⑥ 《藏园群书经眼录》解题《文粹》一百卷："宋绍兴九年临安府刊本…前有序…后有宝元二年吴兴施昌言序…卷末有绍兴九年临安府开(转下页注)

不断刊刻,版本多至十余种,其中尤以明嘉靖三年姑苏徐焴刊本流传最广①。现较常见《唐文粹》版本有清光绪十六年(1890)杭州许氏榆园校刊本《文粹》;《四部丛刊》初编影印明嘉靖三年的徐焴刻本《重校正唐文粹》以及任继愈主编《中华传世文选本·唐文粹》(吉林人民出版社 1998 年版)。

姚铉以十年之志选录从唐初(如褚亮、虞世南)到唐末五代(如司空图、罗隐、沈颜)等二百余人的两千余篇作品,厘为一百卷。从收录作品上下年限来看,《唐文粹》是现存第一部断代诗文总集。《唐文粹》之前的总集,较为学界熟识的有《文选》《玉台新咏》和《文馆词林》以及唐人选唐诗数十种。《古文苑》后经考证为南宋时期编纂的总集,故而不在讨论之列。《文选》和《文馆词林》选录作品不限一朝,《玉台新咏》为诗歌总集。唐人选唐诗为断代诗歌总集,故断代诗文总集以《唐文粹》始。大致与《唐文粹》同时的《文苑英华》收录诗文作品两万余篇,唐人作品占十分之九,但其间或收录唐前作品一二,故亦不能称其为断代诗文总集。自周必大"当真宗朝姚铉铨择十一,号《唐文粹》,由简故精,所以盛行"②之说始,后人皆以《唐文粹》只是《文苑英华》的一个"铨择"

(接上页注)雕并衔名,录如下:'临安府今重行开雕《唐文粹》一部,计二十策,已委官校正讫。绍兴九年正月日'。"傅增湘:《藏园群书经眼录》卷 18,北京:中华书局,1983 年,第 1503—1504 页。

① 关于《唐文粹》的版本流传,详见于郭勉愈《从宋绍兴本看〈唐文粹〉的文本系统》,《清华大学学报(哲学社会科学版)》2003 年第 1 期;郭勉愈:《〈唐文粹〉研究》,北京师范大学中国古典文献学 2003 年博士学位论文。

② (宋)周必大:《平园续稿》卷 15,光绪二十五年周日新堂刊本。

本,而事实并非如此,这一点,何法周先生早有辩证①;郭勉愈又从编纂时间和过程、编纂体例和选录作品以及文字校勘方面比较分析二书,肯定了《唐文粹》独立的文献价值和文学史地位②。

　　姚铉专选唐代诗文作品成《文粹》一百卷,后人为强调其选文时代性,以《唐文粹》名之,实际上姚铉则另有其意。叶德辉《郋园读书志》著录元刻黑口本《唐文粹》一百卷后,于明嘉靖甲申徐焴刻本《唐文粹》下题识曰:"宋、元本大题作'文粹'不作'唐文粹',盖铉书本续《文选》,非选唐文。不然,北宋初人选前朝人文,安有不标朝代之理。至《文鉴》、《文类》以本朝人选本朝人诗文,《文鉴》本名《皇朝文鉴》,《文类》本名《国朝文类》,上亦无'宋'、'元'字样,此与姚氏之不称唐者又自有别。后人不知,一律冠以朝代,殊失作者命名之意。"③叶德辉此说不仅解释了姚铉命名的原意,更重要的是突出了姚铉的编纂目的。姚铉于《〈文粹〉序》中历数各时期文学成就,尤许《文选》总结齐梁之前文学之功。姚铉处宋初急需"崇文重学"之时,此时文学尤存五代"衰微之弊"余风,《文选》之后总集又"率多声律,鲜及古道",故而姚铉集"唐贤文章之英粹者"为一编,以求"嗣于《文选》"④。

---

① 何法周:《〈文苑英华〉、〈唐文粹〉的编选情况、相互关系及其他——答石华同志》,《河南大学学报(哲学社会科学版)》,1986 年第 5 期。

② 郭勉愈:《〈唐文粹〉"铨择"〈文苑英华〉说辨析》,《北京师范大学(人文社会科学版)》,2002 年第 6 期。

③ (清)叶德辉撰,杨洪升点校,杜泽逊审定:《郋园读书志》卷 15,《中国历代书目题跋丛书(第三辑)》,上海:上海古籍出版社,2010 年,第 695 页。

④ (宋)姚铉《〈文粹〉序》曰:"今世传唐代之类集者,诗则有《唐诗类选》《英灵》《间气》《极玄》《又玄》等集,赋则有《甲赋》《赋选》《桂香》等集,率多声律,鲜及古道。"(宋)姚铉:《〈文粹〉序》,《唐文粹》卷首,《四部丛刊初编》本。

姚铉评唐一代文学,"是故志其学者,必探其道,探其道者,必诣其极,然后隐而晦之,则金浑玉朴;发而明之,则龙飞虎变,大人之文也",认为唐贤是学者学道的榜样,唐贤文章亦具"先圣孔子之道"而"炳焉悬诸日月",是时人学习"古道"的范本。故而姚铉"以古雅为命"选录作品,其中"文赋惟取古体,而四六之文不录。诗歌亦惟取古体,而五七言近体不录"①《唐文粹》作为一部宋人选唐人作品的诗文总集,其编纂意图、选录标准都体现了姚铉自觉的文学观念。下文将从《唐文粹》的文体分类来看看姚铉如何将文学批评和文体观念体现在总集编纂中,从而达到其明"古道""嗣《文选》"和总结唐代文学的目的。

首先,《唐文粹》一级分类按"体"区分,分体之中亦有合并归类。

姚铉《〈文粹〉序》称其"得古赋、乐章、歌诗、赞、颂、碑、铭、文、论、箴、表、传、录、书、序凡为一百卷"②。根据最早的南宋绍兴本的目录来看,姚铉实际分古赋、古调、颂、赞、表奏书疏、制策、文、论、议、古文、碑、铭、记、箴诫铭、书、序、传录纪事十七类。其中,卷一至卷九:古赋;卷十至卷十八:古调;卷十九至卷二十二:颂;卷二十三、二十四:赞;卷二十五至卷三十上:表奏书疏(檄、露布附);卷三十下:制策;卷三十一至卷三十三:文;卷三十四至卷三十八:论;卷三十九至卷四十二:议;卷四十三至卷四十九:古文;卷五十至卷六十五:碑(记、碑阴文、军并刻文附);卷六十六至卷七十:铭(碣颂、诔、表、述、版文附);卷七十一至卷七十七:记(述、书、录志、到难附);卷七十八:箴铭诫;卷七十九至卷九十:书(笺、

---

① (清)永瑢等:《四库全书总目》卷186,第1692页。
② (宋)姚铉:《〈文粹〉序》,《唐文粹》卷首,《四部丛刊初编》本。

命附）；卷九十一至卷九十八：序（籍、记附）；卷九十九至一百：传录纪事①。

《〈文粹〉序》所列的乐章、歌诗、箴、表、传、录等类在《唐文粹》的一级分类中并未有见，然《唐文粹》实有收录。《唐文粹》古调类下的二级类目"古今乐章"收录"古乐章"和"今乐章"类作品，又有二级类目"古调歌篇"；《序》中"箴"类，《唐文粹》"箴诫铭"亦有收录；《唐文粹》"传录纪事"类则收录《序》中"传""录"作品。具体说来，《序》中列出类目之名，实已细化到具体文体之中；而从《唐文粹》十七个类目名称来看，姚铉一级分类主要以"体"相分，同时也将一些文体功能或文体形态相近的文体合并为一类，如"表奏书疏""箴诫铭"类，若细加辨析此两类所收录的作品文体类别，则《唐文粹》实际上收录了古赋、古调、颂、赞、表、书（奏书）、疏、状、制策、文、论、议、古文、碑、铭、记、箴、诫、铭、书、序、传录纪事二十一类文体。除此之外，《唐文粹》目录标明有附录，如卷三附表，卷三十附檄、露布，卷三十三附哀辞，五十一卷赋庙记、碑阴，五十三卷附庙碣、碑阴，五十四卷附表、铭，五十五卷附庙记、碑阴、墓铭，六十三卷附碑阴、记、铭，六十七卷附碣颂，六十八卷附铭阴，六十九卷附诔、表、述，七十卷附版文、诔、表，七十一卷附到难，七十三卷附述，七十七卷附录志，八十五卷附启，八十八卷附笺，九十六卷附籍记②。今以《四部丛刊》本《唐文粹》为依据，统计其收录文体类目，有古赋、古调、颂、赞、表、书（奏书）、疏、状（奏状）、制策、文、论、议、古文、碑、铭、记、箴诫铭、书、序、传录纪事二十种。

---

① 嘉靖三年徐焞刻本、光绪十六年许增刻本，将"古调"改称"诗"，"制策"改为"策"。
② 《四部丛刊》集部影印上海涵芬楼借乌程蒋氏密韵楼藏元翻宋小字本。

《唐文粹》欲"嗣于《文选》"①,分体亦受《文选》影响。《文选》一级分类分三十九体,《四部丛刊》本《文粹》一级分类主要以"体"区为二十类。一级类目的绝对数量上,《唐文粹》比《文选》少了十九类,但从实际收录作品来看,《唐文粹》少了《文选》的七、诏、令、教等体,增加了状、露布、文、议、古文、记、诫、传录纪事等,并对《文选》分类作出调整合并:辞、连珠归古赋类,骚归古调类,移、笺归书类,诔、哀、祭、吊归为文类,符命归为古文类,史论归论,墓志归碑,行状归传录纪事类。

《唐文粹》一级分类在分类标准、类目命名以及排列顺序上都继承了《文选》的文体分类成果,同时也结合所处的时代特点和自身的文学观念做出了一些变化。一级类目设置上,剔出一些文体类目同时也新增了一些新的类目,将一些类目归纳合并,一定程度上克服了《文选》立类繁琐的倾向。

其次,《唐文粹》二级三级分类标准不一。

《唐文粹》一级分类分体编录,后又"各分首第门目",除制策之外,其余文体下均进行二次分类。古赋、古调、表奏疏书类下进行三级分类。

古赋二级分类,设置有圣德、失道、京都、郊庙、符宝、象纬、阅武、誓师、海潮、名山、花卉草木、鸟兽昆虫、古器、物景、决疑、修身、哀乐愁思、梦十八个类目,主要是以赋的题材内容细分。

古调有古今乐章、琴操、楚骚、效古、乐府辞、古调歌篇②六类,主要以文体形式和音乐因素分。三级分类,标准不一。"古今

---

①(宋)姚铉:《〈文粹〉序》,《唐文粹》卷首,《四部丛刊初编》本。
②宋刊本十四卷至十八卷未标"古调歌篇"之名,以"杂兴""伤感"类与"古今乐章""琴操""楚骚""效古""乐府辞"平行,同为二级类目。原(转下页注)

乐章"按时间先后分为古乐章和今乐章两类;"乐府辞"分功成作乐、古乐、感慨、兴亡、幽怨、贞节、愁恨、艰危、边塞、神仙、侠少、行乐、追悼、愁苦、鸟兽花卉、古城道路十六类;"古调歌篇"分古风、杂兴、伤感、怀古、怀贤、集会、饯送、行役、怀寄、失意、疾病、伤悼、知己、交友、规诲、纪赠、散逸、侠少、登览、胜概、幽居、山居、伤叹、寺观、庙社、边塞、画图、古器物、乐器、草木、禽鸟昆虫、道路、月明河、风月露雪、江海泉水、官禁、神仙、感寓、咏史、怀叹、感物、春感、秋感四十三类,主要是按题材内容细分。

颂有盛德大业、封禅、神武、时政、丰年、祥应、高世、古贤宰、良牧、兴利、灵迹、高道、宗理、祠祀、监牧十五个二级类目①。

赞设置有帝王、将相功臣、庶官、孝子、古贤、名臣、浮图、图画、鸷鸟、绝艺、雅乐、桥梁十二个二级类目。

表下分尊号、肆赦、政事、献事、祀祭、教化、请削爵、抑损、外戚九个二级类目。

奏书分政事、传导、崇儒、大葬、郊庙号、进贡、佛寺、边事八类。

疏分政事、学校、巡按、罢兵、寺观、关市、亢旱、复位、去滥赏、去滥刑、弹奏、诛戮十二个二级类目。

状分尊号、赦宥、举官、府库、内人、无滥赏、兵机、论功等类。

文设置二级分类有践祚、封禅、祝寿、告谢、徽号、肆赦、戒励、恕死、帝王谥册、帝王哀册、后妃谥册、后妃哀册、吊古、雷霆、军

(接上页注)十四卷上收录的64首诗却没有二级类目,直接统摄在"古调"一级类目之下。明刊本以"古调歌篇"为卷十四至十八的二级类目,十四卷上收录64首诗歌,则标"古诗"二级类目下。此说以明刊本为参照。

① 郭勉愈将"灵迹""高道"合并为"灵迹高道","监牧"后另书"帝王"类目,今宋本、明本皆无,不知据何本。

政、畏途、祛疠、责檄、伤悼十九个。

论细分天①、帝王、封禅、封建、兴亡、正统、辨析、文质、经旨、让国、兵刑、临御、谏净、嬖惑、前贤、失策、降将、佞臣十八个二级类目。

议设有郊寝、明堂、雅乐、车服、刑辟、谥议、古诸侯世子谥议、历代是非、丧制九个二级类目。

古文下设有五原、三原、五规、二恶、言语对答、经旨、读、辩、解、说、评、府命、论兵、析微、毁誉、时事、变化等类目。第四十四卷上下收录复性书三首、平赋书一首、鹿门隐书六首、古渔夫四首、时议三首，未有二级类目设置。设若以"复兴书""平赋书""鹿门隐书"为二级类目，似不妥。而从其它类目来看，五原、三原、五规、二恶、言语对答、读、辩、解、说、评基本上以文章体裁为二级类目名，而经旨、府命、论兵、析微、毁誉、时事、变化则按文章关涉的主旨内容归纳总结。这也和"古文"类收录作品的性质有关。

碑二级分类产生岳渎祠庙②、圣帝、先圣、大儒、高士、义士、忠烈、纯臣、烈女、古迹、土风、遗爱、忠义、奸雄、英杰、妃主、宰相、使相、节制、庶官、牧守、纪功、家庙、释、道等类目，主要按作品主题内容和功用区分。

铭体下有名迹、高道、忠孝、暴虐、浮图、桥梁、宅、井、冢、宰

---

①明本改题"天论"类。

②光绪许氏本将第五十二卷《嵩山启母庙碑》《少室山少姨庙碑》等五篇碑文归为"岳渎祠庙"，与第五十卷"岳渎祠庙"重，而宋本无此类目。五十二卷所收，皆为庙碑，五十一卷"大儒"类收司空图与皮日休《文中子碑》，而此卷以崔融始，不应归为"大儒"，且所收之文不宜归入"岳渎祠庙"，不知原本此五篇作品为何类。

辅、节制、庶官、牧守、贤宰、命妇、贤母、隐居二级类目,附录碣颂、铭阴、诔、表、述、版文等体。

记下有古迹、陵庙、水石岩穴、外物、府署、堂楼亭阁、兴利、卜胜、馆舍、桥梁、井、浮图、灾沴、宴会、宴犒、书画琴故物、种殖等二级类目。

箴诫铭因其一级类目本为相近文体并称而立,故而细分为箴、诫、铭三体。

书以主旨内容和功用区分有论政、论兵、论易、论礼、论《国语》、论制诏、论书、论史、论选举、论谏诤、论仕途、论虚无、论法乘、论服饵、论文、荐贤、师资、自荐、激发、哀鸣、忿恚、切磋、规诲、喻二十四个二级类目。

序体下有集序、天地、修养、琴、博弈、鸟兽、果实、著撰、唱和联题、歌诗、赐宴、宴集、饯别等二级类目。

传录纪事分为题后传、假物、忠烈、隐逸、奇才、杂伎、妖祸、录、纪事、五纪①数类。其中题后传、录、纪事、五纪以文体类别区分设类,假物、忠烈、隐逸、奇才、杂伎、妖祸以内容主题分类。

《文选》收录的三十九类文体之中唯有赋、诗类进行二次分类。《唐文粹》除制策(收录一篇作品)外均进行二次分类,二次分类标准不一,具体分类情况据一级分类而定。如"箴诫铭"类,一级类目名称以相近文体合并组成新的类目,故而二级分类拆开不同文体为箴、诫、铭三类。大部分文体二次分类按收录作品的题材内容分。《文选》没有三级分类,而《唐文粹》则于部分二级类目之下,进行三级分类。二级分类标准不一,直接导致三级分类也

---

① 宋本"纪事"类收录作品五篇,余下为"五纪",而明本"纪事"十篇,无"五纪"类。

未能按统一标准。"古调"类二级类目下三级分类,"古今乐章"按时间先后分为古乐章和今乐章两类;"乐府辞"以题材内容分为十六类,"古调歌篇"主要以题材内容分。

《唐文粹》在沿用《文选》以来文体分类体例的基础上,或增设新的类目如古文、记、序,或在类目设置上更改原先文体名称,赋予选家的文学观念,如赋改为古赋,诗改为古调等,专收古赋古诗之作,骈律之作一概不录。姚铉将功能相近的文体合并组成新的一级类目,箴诫铭、传录纪事两类文体类目则是姚铉首创。《唐文粹》二级分类也打破了《文选》的分类方式,一些二级分类按体裁和文体功用划分。三级分类依二级分类标准不同而不尽统一。总之,《唐文粹》将《文选》的一级分类从三十九类简化成二十类,文体合并重新加以命名,也体现分体归类的需要;在分类级次上丰富了《文选》的二级分类,大部分一级类目下进行二级分类,少数二级类目再进行三次分类。《唐文粹》主要以文章的题目作为分类的依据,故而在一些作品的分体归类上因辨识不清所致文体划分不当的问题较多,且部分分类过于繁琐,标准不一。这一方面与姚铉本人的分类依据标准有关,同时也反映出唐代古文创作中一些文体界限并不明确的实际情况。

《会稽掇英总集》

《会稽掇英总集》,宋孔延之编。延之(1014—1074),字长源,临江新淦人。孔延之于神宗熙宁四年(1071)知越州,五年编就《会稽掇英总集》。孔延之"恨诗书阙亡,使善恶之戒不详见于后代",均因"编脱简落不能即补之故",欲使传之久远,"则纸本尚矣"①;又以会稽山水人物之记录赋咏,多散佚而不传,故自到官,申命吏卒,广搜博取,选录自秦始皇三十七年至宋熙宁年间诗文共八百〇五篇,编就现存会稽最早的一部地域文学总集。《会稽掇英总集》所录诗文,多由搜岩剔薮得之,于地域诗文文献收集整理层面颇有建树。

是书传本极少,清前仅有《直斋书录解题》《宋史》著录②。清丁立中《八千卷楼书目》、瞿镛《铁琴铜剑楼藏书目录》、陆心源《仪顾堂题跋》、王太岳《四库全书考证》、张金吾《爱日精庐藏书志》均有著录③。陈文述《颐道堂集》卷一《〈松陵诗征〉序》、劳格《唐尚书省郎官石柱题名考》、刘文淇《青溪旧屋集》卷六《海陵文征后

---

① (宋)孔延之:《〈会稽掇英总集〉序》,(宋)孔延之撰,邹志方点校:《〈会稽掇英总集〉点校》,北京:人民出版社,2006年,第3页。

② 《直斋书录解题》卷十五总集类:"《会稽掇英集》二十卷,《续集》四十五卷。熙宁中郡守孔延之、程师孟相继纂集。其《续集》则嘉定中汪纲俾郡人丁燧为之。"(宋)陈振孙撰,徐小蛮、顾美华点校:《直斋书录解题》卷15,上海:上海古籍出版社,1987年,第453页。《宋史·艺文志八》:"孔延之,《会稽掇英集》二十卷。"《宋史》卷209,北京:中华书局,1977年,第5406页。

③ (清)丁立中《八千卷楼书目》卷十九集部有"《会稽掇英总集》二十卷,宋孔延之编,杜氏刊本"之记载。(清)丁立中编:《八千卷楼书目》,北京:国家图书馆出版社,2009年,篇599页。(清)瞿镛《铁琴铜剑楼藏书目录》卷二十三集部五著录曰:"《会稽掇英总集》二十卷,钞本。宋孔延之编并序,此书传本绝稀,从淡生堂钞本传录。"(清)陆心源:《会稽掇英总集跋》,《仪顾堂题跋》卷13,《宋元明清善本书目题跋丛刊》,北京:中华书局,2006年,第159页。(清)王太岳:《四库全书考证》卷89:"《会稽掇英总集》,宋孔延之撰。"(清)张金吾《爱日精庐藏书志》卷三十五集部"《会稽掇英总集》二十卷,文澜阁传抄本,宋孔延之编",(清)张金吾撰,柳向春整理,吴格审定:《爱日精庐藏书志》,《中国历代书目题跋丛书(第四辑)》,上海:上海古籍出版社,2014年,第707页。

序》、邱炜蒉《五百石洞天挥麈》卷六亦有引用。陆心源《宋史翼》卷一列传存有《孔延之传》。《四库全书总目》谓:"其书世鲜流传,藏弆家多未著录。此本乃明山阴祁氏澹生堂旧钞,在宋人总集之中最为珍笈,其精博在严陵诸集上也。"①四库本即以山阴澹生堂旧钞本录入,陆心源《仪顾堂题跋》著录为"钱叔宝手抄本"②,张金吾《爱日精庐藏书志》卷三十五集部著录有"文澜阁传抄本"③。嘉庆丙子,山阴杜丙杰从文澜阁转抄付刻,即为山阴杜氏浣花宗塾道光元年刊本,此为唯一刊本④。较常见的有《四库全书》本和人民出版社邹志方的点校本⑤。

《会稽掇英总集》裒辑会稽诗人之功,屡被称善。俞樾《春在堂杂文》谓其辑古来诗文之有关会稽者"富矣",分析其选录标准曰:"取有关于会稽而不必皆会稽人所作,是以备掌故而非以存其诗,且存其人也。"⑥究其所取,"自太史所载至熙宁以来,其所谓

---

① (清)永瑢等:《四库全书总目》卷186,第1694页。

② (清)陆心源:《〈会稽掇英总集〉跋》,《仪顾堂题跋》卷13,《宋元明清善本书目题跋丛刊(九)》,北京:中华书局,2006年,第159页。

③ (清)张金吾:《爱日精庐藏书志》卷35,第707页。

④ 冯建荣:《〈会稽掇英总集〉点校序》,(宋)孔延之撰,邹志方点校:《〈会稽掇英总集〉点校》,北京:人民出版社,2006年,第1页。

⑤ 校点本以山阴杜丙杰浣花宗塾藏,刻于清道光元年(1821)的《会稽掇英总集》为底本,以四库全书本为内校,以严可均辑《先秦汉魏晋南北朝诗》、董诰等编《全唐文》、陆心源编《唐文拾遗》、彭定求等编《全唐诗》、傅璇琮等主编《全宋诗》为外校,个别疑难之处,还检核了他书。校点本之所以以杜丙杰浣花宗塾藏板为底本,因该书向无刊本,四库全书据祁氏澹生堂旧抄本录入,后由山阴杜丙杰从文澜阁转抄付刻,并有整理,故弥足珍贵。

⑥ (清)俞樾:《郦黄芝诸暨诗存序》,《春在堂杂文(四编)》卷5,《清代诗文集汇编》,上海:上海古籍出版社,2010年,第623页。

铭、志、歌咏,得八百五篇为二十卷"①,且"各有类目"②。前十五卷为诗,后五卷为文。

一、初次分类按"体"区分

《会稽掇英总集》卷一至卷十五收"诗"七百五十四首,后五卷为"史辞""颂""碑""碑铭""记""序""杂文"类作品五十一篇。卷十六"史辞"一篇,收司马迁《越世家史辞》,"颂"收李斯《秦德颂》一篇,"碑"收邯郸淳《曹娥碑》等七篇,此三体共一卷。卷十七"碑铭"录文十一篇,卷十八至卷十九"记"体收文十九篇,卷二十收"序"体七篇,"杂文"五篇。

总体说来,《会稽掇英总集》一级分类以"体"相分,分诗、史辞、颂、碑、碑铭、记、序、杂文③八门。

二、"诗"体二级三级分类以"题"相分

从上文统计来看,《会稽掇英总集》"诗"占绝大多数,故再细分二级三级类目:"首曰州宅,次西园,次贺监,次山水,分兰亭等八子目;次寺观,分云门寺等四子目,而以祠宇附之;次送别,次寄赠,次感兴,次唱和。"④

"诗"体之下,根据诗歌所关涉对象题材,分周宅、西园、送贺监、山水、云门寺(附若耶溪)、天衣寺、应天寺、天章寺、禹庙、曹娥

---

① (宋)孔延之:《〈会稽掇英总集〉序》,第 3 页。
② (清)永瑢:《四库全书总目》卷 186,第 1694 页。
③ 《四库全书》本"史辞""颂""碑""碑铭""记""序"类,均未标目。然其所选,则以同类作品归并。故以"史辞""颂""碑""碑铭""记""序"名之。
④ (清)永瑢:《四库全书总目》卷 186,第 1694 页。

庙、杂寺观、送别等二级类目。"山水"二级类目之下细分三级类目，分别为鉴湖、兰亭、剡中、天姥、五泄山、石伞峰、四明山、浙江、山水杂咏九个三级类目。

《四库全书总目》所题分类，《四库全书》本《会稽掇英总集》已不可见。如"送别"这一类目之后并无寄赠、感兴、唱和二级类目，卷十二至卷十四并无类目标注，然就其所选诗歌篇目来看，可归纳为寄赠、感兴、唱和类。四库本中无此三级类目，可能是传抄中漏写之故。《四库全书总目》亦称云寺观分云门寺等四子目，今本篇章编排中亦无标目，故其应以云门寺（附若耶溪）、天衣寺、应天寺、天章寺为四子目。三级分类标准以诗歌作品关涉"题材"划分。《四库全书总目》所题分类，似更可取。

读者通过二级三级类目的设置，对照所选诗歌，可于了解会稽名胜之时品评绝境之意。以上二级三级类目以吴郡地理空间内的宅园亭台、寺观庙宇为名，命名设置上带有浓厚的地方色彩。这些类目名称，前人总集较少见，而地方志中频频出现。《会稽掇英总集》次级类目命名的地志化倾向，为考辨地域总集编纂分类与地方志类目体例之关系提供了线索参照。

三、四级分类律古相分

孔延之称"诗则以古次律，自近而之远"[1]，由此可见，"诗"体经过二级三级分类之后，再以律、古相分，大致先律后古，四级分类以诗歌体式相分。一些类目之下，如"兰亭"等类惟存古诗而无律诗，而"四明山"等类则惟存律诗而无古诗。经过重重分类之

---

[1]（宋）孔延之：《〈会稽掇英总集〉序》，第3页。

后,具体作品则"稍以岁月为先后,无所异也"①。《会稽掇英总集》于"诗"体细加分类,形成四级分类结构。

《宋文选》

《宋文选》,又《圣宋文选》,不著编辑者姓名。宋人李子仪(1038—1117)《赠人》②中提及见有《宋文选》,由此可推测是书元祐间即有刊本流传。最早著录该书为郑樵《通志》,"《宋文选》二十卷"③,焦竑《国史经籍志》亦录为二十卷本④。《宋史·艺文志》著录"《圣宋文选》十六卷"⑤。二十卷本与十六卷本,今已不得见。清人书目皆著录为三十二卷本⑥。四库馆臣以张邦基《墨庄漫录》称"崔伯易有《金华神记》,编入《圣宋文选后集》中",论定其所收录的《宋文选》"乃其前集,在南渡以前矣"⑦。

---

① (宋)孔延之:《〈会稽掇英总集〉序》,第 3 页。

② (宋)李之仪撰,(宋)吴芾编:《姑溪居士集》卷 17,《景印文渊阁四库全书》集部,第 1120 册,第 468 页。

③ (宋)郑樵:《通志·艺文略》卷 70,杭州:浙江古籍出版社,2000 年,第 825 页。

④ (明)焦竑:《国史经籍志》卷 5,《宋元明清书目题跋丛刊(五)》,第 913 页。

⑤ 《宋史》,第 2416 页。

⑥ (清)丁丙《善本书室藏书志》卷三十八、丁立中《八千卷楼书目》卷十九、《天禄琳琅书目》卷三、黄丕烈《士礼居藏书题跋记》卷六、黄虞稷《千顷堂书目》卷三十二、嵇璜《续通志·艺文略》卷一百六十三、《续文献通考·经籍考》卷一百九十七、《皕宋楼藏书志》卷一百十三"集部"、缪荃孙《云自在龛随笔》卷四、倪灿《宋史艺文志补》、庆桂《国朝宫史续编》卷七十九以及阮元《文选楼藏书记》卷一等皆有著录。

⑦ (清)永瑢等:《四库全书总目》卷 187,第 1695 页。

　　北宋有《宋文选》刊本流传,南宋有建阳小字本①,行于世。明人《江阴李氏得月楼书目摘录》录《圣宋文选》"全集三十二卷,照宋钞"②。清人著录亦为宋刊本,黄丕烈藏有武进盛氏、江阴缪氏两种宋刻本《圣宋文选》,《荛圃藏书题识》有详细介绍③。又有清代影写本,陆心源《皕宋楼藏书志》卷一百十三集部著录两本④。此集版本流传及存世馆藏,详见祝尚书先生《宋人总集叙录》⑤。

　　《四库全书》所录为浙江巡抚采进本,系为钞本。《宋文选》选欧阳永叔、司马君实、范希文、王禹偁、孙明复、王介甫、余元度、曾子固、石守道、李邦直、唐子西、张文潜、黄鲁直、陈莹中十四人有关经术、政治之文,"诗、赋、碑铭之类不载"⑥。《四库全书总目》曰:"宋人选宋文者,南宋所传尚多,北宋惟此集存耳。其赅备虽不及《文鉴》,然用意严慎,当为能文之士所编。"⑦《宋文鉴》选录建隆以后、建炎以前北宋一代三百十四人的二千五百八十五篇(首)诗文,而是书仅收录十四人作品,收录作者和作品数量与《文鉴》相差甚远。《四库全书总目》称其"用意",应从选文定篇中见。

　　《宋文选》收录北宋十四家的作品数量不等,多如张文潜七卷

①(清)丁丙:《善本书室藏书志》卷38,第882页。

②(明)李鹗翀:《江阴李氏得月楼书目摘录》,《宋元明清书目题跋丛刊(五)》,第136页。

③(清)黄丕烈著,屠友祥校注:《荛圃藏书题识》,上海:上海远东出版社,1999年,第792—794页。

④(清)陆心源:《皕宋楼藏书志》卷113,第1278页

⑤祝尚书:《宋人总集叙录》,第44—49页。

⑥(清)永瑢等:《四库全书总目》卷187,第1695页。

⑦(清)永瑢等:《四库全书总目》卷187,第1695页。

九十三篇,司马君实三卷六十三篇,李邦直五卷五十篇,少至余元度、范希文一卷文十篇,王禹偁一卷八篇。作品系于作者之下,并无分门别类。此与《宋文鉴》分体编排有别。

《宋文选》收王介甫文两卷,卷十为《礼乐论》《性论》《性命论》《名实论上》《名实论中》《名实论下》《大人论》《致一论》《王霸论》《禄隐论》《取材论》《委任论》《三不欺论》《三圣人论》《杨孟论》《荀卿论上》《荀卿论下》,卷十一收录《上皇帝万言书》《上曾参政书》《上邵学士书》《答韩求仁书》《答陈梐书》《答王深甫书》《答吴子经书》《送孙正之序》《州学记》《君子斋记》。

李邦直文五卷:卷十八收录《论略》《易论上》《易论中》《易论下》《春秋论上》《春秋论下》《礼论上》《礼论中》《礼论下》《诗论上》《诗论下》《史论上》《史论下》《四子论上》《四子论下》;卷十九收录《唐虞论》《三代论》《秦论》《西汉论》《东汉论》《魏论》《梁论》《隋论》《唐论》《五代论》;卷二十收录《策旨》《法原策》《势原策》《议型策上》《议型策下》《议兵策上》《议兵策中》《议兵策下》《议戎策上》《议戎策下》;卷二十一收《议官策上》《议官策中》《议官策下》《重计策》《实備策》《明责策》《劝吏策》;卷二十二收《固本策》《厚俗策》《广助策》《养材策》《审分策》《慎柄策》《解蔽策》《辨邪策》。

王安石作品收录二十七篇,卷十所收的十七篇为论类文,卷十一收书类七篇,其中上书①一篇,书六篇,序一篇(送序),记两篇;李邦直共收五十篇,卷十八至十九为论二十五篇,卷二十至二十二收策二十五篇。此外范希文收论四篇、书四篇、记两篇以及《朱从道名述》。张文潜文七卷,依次为论五十五篇、书十三篇、序六篇、《齐

---

① 题"《上……书》",然皆为"书"。

说》上下两篇、《药戒》《讳言》《敢言》、序跋①六篇、记八篇。

由此可见，《宋文选》虽以人系文，文各标目类分，然在实际上则有将同一体之文编排左右之倾向，且文体类目间亦存先后次序。大致上顺序为：论（原、解）、策、书（上书、书牍）、序（送序、书序）、铭记、传（述）、碑。文体排序亦可见出编者的文体观念。论、书、序、记等体在《宋文选》中选篇为多，且论编次于众文体之先，由此可见出编者对论体的重视。

《乐府诗集》

宋郭茂倩编纂的《乐府诗集》是现存最早的乐府总集。茂倩，字德粲，太原东平人②，约生于仁宗庆历六年（1046），嘉祐二年进士，官至职方员外郎知单州军州事③。《乐府诗集》最早见于晁公武《郡斋读书志》著录，稍后成书的《能改斋漫录》有多处引用《乐府诗集》。晁书绍兴二十一年（1151）完成，而吴曾《能改斋漫录》据葛立方《韵语阳秋》记载成书于绍兴二十六年前后。由此可见，《乐府诗集》绍兴年间即有刊本流传。《乐府诗集》一百卷，今可见宋代刻本，除国家图书馆藏傅增湘残本七十九卷外，南京图书馆、上海图书馆亦藏有残本。今所见百卷本乃以宋刻本、至正元年集

①"《读……》"两篇，"《书……后》"三篇，"《题……》"一篇，皆为序跋类作品。
②（清）陆心源：《元椠郭茂倩乐府跋》，（清）陆心源：《仪顾堂续跋》卷14，《宋元明清善本书目题跋丛刊（九）》，北京：中华书局，2006年，第354页。
③具体生平介绍详见于（宋）苏颂：《苏魏公文集》卷59《职方员外郎郭君墓志铭》。颜中其：《〈乐府诗集〉编者郭茂倩的家世》，《古籍整理研究学刊》1987年第4期，第63—64页。汪俊：《郭茂倩及其〈乐府诗集〉》，《江苏文史研究》，2001年第1期，第37页。

庆路儒学刻本和清抄本配补而成。

一、《乐府诗集》分类体例

郭茂倩《乐府诗集》收录上起陶唐,下迄五代之乐府五千二百九十首,是宋前乐府诗集大成之作。《郡斋读书志》著录曰:

> 《乐府诗集》一百卷。
>
> 右皇朝郭茂倩编次。取古今乐府,分十二门:郊庙歌辞十二,燕射歌辞三,鼓吹曲辞五,横吹曲辞五,相和歌辞十八,清商曲辞八,舞曲歌辞五,琴曲歌辞四,杂曲歌辞十八,近代曲辞四,杂谣歌辞七,新乐府辞十一,通为百卷,包括传记、辞曲,略无遗轶。①

郭茂倩《乐府诗集》将宋前乐府分为十二门类:

郊庙歌辞,祭祀之歌辞,多用于祭祀天地、太庙、明堂、籍田、社稷等。可分为祭祀天地神明之郊乐与祭祀祖宗宗庙之庙乐,诸如《郊祀歌》祭祀天地,《安世房中歌》祭颂祖宗宗庙等。

燕射歌辞,宴会之歌辞,多用于朝廷飨宴与大射之时。可分为亲宗族兄弟的天子饮食之乐、亲四方宾客的天子燕飨之乐以及亲古旧朋友的大射辟雍之乐。

鼓吹曲辞,原为短歌铙鼓的军乐,以箫、笳、鼓等为主要演奏乐器。后逐渐用于朝廷节日之会与帝王出行道路等场合,汉鼓吹曲《短箫铙歌》十八首即是。

横吹曲辞,北方少数民族传来之军乐,以鼓、角为主要乐器,于马上吹奏。《陇头》《关山月》十八首以及《梁鼓角横吹曲》六十余首即是。

---

① (宋)晁公武撰,孙猛校证:《郡斋读书志校证》卷2,第96页。

　　相和歌辞，汉代民间街陌讴谣，以弦、管乐器丝竹相和而成。民歌由乐府采摭，是汉代俗乐的主要部分。相和歌辞平调、清调、瑟调自曹魏后发展迅速，成为相和歌辞主要部分。

　　清商曲辞，源出于相和歌辞中平调、清调、瑟调三部类，称清商三调。东晋时期流行将汉魏清商旧曲配合南方民歌和文人拟作，发展成清商新声歌辞，吴声、西曲即属此类。

　　舞曲歌辞，配合舞蹈演唱之歌辞，分用于郊庙朝飨之雅舞和起源于民间后用于宴会之杂舞。

　　琴曲歌辞，即以琴配奏之歌辞，分五曲、九引、十二操等。

　　杂曲歌辞，因其数量众多、内容庞杂，且曲调配乐情况不明，不宜归属以上八类，而总以杂曲歌辞言之。

　　近代曲辞，所录皆为隋唐时代燕乐杂曲歌辞。燕乐为隋唐时期融汇南北胡乐、清乐、民间散乐而成的新俗乐，因其所收歌辞年代距宋较近，故而以"近代"名之，以区别于旧音乐系统的隋前"杂曲歌辞"。

　　杂歌谣辞，所录皆为历代不配乐之徒歌、歌、谶、谚语等。

　　新乐府辞，即唐人新题乐府诗，文辞、体式拟乐府，而题目、题材皆为重新创造且不配乐的"即事名篇"之作。

　　郭茂倩编纂《乐府诗集》时，频引《古今乐录》中有关乐府题解与歌辞记载，今人喻意志统计多达二百○一次之多，其中鼓吹曲辞四十二次，横吹曲辞十五次，清商曲辞六十次，相和曲辞四十七次，舞曲歌辞十六次，琴曲歌辞十四次。据王谟辑本《古今乐录》佚文可知，智匠明言"清商西曲"之语，又有"横吹""鼓吹"类名，而其所提及相和四引、相和十五曲、吟叹四曲、四弦与平调、清调、瑟调、楚调等曲，或吴声歌、西曲歌、神弦歌之谓，或类似于舞曲歌辞之巴渝舞、铎舞、拂舞、巾舞以及《思亲操》之琴操歌辞等。《古今乐录》至少涵盖了类似于《乐府诗集》中鼓吹歌辞、横吹歌辞、相和歌辞、清商曲辞、舞曲歌辞和琴曲歌辞六类①。因原书散佚,今所留存的文献不足原书十分之一,故而对其具体乐府分类不甚了了,但上述"清商西曲""横吹""鼓吹"之名,已与郭茂倩《乐府诗集》颇相类同。清人王谟辑佚《古今乐录》时称:"郭茂倩所编次《乐府诗集》一百卷,分十二门,包括传记辞曲,略无遗轶,大率据此书(注:《古今乐录》)及吴兢《乐府解题》为多。"②

自西晋崔豹《古今注》以题解形式首开乐府批评,至唐宋时期,题解类乐府著作遂成为乐府理论建构和批评研究的重要组成部分。吴兢《乐府古题要解》采用分类题解的著录形式,将其所释一百三十八组的古题分为乐府相和歌、乐府鞞舞歌、乐府拂舞歌、乐府白纻歌、乐府铙歌、乐府横吹曲、乐府清商曲、乐府杂题、乐府琴曲、杂出诸家文集亦有非乐府所作者等类。虽是书未见有关涉乐府分类的文字记载,然就其类目名称来说,吴兢以音乐曲调不同区别分类,这一点与《古今乐录》颇为相像。然,因《乐府古题要解》是以纠正汉魏以来历代文士"不睹于本章,便断题取义"的乐府创作流弊,故是书以追溯乐府古题本义,考证古辞本事为主。而吴兢所著,乃"涉阅传记,用诸家文集,每有所得,辄疏记之"③,于音乐史则少关注,故乐府分类仅从古辞本身的音乐属性出发,并不以当时的实际音乐演奏实践为基础。《乐府古题要解》分类最显著的特点,即将汉魏以来的郊庙、燕射歌辞剔除在外,而舞曲歌辞、相和歌辞、清商曲辞、琴曲歌

①颜余庆:《乐府分类述评》,《古籍整理研究学刊》,2007年第3期,第15—19页。
②(清)王谟辑:《古今乐录·序录》,《续修四库全书》子部,第1199册,第693页。
③(唐)吴兢:《〈乐府古题要解〉序》,(唐)吴兢:《乐府古题要解》,北京:中华书局,《丛书集成初编》本。

辞、横吹曲、铙歌（鼓吹曲）则逐渐于乐府中独立为类。相比于东汉、晋代以礼乐制作和官署部门统辖类分乐府之法，吴兢分类则更偏重于乐府本身的音乐曲调类型，此点在后代的乐府分类之中影响深远。

二、《乐府诗集》分类建树

　　《乐府诗集》是集乐府题解批评与乐府歌辞选录为一体的乐府总集。前文已述，《乐府诗集》采用依类系调，依调系辞的编录法则，将乐府按音乐曲调的不同大致分为十二类，每一类前有总序，援引历代乐书典籍文献，辨析各类的源流衍变和分类标准；大类总序之下再分小类，小类亦有序，序解小类的分类标准及乐制沿革，各小类皆由众多曲调名称以及歌辞组成，每一曲调下皆有题解，释其本事本义以及拟作等项，同一乐府曲调下乐府歌辞则以时代先后顺序编次，先古题歌辞后拟作歌辞。

　　从类目名称以及总序题解来看，《乐府诗集》将宋前乐府划分为十二类，大致沿用了释智匠《古今乐录》、吴兢《乐府古题要解》以音乐曲调划分乐府的分类标准。《古今乐录》辑存文献中的相关类目，今皆在《乐府诗集》中，而《乐府古题要解》中除杂出诸家文集亦有非乐府所作者外，乐府相和歌、乐府鞞舞歌、乐府拂舞歌、乐府白纻歌、乐府铙歌、乐府横吹曲、乐府清商曲、乐府杂题、乐府琴曲亦为《乐府诗集》所接纳包容。

　　《乐府诗集》郊庙歌辞、燕射歌辞从"汉乐四品"中"太予乐""周颂雅乐"中出，"黄门鼓吹"以及下属"短箫铙歌"，郭茂倩则改立"鼓吹曲辞"和"横吹曲辞"两类，如鼓吹曲辞序解云："鼓吹曲，一曰短箫铙歌。"①可见郊庙、燕射歌辞之分，沿用汉以来以礼乐制作为基础

---

① （宋）郭茂倩：《乐府诗集》卷 16，第 223 页。

的乐府分类之法。"杂歌谣辞"取历代歌、讴、谣、谶为一编,归类于乐府徒歌,虽多后人伪托,然其辑存古歌谣谚之功则颇佑后人。

《乐府诗集》十二类目,若以乐府题出现的历史时代为依据,则可分为古题、新题两个部分。前九类所录皆为隋唐以前乐府古题歌辞及其后代拟作歌辞,即除近代曲辞、杂歌谣辞、新乐府辞外,皆以音乐曲调以及礼乐制作而分。古题乐府各类序解,多依历代正史乐志以及《永嘉三年正声技录》《大明三年宴乐技录》以及《古今乐录》而作。隋唐时期新题乐府按其入乐与否分为"近代曲辞"与"新乐府辞"。诚如清代钱良择所云:"(《乐府诗集》)又分隋、唐杂曲为近代曲辞,以别于古而不列之新乐府,以其皆有所本,皆被于乐,与古不异也。"①"近代曲辞"实为隋唐燕乐系统的杂曲歌辞,以此区别于隋唐前"杂曲歌辞"。而同为新题乐府之"新乐府辞",收录自初唐谢偃、长孙无忌、刘希夷始,涵盖众家唐世新歌,因不入乐,以别于"近代曲辞"。

《乐府诗集》十二类先乐府古题之郊庙歌辞、燕射歌辞、鼓吹曲辞、横吹曲辞、相和歌辞、清商曲辞、舞曲歌辞、琴曲歌辞、杂曲歌辞,后乐府新题之近代曲辞、新乐府辞;古题之中,先鼓吹曲辞后横吹曲辞,先相和歌辞后清商曲辞,盖因后者皆从前者独立而出;大致遵循歌辞产生先后顺序。《乐府诗集》将杂歌谣辞与新乐府辞置于后,则体现了郭茂倩按音乐性由强至弱的顺序编次排列乐府类目的标准。而在另外一个层面上,虽然古题中郊庙歌辞、燕射歌辞、鼓吹曲辞、舞曲歌辞等皆上溯至先秦时期,然是书却以"郊庙""燕射"居首,则体现了郭茂倩以礼仪性强弱观念为顺次,

---

① (清)钱良择:《唐音审体·古题乐府论》,(清)王夫之等:《清诗话》(下册),上海:上海古籍出版社,1978年,第779页。

按礼乐之作官署与应用场合来编排作品的用意。郊庙歌辞、燕射歌辞多用于祭祀天地神明宗庙社稷和朝廷燕飨大射之时；相对来说，鼓吹曲辞虽与朝廷仪仗之乐相关，后渐用于朝廷节日之会与帝王出行道路等场合，仪式性相对较弱，故别为后。至于相和歌辞、清商曲辞本源于民间，再次之。

郑樵以正声、别声、遗声三分乐府，再于三声中细分五十二小类目的乐府分类框架，寄寓编者深层的分类机制，即以风、雅、颂三分乐府。《乐府诗集》郊庙歌辞、燕射歌辞、鼓吹曲辞、横吹曲辞、相和歌辞、清商曲辞、舞曲歌辞、琴曲歌辞、杂曲歌辞、近代曲辞、杂歌谣辞、新乐府辞十二类的排列顺序，亦有颂、雅、风三分之意。诚如元末李孝光所言："太原郭茂倩所辑乐府诗百卷，上采尧舜时歌谣，下迄于唐，而置次起汉郊祀，茂倩欲因以为四诗之续耳。郊祀若颂，铙歌鼓吹若雅，琴曲杂诗若国风。"①

《乐府诗集》十二类之分，既尊重了乐府发展的历史，体现了音乐曲调的发展变化过程；于关注乐府音乐属性的同时，亦保存了乐府歌辞失声之后的徒歌文献，清晰地呈现乐府古题发展全貌之上亦包容了唐人新题乐府。总的来说，《乐府诗集》类目设置与分类详明而不繁琐，因此后世的乐府总集分类虽与是书不尽一致，然大抵不出此本。

《严陵集》

《严陵集》，九卷，宋董弅编。弅，字令升，东平人。绍兴（1131—

---

① （元）李孝光：《〈乐府诗集〉序》，《五峰集》卷 1，《景印文渊阁四库全书》集部，第 1215 册，第 92 页。

1162)年间知严州,辑录严州诗文为一编。董弅《严陵集序》作于绍兴九年,是时书成。四库馆臣以第九卷中收录钱闻诗《浚西湖记》、陈公亮《重修严先生祠堂记》及《书瑞粟图》等作,而以上文章产生于《严陵集》成书(最迟绍兴九年)后四五十年,故认为《严陵集》后人有所附益①。

　　是书宋明书目著录较少,《东雅堂昌黎集注》《朱文公校韩昌黎先生集》《书旧续闻》称引《严陵集》,《景定严州续志》卷四"书籍"类有"严陵集"记载②,《八千卷楼书目》《续通志》《续文献通考》《铁琴铜剑楼藏书目录》《皕宋楼藏书志》《文选楼藏书记》《爱日精庐藏书志》等均有著录③。《四库全书总目》著录浙江范懋柱

---

① "惟弅《序》作于绍兴九年,而第九卷中有钱闻诗《浚西湖记》,作于淳熙十六年,上距绍兴九年凡五十一年;又有陈公亮《重修严先生祠堂记》及《书瑞粟图》二篇,作于淳熙乙巳,《重修贡院记》一篇,作于淳熙丙午,亦上距弅作《序》之时,凡四十七八年,则后人又有所附益。已非弅之本书,要亦宋人所续也。"(清)永瑢等:《四库全书总目》卷187,第1696页。

②(宋)方仁荣、郑瑶:《景定严州续志》卷4,《景印文渊阁四库全书》史部,第487册,第558页。

③(清)丁立中:《八千卷楼书目》卷十九集部记载:"《严陵集》九卷,宋董荠编,抄本。"(清)丁立中编:《八千卷楼书目》,北京:国家图书馆出版社,2009年,第600页。(清)嵇璜《续通志》卷一百六十三《艺文略》记载:"《严陵集》九卷,宋董荠编。"(清)嵇璜、曹仁虎等:《钦定续通志》,《景印文渊阁四库全书》史部,第394册,第569页。(清)瞿镛《铁琴铜剑楼藏书目录》卷二十三集部五:"《严陵集》,九卷,钞本,宋董菜编。案:自序菜知严州时与郡人喻彦先州学教授沈傃同辑。"(清)瞿镛:《铁琴铜剑楼藏书目录》,第658页。(清)陆心源《皕宋楼藏书志》卷一百十三集部:"《严陵集》九卷,旧抄本,知不足斋旧藏。宋董荠撰。"(清)陆心源:《皕宋楼藏书志》,《宋元明清书目题跋丛刊(八)》,北京:中华书局,2006年,第1281页。(清)阮元《文选楼藏书记》卷四:"《严陵集》九卷,宋知军州董弅辑。是书(转下页注)

家天一阁藏本，范本为宋本，已佚。此本旧有宋董弅抄本、宋刻本、文澜阁抄本和知不足斋旧抄本①，较常见的有《四库全书》本、《丛书集成初编》渐西村舍汇刊本。

董弅辑录"自隋以上在新安郡"，"自唐以后迄国朝宣和以前在睦州"，"其未尝至而赋咏实及此土"或"其有名非甚显，尝过而赋焉，一篇一咏，脍炙人口"②者，上自谢灵运、沈约，下迄南宋初诸家古今文章，以补《桐江集》止取一邑之文而"繁冗不伦"，以致集"不甚传"③之缺弊，欲以此集彰显圣人之遗意。

从《严陵集》卷次安排上看，卷一至卷六收诗，卷六诗后附赋两篇，卷七为记，卷八收杂著碑铭题记，卷九为杂著记疏。由此可见《严陵集》的文体分类特点是：

第一，具体篇章目录编次体现按"体"区分的特点，将所选诗文分为诗（附赋）、记、杂著碑铭题记、杂著记疏四类。

具体说来，卷一收录谢灵运、沈约、任昉至中唐白居易诗歌五十一首④，魏晋四首，唐诗四十七首；卷二收孟郊至贯休诗八十四首，皆为唐诗；卷三收李昉至关咏诗二十六首，为宋诗；卷四收宋

（接上页注）广川人刊本。起六朝迄宋宣和间名人题咏严陵诗文，汇集成编。"（清）阮元撰，王爱亭、赵嫄点校，杜泽逊审定：《文选楼藏书记》，《中国历代书目题跋丛书（第三辑）》，上海：上海古籍出版社，2009年，第323页。（清）张金吾《爱日精庐藏书志》卷三十五集部记载曰："《严陵集》九卷，文澜阁传抄本。"（清）张金吾：《爱日精庐藏书志》，第710页。
①后两种现藏于日本静嘉堂文库。祝尚书：《宋人总集叙录》，第66页。
②（宋）董弅：《〈严陵集〉序》，（宋）董弅：《严陵集》卷首，《景印文渊阁四库全书》集部，第1348册，第525—526页。
③（宋）董弅：《〈严陵集〉序》，第525页。
④收录诗歌数量按诗题统计，酬唱之作并计为1首。

祁至邵炳诗歌六十五首，为宋诗；卷五收庞籍至余辟诗四十九首，宋诗；卷六收司马光至蔡肇诗歌三十九首，另附张伯玉、钱勰《钓台赋》各一首。所选诗歌之中，唐宋诗占绝大多数。赋因存世极少，附于诗后。

卷七收录记类文章九篇。全为唐人作品。

卷八收录杂著碑铭题记十九篇，所录以记体为主，间杂碑铭、题跋三两篇。

卷九收录杂著记疏类作品八篇。以记体为主，兼收陈公亮《书瑞粟图下》以及《看经禳水患》。

从收录作品来看，董棻所分四类，实际上并非严格按文体类别划分，类目名称设置颇显随意。总体说来，类目名称的设置有以题（作品题目）划分的倾向，具体作品归属亦兼顾文体功能，相近作品按时间先后系于一处。

第二，一级类目之下，没有继续分类。

《严陵集》将其收录的各体作品进行简单分类之后，便按时间先后顺序编次。"诗"类共有六卷，收录六朝至宋诗歌三百余首；收录诗歌体式多样，题材内容亦丰富，然未有细致分类。董棻将同一类别作品，大致按时间先后顺序编排。如卷二依次收录吴融《赠方干》《清溪》、可朋《赠方干》《哭方先生》，后又收录刘驾《钓台》、唐颖《钓台》、杜荀鹤《钓台》《哭方干》等。

董棻于《严陵集序》中具体论述了此书编纂由来、编纂目的与意图。圣人删取诗《三百篇》各系其国，董棻本其土风而作类集，使后人"因土风而知国俗"①。董棻编严陵一州古今文章，叙次以传，所取颇为广泛，在批评《桐江集》只载一郡之文而又编次不伦

---

① （宋）董棻：《〈严陵集〉序》，第525页。

的弊病后，于此编弥补残阙，精校考订；所得断残碑版、脱遗简编以及逸文皆稽考订正，以他书校补。

《严陵集》所取以诗、记两类居多，严陵之钓台庙宇山水、人文沐化于此书可见一斑，编集实践和编纂方式为后人地域总集编纂提供借鉴。

《宋文鉴》

《宋文鉴》，原名《圣宋文海》①，吕祖谦淳熙四年（1177）奉敕编修，淳熙五年成书，共一百五十卷，目录四卷②。孝宗以其"采取精详，有益治道"③，御赐名《皇朝文鉴》。《宋文鉴》成书之后，孝宗命周必大撰序；将欲刊行之际，因近臣密奏《文鉴》所选"尤非所宜"④，孝宗亦以集中所收邹浩的《谏立刘后疏》"语讦"⑤而别命崔敦诗加以修订。故《宋文鉴》有两个版本：吕祖谦的初选本和崔敦诗的删改本。《宋文鉴》虽未得官方锓版，民间书肆却刊刻盛

---

① （宋）吕祖谦《进编次〈文海〉札子》："所有编次到《圣宋文海》一部，共一百五十四册，并临安府原牒到御前降下《圣宋文海》旧本一部，计二十册，并用黄罗夹复，封作七复。"（宋）吕祖谦：《吕东莱文集》卷1，北京：中华书局，1985年，第18页。

② （宋）吕祖谦：《进编次〈文海〉札子》，《吕东莱文集》卷1，第17—18页。

③ 《宋史》卷434，北京：中华书局，1997年，第12874页。

④ （宋）吕乔年：《太史成公编〈皇朝文鉴〉始末》，曾枣庄、刘琳主编：《全宋文》，第304册，上海：上海辞书出版社、合肥：安徽教育出版社，2006年，第95页。

⑤ 详参王学泰：《〈宋文鉴〉的编刻与时政》，《传统文化与现代化》，1993年第4期。

行,所据则是吕本而非崔本①。今所知,在南宋即有吕氏家塾本、麻沙刘将仕宅刊本、庆元六年(1200)太平府刊本、嘉泰四年(1204)新安郡斋刊本、嘉定十五年(1222)重修新安郡本、端平元年(1234)再次重修新安郡本等。《宋文鉴》最早刊本是麻沙刘将仕宅刊本,今藏北京大学图书馆。稍后庆元六年太平府刊本至清光绪十二年江苏书局刊本,为小字本系统。在嘉泰四年新安郡斋刊本基础上,增补校订刊刻而成的端平刘炳重修本即为宋刊大字本,后世《四库全书》本、《四部丛刊初编》本、中华书局点校本以及《吕祖谦全集》本皆是大字本系统②。

孝宗、周必大以江钿《宋文海》编次"殊无伦理",不可成"一代之书",故而命吕祖谦"专取有益治道者"③编修。吕祖谦认为"《文海》原系书坊一时刊行"之书,因过于追求利润、急功近利而去取未精,书中"名贤高文大册尚多遗落",故而请求对此书"一就增损,仍断自中兴以前,铨次庶几可以行远"。吕祖谦选文以"秘书省集库所藏本朝诸家文集"为主,并于士大夫家,宛转假借,旁采传记他书④,所得文集凡八百家⑤,成书一百五十卷。

《宋文鉴》共收录建隆以后、建炎以前三百一十四人的两千五

---

① 参见陈广胜:《吕祖谦与〈宋文鉴〉》,《史学研究》,1996年第4期,第55—56页。

② 详参李建军:《宋人选宋文之典范——〈宋文鉴〉编纂、价值及影响考述》,《古籍整理研究学刊》,2011年第6期。冯春生:《吕祖谦丁部文献目录版本考述》,《浙江师范大学学报(社会科学版)》,2006年第2期。

③ (宋)吕乔年:《太史公编〈皇朝文鉴〉始末》,第94—95页。

④ (宋)吕祖谦:《进编次〈文海〉札子》,《吕东莱文集》卷1,第17—18页。

⑤ (宋)吕乔年:《太史成公编〈皇朝文鉴〉始末》》,第95页。

百八十五篇（首）诗文，比江钿《宋文海》多三十卷①。吕祖谦在江钿《宋文海》基础上扩大了选录的范围，增删原有文体类目，一些篇章作品亦做了删改。

　　吕祖谦秉承孝宗主张"有益治道"的编辑目的和选本精神，按照"以道为治，而文出于其中"，"约一代治体归之于道，而不以区区虚文为主"②的标准来选录作品，追求事辞相称、文质彬彬之作③，在具体作家作品的取舍上亦能兼顾创作实际④。朱熹晚年认为此书"编次篇篇有意，每卷卷首必取一大文字作压卷，如赋则取《五凤楼赋》之类"⑤。叶适称"吕氏《文鉴》，去取最为有意，止百五十卷，得简繁之中，鲜遗落之憾"⑥。吕祖谦编选《宋文鉴》，不仅于诗文思想主旨方面要求有益治道，同时也兼顾艺术标准，注重反映一代文学之全貌。

　　上文提到，吕祖谦在江钿《宋文海》基础之上编修而成《宋文鉴》。最早对《宋文海》著录的是晁公武的《郡斋读书志》：

　　　　《宋文海》一百二十卷

　　　　右皇朝江钿编。辑本朝诸公所著赋、诗、表、启、书、论、

---

①（宋）晁公武撰，孙猛校证：《郡斋读书志校证》卷20，第1071页。

②（宋）叶适：《习学记言序目》卷47，北京：中华书局，1977年，第695页。

③洪本健先生以"记"为例，称许吕氏"颇有文学眼光"。参见洪本健：《从〈宋文鉴〉的编选看有关北宋散文繁荣的若干问题》，孙以昭、陶新民主编：《中国古代散文研究》，合肥：安徽大学出版社，2001年，第199页。

④巩本栋先生对于《宋文鉴》编选原则和具体的编选体例有详尽论述，详见于巩本栋：《论〈宋文鉴〉》，《中国文化研究》，2012年春之卷。

⑤（宋）陈振孙撰，徐小蛮、顾美华点校：《直斋书录解题》卷15，上海：上海古籍出版社，1987年，第448页。

⑥（宋）叶适：《习学记言序目》卷37，第547页。

说、述、议、记、序、传、文、赞、颂、铭、碑、制、诏、疏、词、志、挽、
祭、祷文,凡三十八门。虽颇该博,而去取无法。①
而编修之后的《宋文鉴》,吕祖谦自称"凡六十一门"②,比之江钿
原来三十八门增加了二十三门。

一、《宋文鉴》一级文体分类的继承和超越

吕祖谦"寻将秘书省集库所藏本朝诸家文集,及于士大夫家,宛
转假借,旁采传记他书,虽不知名氏,而其文可录者,用《文选·古诗
十九首》例,并行编类"③,一级文类按"体"相分:赋、律赋、诗、诏、
敕、敕文、册、御札、批答、制、诰、奏疏、表、笺、箴、铭、颂、赞、碑文、
记、序、论、义、策、议、说、戒、制策、说书、经义、书、启、策问、杂著、对
问、移文、连珠、琴操、上梁文、书判、题跋、乐语、哀辞(诔附)、祭文、
谥议、行状、墓志、墓表、神道碑表、神道碑铭、神道碑、传、露布④。

序列	起止卷次	门类	序列	起止卷次	门类
1	卷1至10	赋	27	卷108	戒
2	卷11	律赋	28	卷109至111	制策
3	卷12至30	诗	29	卷111	说书
4	卷31	诏	30	卷111	经义
5	卷32	敕	31	卷112至120	书
6	卷32	敕文	32	卷121至123	启

① (宋)晁公武撰,孙猛校证:《郡斋读书志校证》,第1071页。
② (宋)吕祖谦:《进编次〈文海〉札子》,《吕东莱文集》卷1,第18页。
③ (宋)吕祖谦:《进编次〈文海〉札子》,《吕东莱文集》卷1,第17—18页。
④ 详见(宋)吕祖谦编,齐治平点校:《宋文鉴》目录。

续表

序列	起止卷次	门类	序列	起止卷次	门类
7	卷 32	册	33	卷 124	策问
8	卷 33	御札	34	卷 125 至 127	杂著
9	卷 33	批答	35	卷 128	对问
10	卷 34 至 36	制	36	卷 128	移文
11	卷 37 至 40	诰	37	卷 128	连珠
12	卷 41 至 62	奏疏	38	卷 129	琴操
13	卷 63 至 71	表	39	卷 129	上梁文
14	卷 72	笺	40	卷 129	书判
15	卷 72	箴	41	卷 130 至 131	题跋
16	卷 73	铭	42	卷 132	乐语
17	卷 74	颂	43	卷 132	哀辞（诔附）
18	卷 76	赞	44	卷 133 至 135	祭文
19	卷 76 至 77	碑文	45	卷 135	谥议
20	卷 77 至 84	记	46	卷 136 至 138	行状
21	卷 85 至 92	序	47	卷 139 至 144	墓志
22	卷 93 至 101	论	48	卷 145	墓表
23	卷 101	义	49	卷 145	神道碑表
24	卷 102 至 104	策	50	卷 146 至 147	神道碑铭
25	卷 105 至 106	议	51	卷 148	神道碑
26	卷 107 至 108	说	52	卷 149 至 150	传
			53	卷 150	露布

江钿《宋文海》,原书一百二十卷,现在仅存卷四古赋、卷五赋、卷六赋、卷七记、卷八铭、卷九诏六卷,其具体分类情况惟《郡斋读书志》记载可见。通过上表对比可知,江钿《文海》中词、志、挽、祷文等门类,吕祖谦重新编类时未加保留,同时增加诸多文体类目。吕祖谦编《宋文鉴》一级分类五十三类,且以体裁相分。

吕祖谦《宋文鉴》不仅在篇章选取上继承《文选》客观平正的编选态度和立足宏观的文体观念①,只要文有可现者,"虽不知名氏,择其文可录者,用《文选·古诗十九首》例,并行编纂"②。同时,《宋文鉴》一级文体类目设置上所体现的文体观念亦是对萧统《文选》的继承和发展。吕祖谦承用《文选》分体编录的方式,分体更加细致。《宋文鉴》于朝廷下行文体如诏、敕、赦文、册等门类之外于卷三十三立御札、批答两类,细分墓志、墓表、神道碑表、神道碑铭、神道碑等门类,这是对《文选》及前人总集一级分类的细化。《宋文鉴》在《文选》一级类目基础上加以增删,体现了文体的发展以及文学创作上的古今差异。文体发展的过程中,一些文体趋于衰弱甚至于消亡,而另一些文体正渐于兴起和繁盛。如《文选》中的七、檄体,《宋文鉴》不再列目,而《文选》上书、弹事类亦已被吕祖谦设置的奏疏、表、书等相近文体所取代。《宋文鉴》的一级文体类目,从宏观上看,既注意保存一些经典文体,又收录代表北宋文学发展的一些典型文体。以"赋"类为例,吕祖谦选取了北宋人所作散体大"赋"十卷,虽此时此类文体已少有人作,但吕却认为:"本朝文士,比之唐人,正少韩退之、杜子美。如柳子厚、李太白则可

①巩本栋:《论〈宋文鉴〉》,《中国文化研究》,2012年春之卷,第45—46页。
②(宋)吕祖谦:《吕祖谦奉圣旨铨次劄子》,(宋)吕祖谦著,齐治平点校:《宋文鉴》,第2121页。

与追逐者,如周美成《汴都赋》,亦未能侈国家之盛,止是别无作者,不得已而取之。"①同时立"律赋",选取因唐宋科举考试而产生的律赋十九篇,单列为一类,从赋类中分出来。

除"律赋"之外,《宋文鉴》收录了另一科举文体——"经义"。"律赋"和"经义"历代总集收录不多。《宋文鉴》收录"上梁文""乐语"等民间实用文体,首立"杂著"和"题跋",这都是《宋文鉴》一级分类所不同的地方,也正是其分类特点所在。

二、《宋文鉴》二级分类

《宋文鉴》一级分类五十三体,大致按作者生活的时代先后为序编次作品。《宋文鉴》中赋在一级分类中已经分"赋""律赋"两体,故并没有像《文选》等进行二级分类,全书惟有"诗"体下进行二级分类,设有十一个二级类目。《宋文鉴》的二级分类方式是对《文选》等按题材内容或题材与体裁掺杂分类的超越。今人"《宋文鉴》全书以文学体裁分类"②之说虽不尽确,但可以肯定的是其一级二级分类都存在按体裁区分的趋向。

自《文选》"诗"以体裁与内容掺杂分类,历来总集多借鉴此方法。《宋文鉴》"诗"体分四言、乐府歌行(杂言附)、五言古诗、七言古诗、五言律诗、七言律诗、五言绝句、六言、七言绝句、杂体、骚(如骚者附)十一类,则主要着眼于诗歌语言和韵律的文体形式特

---

① (宋)吕乔年:《太史成公编〈皇朝文鉴〉始末》,《全宋文》第304册,第96页。
② 杜海军比较了《宋文鉴》对于《文选》的编纂体例的继承,还总结出两者的不同:一是《宋文鉴》全书以文学体裁来分类,《文选》的分类却是体裁与内容分类相掺杂。详见于杜海军:《吕祖谦文学研究》,北京:学苑出版社,2003年,第138—141页。

征。《文选》中"诗"体分类标准不一，吕祖谦则严格按照诗的体式差异来划分，使得整个分类体例趋于统一，当然更加方便读者根据自己的需要浏览不同的体式作品来学习创作。

《宋文鉴》以"体"分诗，分体对北宋诗歌进行总结，为学诗树立了分体典范，同时也更好地呈现出"一代之文学"的编纂特点，催生了后世总集按体编诗的体例。元明时期的断代诗文总集《元文类》《明文衡》，其"诗"体二级分类多沿袭《宋文鉴》之法。后出的诗歌总集如明高棅《唐诗品汇》分五七古、五七绝、五言排律、七律(含七言排律)等诸体选唐诗；宋公传《元诗体要》分体则更为细致，有四言、五古、七古、长短句、杂古、歌、操、引、香奁、无题、五律、七律、五言长律、七绝等，虽略显糅杂，然其分体编纂元诗之法，无疑是编者重视从诗歌体式层面严辨集中作品的重要实践。再有李沂《唐诗援》分五古、七古、五律、七律、排律、五绝、七绝类编唐诗，陈继儒《国朝名公诗选》以古风、排律、五律、七律、绝句等体分编本朝诗，到了清代，诗歌总集按体分类的编排方式更为普遍。

三、《宋文鉴》三级分类

《宋文鉴》"诗"体下二级类目"杂体"下又细分星名、人名、郡名、药名、建除、八音、四声、藏头、离合、回纹、一字至十字、两头纤纤、五杂组、了语不了语、难易言、联句、集句十七个三级类目。从这些类目名称上看，星名、人名、郡名、药名、建除是从诗歌题材内容来分，联句、集句、一字至十字、八音、四声、藏头、离合、回纹、两头纤纤、了语不了语、难易言则是以诗歌创作的要求和技巧来分。分类标准不一，且多以一首诗歌单为一类，类目设置上稍显随意。

总之，《宋文鉴》在一级分类上增设新的文体类目(律赋、经义、题跋、杂著、上梁文、乐语），同时改变分类方法，对部分文体重新分类，如诗体一改以往二级三级主要按题材内容区分之法，换用新的分类方式细分，这些都体现了《宋文鉴》在文体分类上的推陈出新之处，为后世诗文总集编纂分类提供了体例范本。

《古文关键》

　　《古文关键》，宋吕祖谦编①。是书为吕祖谦在孝宗乾道、淳熙年间（1173—1174）居丧于武义明招山，教授弟子古文时所编之书。吕祖谦取韩愈、柳宗元、欧阳修、苏洵、苏轼、苏辙等人古文汇于一编，成《古文关键》。《直斋书录解题》最早著录《古文关键》

---

①《直斋书录解题》卷十五："《古文关键》二卷，吕祖谦所取韩、柳、欧、苏、曾诸家文标抹注释，以教初学。"（宋）陈振孙撰，徐小蛮、顾美华点校：《直斋书录解题》卷15，第451页；《四库全书总目》亦言该书为"宋吕祖谦编，取韩愈、柳宗元、欧阳修、曾巩、苏洵、苏轼、张耒之文凡六十余篇，各标举其命意布局之处，示学者以门径，故谓之《关键》"，均以此书为吕祖谦所编。（清）永瑢等：《四库全书总目》卷187，第1698页。然吴承学教授以徐树屏本无名氏的《古文关键旧跋》"余家旧藏《古文关键》一册，乃前贤所集古今文字之可为人法者，东莱先生批注详明"，张云章《序》谓"审此则非东莱所选可知也。然其手眼，实出诸家之上。西山、叠山、迂斋皆似得此意而通者"，又日本官板《古文关键》目录下也明确注明为"东莱吕祖谦伯恭评"，而不标明"评选"，怀疑《古文关键》编选者可能并非吕祖谦本人。此外又指出《古文关键》与《宋文鉴》选文重合率低、"总论"前后矛盾，且与入选文章前后出入等问题，对编者问题持慎重阙疑的态度。最后推测一种可能性，即编选、评点和写作"总论"并非一时之作。详见于吴承学：《现存评点第一书——论〈古文关键〉的编选、评点及其影响》，《文学遗产》，2003年第4期，第72—84页。

曰:"《古文关键》二卷,吕祖谦所取韩、柳、欧、苏、曾诸家文标抹注
释,以教初学。"①此外元明书录如马端临《文献通考·经籍考》、
晁瑮《晁氏宝文堂书目》、高儒《百川书志》卷十九"集"类、祁承爜
《澹生堂藏书目》卷十二、孙能传《内阁藏书目录》卷四、杨士奇《文
渊阁书目》卷二、朱睦㮮《万卷堂书目》有著录。清人丁立中《八千
卷楼书目》卷十九、嵇璜《续通志·艺文略》、瞿镛《铁琴铜剑楼藏
书目录》卷二十三、陆心源《皕宋楼藏书志》卷一百十四、《金华理
学粹编》卷一、《云自在龛随笔》卷三以及《明书》卷七十六亦著录
此书。是书众家书目皆著录二卷,惟《宋史》《宋史新编》《季沧苇
藏书目》《云自在龛随笔》著录为二十卷。四库馆臣据此认定"《宋
志》荒谬,误增一'十'字也"②。《北京图书馆古籍善本书目》记载
"《增注东莱吕成公古文关键》二十卷,宋吕祖谦辑,蔡文子注,宋
刻本",现藏国家图书馆。傅增湘于《藏园群书经眼录》中亦有相
关记载③。《古文关键》流传颇广,有宋刻本、明刊本以及日本刊
本、冠山堂刊本、《金华丛书》本等。关于《古文关键》版本流传以
及馆藏情况,前人多有论述④,此不赘笔。

　　《金华丛书》清同治年间退补斋本《古文关键》前有郑凤丹《重
刻〈古文关键〉序》,此本卷上收录韩愈文(十四篇):《获麟解》《师
说》《谏臣论》《原道》《原人》《辨讳》《杂说》(实际为两篇《杂说一》
《杂说四》)《重答张籍书》《与孟简尚书书》《答陈生书》《答陈商书》

---

① (宋)陈振孙:《直斋书录解题》卷15,第451页。
② (清)永瑢等:《四库全书总目》卷187,第1698页。
③ 傅增湘:《藏园群书经眼录》卷17,第1494—1495页。
④ 详见于吴承学:《现存评点第一书——论〈古文关键〉的编选、评点及其影
　响》,《文学遗产》,2003年第4期,第72—84页。祝尚书:《宋人总集叙
　录》,北京:中华书局,2004年,第133—136页。

《送王含秀才序》《送文畅序》①；柳宗元文（八篇）：《晋文问守原议》《桐叶封弟辨》《封建论》《种树郭橐驼传》《梓人传》《捕蛇者说》《与韩愈书论史事》《送薛存义序》；欧阳修文（十一篇）：《朋党论》《纵囚论》《为君难论下》《本论上》《本论下》《春秋论》《春秋论中》《泰誓论》《上范司谏书》《送徐无党南归序》《送王陶序》。卷下收录苏洵文（六篇）：《春秋论》《管仲论》《高祖论》《审势》《上富丞相书》《上田枢密书》；苏轼文（十六篇）：《荀卿论》《子思论》《韩非论》《孙武论》《留侯论》《晁错论》《王者不治夷狄论》《孔子堕三都》《秦始皇扶苏》《范增》《厉法禁》《倡勇敢》《钱塘勤上人诗集叙》《六一居士集叙》《潮州韩文公庙碑》《王仲义真赞叙》；苏辙文（二篇）：《三国论》《君术》；曾巩文（四篇）：《唐论》《救灾议》《战国策目录序》《送赵宏序》；张耒文（二篇）《帝景论》《用大论》，合六十三篇。后《丛书集成初编》据《金华丛书》排印，亦六十三篇，实收录韩愈、柳宗元、欧阳修、苏洵、苏轼、苏辙、曾巩、张耒八人。宋刻本《增注古文关键》收录八人六十二篇，其中合退补斋本韩愈《杂说一》《杂说四》为一，名《杂说》。《四库全书总目》云："今卷首所载看诸家文法，凡王安石、苏辙、李廌、秦观、晁补之诸人俱在论列，而其文无一篇录入。"②《四库全书总目》所录，系江苏巡抚采进本，明嘉靖中所刊。高儒《百川书志》录《古文关键》"编选七大家之文凡六十九篇"③，而据吴承学先生统计，中山大学所藏明刊本为六十二篇，《四库全书》本为六十一篇。

①退补斋本目录唯录《杂说》，实《杂说一》《杂说四》两篇。
②（清）永瑢等：《四库全书总目》卷187，第1698页。
③（明）高儒：《百川书志》卷19，《中国历代书目题跋丛书》，上海：上海古籍出版社，2005年，第286页。

是书以人系文,所选之文,"论"体为多,其次为"序"体文。《古文关键》本为教授子弟编纂之书,其出发点即"标举其命意布局之处,示学者以门径"①,应是帮助士子作文提高写作能力,以便在科考时写出好文章的入门教材。"论"体在当时科举考试中相当重要。"当时每试必有一论,较诸他文应用之处为多"②,既然《古文关键》为科举考试之助,所选文章以论体为主也就是非常自然的事了。

吕祖谦选唐宋古文大家名作,加以评点,各示其"法",并于文前著《古文关键总论》,将评点实践与评点理论相结合。由此观之,总集与评点之书相结合,自《古文关键》始。

《圣宋名贤五百家播芳大全文粹》

《圣宋名贤五百家播芳大全文粹》,宋魏齐贤、叶棻编。齐贤字仲贤,自署钜鹿人。棻字子实,自署南阳人。《四库全书总目》考证钜鹿、南阳"乃偶题郡望,非其真里籍"③。魏、叶二人藏书颇丰,"欲集本朝名公杂著之文,以惠同志","旁搜远绍,类以成帙",使"凡世用之文,靡所不备"④。诸本前存录有绍熙改元庚戌(1190)八月南徐许开所作之序,故是集当于淳熙年间成书。

此书宋代书目未有著录。明代杨士奇等《文渊阁书目》卷二

①(清)永瑢等:《四库全书总目》卷187,第1698页。
②(清)永瑢等:《四库全书总目》卷187,第1702页。
③(清)永瑢等:《四库全书总目》卷187,第1698页。
④(宋)许开:《〈圣宋名贤五百家播芳大全文粹〉序》,(宋)宋魏齐贤、叶棻:《圣宋名贤五百家播芳大全文粹》(宋刻本),四川大学古籍整理研究所编:《宋集珍本丛刊》(第九十四册),北京:线装书局,2004年,第715页。

日字号第一厨书目文集类著录两种:"《大全文粹》一部十五册阙"及"《大全文粹》一部九册阙"①;叶盛《菉竹堂书目》卷三子杂类有"《大全文粹》十五册"②,仅有册数而无卷数;钱溥《秘阁书目》只在文集类著录《大全文粹》,册数、卷数均无。李鹗翀《江阴李氏得月楼书目摘录》著录"《五百家播芳大全》一百十卷,十五本,缺"③,此一百一十卷非完本,究为刊本或钞本不得而知。晁瑮《晁氏宝文堂书目》文集类著录"《五百家名贤播芳文粹》(宋刻欠二册)",明确指出为宋刻本。赵琦美《脉望馆书目》将残卷《播芳文粹》归于"余字号""不全旧宋元板书"之集类。多种清代书目著录此书,内容至为详尽,如陆心源《皕宋楼藏书志》卷一百十四、丁丙《善本书室藏书志》卷三十八、张金吾《爱日精庐藏书志》卷三十五、瞿镛《铁琴铜剑楼藏书目录》卷二十三、缪荃孙《艺风藏书记·续记》卷六、沈初等《浙江采集遗书总录》辛集等,并有朱彝尊跋、陆心源跋、李富孙跋、嘉庆二十五年(1820)孙均跋、道光五年(1825)姚椿跋、丙午(1906)八月丁国钧跋等。

　　具体说来,《五百家播芳大全文粹》有两个版本系统:宋刊宋印本系统与明钞清钞本系统。宋刊本原为一百卷,后增补至一百五十卷,当时未及刊印,后是否刊印不可知;明人书目多有著录,《晁氏宝文堂书目》著录阙册宋刻本。此书元明以后未尝覆刻,明、清钞本有从原编宋刊影钞者,亦有从补编一百五十卷本影钞

---

①(清)杨士奇:《文渊阁书目》卷9,上海:商务印书馆,1937年,第98页。

②(明)叶盛:《菉竹堂书目》卷3,《丛书集成初编》,上海:商务印书馆,1935年,第56页。

③(明)李鹗翀:《江阴李氏得月楼书目摘录》,《宋元明清书目题跋丛刊(五)》,第135页。

者,更有抄手或书肆在传钞中任意剜改、合并或离析原本卷数者,故而钞本卷次最为繁多,计有一百卷、一百十卷、一百二十六卷及一百五十卷四种。

宋刻本《圣宋名贤五百家播芳大全文粹》初为一百卷,目录七卷。今以《宋集珍本丛刊》所录宋刻本为版本依据,考辨其文体分类情况。《宋集珍本丛刊》所收宋刊本,每半页十行,行二十二、二十四不等,与傅增湘所见二本版式有异。前有绍熙改元庚戌八月南徐许开仲启序。卷首有《本朝名贤总目》,标举各家谥号或字,虽署“五百家”,实则五百一十三家,有重复者,亦有总目未收而正文收录者,如欧阳修等。次则《播芳大全杂文之目》,录表、启、制辞、奏状、奏劄、封事、长书、叠幅小简、四六劄子、叠幅劄子、尺牍、慰书、青词、朱表、释疏、祝文、婚启、生辰赋颂诗、乐语、劝农文、檄文、杂文、上梁文、祭文、挽词、记、序、碑、铭、赞、箴、颂、题跋三十三类目。后《圣宋名贤五百家播芳大全文粹门类》录三十二类,变《杂文之目》中“制辞”为“制诰”,“叠幅小简”为“叠幅内简”,“封事”为“万言书”,少《杂文之目》中“奏劄”,衍生“道释尺牍”,每大类之下细分若干小类。后《圣宋名贤五百家播芳大全文粹目录》将文体、大小类目、具体篇章列为目录七卷。

具体说来,《圣宋名贤播芳大全文粹》所选,皆为宋代之文,选录范围由北宋至南宋前期,陆游、杨万里、辛弃疾、李焘、楼钥、陈亮、叶适等人均为选入。就其文体类目而言,《播芳大全杂文之目》已列三十三类,“网罗可云极富”,“是编皆录宋代之文,骈体居十之六七”①。据姚从吾《圣宋名贤五百家播芳大全文粹影印本

① (清)永瑢等:《四库全书总目》卷187,第1699页。

序》的统计，一百二十六卷本共计收文四千四百余篇，以骈文百分之七十计，则骈文数量在三千一百篇以上。

《圣宋名贤五百家播芳大全文粹》收文数量丰富，涉及人数多，而且各种文体兼备，尤以四六为主。每类文体之下再分细目，如其中第一类文体"表"，分为皇帝表笺（上尊号表）、贺表、贺笺、起居表、陈情表、进文字表、进贡表、慰表、辞免表、谢表、陈乞表、遗表等，二级类目之下再细分。具体见于下文。

一、首次分类按"体"区分

编者于《圣宋名贤五百家播芳大全杂文之目》之中将所收作品按文体分为表、启、制辞、奏状、奏劄、封事、长书、叠幅小简、四六劄子、叠幅劄子、尺牍、慰书、青词、朱表、释疏、祝文、婚启、生辰赋颂诗、乐语、劝农文、檄文、杂文、上梁文、祭文、挽词、记、序、碑、铭、赞、箴、颂、题跋三十三类。

而正文之中，各文体卷次编排情况如下：

序号	一级类目	卷次	序号	一级类目	卷次
1	表	1—7	18	生辰赋颂诗	84
2	启	8—49	19	乐语	85—87
3	制诰（制辞①）	49—51	20	劝农文	88
4	奏状	51	21	檄文	88
5	奏劄	51	22	杂文	88

---

① 一百卷本《播芳大全杂文之目》题为"制辞"，而《播芳大全文粹门类》和正文则题"制诰"。

续表

序号	一级类目	卷次	序号	一级类目	卷次
6	万言书(封事①)	52—53	23	上梁文	89—90
7	长书	54	24	祭文	91
8	叠幅小简②	55—61	25	挽词	92—94
9	四六劄子	62	26	记	95—96
10	叠幅劄子	62	27	序	97
11	尺牍	63—70	28	碑	98
12	慰书③	70	29	铭	98—99
13	青词	70—72	30	赞	99
14	朱表	72	31	箴	99
15	释疏	73—79	32	颂	100
16	祝文	80—82	33	题跋	100
17	婚启(婚书)	83			

上表所见,虽《圣宋名贤五百家播芳大全杂文之目》列出三十三类,而实际上《圣宋名贤五百家播芳大全文粹门类》和正文皆为三十二类,即卷六十二"四六劄子""叠幅劄子"实为"劄子"类下的

---

① 一百卷本《播芳大全杂文之目》题为"封事",而《播芳大全文粹门类》和正文则题"万言书"。

② 一百卷本《播芳大全杂文之目》题为"叠幅小简",而《圣宋名贤五百家播芳大全文粹门类》则题"叠幅内简",观其所收篇章,多为《……小简》,则是以"叠幅小简"为确。

③ "慰书"独为一类,似不妥。观其选文仅两篇,而前后皆为尺牍,故而"慰书"归为"尺牍"次级类目尚可。

二级类目，一百卷本《杂文之目》将其与其他类别平行列出，以三十二类为三十三类，则知其分类应以正文为准。

《宋人珍本丛刊》另收清钞本《圣宋名贤五百家播芳大全文粹》一百五十卷《播芳文粹类目》与正文的文体类目数量一致。是本少一百卷本《杂文之目》，其《播芳文粹类目》与正文相一致，除将"四六劄子""叠幅劄子"合为"劄子"外，其类目设置与一百卷本略有不同，但类目总数为三十二种，详见下表：

序号	一级类目	卷次	序号	一级类目	卷次
1	表	1—44	17	生辰赋颂诗	127
2	笺	45—46	18	乐语	128—130
3	启	47—89	19	劝农文	131
4	状①	89	20	檄文	131
5	制诰	90—91	21	杂文	131
6	奏状	91	22	上梁文	132—133
7	奏劄	91	23	祭文	134—141

---

①《圣宋名贤五百家播芳大全文粹》一百五十卷本"提要"以"启状"为名，一百五十卷本《播芳文粹类目》则"启""状"分开，正文中却没有"状"或"启状"一级类目，所选之文编于"回启"这一二级类目之后。所收之文：《迎蔡相裕陵还阙状》之类《迎……状》等、《违文太师状》之类《违……状》以及《任满辞太守状》《回两制辞状》《回入国王侍郎辞状》《回谢生日寿香状》《到阙兴侍从先状》《太守入境与文太师先状》，中杂人《迎户部陆侍郎启》《违文太师致仕启》和《违奉使启》。一百卷本将以上篇目列入"启"下"远迎攀违先状"类，编次于"回启"这一二级类目之后。而一百一十卷《四库全书》本则为"状"体下"远迎、攀违、辞、先状"这一二级类目之下。此处分类归属，各版本皆不同。

序号	一级类目	卷次	序号	一级类目	卷次
8	上皇帝书	92—93	24	挽词	142—144
9	书	94	25	记	145—146
10	叠幅小简	95—101	26	序	147
11	劄子	102	27	碑	148
12	尺牍	103—110	28	铭	148—149
13	青词	111—114	29	赞	149
14	疏	115—122	30	箴	149
15	祝文	123—125	31	颂	150
16	婚书	126	32	题跋	150

相比之下，一百五十卷本《大全文粹》变一百卷本"制辞"为"制诰"，"长书""封事""慰书"一百五十卷本统归于"书"，且少了一百卷本中的"朱表"，并析出一百卷本"表"中二级类目"皇帝表笺"为"笺"类，这样在类目总数上与一百卷相同。相对而言，一百五十卷本文体分类更为科学严谨。

从一级类目名称上看，无论是一百卷本还是一百五十卷本，基本上是按文体划分的，《圣宋名贤五百家播芳大全文粹》类目设置在延续中国古代总集文体分类体例的基础上有一些新的变化，如一百卷之"长书""慰书""朱表"之类，前人总集中多未有此类目名称。从选文数量上看，一百卷本启、叠幅小简、表、释疏、尺牍、青词、乐语等类相对为多，而一百五十卷本表、启、叠幅小简、表、疏、尺牍、青词、乐语、祝文、挽词、祭文等类收录作品数量较为丰富。总的来说，表、启、叠幅小简、疏、尺牍等类实用类文体作品选录较多。

二、名目繁多、标准多样的二次三次分类

《圣宋名贤五百家大全文粹》表、启、叠幅小简、青词、朱表、颂诗、乐语、上梁文、祭文等体类之下又进行次级分类。"尺牍"虽未分类目,然卷七十尺牍下始有道释、慰书类目。"道释"一类为了突出书信往来对象,将与僧侣道士往来尺牍汇为一类,而"慰书"所收,则以"慰"题名,将其别目编排,则有突出尺牍主题与功用之义。二类目附于"尺牍"之末,似有附录别编之意。以上诸体次级分类中,青词、朱表、上梁文、祭文、乐语因其收录作品数量不多,多按题材内容进行二级分类,"生辰赋颂诗"本以关涉文体应用场合和诸体内容命名,二级分类先以"赋颂"与"诗"二分,于"生辰诗"下再以五言长篇、五言八句、七言长篇、七言八句、七言四句等细目。

相比之下,表、启、疏体下的次级分类则略显繁琐。"表"先分皇帝表笺、贺表、贺笺、起居表、陈情表、进文字表、进贡表、慰国哀表、辞免表、谢表、陈乞表(附遗表)等二级类目,分类标准则不尽统一。"皇帝表笺"因其关涉的主体地位尊显,置于卷首,其后则根据"表"的功用性质加以区分。

二级类目之中,"贺表"因所贺主题不同,又细分为贺登极表、贺逊位表、贺上尊号表、贺庆寿表、贺圣节表、贺诞皇子表(贺诞皇孙表)、贺建储表(贺皇子进封表)、贺宝册表(册皇太后、册皇后、册皇妃)、贺谱牒表、贺冠婚表、贺祭祀表(南郊、北郊、明堂)、贺德音表、贺改元表、贺正冬月旦表(正、冬、月旦)、贺驾幸表、贺籍田表、贺刑恤狱空表、贺祥瑞表、贺讲好奏捷表等类;"贺笺"细分贺皇太后笺、贺皇后笺、贺皇太妃笺、贺皇太子笺等类目,而"辞免表"则

因辞免对象不同又分储君、宰执、爵封、侍从、三司、节度、都督、帅守等。"谢表"细分除授、到任、迁秩、状元及第、试馆职、加赠、任子谪降、叙复、起复、赦书、赐赍等类,其中"谢除授表"因官职分宰执、侍从、内外制、琐闼、中司、丞辖、加职、留守、安抚、大丑、经帏、郡守、东宫官、爵封、诸司等类,细目繁琐至极。

《圣宋名贤五百家播放大全文粹》它体之下,二级三级分类细致详明。试列如下:

启分贺启、谢除授启、谢到任启、谢满解启、谢启、上启、起居、回启八类。各类之中,再分细目。如贺启分:师保、宰相左相、宰相右相、元枢、大参、知枢、枢贰、签枢、使相、八座(吏书、户书、礼书、兵书、刑书、工书)、西掖(中书、中书侍郎、中书舍人)、翰苑、察官、中司、南床、副端、丞辖(左右丞)、都承、卿监、史掖(左右史)、史馆、学官、爵封、加职、建节、迁秩、被召、宫观、致仕、侍从除帅、帅座、京尹、都督、宣抚、太尉、建置、察访、总领、总管、奉使、茶马、泉使、舶使、漕使、宪使、仓使、两外宗、太守、治中、帅司属官、诸司马官(主管、运干、捉干、检法、总干)、州官(教授、签判、察判、察推、知录、司理、司法、司户)、县官(宰、丞、簿、录)、监官(镇、场、酒、税)、兵官(统制、路分)、试中科目(馆职、贤良、状元、及第、发举)、贺正、贺冬、生日、杂贺等类目。谢到任启类之下,再分帅臣、宪使、漕使、仓使、诸司、大尹、太守、卒车、幕职九小类。谢启类,详细区分改秩、荐举、辟置、馆职、宏词、状元及第、试中、叙事、叙复、起复、宫观、致仕、惠文、杂谢十四类。上启之类,有赴任、交代、干求、贽见、起居、陈情、纳拜、起复等类目,不一一列举。

叠幅小简下分丞相、参政、枢密、郡王、太傅、大尉、侍从、官祠、宣抚、宣谕、总管、总领、茶马、都督、安抚、漕使、宪使、提举、仓使、太守、通判、签判、教官、诸司干官、县官等类,以叠幅所系职官分类。

疏体下分国家祈祷、雨旸祈祷、国忌资荐、请疏、劝缘疏、祝赞疏、功德疏、追荐等类;其中,国家祈祷、雨旸祈祷、国忌资荐在《圣宋名贤五百家播芳大全文粹·目录》中系于"释疏"类目之下。请疏可细分为长老住持、住庵、开堂、讲说等九个三级类目类;劝缘疏,细分修造、塑相、经典、铸钟、化供、佛事、度牒七大类;祝赞疏,主要用于祝圣、生日两种场合;功德疏细分修造、佛事、祈禳、赛谢、净狱等目。

上梁文体之下,再分宫殿、官宇、学校、府第、寺观、庙宇、桥船七类。

祭文细分名贤、尊官、焚黄、考妣、内亲、外亲、朋旧、妇女、长老。

《圣宋名贤五百家播芳大全文粹》"谢表"中三级类目"除授""到任"之下又进行更深一层的划分,形成四级分类结构,这种以文体为基础,逐层细分的体例方式,为明清总集多层级的分类结构的建构提供了借鉴的范本。

《崇古文诀》

《崇古文诀》三十五卷,宋楼昉编。现可见最早著录此集的是陈振孙《〈崇古文诀〉序》,序称楼昉"文名于时……尝采集先□□以来迄于今世之文,得一百六十有八篇,为之标注,以诒学者"①。

---

① (宋)陈振孙撰,徐小蛮、顾美华点校:《直斋书录解题》,上海:上海古籍出版社,1987年,第710—711页。

此序作于宝庆丙戌二年(1226)。陈振孙《直斋书录解题》卷十五著录《迁斋古文标注》五卷曰:"宗正寺薄四明楼昉旸叔撰。大略如《吕氏关键》,而所取自史、汉而下至于本朝,篇目增多,发明尤精当,学者便之。"①《四库全书总目》"疑传写者误脱'三十'二字也"②;《四库全书》本今存三十五卷本,故而四库馆臣谓五卷本应是传抄过程中误脱"三十"两字所致。余嘉锡《四库提要辨证》卷二四指出传写误脱不可信,他通过引用刘克庄《〈迁斋古文标注〉序》与《皕宋楼藏书志》著录文字,推测其书或有初稿与定本之分,或陈森锓版重新编次③。陈刻本后有刘克庄所序郑次申刻本,篇目与陈刻本同。《天禄琳琅书目后编》卷十一元版集部著书三十五卷,"凡文百九十三首",故宋末元初人有所增益。此书明代书目多有著录,《万卷堂书目》《澹生堂藏书目》《绛云楼书目》著录三十五卷,然不详其版本。今存宋元旧椠本,黄丕烈尝为一宋刻本《崇古文诀》题跋,此外尚有元刻本、明椠本④。《四库全书》本为内府本,三十五卷。具体说来,楼昉《崇古文诀》有三个版本系统:五卷本、二十卷本、三十五卷本。五卷本和二十卷本皆为宋刻本,三十五卷本有宋本、元刊本、明正德刊本、明吴邦祯吴邦杰校刊本、明嘉靖王鸿渐刊本、清《四库全书》本、朝鲜古活字印版十行本、旧刊本⑤。

姚珤《序》称楼昉"积其平时苦学之力,绅绎古作,抽其关键,

①(宋)陈振孙撰,徐小蛮、顾美华点校:《直斋书录解题》,第451—452页。
②(清)永瑢等:《四库全书总目》卷187,第1699页。
③余嘉锡:《四库提要辨证》卷24,北京:中华书局,1980年,第1573页。
④祝尚书:《宋人总集叙录》,第244—258页。
⑤张智华:《楼昉〈崇古文诀〉三种版本系统》,《文献》,2001年第3期,第120—127页。

以惠后学,广文陈君锓诸梓以传之"①。《崇古文诀》编成之后,颇受后人赏识。楼昉早年师从吕祖谦,故《迂斋古文标注》选文多从吕祖谦《古文关键》,所不同的是选文数量上相较于吕集明显增多。《四库全书总目》卷一八七《崇古文诀》提要云:"宋人多讲古文,而当时选本存于今者不过三四家。真德秀《文章正宗》以理为主,如饮食惟取御饥,菽粟之外,鼎俎烹和皆在其所弃;如衣服惟取御寒,布帛之外,黼黻章采皆在其所捐。持论不为不正,而其说终不能行于天下。世所传诵,惟吕祖谦《古文关键》、谢枋得《文章轨范》及昉此书而已。而此书篇目较备,繁简得中,尤有裨于学者,盖昉受业于吕祖谦,故因其师说,推阐加密;正未可以文皆习见而忽之矣。"②

楼昉"以古文倡莆东"而经其"指授成进士名者甚众"③,《迂斋古文标注》将选文"逐章逐句,原其意脉,发其秘藏"④,"昔人所以为文之法备矣"⑤,可见《崇古文诀》编纂目的即为便于举子习文服务。陈森《后序》直言是书古文"一经指摘,关键了然","以惠四明学者。迨分教金华,横经璧水,传授浸广,天下始知所宗师"⑥。由此可见是书与《古文关键》一样,亦是通过选文标注古文章句、意脉之法,便捷举子习文之本。

---

① (宋)姚珤:《〈崇古文诀〉序》,(宋)楼昉:《崇古文诀》卷首,《景印文渊阁四库全书》集部,第 1354 册,第 2 页。

② (清)永瑢等:《四库全书总目》卷 187,第 1699 页。

③ (宋)刘克庄:《〈迂斋标注古文〉序》,(宋)刘克庄:《后村先生大全集》卷 96,《四部丛刊》本。

④ (宋)刘克庄:《〈迂斋标注古文〉序》,《四部丛刊》本。

⑤ (宋)陈振孙:《〈崇古文诀〉序》,(宋)陈振孙撰,徐小蛮、顾美华点校:《直斋书录解题》附录(三),第 711 页。

⑥ (宋)陈森:《〈崇古文诀后〉后叙》,(宋)楼昉:《崇古文诀》卷末,第 289 页。

　　四库本《崇古文诀》三十五卷,收先秦至宋文章共计一百九十三篇,不分体编录,以时代为序,分先秦文、两汉文、三国文、六朝文、唐文、宋文六类,具体篇章分类如下表:

卷次	类目	作家作品
1	先秦文	乐毅《答燕惠王书》、李斯《上秦皇逐客书》、屈原《卜居》《渔父》《九歌》
2	两汉文	文帝《赐南粤王托书》、贾谊《政事书》《过秦论》
3	两汉文	贾谊《吊屈原赋》《请立梁王书》《鵩赋》、扬雄《解嘲》、司马相如《喻巴蜀檄》《难蜀父老文》
4	两汉文	司马迁《自序》《答任安书》
5	两汉文	班固《两都赋序》《明堂诗》《辟雍诗》《灵台诗》《宝鼎诗》《白雉诗》
6	两汉文	刘向《封事》、杨恽《报友人孙会宗书》、王嘉《择贤疏》
7	两汉文	刘歆《让太常博士书》
	三国文	诸葛亮《出师表》《后出师表》
	六朝文	江淹《建平王上书》、孔稚圭《北山移文》
8	唐文	李汉《昌黎文集序》、韩愈《争臣论》《祭兄子老成文》《原道》《原毁》《赠张童子序》《南海神庙碑》
9	唐文	韩愈《殿中少监马君墓铭》《祭柳子厚文》《送孟东野序》《送李愿归盘谷序》《鳄鱼文》《柳州罗池庙碑》《平淮西碑》《张中丞传后序》《唐故河中府法曹张君墓碣》
10	唐文	韩愈《进学解》《上张仆射第二书》《毛颖传》《欧阳生哀辞》《送穷文》《后二十九日复上宰相书》
11	唐文	韩愈《与孟简尚书书》《燕喜亭记》《送石洪处士序》《答李翊书》

卷次	类目	作家作品
12	唐文	柳宗元《东池戴氏堂记》《捕蛇者说》《愚溪诗序》《种树郭橐驼传》《梓人传》《封建论》
13	唐文	柳宗元《先圣文宣王庙碑》《与韩愈论史官书》《与李睦洲论服气书》
14	唐文	柳宗元《答韦中立书》《段太尉逸事状》《答许京兆书》
15	唐文	柳宗元《晋问》《乞巧文》、李翱《答皇甫湜书》
16	宋文	王禹偁《待漏院记》《寿域碑》、范仲淹《岳阳楼记》《答赵元昊书》《严先生祠堂记》
17	宋文	司马光《谨习疏》《谏院题名记》《保业》《与吴相书》《智伯论》、宋祁《庆历兵录序》
18	宋文	欧阳修《画舫斋记》《相州画锦堂记》《醉翁亭记》《论狄青》《论日历》《上范司谏书》《祭丁元珍文》《秋声赋》《祭苏子美文》《峡州至善亭记》
19	宋文	欧阳修《丰乐亭记》《有美堂记》《读李翱文》《五代史一行传论》《五代史伶官传论》《五代史宦官传论》《送徐无党南归序》《论杜韩范富》
20	宋文	王安石《潭州新学诗并序》《新田诗并序》《扬州龙兴十万讲院记》《桂州新城记》《信州兴造记》《读孟尝君传》《答韶州张殿丞书》《答段缝书》《明州新刻漏铭》
21	宋文	苏洵《族谱引》《张益州画像记》《审势》《仲兄文甫字说》《管仲》
22	宋文	苏洵《木假山记》《送石昌言北使引》《名二子说》《明论》《上韩枢密书》《上富丞相书》
23	宋文	苏轼《上神宗皇帝书》

续表

卷次	类目	作家作品
24	宋文	苏轼《喜雨亭记》《祭欧阳公文》《表忠观碑》《徐州上皇帝书》《策略五》
25	宋文	苏轼《赞王元之画像》《三槐堂铭》《稼说送张琥》《徐州莲华漏铭》《范增论》《代张方平谏用兵书》《倡勇敢》《大悲阁记》《除吕公著守司空制》
26	宋文	苏辙《齐州闵子祠堂记》《臣事三》《上枢密韩太尉书》《臣事一》、程颐《论经筵第一劄子》《论经筵第二劄子》《春秋传序》
27	宋文	曾巩《相国寺维摩院听琴序》《拟砚台记》《抚州颜鲁公祠堂记》《战国策目录序》《移沧州过阙上殿奏疏》《书魏郑公传后》
28	宋文	李清臣《法原》《势原》《议兵策上》《议兵策中》《礼论》
29	宋文	张耒《书五代郭崇涛卷后》《送秦少章叙》《答李推官书》《书韩退之传后》《文帝论》
30	宋文	张耒《法制论》《论法上》《论法下》《陈汤论》《远虑策》《楚议》
31	宋文	张耒《书王知载》、黄庭坚《山杂咏后》《苦笋论》、秦观《晁错论》、陈师道《上林秀州书》《王平甫文集后序》《秦少游叙》《思亭记》《送参寥序》《与秦少游书》《上苏公书》、李觏《袁州学记》
32	宋文	邓润甫《吕公著制》《文彦博平章军国重事制》、钱公辅《义田记》、王震《南丰集序》、刘敞《送湖南某使君序》、唐庚《存旧论》《明治论》《家藏古砚铭》《议赏论》《上席侍郎书》、李格非《书洛阳名园记后》、何去非《光武论》
33	宋文	胡寅《上皇帝万言书》

卷次	类目	作家作品
34	宋文	胡寅《论遣使劄子》《再论遣使劄子》《丰州谯门记》
35	宋文	胡铨《上高宗封事》、胡宏《假陆贾对》、赵鼎《治安劄子》

从上表可知,《崇古文诀》卷一收先秦三家文十三篇;卷二至卷七两汉十家十八篇;卷七收三国一家二篇、六朝二家两篇;卷八至卷十五收唐四家:其中李汉一篇,韩愈二十五篇,柳宗元十四篇,李翱一篇,共四十一篇;卷十六至卷三十五收宋二十八家:王禹偁两篇,范仲淹三篇,司马光五篇,宋祁一篇,欧阳修十八篇,王安石九篇,苏洵十一篇,苏轼十五篇,苏辙四篇,程颐三篇,曾巩六篇,李清臣五篇,张耒十二篇,黄庭坚三篇,秦观一篇,陈师道七篇,李覯一篇,邓润甫两篇,钱公辅、王震、刘敞一篇,唐庚五篇,李格非、何去非一篇,胡寅四篇,胡铨、胡宏、赵鼎各一篇,共一百二十三篇。

《崇古文诀》采用"以时为序"的分类方式,将先秦至宋古文分为先秦文、两汉文、三国文、六朝文、唐文、宋文六类,每个历史时期作家按时代先后顺序排列编次,作品各系于作家之下。从每类选录的作品数量来看,明显呈现两头重中间轻的特点:"先秦两汉"文、"唐宋"文占全部选文一百九十九篇的99.8%,三国六朝文仅录四篇。头尾之间,先秦两汉文共三十一篇,不及唐代的四十一篇,更远远落后于宋代一百二十三篇。而从每类选录作家数量来看,先秦两汉共十三人入选(先秦三人,两汉十人),三国六朝三人入选(三国一人,六朝二人),唐宋三十二人(唐四人,宋二十八人),先秦两汉、唐宋时期作家亦远远超过三国六朝时期。《崇古文诀》在选录作家作品数量上,将先秦两汉古文确立为唐宋古文之外的另一个古文创作高峰，而其对三国六朝古文则相对忽略，只选录诸葛亮前后《出师表》、江淹《建平王上书》、孔稚圭《北山移文》四篇中国古代文学史上的经典之作。

张云章于《古文关键》序中称："有宋一代，文章之事盛矣，而集录古今之作传于今者，仅三四家，夫亦以得其当者鲜哉。真西山《正宗》、谢叠山《轨范》，其传最显，格制法律，或详其体，或举其要，可为学者准则。而迂斋楼氏之《标注》，其源流亦轨于正，其传已在隐、显之间，以余考之，是三书皆东莱先生开其宗者。"①《四库全书总目》亦云："盖昉受业于吕祖谦，故因其师说，推阐加密；正未可以文皆习见，而忽之矣。"②吕祖谦《古文关键》实现了总集古文选录与古文评点为一体的体制，为"以古文为时文"的文学观念提供了文本典范和创作示例。楼昉《崇古文诀》则在《古文关键》的基础上走得更远。

《崇古文诀》先秦文、两汉文、三国文、六朝文、唐文、宋文六分，以历史时代为限，完整地呈现先秦至宋古文的发展脉络，在《古文关键》唯选唐宋八大家古文作品的基础上，将视野扩展至先秦、两汉、三国、六朝文。先秦两汉古文以其"高古"之气确立了其在中国文学史上的地位，文章章法多自然行文而成，即无意为法而自然成法。《崇古文诀》将三国、六朝文放入古文视野，衔接在先秦两汉与唐宋古文之间，则体现了楼昉对于古文发展历史的梳理与辨析。楼昉肯定先秦两汉与唐宋古文所取得突出的文学成就之时，仍将各有两篇文章的三国、六朝文独立成类，这种尊重古文历史沿革事实，客观公正看待三国六朝古文，并将其立类以图完整地呈现古文发展

---

① （清）张云章：《〈古文关键〉序》，（宋）吕祖谦：《古文关键》卷首，《金华丛书》本。
② （清）永瑢等：《四库全书总目》卷187，第1699页。

历史脉络的做法,正是楼昉的通达高明之处。

在具体作家篇目的选择上,《崇古文诀》"尊先秦而不陋汉、唐,尚欧、曾而并取伊、洛"①。各个历史时期选录作家作品数量不一,宋代最多,唐、两汉、先秦则相对较少,三国、六朝时期只有两篇文章入选,可见楼昉在遵循古文发展历史之时以古文作品质量为衡量标准,客观地反映了古文各个历史时期真实的发展水平,在尊重古文发展延续性的同时,注重选入作家作品的代表性和权威性,这正是楼昉作为优秀古文选家的眼光独特之处。

楼昉"以时叙次",将先秦至宋的古文通过评点的方式标抹示意,展现古文不同历史时期的文章技法与主旨思想,表明其溯源探本的学术作风以及博古通今的学术情怀和通达的学术涵养,同时也为后学者学习古文提供了便捷的门径法度。

《成都文类》

《成都文类》,宋袁说友、程遇孙、扈仲荣等编②。袁说友

---

① (宋)刘克庄:《〈迂斋标注古文〉序》,第 2475 页。

② 历来诸家著录编者有三:其一,尤以袁说友编且续者为多,明曹学佺《蜀中广记》、《(雍正)四川通志》、清嵇璜《续文献通考》、清阮元《文选楼藏书记》、清郑杰《闽诗录》皆题为袁说友编。又一说程遇孙等编,如清丁立中《八千卷楼书目》、清嵇璜《续通志》录"宋程遇孙等八人同编抄本"、清陆心源《皕宋楼藏书志》录"程遇孙等编集"。还有一说,即扈仲容编,明孙能传《内阁藏书目录》录"傅仲容编"、朱睦㮮《万卷堂书目》录"扈仲荣",据《成都文类序》,为扈仲荣。关于编者争论,《四库全书总目》多有详论,即"此集之编,出说友之意,此集之成,则出八人之手。当时旧本题识本明,后人以《序》出说友,遂并此书而归之,非其实也"。(清)永瑢等:《四库全书总目》卷 187,第 1699 页。

(1140—1204),字起岩,号东塘居士,福建建安(今福建建瓯)人。程遇孙,生卒年不详,字叔达,隆州(今四川仁寿)人,《续修涪州志》录其诗一首。《宋元学案·二江诸儒学案》《仁寿县志》有传。庆元间,袁说友为四川安抚使,五年作《〈成都文类〉序》。《成都文类》编成之后,或于庆元中刊梓,宋人书目中惟有《遂初堂书目·总集类》著录①。明人目录著作中,曹学佺《蜀中广记》、晁瑮《晁氏宝文堂书目》、焦竑《国史经籍志》、孙能传《内阁藏书目录》、杨士奇《文渊阁书目》、朱睦㮮《万卷堂书目》等皆录《成都文类》五十卷。清人丁立中《八千卷楼书目》、傅维鳞《明书》、黄廷桂《(雍正)四川通志》、嵇璜《续通志》《续文献通考》、季振宜《季沧苇藏书目》、陆心源《皕宋楼藏书志》、阮元《文选楼藏书记》、郑杰《闽诗录》亦有著录。此书虽有宋本,但亡佚已久,现以明刻本为早②。上海图书馆藏有清钞本。常见的有《四库全书》本,以及赵晓兰点校整理版《成都文类》。

编者惟恐"汉以来,其文以益而作者今独无传",欲以"文"传益都,故而"摭方策,裒诸碑识,流传之所脍炙,友士之所见闻"之"大篇雄章,英词绮语,折法度,极炫耀,其以益而闻者","悉登载而汇辑"③于一编,为《成都文类》。《文类》裒取"上起西汉,下迄

---

① (宋)尤袤:《遂初堂书目》,北京:中华书局,1985年,第33页。
② 国家图书馆藏明刻残本一册,三卷。台北故宫博物院藏明刻完本,《善本旧籍总目》著录其为明初刊本,二十四册。陆心源《皕宋楼藏书志》卷一百十四著录吴枚庵旧藏明刊本《成都文类》五十卷,现藏于日本静嘉堂文库。关于《成都文类》明刊本藏书情况,祝尚书先生有详论,参见《宋人总集叙录》,第202页。
③ (宋)袁说友:《〈成都文类〉序》,《东塘集》卷18,第371页。

孝宗淳熙间"，"凡一千篇有奇，分为十有一门"①，厘为五十卷。观其所录，赋一卷，诗十四卷，文三十五卷。《〈成都文类〉跋》称其录文"颇为详整"②，然《四库全书总目》却以"每类之中，又各有子目"的体例方式为病，颇伤"繁碎"③。以上所论，仍须从《成都文类》文体分类特点处着眼探究。

一、所收之文"各以文体相从"

《成都文类》卷一收录赋体作品八篇；卷二至卷十五收录诗体作品；卷十六收录诏策、铁券、赦文、敕文十七篇：《汉先主封张飞策》《封马超策》《许靖策》《后主告谕伐魏诏》《后主复诸葛亮丞相策》《后主谥陈祗诏》《唐高宗赐高骈筑罗城诏》《唐僖宗赐节度使陈敬瑄铁券》《唐昭宗赐王建诏》《又赐御札》《又赐诏》《置史官诏》《置东官属诏》《王衍试制科策文》《后唐收蜀敕》《后唐封孟知祥为蜀王策》《孟昶劝农桑诏》；卷十七收诏敕、制类作品十四篇：《艺祖皇帝纳降蜀王敕》《曲赦蜀川诏》《封蜀降王孟昶为秦国公制》《授孟玄喆兖州节度制》《逆贼王均平降德音》《赐程琳收获劫盗逃兵奖谕诏》《赐王畿父老借留奖谕诏》《赐程戡修城池奖谕诏》《赐赵抃父老借留奖谕诏》《赐王刚中训谕诏》《赐晁公武奖谕诏》《赐范成大奖谕》《赐范成大措置和籴戒谕诏》《赐范成大措置和籴诏》；卷十八收录表、疏、笏记类作品二十七篇：《上汉帝表》《谏刘先主不称尊号疏》《辞先主表》《临发汉中上后主疏》《乞伐魏疏》《废李平表》《乞立诸葛亮庙表》《上袭魏疏》《谏后主疏》《进诸葛氏集表》《谢政刑箴表附批答》《代李侍郎贺收成都表》《请筑罗城表》《又

①（清）永瑢等：《四库全书总目》卷 187，第 1699 页。
②（清）朱彝尊：《〈成都文类〉跋》，《曝书亭集》卷 44，《四部丛刊》本。
③（清）永瑢等：《四库全书总目》卷 187，第 1699 页。

表》《为蜀王建草斩陈敬瑄田令孜表》《上王建疏》《上灾异疏》《上蜀王表》《谏醉妆疏》《谏王衍疏》《贺江神移堰笺》《笏记》《王衍降表》《谏用兵疏》《上皇太子称呼疏》《孟昶降表》《玉局祥光出现表》。卷十九收录书附笺、奏记类作品十三篇①:《与王商书》《与刘璋笺》《与诸葛亮书》《狱中与诸葛亮书》《答张骏劝善称藩书》《为河东公上西川相国京兆公》《报坦绰书》《上王建求贤书》《梁聘书》《蜀答聘书》《谢信物书》《奏记王建兴用文教》《谏孟昶书》。卷二十收"书"类作品十二篇:《上蜀帅张公书》《上蜀帅王密学书》《上蜀帅韩密谏书》《上张密学书》《上蜀帅任密谏书》《上韩运使书》《上蒋密学书》《上蒋密学书》《上文密学书》《上文密学书》《上成都知府书》《上田密谏书》;卷二十一收书十二篇;卷二十二、二十三分别收序十九篇、十四篇;记体类,卷二十四收五篇、卷二十五收六篇、卷二十六收七篇、卷二十八收九篇、卷二十九收十一篇、卷三十收十四篇、卷三十一收十二篇、卷三十二收十一篇、卷三十三收八篇、卷三十四收七篇、卷三十五收七篇、卷三十六收十篇、卷三十七收八篇、卷三十八收十一篇、卷三十九收十篇、卷四十收九篇、卷四十一收七篇、卷四十二收十三篇、卷四十三收十六篇、卷四十四收十二篇、卷四十五收十一篇、卷四十六收九篇;卷四十七收檄七篇、难一篇、牒两篇;卷四十八收箴四篇、铭六篇、赞八篇、颂十四篇;卷四十九收杂著九篇;卷五十收诔三篇、哀辞一篇、祭文七篇。

由上文可知,编者将其所收作品首先大致按文体分门别类,有赋、诗、诏策、铁券、赦文、敕、诏敕、制、表、疏、笏记、书(附笺、奏

———————————

①《梁聘书》与《蜀答聘书》为往来书信,计为两篇。

记）、序、记、檄、难、牒、箴、铭、赞、颂、杂著、诔、哀辞、祭文二十五类①。类目名称多以文题区分，分类并不严格，如卷十六收录诏策、铁券、赦文、敕文类，卷十七又有诏敕、制类，而究其原因则是《成都文类》以时间先后编次作品，卷十六收录汉至明德元年（934）作品，卷十七续收而下。故所分类目，则据文题而更改。诏策类实为诏类与策类作品合称，细看篇章目录，诏敕亦是如此。按其所选，卷十六、十七多为政令类文体，故编次相临，亦体现了编者的按体分类思想，只不过分类思想不是那么明确，分类标准也不尽统一。

二、体下二级三级"类"分

《成都文类》"诗"类作品十四卷，"记"类二十二卷，选文篇目占全书70％。编者于"诗"类下解题云："取凡诗缘成都而作者载之，其类十有四，于类之中，又有别焉，若其人则以世先后为序。"②究其所述，"诗"体二级分类有十四类，分别是都邑（14首）、城郭（5首）、宫苑（2首）、楼阁（17首）、江山（52首）、学校（7首）、寺观（68首）、陵庙（14首）、亭馆（137首）、时序（故事、宴集，78首）、题咏（附书画、器物、雨雪、风月、草木、虫鱼，112首）、赠送

---

① 《四库全书总目》卷一百八十七："所录凡赋一卷，诗歌十四卷，文三十五卷。上起西汉，下迄孝宗淳熙间，凡一千篇有奇，分为十有一门，各以文体相从，故曰《文类》。"（清）永瑢等：《四库全书总目》卷187，第1699页。朱彝尊《〈成都文类〉跋》亦以其"分门十一，颇为详整"评之。（清）朱彝尊：《成都文类跋》，《曝书亭集》卷44，《四部丛刊》本。现以四库本查录，实为二十五门。"十一门"之说，不知何据。

② （宋）袁说友、程遇孙、扈仲荣等：《成都文类》卷2，《景印文渊阁四库全书》集部，第1354册，第305页。

(130 首)、诗(未分类,77 首)①、道释(10 首)。

"记"体分为城郭五篇、渠堰(附桥梁)6 篇、官宇 36 篇、府县学 26 篇、祠庙 19 篇、祠堂 14 篇、寺观 55 篇、堂宇 13 篇、居处 28 篇、画像(附名画)11 篇、杂记 9 篇。

卷二十三"序"分赠送(19 篇)、文集(14 篇)两类。

"诗""记"体二级分类按作品所涉及的题材对象分,而"序"则按文体应用场合分。

《成都文类》部分二级类目下又进一步划分,如"诗"体江山类又细分池沼、堤堰、桥梁三个子目,题咏类分书画、器物、雨雪、风月、草木、虫鱼六个子目;"记"体官宇类分茶马司、转运司、钤辖厅三个子目,居处类分阁、园、溪、亭、轩、斋、庵、坞八个子目。三级分类,主要按题材对象分。

四库馆臣评《成都文类》:"每类之中,又各有子目,颇伤繁碎。然《昭明文选》已创是例,宋人编杜甫、苏轼诗,亦往往如斯,当时风尚使然,不足怪也。"②此书二级分类多与《文选》分类相同,"诗""序""记"体主要按题材对象进行二级分类部分二级类目下又再细分,类目繁碎。然当时总集分类体例多用此法,非《成都文类》一也。

《文章正宗》

《文章正宗》二十四卷,宋真德秀(1178—1235)编。德秀,字景元,后更希元,又称西山先生,建宁浦城(今属福建)人,致仕参

①《四库全书》本卷十四收录 77 首诗歌,未分类,疑二级类目阙。
②(清)永瑢等:《四库全书总目》卷 187,第 1699 页。

知政事,谥号文忠。据《西山先生真文忠遗书》中《西山读书记》记载,德秀初欲编《诸老集略》一书,因其"纲目详,篇帙多,其间或未脱稿"之缘故,纂"曰《文章正宗》者最为全书"①。刘克庄曾参与《文章正宗》"诗歌"门编纂②,而《后村先生刘公行状》又载:"甲申(1224)……,西山在朝,以公学贯古今,文追《骚》《雅》,荐西山还里,公以师事自此,学问益新矣。"③以此推测,《文章正宗》成书于宁宗末年至理宗初年之间。此书不见宋人书目著录,现点校本《直斋书录解题》所录乃后人据元马端临《文献通考》补入,然是书宋代已有刊刻,且有多种版本。据李弘毅考察,《文章正宗》在宋代流传的刻本,起码是三种以上。此外,《文章正宗》亦有宋版元明递修本、元版、元明修本、明本以及清刻本等④。《文章正宗》历代版本流传情况,《宋人总集叙录》有详尽论述⑤。

　　真德秀批评当下诗文选本不得要领,称:"笔头虽写得数句诗,所谓本心不正,脉理皆邪,读之将恐染神乱志,非徒无益。"⑥西山选文,以正宗为的:"'正宗'云者,以后世文辞之多变,欲学者

<hr>

① (宋)刘克庄:《跋〈文章正宗〉》,(宋)刘克庄:《后村先生大全集》卷100,《四部丛刊》本。

② (宋)刘克庄撰,王秀梅点校:《后村诗话》卷1,北京:中华书局,1983年,第4页。

③ (宋)林希逸:《后村先生刘公行状》,(宋)刘克庄:《后村先生大全集》卷194,《四部丛刊》本。

④ 李弘毅:《〈文章正宗〉的成书、流传及文化价值》,《西南师范大学学报(哲学社会科学版)》,1997年第2期,第106—110页。

⑤ 祝尚书:《宋人总集叙录》,第267—293页。

⑥ (宋)罗大经撰,王瑞来点校:《鹤林玉露》,北京:中华书局,1983年,第193—194页。

识其源流之正也。"①同时批评《文选》与《唐文粹》未得"源流之正"，故述《文章正宗》编纂思想与体例曰："夫士之于学，所以穷理而臻用也。文虽学之一事，要亦不外乎此。故今所辑以明义理、切世用为主。其体本乎古、其指近乎经者然后取焉，否则，辞虽工亦不录。"②这里真德秀明确其选文标准：一是"以明义理，切世用为主"；二是"其体本乎古，其指近乎经"，否则，辞虽工亦不录。这充分体现了真德秀作为一个理学家的选文标准，将文章与"义理""世用"结合，显示其尚理、宏道、宗经、资治的理论体系。刘克庄也说真德秀"晚岁论文尤尚义理、本教化。于古今之作，视其格言名论多者取焉，若徒华藻而于义无所当者，不录也"③。《文章正宗·纲目》标举理学家的选文标准，颇受时人和后人讥讽。四库馆臣评曰："四五百年以来，自讲学家以外，未有尊而用之者。岂非不近人情之事，终不能强行于天下矣。"④综而观之，真德秀这种发挥义理、有补世教的文学主张，虽不可避免地带有很大的缺陷，但于分类体系以及具体的选文和评语上，却有颇多建树。如《文章正宗·纲目·议论》云："书记往来，虽不关大体，而其文卓然为世脍炙者，亦缀其末。"⑤又"叙事"下序题云："独取《左氏》《史》《汉》叙事之尤可喜者，与后世记序传志之典则简严者，以为

---

①（宋）真德秀：《文章正宗·纲目》，（宋）真德秀：《文章正宗》，《景印文渊阁四库全书》集部，1355 册，第 5 页。

②（宋）真德秀：《文章正宗·纲目》，（宋）真德秀：《文章正宗》，第 5 页。

③（宋）刘克庄：《西山真文忠公行状》，（宋）刘克庄：《后村先生大全集》卷168，《四部丛刊》本。

④（清）永瑢等：《四库全书总目》卷 187，第 1699 页。

⑤（宋）真德秀：《文章正宗·纲目》，（宋）真德秀：《文章正宗》，第 6 页。

作文之式。"①正文中《过秦论》文末评曰："如谊所云,真书生之论
也。今姑以其文而取之。"②可见出真德秀对于文章风格、艺术形
式及文辞之工亦颇为注意。

一、《文章正宗》"四分"法

《文章正宗》录"《左传》《国语》以下,至于唐末之作"③,分辞
命、议论、叙事和诗赋等四目。四目下各有序题,序题的叙述方式
基本上沿袭刘勰《文心雕龙》"原始以表末、释名以彰义、选文以定
篇、敷理以举统"的文体研究思路。

具体落实到每一目,则首谈门目源流,如论说"辞命"时,指出
其源于周官太祝作六辞:辞、命、诰、会、祷、诔;六辞的文体功能是
"以通上下亲疏远近"。辞命即"王言之制",后对诰、誓、命分别释
名以彰义,并列举《尚书》之篇章以见其名称由来。其次说明此编
所录之文标准,指出"辞命"本于"深纯温厚",故而不取魏晋以降
文辞猥下和骈偶去古之文,"《书》之诸篇,圣人笔之为经,不当与
后世文辞同录。独取《春秋》内外传所载周天子谕告诸侯之辞、列
国往来应对之辞,下至两汉诏册而止","学者欲知王言之体,当以
《书》之诰誓命为祖,而参之以此编,则所谓正宗者庶乎其可识
矣"④。可见,"辞命"门目,所录皆为王言之体。

议论之文"初无定体","凡秉笔而书,缔思而作者皆是也"。
将其源流追溯至六经、《论语》、《孟子》以及先汉以后之文。议论

①(宋)真德秀:《文章正宗·纲目》,(宋)真德秀:《文章正宗》,第6页。
②(宋)真德秀:《文章正宗》卷12,第364页。
③(清)永瑢等:《四库全书总目》卷187,第1699页。
④(宋)真德秀:《文章正宗·纲目》,(宋)真德秀:《文章正宗》,第5页。

之文要"华实相副,彬彬文质","今独取《春秋》内外传所载谏争论说之辞,先汉以后诸臣所上书疏封事之属,以为议论之首"①。这里,真德秀明确提出要以圣贤之文、六经、《论语》、《孟子》、《左传》为作文规范。

"叙事",源起于古史官。其体有二:一为"有纪一代之始终者",一为"有纪一事之始终者";后有"有纪一人之始终者",则"后世碑志事状之属似之"。"叙事"门目以"典则简严"为基本的文体规范,故而取"《左氏》《史》《汉》叙事之尤可喜者与后世记序传志之典则简严者"为"作文之式"②。

"诗赋",真德秀从"古者有诗"叙其原始,详其正变,楚辞、赋则为其变体,引朱子"古今之诗凡有三变"以示诗歌发展源流,标举"自得之趣""兴寄高远"的艺术情感特征,"今惟《虞》《夏》二歌与三百五篇不录外,自余皆以文公之言为准,而拔其尤者列之此编。律诗虽工,亦不得与。若箴、铭、颂、赞、郊庙乐歌、琴、操,皆诗之属,间亦采摘一二,以附其间,至于辞赋则有文公集注《楚词后语》,今亦不录"③。

总其所录,辞命三卷(1—3),议论十一卷(4—15),叙事六卷(16—21),诗赋三卷(22—24)。编选诗文一千一百八十五篇,其中文六百九十一篇,计《左传》一百三十三篇、《公羊传》十一篇、《穀梁传》十篇、《国语》三十五篇、《战国策》八篇、《史记》六十五篇、《汉书》二百七十一篇、《后汉书》二十九篇,又班彪一篇、徐干一篇、诸葛亮两篇、韩愈七十六篇、李翱四篇、柳宗元四十五篇。

---

① (宋)真德秀:《文章正宗·纲目》,(宋)真德秀:《文章正宗》,第6页。
② (宋)真德秀:《文章正宗·纲目》,(宋)真德秀:《文章正宗》,第6页。
③ (宋)真德秀:《文章正宗·纲目》,(宋)真德秀:《文章正宗》,第7页。

诗歌共四百九十四篇,虞夏以来至汉魏六十三首,晋宋至唐前九十八首,唐代三百三十三首①。

　　四目中"议论"所占篇幅最多。"辞命"为四目之首,所收一为王言,如辞、命、诰、令、祷、诔等;一为诏策,如内史、卿、大夫、御史等所为命、策、赞等,这些作品皆是"深纯温厚"之作,有"施于朝廷,布之天下"②的文体功能。"议论"类收录论、谏、疏、对、请、戒、奏、议、驳、表、书等作品,将《左传》《国语》等有关谏争论说文章和西汉以后大臣上书、疏、封事放到开头,继而其他"或明义理,或敷析治道,或褒贬人物"之文附于后,以其"华实相副,彬彬乎可观",为后学者写作提供"法度"。"叙事"类真德秀选录《左传》《史记》《汉书》中叙事之"尤可喜者"以及韩愈、柳宗元记序传志"典则简严"之文,以作为"作文之式"。

　　真氏以"明义理、切世用"为准则,以圣贤之文为准的,强调诗文的美刺讽喻之功,以性命义理作为选文的规范,要求文章形式雅正。"辞命"类鄙弃不雅训之文,"议论""以先贤为准的","叙事""典而严","诗赋"所选皆是"深纯温厚"之作,体现了真氏理学家重实用的文学思想。真德秀由此也开创了文章总集中谈理一派,故四库馆臣评曰:"自真德秀《文章正宗》,始别出谈理一派,而总集遂判两途。然文质相扶,理无偏废,各明一义,未害同归。惟未学循声,主持过当,使方言俚语,俱入词章,丽制鸿篇,横遭嗤点,是则并德秀本旨失之耳。"③如元金履祥《濂洛风雅》专选理学

①漆子扬、马智全:《从〈文章正宗〉的编选体例看真德秀的选学观》,《湖南大学学报(社会科学版)》,2008年第2期,第88—91页。
②(宋)真德秀:《文章正宗·纲目》,(宋)真德秀:《文章正宗》,第5页。
③(清)永瑢等:《四库全书总目》卷186,第1685页。

家诗作，在诗的甄选上，比真德秀选文理论走得更远，"诗自履祥是编出，而道学之诗与诗人之诗千秋楚越矣"①。清刁包《斯文正统》仿真德秀《文章正宗》的体例和标准，因持论过之，四库馆臣曰："盖本真德秀《文章正宗》之例，持论可云严正。然三代以前文皆载道，三代以后流派渐分，犹之衣资布帛不能废五采之华，食主菽粟不能废八珍之味，必欲一扫而空之，于理甚正而于事必不能行。"②《文章正宗》在选文上体现出鲜明的理学家文论思想，其重义理、重实用、明教化、正性情之标准使得《文章正宗》蒙上了一层理学色彩。真德秀收录作品，多大量诏书、论谏、奏疏、章表、赞颂、碑铭、序、记、传等方面的范文，超越了早期选本局限于文学史料的发掘、考辨及简单的整理、扩充层面，而更加系统化，更具综合性，充分体现了选者的理性思维能力和文学史眼光。真德秀虽以义理、世用为的，然亦不废文章风格、艺术形式，对一些艺术性较强而离义理较远的佳作也颇为推崇，《文章正宗》和《续文章正宗》中收录了不少具有较高艺术品相的作品。此点，《四库全书总目》中已有具体论述。

　　《文章正宗》"辞命""议论""叙事""诗赋"四分颠覆了传统诗文总集以"文体""作家(时代)""题材内容"为主的分类编纂方式。真德秀从文章功能入手，将不同历史时期的各体文章加以重新编排归类；从文章所反映具体内容的表达方式的不同，分"议论""叙事"两类；又以文章运用的具体场合、领域和读者对象来揭示其实际功用特点，确立"辞命"类，"诗赋"类则以文体形态分类划分。

①（清）永瑢第：《四库全书总目》卷191，第1737页。
②（清）永瑢等：《四库全书总目》卷194，第1768页。

二、《文章正宗》分类建树与影响

以总集为代表的中国古代文体分类,从《文章流别集》《文选》开始就分体编录,并显露出文体分类日趋繁复细密的趋势,这一方面体现了文体发展过程中,新文体层出不穷的客观事实,同时也是分体辨体不断深入的结果。在辨体明体发达的明代,被罗根泽称为"集文体之大成"的徐师曾《文体明辩》更是达到了一百二十一类,然文体细分在另一个层面上也显示出其琐碎庞杂的弊病。四库馆臣称后、之总集体类"千条万绪,无复体例可求"①,这种趋于繁杂细密的文体方式虽遭人诟病,实际上一直是中国古代文体分类客观事实和主流倾向。

另一个层面上,化繁为简、由博趋约的文体合并归类趋势也有发展。《文章正宗》将文章功用与表现方式以及文体形态综合起来加以分类,以辞命、议论、叙事、诗赋总括众多文体作品,其简明的分类,在宋代便已为人所称道。李耆卿云:"真景元集《文章正宗》,分作四体:辞命一也,议论一也,叙事一也,诗赋一也,井然有条。"②元刘壎将《文选》《唐文粹》《宋文鉴》《文苑英华》等总集分类体例与真氏四分法比较,以见《文章正宗》之简明有法的优长,《隐居通议》云:"古今类编诗文如梁之《文选》、唐之《文粹》、宋之《文鉴》,虽篇帙浩博,可以考见累朝文字之盛,然俱无统纪。至近世真文忠公编类《文章正宗》,分为四门:曰辞命,曰议论,曰叙事,曰歌诗。去取有法,始为今书,足以垂训不朽。"③明人王立道

①(清)永瑢等:《四库全书总目》卷192,第1750页。
②(宋)李涂:《文章精义》,北京:人民文学出版社,1960年,第72页。
③(元)刘壎:《隐居通议》卷13,北京:中华书局,1985年,第139页。

云："迨宋儒真德秀氏乃独于兹而究心焉。于是尽取古人之文……序以世次，体以类分，而总其凡例有四：为辞之不可以已也，故首之以辞命；为议之可以见天下之心也，故次议论；为古记事之别有史，故次叙事；为诗所以言志也，故以诗赋终焉。夫则其辞命可以明民法，其议论可以尽变效，其叙事可以核故模，其诗赋可以章志。四体具而天下之文无余法矣。"①明郑真云："世之为文者不过议论、叙事两端，而贵于识体，体制不立而别出新奇可乎？或蹈袭成言，支离骸骼，将焉用哉？"②吴讷独推《文章正宗》"四分法"义例精密，包罗众体的归类之功曰："《文章正宗》，其目凡四：曰辞命，曰议论，曰叙事，曰诗赋。天下之文，诚无出此四者。"③真氏"四分法"以四类包罗所有文体。

《文选》类总集在分类上一体一类，《文章正宗》采取了"文体并类"的办法，"开了后世分门系类的先例"④。真氏"四分法"是"从文体的表现方式（即体式）着眼，对文体形态的宏观把握，应该说基本上概括了中国古代所谓或'文'或'文章'的实际构成状况"⑤。而"像'议论'、'叙事'这样的完全从形式和反映生活的方式上高度概括的划分，此前确实还没有过"⑥。《文章正宗》文体

---

① （明）王立道：《拟重刊〈文章正宗〉序》，《具茨文集》卷4，《景印文渊阁四库全书》集部，第1277册，第802—803页。
② （明）郑真：《亡兄金华府义乌县儒学教谕郑先生行状》，（明）郑真：《荥阳外史集》卷42，《景印文渊阁四库全书》集部，第1234册，第262页。
③ （明）吴讷：《文章辨体序说》，北京：人民文学出版社，1962年，第7页。
④ 钱仓水：《文体分类学》，南京：江苏教育出版社，1992年，第179页。
⑤ 郭英德：《中国古代文体学论稿》，第144页。
⑥ 赵逵夫：《〈中国文章分类学研究〉序》，《中国文章分类学研究》，北京：民族出版社，2000年，第10页。

分类上的归类方法在总集分类体例的实践中也影响深远,明代程敏政《新安文献志》选文"略依真德秀《文章正宗》之例,分类辑录"①,"首辞命而以诗余附诗杂体之后"②。明王心《郴州文志》以"命制""记载""议论""咏歌"四类编次,因袭真氏四分之法。其后,明李天麟《词致录》、清人储欣《唐宋八大家文选》、姚鼐《古文辞类纂》、李兆洛《骈体文钞》、曾国藩《经史百家杂钞》等总集采用分门别类之法编次作品,大体多从真氏出。

《赤城集》

　　《赤城集》,宋林表民编。表民,字逢吉,号玉溪,台州临海人。尝续《天台集》而编《天台前集别编》《天台续集别编》,又续陈耆卿《赤城志》为《赤城续志》《赤城三志》③。

　　是书取《赤城志》所不载天台之诗文,汇辑为《赤城集》。明谢铎《赤城新志》载《赤城集》二十八卷,有刻本在内阁④,清《(雍正)

①(清)永瑢等:《四库全书总目》卷189,第1715页。

②(明)李维桢:《〈新安文献续志〉序》,(清)黄宗羲:《明文海》卷225,北京:中华书局,1987年,第2309页。

③《直斋书录解题》著录《续志》为吴子良著,《三志》为林表民著。陈振孙:《直斋书录解题》卷8,上海:上海古籍出版社,1987年,第247页。然洪颐煊《台州札纪》卷九载:"王象祖《赤城三志序》:'《赤城志》作于太史陈公耆卿其友林君表民与修焉,而林君又为续志。'"(清)洪颐煊:《台州札纪》卷9,清钞本;嵇曾筠《(雍正)浙江通志》卷一百八十一:"林表民……尝同耆卿修《赤城志》又自修《续志》三卷。"(清)嵇曾筠等监修,(清)沈翼机等编:《(雍正)浙江通志》卷181,《景印文渊阁四库全书》史部,第524册,第62页。

④(清)永瑢等:《四库全书总目》卷187,第1700页。

浙江通志》亦著录《赤城集》二十八卷①。可见,《赤城集》原本二十八卷,而今本唯有十八卷,"仅有文一百八十二首,而无诗",四库馆臣疑"原本尚有诗十卷,为传抄者所脱佚,已非完本"②。明人叶盛《菉竹堂书目》最早著录,只录书名③。其后,晁瑮《晁氏宝文堂书目》、杨士奇《文渊阁书目》二书亦只录书名,不记卷次。清人书目中,丁丙《善本书室藏书志》、丁立中《八千卷楼书目》、嵇璜《续通志》《续文献通考》、瞿镛《铁琴铜剑楼藏书目录》、陆心源《皕宋楼藏书志》、倪灿《宋史艺文志补》、阮元《文选楼藏书记》均著录十八卷。此书宋本久佚。《中国古籍善本书目》著录国家图书馆藏明弘治十年谢铎刻本,十八卷,四册。实际上为瞿氏藏本,见瞿镛《铁琴铜剑楼藏书目录》。《赤城集》存世馆藏情况,参见《宋人总集叙录》④。

吴子良《〈赤城集〉序》曰:"初,康吉林君咏道类《天台集》,子逢吉续之,而诗之属天台者无遗矣。笕窗陈公寿老修《赤城志》,逢吉又续之,而事之属天台者无遗矣。独记、序、书、传、铭、诔、赞、颂之文,《天台集》不暇载,《赤城志》载不尽者,逢吉复分门会粹,并诗为一,号《赤城集》,凡若干卷。"⑤今《赤城集》存十八卷,仅有记、志、书、传、铭、诔、赞、颂之文一百八十二首,无诗。陆心源于《宋诗纪事补遗》亦曰:"复以记、序、铭、赞之文。"⑥林表民编

---

①(清)嵇曾筠:《(雍正)浙江通志》卷254,《景印文渊阁四库全书》史部,第525册,第765页。

②(清)永瑢等:《四库全书总目》卷187,第1700页。

③(明)叶盛:《菉竹堂书目》,第72页。

④祝尚书:《宋人总集叙录》,第343—346页。

⑤(宋)吴子良:《〈赤城集〉序》,(清)陆心源:《皕宋楼藏书志》卷114,第1292页。

⑥(清)陆心源:《宋诗纪事补遗》卷71,太原:山西古籍出版社,1997年,第1664页。

纂《赤城集》初衷,现无文献记载。而《赤城集》编纂缘起,则与《赤城志》密切相关。宋人地域性总集的编纂多与地方志的编写修订有关,前文有《吴都文粹》与《吴郡志》之例。林表民续《赤城志》时搜罗郡乡文献,多得之有关赤城、天台之诗文,以此别编为《赤城集》,以彰显一州一郡的人文兴貌。且"天台山至晋孙兴公始传,晋以前不知几千年矣,何传之晚也! 自晋以来,历宋、齐、梁、陈、隋、唐,天台人物见简册落落才十数人,本朝始渐盛,南渡迄今始益盛,而距晋亦且千年矣,又何盛之晚哉!"林表民此编使得"天台人物之盛才得萃于此书,君子推本之以为是,本朝风化之所召,台之士大夫读是书而知其故,必将慨然奋厉,期无负君师以自昭于不朽"①,有功于地方风化。

《赤城集》卷一至卷十五,主要录记体文。其中卷一七篇,除陈观《筑城议》外,其余六篇均为记体文;卷二收文十一篇,除赵汝愚《上宰执论台州财赋》、赵师回《台州推官重建厅事述》外,均为记体文;卷三收录十三篇记体文,卷四收录十四篇记体文,卷五除贾南金《州学更造释奠祭器颂》外,其余七篇为记体;卷六、卷七各收录十篇记体;卷八除尤袤《思贤堂三赞》、陈瓘《台州羁管谢表》外,其余七篇为记体文;卷九除杜范《宋郭孝子碑》、朱熹《义灵庙碑》外,收记体文六篇;卷十除王象祖《寿台楼赋》外,收记体文六篇;卷十一除《台州城隍封诰》外,收记体文十一篇;卷十二收记体文十一篇;卷十三除唐仲友《新建中津桥碑》外,收记体文八篇;卷十四除张端《放生池碑》、吴芾《朱氏旌表门闾碑》外,其余十篇均为记体文;卷十五收记体文十一篇;卷十六收录陈瓘《有宋八行先生徐公事略》、苏舜钦《杜孝子传》、石塾《徐季节先生墓志铭》、赵

①（宋）吴子良：《〈赤城集〉序》,（清）陆心源：《皕宋楼藏书志》卷114,第1292页。

师夏《方山隐士杜君圹志》、叶适《草庐先生墓志铭》、吴子良《大田先生墓志铭》、陈耆卿《竹邨居士林君墓碑》、吴子良《四朝布衣竹邨林君墓表》八篇，为传状墓志类文体；卷十七收序体文八篇，且都为书序；卷十八收序体文六篇，三篇书序，三篇送序，以及李昌龄《滕侯守台颂并序》、王然《大成殿奉安先圣文》、陈襄《劝谕文》、王然《黄岩劝学文》、陈襄《仙居劝学文》、叶棠《台州寿台楼记》、苏东坡《跋渊明词赠卓契顺》。

从篇章目录安排来看，《赤城集》大体以同一体裁作品编次一起；同一文体之中，相同题材的作品类聚左右。同为记体文，卷一收录多为城郭一类；卷二收录厅壁类；卷三卷四收录县属类，如临海县、黄岩县、侨居、宁海县；卷五卷六卷七则收录有关州学、县学类题材的记体文；卷八、卷九、卷十收录祠堂、庙宇类记体之文，卷十一、十二收录亭台楼阁类作品；卷十三、十四则有关桥梁泉池类作品，卷十五收录庵堂、园林、洞宇类记体之文。卷十六收录碑志类文体，墓志铭与墓碑、墓表分开编次。卷十七十八同为序体文，书序与送序类分开。同一人所作，陈襄的"劝学"文与"劝谕"文分开。《赤城集》虽没有明确列出文体类目，然其编排实已有分体编纂之倾向。此种编纂体例，与《吴都文粹》如出一辙。《吴都文粹》诗文，皆出《吴郡志》，分类编排方式亦同《吴郡志》三十九门。《赤城志》体例之善，历来为人称道。《赤城志》分地里门、公廨门、秩官门、版籍门、财赋门、吏役门、军防门、山水门、寺观门、祠庙门、人物门、风土门、冢墓门、纪遗门、辨误门共十五门，每一门类之下，再细分小目，全面反映了南宋中期台州的山川地理、各地物产、版籍赋税、吏役军防、道观寺院、岁时风俗，以及各个阶层的社会生活和人物活动，可以说是当时的台州百科全书，体大思精。《赤城集》以作品主题分属"城郭""厅壁""县属""园林""洞宇""碑志(墓志铭、墓碑、墓表)"等类,并以此为先后顺序编次作品,可见《赤城集》在文章编排体例上借鉴了门类体例相对成熟完善的《赤城志》。

《论学绳尺》

《论学绳尺》十卷,宋魏天应编,林子长注。天应,号梅墅,自称乡贡进士;子长,号笔峰,官京学教谕,皆闽人也。是书最早著录见于明《晁氏宝文堂书目》《(嘉靖)普安州志》①,然不详其编者、卷次及版本。清人丁立中《八千卷楼书目》《千顷堂书目》分别著录《论学绳尺》"十卷,宋魏天应编,抄本","魏天应《论学绳尺》,十卷,宋乡贡进士选宋南渡以来场屋得隽之文,笔峰林子长注释"②。现存《论学绳尺》最早的版本为明成化刻本,藏于北京大学图书馆;又有明天顺刻本,藏于复旦大学图书馆;较为常见的有《四库全书》本。关于几种版本的流传演变见《〈论学绳尺〉与南宋论体文及南宋论学》一文③。

《四库全书》本依成化本录入,将原先编注者顺序变为宋魏天应编,林子长注。各卷次序号以"一"至"十"代替"甲"至"癸",删却成化本中的游序、每卷之前的目录(目录中每格均有一段"类

---

① (明)晁瑮:《晁氏宝文堂书目》卷上,《中国历代书目题跋丛书》,上海:上海古籍出版社,2005年,第45页;(明)高廷愉:《(嘉靖)普安州志》卷4,明嘉靖刻本。
② (清)丁立中:《八千卷楼书目》卷19,第602页;(清)黄虞稷撰,瞿凤起、潘景郑整理:《千顷堂书目》卷31,上海:上海古籍出版社,1990年,第763页。
③ 张海鸥、孙耀斌:《〈论学绳尺〉与南宋论体文及南宋论学》,《文学遗产》,2006年第1期,第90—101页。

意")、每篇行文中的眉批、点抹及作者名下的"省元""状元"等身份(约三分之二作者名下有头衔)。

《四库全书总目》云:"是编辑当时场屋应试之论,冠以《论诀》一卷。所录之文,分为十卷。凡甲集十二首,乙集至癸集俱十六首,每两首立为一格,共七十八格。"①此说不确,每卷格数、首数并不平均,具体如下表所示:

卷次	格目名称
1	立说贯题格、贯二为一格、推原本文格、立说尊体格、指切要字格、指题要字格、就题摘字格
2	就题生意格、援古证今格、以天立说格、立说出奇格、就题发明格、顺题发明格、驳难本题格、双关议论格
3	摘字贯题格、提用贯题格、推明性理格、立说贯题格、题外生意格、驳难本题格、推原立意格、以心会道格、反题辨难格、就题发明格
4	摘字贯题格、顺题发明格、得人立说格、就问立意格、伤今思古格、推原立意格、评品难易格、评品优劣格、题外生意格、就题立论格
5	就题发明格、品藻优劣格、发明性理格、回护题意格、反题辨论格、回护题意格、贬题立说格、评品优劣格、就题褒贬格
6	回护题意格、发明题意格、顺题发明格、考究题意格、因事度情格、评品优劣格、言外发意格、立说出奇格
7	因显知微格、因后知先格、就题去取格、推原心学格、推原题意格、回护题意格、因古思今格、因今思古格、发明题意格
8	无所考证格、有所考证格、顺题发明格、推原题意格、思古伤今格、贬题立说格、形容题意格、贬题立说格、形容题意格

---

① (清)永瑢等:《四库全书总目》卷 187,第 1702 页。

卷次	格目名称
9	合异为同格、立说正大格、由微知显格、顺题发明格、推原题意格、原题立意格、字面包题格、题外生意格、顺题发意格
10	因数明理格、顺题发明格、就题轻重格、形容题意格、合二为一格、就题发明格、伤今思古格、推究源流格

　　卷一分七格,选文十二篇;卷二至十每卷选文十六篇,然各卷所分格目数量不一,依次为八格、十格、十格、九格、八格、九格、九格、九格、八格,总计八十七格,除却各卷重复格目,共五十四格,选文一百五十六篇。

　　"格"原用来表示作文立意之法,见于吕祖谦《古文关键·论作文法》。是书详列三十一种格制中的"上下、离合、聚散、前后、迟速、左右、远近、彼我、一二、次第、本末、立意"等,属于谋篇立意之类。楼昉师承吕祖谦,《崇古文诀》中亦间用"格"语。论之为体,其始尚不拘格数,譬如苏轼《刑赏忠厚之至论》,若以头、项、心、腹、腰、尾之式论之,则不可。南宋试论,程式渐严,"试官执定格以待人,人亦循其定格以求合,于是'双关三扇'之说兴,而场屋之作遂别有轨度。虽有纵横奇伟之才,亦不得而越"①。士子作论不得越过规定的绳尺范围,需按照规定的程式结构成文,否则不录。

　　今《论学绳尺》所选一百三十人作品,皆为南宋人场屋应试之论。最早是绍兴二年(1132)进士陈时中,最晚为咸淳十年(1274)进士黄龙友。其中,进士七十七人(其中有状元三人,探花一人,

――――――――

① (清)永瑢等:《四库全书总目》卷187,第1702页。

省元二十七人），公魁、私魁、舍魁、解试等四十一人，其余十二人或为乡先生，或未注身份，这其中包括吕祖谦、陈傅良、戴溪、冯椅等在内宋代名家。相对于前人编集的以体叙次、以主题事类叙次、以人叙次，《论学绳尺》以"格"分类编次的方式在总集分类中尚属首次，其主要缘起则是科考程式的要求。"格"作为南宋文章学特别是论学的概念，将其作为分类编次之依据，分格选文，对于考生揣摩作论之道具有重要启发意义。

游明在《〈论学绳尺〉序》中描述他所见到的旧本体例："首之以名公《论诀》《总目》，次之以作《论行文要法》，每集则分其格式而为之类意，每题则叙其出处而为之立说，且事为之笺，句为之解，而又标注于上，批点于旁。"①《四库全书总目》云："每题先标出处，次举立说大意，而缀以评语，又略以典故分注本文之下。"②今存成化本与游明的描述一致，说明游本是依宋本体例和式样刊刻的，甲至癸十集，每集有目录，目录中每格之下有题目、作者、类意。此外，编者又特别作了眉批和点抹，以提示读者关注文章结构和重点句式。

《论学绳尺》不惜繁琐，分论体之作至五十四格，目的在于更加细致入微地阐述每一篇论文之立意构思、结构章法以及文法、论证方法、修辞手段、行文风格等。一篇文章最先亦从审题立意、谋篇布局始。陈傅良说："作论之要，莫先于体认题意……此最作论之关键。""论以立意为先，造语次之。"③细看《论学绳尺》"格"名，则知命名由来，多与论文审题立意有关。

①（明）游明：《〈论学绳尺〉序》，（宋）魏天应编，（宋）林子长注：《论学绳尺》，明成化刻本。
②（清）永瑢等：《四库全书总目》卷187，第1702页。
③（宋）魏天应：《论学绳尺·论诀》，第76页。

　　将"格"运用总集分类编次之中,体现了编者对于科考"论"文
程式的格外关注。《论学绳尺》通过分格类意的方式编次"论"体
程文,在类目上突出认题、立意在"论"体时文创作中的重要作用,
每一格目名称醒示的都是审题基础上立意的角度,以及篇章的布
局架构之法。为进一步明示所选试论审题立意之道,每一个格目
之下选论两篇,加以类比,每篇题下,标其出处,以"立说"概括文
章立意,附以批语;具体行文中则运用眉批和点抹的评点方式,细
致入微地阐述每一篇所选论文之立意章法等方面的程式要素,同
一"格"的两篇文章评点后,以尾评的方式将其立说提炼,反复强
调审题和立意特点。"格"是《论学绳尺》分类编次的重要依据,其
分格选文,对于考生揣摩作论之道具有重要的启发意义,同时也
在一定程度上反映出南宋科场论文的体制形态以及程式化要求。

《吴都文粹》

　　《吴都文粹》,旧题宋郑虎臣编①。郑虎臣,字廷翰,又字景

----

① 自《结一庐书目》《四库全书总目》著录宋郑虎臣编后,清人众多书目皆以
　　郑虎臣编辑。《四库提要辨证》卷二十四谓:"明许德溥《吴乘窃笔》(一卷,
　　《指海》本)云:'《吴都文粹》虽郑公所粹,要皆取材于范文穆,绝无增减,亦
　　见古人服善心虚,今人不及也。'孙星衍《平津馆鉴藏记》卷三云:'《吴都文
　　粹》十卷(旧写本),题苏台郑虎臣集。前后无序跋,《四库全书》本作九卷。
　　此书全依《吴郡志》录写诗文,疑是坊贾所作,非虎臣原书。'钱熙祚《吴郡
　　志校勘记序》云:'偶检郑虎臣《吴都文粹》,讶其篇目不出《范志》所录,因
　　取以相校,删节处若合符节,乃知《文粹》全书并从范氏刺取。'《文粹》全出
　　于范志,而《提要》乃谓其足与《范志》相辅,是未尝取两书对勘,而率尔言
　　之也。"余嘉锡:《四库提要辨证》,北京:中华书局,1980年,第1578页。

兆，南宋嘉定十二年(1219)生于福建长溪县柏柱南山(今福安市溪柄南山洋头村)。德祐元年(1275)，郑虎臣任会稽(今浙江绍兴)县尉。《吴都文粹》乃郑氏为官期间辑录吴都地方诗文为一编地域总集。

《吴都文粹》宋人未有著录，明人《赵定宇书目》只录书名，未及作者版本①，《脉望馆书目》亦不详版本。《结一庐书目》卷四著录："《吴都文粹》十卷。计十本，宋郑虎臣集，影写宋刊本。"②可知，宋即有刊本传世。《四库全书总目》著录为九卷，而《四库全书》实存十卷。清人多著录十卷③，另有九卷之说④。清王鸣盛《蛾术编》录"《吴都文粹》六卷，苏台郑虎臣集"⑤，不知据何本。世传多为钞本，现有明钞本、宋蔚如(宾王)钞校本⑥。康熙六十

①(明)赵用贤：《赵定宇书目》，《中国历代书目题跋丛书》，上海：上海古籍出版社，2005年，第12页。

②(清)朱学勤：《结一庐书目》卷4，观古堂刊本。

③丁丙《善本书室藏书志》卷三十八、黄丕烈《士礼居藏书题跋记》卷六、瞿镛《铁琴铜剑楼藏书目录》卷二十三、陆心源《皕宋楼藏书志》卷一百十四、彭元瑞《天禄琳琅书目后编》卷二十、庆桂《国朝宫史续编》卷八十、孙星衍《平津馆鉴藏书籍记》卷三、张金吾《爱日精庐藏书志》卷三十五皆著录为十卷。另叶德辉《书林清话》卷九著录亦同清人书目内容一致。

④丁仁《八千卷楼书目》卷十九、嵇璜《续通志·艺文略》卷一百六十三、嵇璜《续文献通考·经籍考》卷一百九十七以及倪灿《宋史艺文志补》著录为九卷。

⑤(清)王鸣盛著，顾美华标校：《蛾术编》卷12，上海：上海书店出版社，2012年，第182页。

⑥陆心源《皕宋楼藏书志》、叶昌炽《缘督庐日记抄》皆著录为旧钞本。彭元瑞《天禄琳琅书目后编》、庆桂《国朝宫史续编》著录为明钞本。丁丙《善本书室藏书志》、黄丕烈《士礼居藏书题跋记》、江标《黄荛圃先生年谱》、瞿镛《铁琴铜剑楼藏书目录》著录为宋蔚如(宾王)钞校本。

年,娄东施氏用活字版印行,凡十卷。国家图书馆现藏两部:一有
张钰校跋并录李希圣、钱枚、邓邦述题识,凡十册;另一部有傅增
湘校并录钱牧、李希圣跋。《吴都文粹》馆藏情况,祝尚书先生对
其版本流传、馆藏分布多有论述①,此不赘言。

　　《吴都文粹》录吴郡地域诗文作品共六百四十三首,"凡吴中
名山大川、官廨学校、名宦人物以及仙宫梵宇,古迹之所留传,昔
贤之所纪咏,略备载焉"②。《四库全书总目》评其录文"综缉颇
富"③。《吴都文粹》以"合一州一邑为一集者"④,与《成都文类》
《会稽掇英总集》《严陵集》《赤城集》同为宋人地域总集之代表。
然"是书虽称《文粹》,实与地志相表里"⑤,全书篇章全从范成大
《吴郡志》中"刺取"⑥,其编纂体例亦依《吴郡志》。《吴都文粹》并
未对作品进行具体分类,编次方式亦无体例说明。作品既从《吴
郡志》出,究清《吴郡志》编纂体例似可窥出《吴都文粹》体例一二。

　　范成大《吴郡志》五十卷。卷一为沿革、分野、户口税租、土贡,
卷二为风俗,卷三城郭,卷四学校附县学,卷五营寨,卷六官宇、仓库
场务附市楼、坊市,卷七官宇,卷八、卷九古迹,卷十封爵、牧守,卷十
一牧守、题名,卷十二官吏、祠庙,卷十三祠庙,卷十四园亭,卷十五
山,卷十六虎丘,卷十七桥梁,卷十八川,卷十九水利,卷二十至二十
六人物,卷二十七人物附烈女,卷二十八进士题名附武举,卷二十

①祝尚书:《宋人总集叙录》,北京:中华书局,2004 年,第 409—411 页。

②(清)张金吾著,冯惠民整理:《爱日精庐藏书志》卷 35,北京:中华书局,
　 2012 年,第 602 页。

③(清)永瑢等:《四库全书总目》卷 187,第 1702 页。

④(清)李元度:《天岳山馆文钞》卷二十五,清光绪六年刻本。

⑤(清)永瑢等:《四库全书总目》卷 187,第 1702 页。

⑥余嘉锡:《四库提要辨证》卷 24,北京:中华书局,1980 年,第 1578 页。

九、三十土物,卷三十一宫观、府郭寺庙,卷三十二至三十六郭外寺,卷三十七至三十八县记,卷三十九家冢,卷四十至四十一仙事,卷四十二浮屠,卷四十三方技,卷四十四奇事,卷四十五至四十七异闻,卷四十八考证,卷四十九杂咏,卷五十杂志①。《吴郡志》采用"平列门目"②的体例,分类三十九门。

《吴都文粹》卷一收录十九篇作品。篇次如下:

序号	作品(文体)	作者(时代)	序号	作品(文体)	作者(时代)
1	《吴郡志序》(序)	赵汝谈(宋)	11	《重修大成殿记》(记)	郑仲熊(宋)
2	《十老序》(序)	米芾(宋)	12	《六经阁记》(记)	张伯玉(宋)
3	《吴城》(诗)	杜牧(唐)	13	《御书阁记》(记)	洪迈(宋)
4	《阊门》(诗)	张继(唐)	14	《重修吴学记》(记)	吴潜(宋)
5	《阊门》(诗)	韦应物(唐)	15	《吴学复田记》(记)	陈耆卿(宋)
6	《阊门》(诗)	白居易(唐)	16	《昆山县学记》(记)	梁肃(宋)

---

① (宋)范成大撰,陆振岳点校:《吴郡志》,南京:江苏古籍出版社,1999年。
② 宋代志书体例大致可分为平列门目、纲目体和史志体三种类型。平列门目是在旧图经基础上加以扩充,形成多门类形式。最著名的是《吴郡志》,分门三十九……纲目法……类例较为清晰。《咸淳毗陵志》分类十九,共辖五十二目,另有七图。……还有一些志书模仿正史体例,以《景定建康志》和《绍熙永嘉谱》为代表。"黄燕生:《宋代的地方志》,《史学史研究》,1984年第3期,第38—39页。

续表

序号	作品（文体）	作者（时代）	序号	作品（文体）	作者（时代）
7	《阊门》（诗）	苏舜钦（宋）	17	《昆山县新修文宣庙记》（记）	王禹偁（宋）
8	《胥门》（诗）	皮日休（唐）	18	《昆山县重修学记》（记）	张九成（宋）
9	《胥门》（诗）	陆龟蒙（唐）	19	《丹阳工祠堂记》（记）	朱熹（宋）
10	《学校记》（记）	朱长文（宋）			

从卷一的篇章安排上看，同一类题材内容的作品编次一起，按时间先后依次编排。吴城、阊门、胥门皆为吴郡城门古建，故而汇编一处，朱长文《学校记》以下八篇均是修建学校的记体文，类比于《吴郡志》卷四"学校附县学"门。

卷二陆机《吴趋行》，古乐府，《吴都文粹》注曰："此曲吴人歌其土风也。"①陆龟蒙《祝牛宫词并序》称："冬十月，耕牛为寒，筑宫纳而皁之。建之前日老农请乞灵于土官，以从乡教予勉之而为词。"②后注："牛阑，亦名牛宫。吴地下湿，冬寒，牛即入阑，唐人谓之牛宫。"③皮日休《鱼斗》描写的是吴中"以斗数鱼"④之俗。以上三篇，皆是反映吴郡之地风俗习惯的作品，从《吴郡志》卷二"风俗"门摘录而来，将此类作品编次一起，体现编者按类编

①（宋）郑虎臣：《吴都文粹》卷2，《景印文渊阁四库全书》集部，第1358册，第627页。
②（宋）郑虎臣：《吴都文粹》卷2，第628页。
③（宋）郑虎臣：《吴都文粹》卷2，第628页。
④（宋）郑虎臣：《吴都文粹》卷2，第628页。

排作品之意。

卷二存独孤及《九日陪李苏州东楼宴》与皮日休、陆龟蒙《登初阳楼》,接下来有东亭、西亭、西园、北轩、北池、后池、双莲堂、木兰堂、双瑞堂、三贤堂、思贤堂、瞻仪堂等亭台楼阁之类作品,亦多从《吴郡志》卷十四"园亭"门出。

自白居易《齐云楼晚望十韵兼呈冯侍御史周殷二协律》后,收录有关齐云楼、西楼、升庵、灵芝坊、留客亭、姑苏台之作品。卷三杨备《吴王井》后,收录题咏吴王井、毛公坛等名胜古迹之作,作品从《吴郡志》卷八、卷九"古迹"门择出;将此类诗文作品编次一起,亦有以类编排之意。此外卷三皮日休、陆龟蒙《虎丘古杉》诗后,收录有关虎丘的诗歌作品,汇为一编;曾几《重修泰伯庙记》后收录"祠庙"类作品;卷七至卷九收录"寺观"类诗文,以上作品均可于《吴郡志》中找出对应的类属门类。

以上篇章作品编排,体现了《吴都文粹》以类编次作品的倾向。虽然编者并没有另立类目,但这种将相同题材的作品编次先后的方式,使得读者能够尽得吴郡之山水名胜、土物风神、历史沿革于总集选录作品之中。《吴都文粹》这种分类方式彰显的编次体例上优势,显然得益于《吴郡志》体例的影响。

《古文集成前集》

《古文集成前集》,旧本题庐陵王霆震编,不著时代。是书宋、明书目皆未见著录,最早见于清人书目。清季振宜《季沧苇藏书目》著录:"《宋刻诸儒批点古文集成》,四十一本,不全。"① 未详其

---

① (清)季振宜:《季沧苇藏书目》,北京:中华书局,1985年,第29页。

版本。嵇璜《续通志》卷一百六十三艺文略、《续文献通考》卷一百九十七经籍考皆著录云:"《古文集成前集》,七十八卷,旧本题庐陵王霆震亨福编。"①《续文献通考》与《四库全书总目》持此书为"南宋书肆本"②之说,今检元危素《临川吴文正公年谱》于景定二年(1261)有"麻沙新刻《古文集成》"③记载,故南宋即有刊本流传。缪荃孙《云自在龛随笔》谓其"刻于理宗"④。《增订四库简明目录标注》曰:"《四库》著录宋刊本,今在袁漱六处,即《浙采遗目》所进也。高宗屡旨将原书发还,馆中仍不能如诏。盖以备善本覆对之用,而中饱干没者亦不少矣。"⑤《四库全书》底本袁漱六收藏后,又归江标等所有,后为傅增湘所得,《藏园群书经眼录》卷十七有对《诸儒批点古文集成》版本流传详细记载⑥,此书今藏国家图书馆。现通行版本为《四库全书》本。《古文集成前集》全书七十八卷,以十干为纪,自甲至癸集皆称曰"前某集",似有"后集"而佚之矣;甲集六卷,乙集八卷,丙集七卷,丁集九卷,戊集八卷,己集八卷,庚集八卷,辛集七卷,壬集八卷,癸集九卷;录文自春秋以迄南宋,共五百二十二篇。是书选文数量较《古文关键》《崇古文诀》明显增多,吕、楼二书所选篇目,《古文集成前集》多加选录。《古

①(清)嵇璜、曹仁虎等:《钦定续通志》,第569页;(清)嵇璜、曹仁虎:《钦定续文献通考》,《景印文渊阁四库全书》史部,第630册,第638页。

②(清)永瑢等:《四库全书总目》卷187,第1702页。

③(元)危素:《临川吴文正公年谱》,《四库全书存目丛书》史部,第82册,第426页。

④(清)缪荃孙:《云自在龛随笔》卷4,北京:商务印书馆,1958年,第117页。

⑤(清)邵懿辰撰,邵章续录:《增订四库简明目录标注》卷19,上海:上海古籍出版社,1979年,第898页。

⑥傅增湘:《藏园群书题记》,上海:上海古籍出版社,1989年,第927—931页。

文集成前集》于选录作品时代差异上,宋人作品"居十之八",诸如马存、曾丰、程大昌、陈谦、方恬、郑景望等当日名流之作多赖是集以存。《浙江采集遗书总录》辛集集部"总集类一"谓宋椠本《古文集成》"各集俱分门纂次,并集诸儒宿评语"①,《文选楼藏书记》亦有相同记载②。就《四库全书》本来看,其分门纂次如下:

集次	卷次	文体类目	集次	卷次	文体类目
甲集	卷 1—6	序	己集	卷 39—46	论
乙集	卷 7—14	记	庚集	卷 47—54	铭
丙集	卷 15—21	书	辛集	卷 55—59	封事③
				卷 60	疏
				卷 61	状
丁集	卷 22—23	表	壬集	卷 62—64	图④
				卷 65	解
	卷 24—30	劄		卷 66—67	辩
				卷 68—69	原

---

① (清)沈初等《浙江采集遗书总录》,上海:上海古籍出版社,2010 年,第 506 页。
② (清)阮元《文选楼藏书记》记载:"是书分门编次,集录宋儒诸家评语。"
　　(清)阮元《文选楼藏书记》卷 1,第 69 页。
③《景印文渊阁四库全书》本卷五十七附录贴黄一首。
④《景印文渊阁四库全书》本卷六十二、六十三未题"图"类目,而于卷六十四所收之文题前标"图"类目,观六十二、六十三多收之文,可归为"图"类。傅增湘《藏园群书经眼录》卷十七集部六总集类一、《藏园群书题记》卷一八记载皆曰:"壬集八卷,图、解、辩、原。"傅增湘:《藏园群书经眼录》,北京:中华书局,1983 年,第 1496 页。傅增湘:《宋本新刊诸儒批点古文集成前集跋》,《藏园群书题记》,上海:上海古籍出版社,1989 年,第927 页。

集次	卷次	文体类目	集次	卷次	文体类目
戊集	卷31—38	论	癸集	卷70—72	辞
				卷73—74	议
				卷75—76	问对①
				卷77	设论②
				卷78	戒③

　　由此可见,编者选"春秋以逮南宋"之古文,首先分门别类为序、记、书、表、札、论、铭、封事、疏、状、图、解、辩、原、辞、议、问对、设论、戒。所选之文,论类最多,戊集、己集共十六卷,其次为序、记、札、铭,而疏、状、解、议、设论、戒作品只一卷。是书收录图类之文三卷,卷六十二至六十三收文依次为《河图象数》《洛书范数》《九畴本大衍数之图》《太极贯一图》《伏羲始画八卦之图》《伏羲八卦正位图》《八卦重为六十四卦之图》《先天六十四卦方圆图》《经世衍易图》《经世天地四象图》等图说、图解之文,如《河图》《洛书》后录晦庵《启蒙朱子》《书河图洛书后》《易学启蒙》等文,《九畴本大衍数之图》《太极贯一图》后附合沙(郑合沙)图说之语。卷六十四则录郭雍《兼山传家学九图》:《性善图》《克己图》《浩然图》《无妄图》《大畜图》《艮止图》《诚明图》《尽性图》《光明图》,有文无图。以"图"名类,前人总集未见有之。《古文集成前集》所录诸图之后多引用朱熹《易学

---

① 傅增湘《藏园群书经眼录》卷十七集部六总集类一、《藏园群书题记》卷一八皆著录为"问答"。

② 傅增湘《藏园群书经眼录》卷十七集部六总集类一著录为"设喻",而《藏园群书题记》卷一八则著录"杂文",不同于《四库全书》本。

③ "戒"类,傅增湘《藏园群书经眼录》卷十七集部六总集类一、《藏园群书题记》卷一八皆无著录。

启蒙》与蔡元定《皇极经世指要》之文,皆为理学家阐发易学之作,可见图说、图解类文入选则为阐发、论说易学哲学与理学义理为目的。

《古文集成前集》以文体叙次,将所录之文各按文体分类别,分序、记、书、表、劄、论、铭、封事、疏、状、图、解、辩、原、辞、议、问对、设论、戒十九类。区别于《古文关键》以人叙次唐宋八大家古文,《崇古文诀》以时叙次先秦、两汉、三国、六朝、唐、宋古文,《古文集成前集》将春秋至宋古文以文体叙次的方式编排分类,在文体类别上将以上十九体归属于古文文类中,极大地丰富了古文的文体包容性。《古文关键》以人叙次,收录文体包含论、解、说、原、书、辨、序、议、传、碑,《崇古文诀》以时叙次,收录书、辞、论、疏、檄、难、序、赋、诗、封事、表、移文、祭文、原、碑、墓铭、解、传、哀辞、记、说、逸事状、叙、引、赞、制、劄子、奏疏、书后、策等文体作品,《古文集成》则在文体类目上将包括唐宋古文运动以来逐渐兴起的记、序(送序)、解、辩、原等体确立在古文中。从体例形式上看,总集以文体分类,关注点不在作家创作个性与时代整体风格状况,而在于各体文章的历时性发展演变,这正是宋人"文章以体制为先"①的辨体批评观念使然②。是书以体分类,而各体文章选录数量不一。论体文收录最多,其次为序、记、书、劄、铭等类。文章总集中大量选录论体作品,或多选录与论及科考相关的文体作品,如序、记、铭、原、解、辩、议等文,一方面反映了宋代文章学对此类文体的重视,同时也与宋代(南宋)科考重论的时代风气有关。《古文集成前集》以文体为类目,便于读者检索取则具体对应

① (宋)王应麟:《辞学指南》,《玉海》卷 202,第 3692 页。
② 吴承学:《宋代文章总集的文体学意义》,《中国社会科学》,2009 年第 2 期,第 190—203 页。

文体进行针对性的学习揣摩;而集中选文所侧重的文体类别,正是南宋科举考试最为重要的时文文体。《古文集成前集》通过选文评点,引用他人评语晓示古文的立意构思、技艺章法,同时于编次体例上通过选文数量突出"论""序""记""铭"等文体在科考中的重要地位,一定程度上有利于应试者有针对性地提升时文创作水平。

《文章轨范》

《文章轨范》,七卷,宋谢枋得(1226—1289)编。枋得,字君直,号叠山,信州弋阳(今属江西)人。《晁氏宝文堂书目》卷上著录该集,然只录书名,不详版本①。《世善堂藏书目录》卷下录有《文章轨范》十卷,亦不详版本②。《宋史·艺文志补》集部载"《文章轨范》七卷"③。杨守敬《日本访书志》卷十三著录《文章轨范》两种,一为朝鲜国刊本,另为翻元椠本。其中翻元椠本所载枋得门人王渊济识语:"此集惟《送孟东野序》《前赤壁赋》系先生亲笔批点,其他篇仅有圈点,而无批注。若夫《归去来》则与种字集《出师表》一同并圈,亦无之。盖汉丞相、晋处士之大义清节,乃先生之所深致意者也。今不敢妄自增益,姑阙之以俟来者。"④可知是书先有谢枋得手订本,后有门人王渊济校本。王渊济本乃依谢枋

---

① (明)晁瑮:《晁氏宝文堂书目》,《中国历代书目题跋丛书》,上海:上海古籍出版社,2005年,第30页。
② (明)陈第:《世善堂藏书目录》,《宋元明清书目题跋丛刊(五)》,第45页。
③ (清)倪灿:《宋史艺文志补》,北京:中华书局,1985年,第51页。
④ (清)杨守敬:《日本访书志》卷13,《宋元明清善本书目题跋丛刊(十九)》,第235页。

得手订原本校刊,评语圈点一依其旧,基本上体现了谢氏的评点思路。这是《文章轨范》最早的本子,惜今未见。现流传下来最早的是元刊本,傅增湘曾藏有一部,《藏园群书经眼录》卷十七有著录①。清丁丙《善本书室藏书志》录《叠山先生批点文章轨范》七卷,元刊本,陈仲鱼藏书②。除元刊本之外,亦有翻元刊本、明刻本数种,清刻本数种,还有朝鲜刊本、日本刊本等,这些版本属于一个系统。关于是集版本流传,前人多有论述,此不赘言③。

　　宋谢枋得选录三国迄宋之间诸家古文,编纂成《文章轨范》七卷,以"侯王将相有种乎"七字分标各卷(后世亦有以"九重春色醉仙桃"七字易之者)。明王守仁《〈文章轨范〉序》称其"自汉迄宋凡六十有九篇"④,今检《四库全书》篇目中录韩愈文三十二篇、柳宗元文五篇、欧阳修文五篇、苏洵文四篇、苏轼文十二篇、范仲淹文两篇,诸葛亮、陶渊明、元结、胡铨、杜牧、王安石、李觏、李格非、辛弃疾文各一篇,总为六十九篇。其具体篇章目录编次情况如下表:

---

① 傅增湘:《藏园群书经眼录》,北京:中华书局,1983年,第1498页。
② (清)丁丙:《善本书室藏书志》卷38,《清人书目题跋丛刊》(第二册),北京:中华书局,1990年,第886页。
③ 祝尚书:《宋人总集叙录》,第402—408页;张智华:《谢枋得〈文章轨范〉版本述略》,《安徽师范大学学报(人文社会科学版)》,2000年第1期;邓婉莹:《〈文章轨范〉研究——以其版本流传和文化传承功能为中心》,复旦大学2010年硕士学位论文;叶蕾:《谢枋得〈文章轨范〉综合研究》,南京大学2011年硕士学位论文。
④ (明)王守仁:《〈文章轨范〉序》,(宋)谢枋得:《文章轨范》卷首,《景印文渊阁四库全书》集部,第1359册,第543页。

卷次	类目	篇章作品
1	放胆文	韩愈:《与于襄阳书》《后二十九日复上宰相书》《代张籍与李浙东书》《上张仆射书》《与陈给事书》《后十九日复上宰相书》《应科目时与人书》《答陈商书》《送石洪处士书》《送温处士赴河阳军序》《送杨少尹序》《送高闲上人序》《送殷员外使回鹘序》《原毁》
2	放胆文	韩愈:《争臣论》《讳辩》; 柳宗元:《桐叶封弟辩》《与韩愈论史书》《晋文公守原议》; 欧阳修:《朋党论》《纵囚论》《春秋论》
3	小心文	苏洵:《管仲论》《高祖论》《春秋论》;苏轼:《范增论》《晁错论》《留侯论》《秦始皇扶苏论》《王者不治夷狄论》《荀卿论》
4	小心文	韩愈:《原道》《与孟简尚书书》;胡栓:《上高宗封事》;苏轼:《潮州韩文公庙碑》; 苏洵:《上田枢密书》;欧阳修:《上范司谏书》
5	小心文	韩愈:《师说》《获麟解》《杂说上》《杂说下》;柳宗元:《送薛存义序》;韩愈:《送董召南序》《送王秀才序》《答李秀才书》《送许郢州序》《送崔复州序》;欧阳修:《读李翱文》;王安石:《读孟尝君传》
6	小心文	诸葛亮:《前出师表》;韩愈:《送浮屠文畅师序》《柳子厚墓志》元结:《大唐中兴颂序》;柳宗元:《书子庙碑阴》;范仲淹:《严先生祠堂记》辛弃疾:《跋绍兴辛巳亲征诏草》;李觏:《袁州学记》;李格非:《书洛阳名园记后》;范仲淹:《岳阳楼记》
7	小心文	韩愈:《祭田横墓文》;苏轼:《上梅直讲书》《三槐堂记》《表忠观碑》;韩愈:《送孟东野序》;苏轼:《前赤壁赋》《后赤壁赋》;杜牧:《阿房宫赋》;韩愈:《送李愿归盘谷序》

《文章轨范》七卷在总体上分为两大部分:侯、王两卷为"放胆文",将、相、有、种、乎五卷为"小心文"。是集录汉、晋、唐、宋之文,然其分类却并非以人序次或以时序次,实际编次中另有新意。谢枋得以"放胆""小心"二门划分选文类别,并细加阐发,别具特色。

《文章轨范》卷一序题云:"凡学文,初要胆大,终要心小,由粗入细,由俗入雅,由繁入简,由豪荡入纯粹。此集皆粗枝大叶之文,本于礼义,老于世事,合于人情。初学熟之,开广其胸襟,发舒其志气,但见文之易,不见文之难,必能放言高论,笔端不窘束矣。"①这里首先总体概括此集选文特点,皆"粗枝大叶之文"。同时也表明了全书的编排原则,"放胆""小心"实为针对科举程文的难易程度而言,全书遵循了由易入难的趋势。卷三序题云:"先暗记侯、王两集,下笔无滞碍,便当读此。"②经过前两卷"放胆文"学习后,作者"开广其胸襟",得其"意强而神爽",使得学人只见"文之易,不见文之难",从而丢掉作文时瞻前顾后的心理负担,下笔行文气势贯通,一气呵成,由此进入"小心文"。《文章轨范》卷三云:"议论精明而断制,文势圆活而婉曲,有抑扬、有顿挫、有擒纵。场屋程文,论当用此样文法。"③这里侧重的则是"小心文"的创作技巧。

由此可见,"放胆""小心"所指乃两种为文境界,前者粗枝大叶,无拘无束;后者细密严谨,简明雅洁。初学为文,先需放胆高论,无所顾忌,以使文气流转、文势充畅,待渐入佳境、议论风发之际,则需小心为文,注意文字简重、义理纯正。读者若能循此以进,假以时日,则可臻于挥洒自如、游刃有余之行文妙境。

---

① (宋)谢枋得:《文章轨范》卷 1,第 544 页。
② (宋)谢枋得:《文章轨范》卷 3,第 567 页。
③ (宋)谢枋得:《文章轨范》卷 3,第 567 页。

　　枋得此编虽未直言为科举计议，然以其教示初学、取便场屋
的编纂目的却与科举之业有着一定的关系。卷二"王字集"序题
即有"初学熟此，必雄于文。千万人场屋中，有司亦当刮目"①之
语。卷三"将字集"序题明确指出"场屋程文论当用此样文法"②。
卷五"有字集"序题在评论此集所选之文具备"谨严简洁"法度之
时，又曰："场屋中日晷有限，巧迟者不如拙速。论、策结尾略用此
法度，主司亦必以异人待之。"③除各卷序题外，《秦始皇扶苏论》
中有夹评曰："此作论妙法从老泉传来，今人作场屋程文论，当以
此为法。"④王守仁《〈文章轨范〉序》亦言是书选取古文皆为"有资
于场屋者"⑤，即选文为适应科举的需要。谢枋得通过选文评点，
"标揭其字、句之法，名之曰《文章轨范》，盖古文之奥不止于是，是
独为举业者设耳"⑥。由此可见，《文章轨范》是为当时科考士子
讲解作文的途径和方法，供以品读、揣摩和练习的文章蓝本。

　　在具体的卷次先后顺序安排上，《文章轨范》体现出"由易入
难""层层深入"的特点。

　　《文章轨范》卷一所选皆"粗枝大叶之文，本于礼义，老于世
事，合于人情"⑦。卷二为"辨难攻击之文，虽厉声色，虽露锋芒，
然气力雄健、光焰长远，读之令人意强而神爽"⑧。初学者熟读卷

---

① （宋）谢枋得：《文章轨范》卷2，第556页。
② （宋）谢枋得：《文章轨范》卷3，第567页。
③ （宋）谢枋得：《文章轨范》卷5，第592页。
④ （宋）谢枋得：《文章轨范》卷3，第577页。
⑤ （明）王守仁：《〈文章轨范〉序》，（宋）谢枋得《文章轨范》，第543页。
⑥ （清）永瑢等：《四库全书总目》卷187，第1702页。
⑦ （宋）谢枋得：《文章轨范》卷1，第544页。
⑧ （宋）谢枋得：《文章轨范》卷2，第556页。

一之文则"开广其胸襟,发舒其志气。但见文之易不见文之难,必
能放言高论笔端,不窘束"①,熟读卷二之作,则"必雄于文,千万
人场屋中,有司亦当刮目"②。可见卷一卷二之文意为初学者开
阔胸襟,大胆放言高论,在意强而神爽的精神状态下做到文气贯
通,笔力雄健,从而于场屋之中出类拔萃。

　　卷三选文"议论精明而断制,文势圆活而婉曲,有抑扬、有顿
挫有擒纵"③,明示科考"论"当用此法。在暗记侯王(卷一、卷二)
两集选文之后,下笔无滞碍的基础上,再读此卷,则事半功倍。卷
三以后卷次选文,皆建立在卷一卷二选文的基础上,此过程亦是
逐渐递进深化的学文过程。卷四所选之文"占得道理强,以清明
正大之心,发英华果锐之气,笔势无敌,光焰烛天"之作,学者"作
经义、作策",学此则"必擅大名于天下"④。可见,卷三卷四针对
科场"论""策""经义"时文选以范本示例。卷五皆谨严简洁之文,
因科考场屋日晷之限,"巧迟者不如拙速",故时文"论""策"结尾
若能善用此法度,则必得主司青睐。由此可知,卷三至卷五选文
皆是针对具体科考文体而选文加以示例评点,以示章法,明确"以
古文为时文"的科举时文创作路径。

　　卷六所录皆"才学识三高""议论关世教"之文,使初学者在熟
读"放胆文"与前三卷"小心文"之后,也即在学习胸襟、笔力、胆量
以及"论""策""经义"等具体文体章法技巧的基础上,学习此卷
文,从而提升创作主体的学、识、才。

---

① (宋)谢枋得:《文章轨范》卷1,第544页。
② (宋)谢枋得:《文章轨范》卷2,第556页。
③ (宋)谢枋得:《文章轨范》卷3,第567页。
④ (宋)谢枋得:《文章轨范》卷2,第580页。

卷七选韩愈与苏轼"祭文""上书""记""碑""送序""赋（文赋）"等类作品，谢枋得以韩文公、苏东坡之文，皆自庄子，故而"觉悟此集可与庄子并驱争先"①，通过学习韩愈、苏轼之文，体会出庄子文章那种极具个性的创造力，从而达到更高的为文层次。

《文章轨范》各卷选文各有侧重，且相互之间层层相因而循序渐进，卷一卷二为入门之选，卷三至卷五则明确针对科考时文写作而编，卷六卷七则超越更高的创作层次，以庄子自写性情、无拘无束之文作为超越韩愈、苏轼古文之上的典范之本，在循序渐进的学习过程中，通过充分参透古文法度从而进一步"觉悟"，脱离具体法度技巧，达到不为文法所拘束的自由之境。

《文章轨范》编纂目的在于通过选录古文并加以评点，从而为举子提供应试写作范本和创作法度指导。《文章轨范》将所选之文以技叙次，在编次分类上按照创作层次的不同分"放胆文"与"小心文"两类。编者把诸葛亮、韩愈、柳宗元、元结、杜牧、范仲淹、欧阳修、苏洵、苏轼、王安石、李格非、胡铨、辛弃疾诸人各体文章，分散排列到他所设计的"放胆文"与"小心文"之中。由粗入细、由易入难，循序渐进，是认知、学习的基本规律，也是培养写作能力训练的基本原则。《文章轨范》以技叙次的编纂方式，其关注点不在时代特点、作家个性、文体要素，而在于文章创作的不同层次水平；通过"放胆文"与"小心文"的不同境界与层次，在文章编次上体现由"放胆"到"小心"，先"放"后"收"，先"胸襟"后"技巧"的原则，迎合了科举士子的心理承受特点和接受能力；在南宋以古文为时文的科考背景下，这种体例方式可以更好地为应试提供创作法度的有效指导；当然，也更具实用性。

①（宋）谢枋得：《文章轨范》卷7，第607页。

《文选补遗》

《文选补遗》,宋陈仁子编。仁子,字同甫,号古迂,茶陵东山人。南宋咸淳十年(1274)中漕举第一名,授登士郎。宋亡不仕,营别墅于东山,筑东山书院,教授后进,著书刻书。此书明人焦竑《国史经籍志》、祁承㸁《澹生堂藏书目》、王圻《续文献通考》、杨士奇《文渊阁书目》、朱睦㮮《万卷堂书目》等皆有著录,然皆不详版本。清丁立中《八千卷楼书目》有"《文选补遗》四十卷,宋陈仁子编,道光湖南刊本"①之记载,陆心源《皕宋楼藏书志》载录"《文选补遗》四十卷,明刊本"②,庆桂《国朝宫史续编》载曰"明版《文选补遗》四十卷"③。可知,《文选补遗》明清时期有多种刊本流传。具体说来,《文选补遗》历代版本有:元大德间茶陵东山书院刻本、明万历二十五年刊本(国家图书馆藏此本及另一明抄本)、明嘉靖茶陵翻刻本④、清乾隆二年陈文煜刻本、清道光二十五年湖南琅环馆刻本等。

仁子博学好古,少阅《文选》即恨其选文不精,曰:"存《封禅书》,何如存《天人三策》?存《剧秦美新》,何如存更生《封事》?存

---

① (清)丁立中:《八千卷楼书目》卷19,第603页。

② (清)陆心源:《皕宋楼藏书志》卷115,《宋元明清善本书目题跋丛刊(八)》,北京:中华书局,2006年,第1298页。

③ (清)庆桂:《国朝宫史续编》卷79,《续修四库全书》史部,第825册,第645页。

④ "《文选补遗》二函十册,宋陈仁子辑,四十卷。前宋赵文序,后宋谭绍烈识语……此本为明时翻刻,模印极清,惟自十四卷至十七卷与前后纸色迥殊,则从别本取出补入者。"(清)于敏中等:《天禄琳琅书目》卷10,《宋元明清善本书目题跋丛刊(十七)》,北京:中华书局,2006年,第223—224页。

《魏公九锡文》,何如存蕃固诸贤论? 列《出师表》不当删去《后表》,《九歌》不当止存《少司命》《山鬼》,《九章》不当止存《涉江》;汉诏令载武帝不载高、文;史论赞取班、范,不取司马迁;渊明诗家冠冕,十不存一二。"①又以《文选》"不当以'诗赋'先'奏疏'斜'诏令',是君臣失位,质文先后失宜"②。陈仁子又指出《文选》诸文体先后顺序编次不当,上下颠倒,君臣失位,质文先后失宜。故陈仁子在《文选》录文时段内选文编次,成《文选补遗》四十卷,亦起先秦,迄齐梁。

陈仁子恨《文选》选篇不精,文体排序不确,故此书"意在正萧氏之阙失,补斯文之脱漏"③。《文选补遗》四十卷,一级分类仿《文选》分体编录,具体文体类目名称以及卷次情况见于下表:

序号	文体类目	卷次	序号	文体类目	卷次
1	诏诰	1—2	20	说	27
2	玺书	3	21	离骚	28—30
3	赐书	3	22	赋	31—33
4	策书	3	23	乐歌	34
5	救书	3	24	谣	35
6	告谕	3	25	歌	35
7	奏疏	4—11	26	操	35

①(宋)赵文:《〈文选补遗〉序》,(宋)陈仁子:《文选补遗》卷首,《景印文渊阁四库全书》集部,第 1360 册,第 3 页
②(宋)赵文:《〈文选补遗〉序》,第 3 页
③(清)龙启瑞:《题明茶陵陈氏〈文选补遗〉后》,《经德堂文集》卷 6,《续修四库全书》集部,第 1541 册,第 636 页。

续表

序号	文体类目	卷次	序号	文体类目	卷次
8	封事	12	27	诗	36
9	上书	13—15	28	铭	37
10	议	16—17	29	箴	37
11	对	18	30	颂	37
12	策	19—20	31	赞	38
13	论	21—22	32	诔	39
14	书	23—24	33	哀策文	39
15	表	24	34	哀辞	39
16	檄	24	35	祭文	39
17	问难	25	36	碑	40
18	史叙论	26	37	祝文	40
19	序	27			

　　由上表可知,《文选补遗》一级分类三十七种,诏诰、玺书、赐书、策书、敕书、告谕、奏疏、封事、上书、议、对、策、论、书、表、檄、问难、史叙论、序、说、离骚、赋、乐歌、谣、歌、操、诗、铭、箴、颂、赞、诔、哀策文、哀辞、祭文、碑、祝文。

一、分体编录

　　观上表所列类目名称,该书基本上延用《文选》分体编录的体例方式。相比于《文选》三十九种文体,《文选补遗》少册、令、教、启、弹事、笺、移、辞、史述赞、符命、连珠、墓志、行状、吊文十四个一级类目,增玺书、赐书、策书、敕书、告谕、议六种诏令类文体,同时于诗之外,添乐歌、谣、歌、操一级类目,与诗并列。不仅如此,陈仁子在增减《文选》类目基础上,又变《文选》"奏记"为"奏疏",改"设论""史论"为"论""史叙论",用"离骚"类代替《文选》"骚"类,"诏诰"替"诏","哀策文""哀辞"替"哀文","对"替"对问"等。

从类目设置看,《文选补遗》诏令奏疏类文体类目相对于《文选》明显增多,《文选》诏、册、令、教、文、策问、表、上书、启、弹事、笺、奏记、书、移书、檄作品只有十卷,占全书六分之一,而《文选补遗》有二十四卷之多,占全书60%;且分类趋于细化,除诏诰类外,又细分玺书、赐书、策书、敕书、告谕等类,注重文体应用场合和功能。

《文选》中"诗""赋"大类,占据全书50%,《文选补遗》则只三卷,其中赋两卷,诗一卷,加上乐歌、谣、歌、操类两卷,也仅占全书的八分之一。《文选补遗》一变《文选》半壁江山之诗赋类作品而为诏令奏疏类文章。《文选》以"诗赋"为中心选择作品,是基于魏晋南北朝时期文人文学发展的文学史事实的。文人文学发源于修辞之美的独立价值的认识,成立于个体写作经验的推广。具体来讲,《文选》重视的就是战国后期以来从子、史写作中独立出来的,以辞章之美为主要追求目标的各类篇章之文①。所不同的是,《文选补遗》崇尚道用,注重文章治国的从政功能,故选文侧重于实用类文体,诏令类疏类文体更符合编选者对文学使命的期待。

---

① 钱志熙:《〈文选〉"次文之体"杂议——〈文选〉在文体学与文学史学上的贡献与局限》,《文艺理论研究》,2009年第6期,第84—89页。

二、文体排序上先"诏令奏疏"后"诗""赋"

除不满《文选》选文之外，陈仁子对《文选》文体排序亦多批评。仁子《文选补遗》以"诏诰"类始，一变《文选》以"赋"体编首之例。萧统《〈文选〉序》所说的"次文之体"，体现在《文选》的文体编次上，则以赋、诗、骚、文为先后顺序，这种排序方式被后来多数分体编录类总集继承。当然，《文选》先赋、诗后文的文体排序，主要还是建立在客观地揭示作为中国古代文学主体的文人文学的发展历史。

陈仁子则从文体的应用场合和功能出发，以"诏令奏疏"类人主、臣子运用文体凌驾于"诗""赋"类之上，体现出先国家政用之作，后诗赋等日常生活之体的价值排序。

陈仁子恨《文选》"纲漏吞舟"之病，并认为其选文定篇、文体排序皆有不妥，以为"诏令，人主播告之典章；奏疏，人臣经济之方略"，故而不当以"'诗赋'先'奏疏'矧'诏令'，是君臣失位，质文先后失宜"，而首列"诏诰""玺书""赐书""策书""敕书""告谕"；仁子此举"意在正萧氏之阙失，补斯文之脱漏"，使得"三代以后，君臣出治之典章，辅治之方略，皆可考见"，达到"世教民彝之助"①的编集目的。

自真德秀以辞命、议论、叙事、诗赋"四分法"编次文章，别出谈理一派，后人多有延用此法编集分类②。陈仁子《文选补遗》

---

① （宋）赵文：《〈文选补遗〉序》，（宋）陈仁子：《文选补遗》卷首，第3页。
② 任竞泽：《〈文章正宗〉"四分法"的文体分类史地位》，《北方论丛》，2011年第6期，第1—4页。

"与刘履《选诗补注》皆私淑《文章正宗》之说"①,接受真德秀"明理致用"的选文标准和先辞命、议论、叙事后诗赋的文体排序。《文章正宗》以理学家眼光来选文,主于明理,《文选》则止于选文,二者目的不尽一致。陈仁子以《文章正宗》之选文标准和文体排序之法撰《文选补遗》,则已离《文选》远矣。《四库全书总目》评其曰:"且所补司马谈《六家要旨论》,则齐黄老于六经;鲁仲连《遗燕将书》,则教人以叛主。高帝《鸿鹄歌》,情钟嬖爱;扬雄《反离骚》,事异忠贞;蔡琰《胡笳十八拍》,非节烈之言;《越人歌》《李延年歌》,直淫亵之语;班固《燕然山铭》,实为贡谀权臣;董仲舒《火灾对》,亦不免附会经义。"《文选补遗》"律以《正宗》之法,皆为自乱其例"②。究其原因,则因袭《文选》名号,应以能文为本,仁子却以《文章正宗》为律,已使体制多歧,而编集宗旨"以立意为宗""事异篇章,义乖准的"③,故"其说云补《文选》,不云竟以废《文选》","使两书并行,各明一义,用以济专尚华藻之偏,亦不可谓之无功"④。可见,四库馆臣虽对陈仁子仿效《文章正宗》选文标准和类目排序之法来编次《文选补遗》存有微词,批评其背离《文选》选文初衷,但也一定程度上肯定此集于"专尚华藻"层面的纠偏之功,持论较为公允。不惟如此,《文选补遗》还在文体与篇章的双重维度上,为后世广续补遗《文选》类总集提供了一种续补的范例,作者拟撰专文详论,此不赘述。

---

①(清)永瑢等:《四库全书总目》卷187,第1699页。
②(清)永瑢等:《四库全书总目》卷187,第1703—1704页。
③(清)龙启瑞:《题明茶陵陈氏〈文选补遗〉后》,第636页。
④(清)永瑢等:《四库全书总目》卷187,第1704页。

《苏门六君子文粹》

《苏门六君子文粹》,不著编辑者名氏。旧传为陈亮所辑,"然亮辑《欧阳文粹》,序载《龙川集》,而此书之序无考,则未必出于亮也"①。此书不见宋人书目记载,恐宋本久佚。最早见于明晁瑮《晁氏宝文堂书目》著录②,不详其版本。清人《善本书室藏书志》《八千卷楼书目》《皕宋楼藏书志》皆著录"《苏门六君子文粹》七十卷,明刊本"③,惟嵇曾筠《(雍正)浙江通志》卷二百五十二著录为:"《苏门六君子文粹》,六十九卷,《天一阁书目》,陈亮编(按:陈亮又有《欧阳文粹》二十卷)。"④或阙一卷。明末毛氏汲古阁曾有刻本,《汲古阁校刻书目》对此有详细介绍,《增订四库简明目录标注》卷一九《续录》"傅沅叔有吴兔床旧藏汲古阁刊本"⑤,不知现存否。崇祯六年,有新安胡潜(仲修)"购访海内藏书之家而续行"成武林刊本,卷首有陈继儒所作《叙》,后请钱谦益作《〈苏门六君子文粹〉序》⑥,《绛云楼书目》卷三有著录,此本大陆以及台湾藏

①(清)永瑢等:《四库全书总目》卷187,第1704页。

②(明)晁瑮:《晁氏宝文堂书目》卷上,第53页。

③(清)丁丙:《善本书室藏书志》卷38,《清人书目题跋丛刊》(第二册),北京:中华书局,1990年,第887页;(清)丁立中:《八千卷楼书目》卷19,第603页;(清)陆心源:《皕宋楼藏书志》卷115,第1299页。

④(清)嵇曾筠等监修,(清)沈翼机等编纂:《(雍正)浙江通志》卷252,《景印文渊阁四库全书》史部,第525册,第728页。

⑤(清)邵懿辰撰,邵章续录:《增订四库简明目录标注》卷19,上海:上海古籍出版社,1979年,第899页。

⑥(清)钱谦益:《〈苏门六君子文粹〉序》,(清)钱谦益著,(清)钱曾笺注,钱仲联校:《牧斋初学集》卷29,上海:上海古籍出版社,1985年,第869—870页。

二十余部;《日本藏宋人文集善本钩沉》交待说明日本内阁文库、
尊经堂文库、爱知大学简斋文库、静嘉堂文库皆有藏本;《中国善
本书提要》录美国国会图书馆藏有一部①。《四库全书》本现较为
常见。

　　《苏门六君子文粹》收录张耒、秦观、黄庭坚、陈师道、李廌、晁
补之六君子文共七十卷,其中张耒《宛丘文粹》二十二卷,秦观《淮
海文粹》十四卷,黄庭坚《豫章文粹》四卷,陈师道《后山文粹》四
卷,李廌《济南文粹》五卷,晁补之《济北文粹》二十一卷。《苏门六
君子文粹》将六君子之文合编,各人单独为集,各集编纂以体分
之,具体分体情况见于目录编次:

张耒《宛丘文粹》文体分类

卷次	文体	作品数量(篇)	卷次	文体	作品数量(篇)
卷 1—10	论	66	卷 16—17	诗传	8
卷 10	杂说	3	卷 18—19	书	13
卷 11—13	议	13	卷 20	记	7
卷 14	说	5	卷 21	序	6
卷 15	议说	11	卷 22	杂著②	8

---

① 祝尚书:《宋人总集叙录》,第 164 页。
② 录《与大苏二书》《答李文叔为兄立谥简》《书五代郭崇韬卷后》《书宋齐丘
　化书》《书韩退之传后》《药戒》《书唐吐蕃传后》《题贾长卿读高彦休辨白乐
　天事》《书东坡先生赠孙君刚说后》九篇。

秦观《淮海文粹》文体分类

卷次	文体	作品数量（篇）	卷次	文体	作品数量（篇）
卷23—29	进策	30	卷35	传	1
卷30—33	进论	20	卷36	书	3
				记	1
卷34	论	5		序	2
				说	1
				杂著①	1

黄庭坚《豫章文粹》文体分类

卷次	文体	作品数量（篇）	卷次	文体	作品数量（篇）
卷37	论	3	卷39	记	10
	集序②	2		书	3
				杂著书记③	19
卷38	序	22	卷40	题跋	13

---

①录《书王蠋事后文》一篇。

②《胡宗元诗集序》《颐轩诗序》附属于"论"后，然文体实为"集序"。

③收《觉民对问》《与王立之》《书有房亭》《书晋世家后》《书萍乡县壁》《跋陷蕃王太尉书》《跋奚移文》《跋韩退之送穷文》《祭韩康公文》《休亭赋》《江西道院赋》《刘明仲墨竹赋》《切偲斋铭》《殖斋铭》《所性斋铭》《正堂铭》《养浩堂铭》《养源堂铭》《自写真赞》十九篇。

陈师道《后山文粹》文体分类

卷次	文体	作品数量（篇）	卷次	文体	作品数量（篇）
卷41	论	4		书	2
卷42	策	2	卷44	记	2
卷43	策问	20		序	2
				杂著①	1

李廌《济南文粹》文体分类

卷次	文体	作品数量（篇）	卷次	文体	作品数量（篇）
卷45—16	进论	7		赞	1
卷47	书	2	卷49	师友谈记	7
卷48	记	7		师友法言	5

晁补之《济北文粹》文体分类

卷次	文体	作品数量（篇）	卷次	文体	作品数量（篇）
卷50	杂著②	4	卷65—68	书	9
卷51—52	《春秋左氏传》杂论	46	卷68	记	4
卷53—55	西汉杂论	53			
卷56—60	《旧唐书》杂论	106	卷69—70	序	15
卷61	《五代史》杂论	14	卷70	杂说	2
卷62—64	策问	53			

①录《孔北海赞》一文。
②录文《齐物论》《学说》《勤说送甥李师蔺游学》《傲陋说》四篇。

从各卷的篇章目录编排可知，编者将各家文按体分之：《宛丘文粹》分体为论、杂说、议、说、议说、诗传、书、记、序、杂著十类；《淮海文粹》分进策、进论、论、传、书、记、序、说、杂著九类；《豫章文粹》分论、序、记、书、杂著书记、题跋六类；《后山文粹》分论、策、策问、书、记、序、杂著七类；《济南文粹》分进论、书、记、赞、师友谈记、师友法言六类；《济北文粹》分杂著、《春秋左氏传》杂论、西汉杂论、《旧唐书》杂论、《五代史》杂论、策问、书、记、序、杂说十类。

从分体选文上看，各家均选录论、书、记体之文，除《济南文粹》外，其余五家皆有序、杂著或杂著书记之文选入。相对来说，《济南文粹》选文文体类别相对较少，文体类目区分也颇为明朗。

从"杂著"或"杂著书记"来看，所选篇目或在所分"体"类之外，又不宜单独立类之文，如《淮海文粹》"杂著"只收录《书王蠋事后文》一文，属于"题跋"之作；《后山文粹》"杂著"惟选"《孔北海赞》"一篇，属于"赞"体，与集中其他篇章文体有别，且又不宜单独以一篇文章立类，故归于"杂著"。或因所选之文涵括文体样式颇杂，且各体篇目数量较少，不宜一一为其立类，故总而名"杂著"。上表中，《济北文粹》"杂著"收录《齐物论》《学说》《勤说送甥李师蔺游学》《傲陋说》四篇，就其篇名来看，《齐物论》可归为"论"体，《学说》《傲陋说》又可划归"说（杂说）"体，然《济北文粹》分体分类，"论"体作品各以关涉题材内容一分为四，即"《春秋左氏传》杂论""西汉杂论""《旧唐书》杂论""《五代史》杂论"，《齐物论》独此一篇，以上四类皆不宜入，唯有另立"杂著"类收录不便归类之作。又如《宛丘文粹》"杂著"收录八篇作品，《书五代郭崇韬卷后》《书宋齐丘化书》《书韩退之传后》《书唐吐蕃传后》《题贾长卿读高彦休辨白乐天事》《书东坡先生赠孙君刚说后》可归为"题跋"类，《与大苏二书》可入"书"类，而《答李文叔为兄立谥简》《药戒》既不宜归入他类,又不宜单独立类,故总而名"杂著"。《豫章文粹》"杂著书记"所收十九篇,则涵多种"体"类:《觉民对问》可入"对问"类,《与王立之》可归为"书"类,《书有房听》《书晋世家后》《书萍乡县壁》《跋陷蕃王太尉书》《跋奚移文》《跋韩退之送穷文》可归"题跋"类,《祭韩康公文》是"祭文"之属,《休亭赋》《江西道院赋》《刘明仲墨竹赋》则为"赋",《切偲斋铭》《殖斋铭》《所性斋铭》《正堂铭》《养浩堂铭》《养源堂铭》属"铭",《自写真赞》则为"赞"。《豫章文粹》"杂著书记"实际包含对问、书、题跋、祭文、赋、铭、赞七种文体,若一一分体列出,则过于琐碎,毕竟所选之文篇幅短小,而篇数不多,故而另起名为"杂著书记"类。"杂著书记"命名体现了文章总集"体类"并称的归类趋势。

　　总的来说,各家之文,选入论(进论、史论、杂论)、书、记、策(进策)、策问、议、说(杂说)体作品较多,总数达四十七卷之多。故《四库全书总目》云:"大抵议论之文居多,盖坊肆所刊,以备程试之用也。"①当然编者在重点选入论体文外,也选入了书、记、序、杂著书记(赋、铭、赞)、题跋等多种文体,李廌《济南文粹》选入一卷"师友谈记"和"师友法言"类文十二篇,显示出一定程度的广泛性。李廌《师友谈记》多记载苏轼、范祖禹及黄庭坚、秦观、晁补之、张耒之间的言谈举止,类似于诸人的名言格论,可以从中看出李廌对于苏轼以及苏门文人内部坦率真诚的交往风气的关注和欣赏,从某种程度上也帮助读者体察苏轼及苏门文人群体的人格追求与自我期许。

---

① (清)永瑢等:《四库全书总目》卷187,第1704页。

《三国志文类》

　　《三国志文类》，六十卷，不著编辑人名氏。最早见于宋人《遂初堂书目》《通志·艺文略》著录①，陈振孙《直斋书录解题》著录"《三国文类》四十卷，不知何人所集"②。马端临《文献通考》著录亦同陈书。《宋史·艺文志》虽如前人称不知集者名氏，然所载系六十卷，与《通考》异。清人于敏中以存录《三国志文类》卷数与《艺文志》符，断定马端临所称四十卷非全本③，瞿镛亦持此论④。今流传有宋刊本旧钞本和元刊本⑤。

　　《三国志文类》采《三国志》之文，是以仿《西汉文类》选文全采《汉书》之例。《三国志文类》将上涉汉末，而下及晋初之文，分门别类加以编排。丁丙《善本书室藏书志》称分二十三门："首诏书，次教令，次表奏，次书疏，次谏净，次戒责，次荐称，次劝说，次对问，次议，次论，次书，次笺，次评，次檄，次盟，次序，次祝文，次祭

----

① （宋）尤袤：《遂初堂书目》，《宋元明清善本书目题跋丛刊（一）》，北京：中华书局，2006 年，第 500 页；（宋）郑樵《通志》卷 70，第 825 页。

② （宋）陈振孙撰，徐小蛮、顾美华点校：《直斋书录解题》卷 15，第 439 页。

③ （清）于敏中等：《天禄琳琅书目》卷 6，《中国历代书目题跋丛书（第二辑）》，第 202—203 页。

④ （清）瞿镛：《铁琴铜剑楼藏书目录》卷 23，第 670 页。

⑤ 《善本书室藏书志》卷三十八著录曰："精抄本……宋有刊本，此则依钞者也。"（清）丁丙：《善本书室藏书志》，《清人书目题跋丛刊》（第二册），北京：中华书局，1990 年，第 887 页。《铁琴铜剑楼藏书目录》卷二十三集部五："《三国志文类》六十卷旧钞本……书中桓朗等字减笔，当从宋刻传录者。"（清）瞿镛：《铁琴铜剑楼藏书目录》卷 23，第 670 页。《天禄琳琅书目》卷六："《三国志文类》二函二十册，六十卷，无编纂姓氏……得此元刊，亦足证宋本之误矣。"（清）于敏中等：《天禄琳琅书目》卷 6，第 202—203 页。

文,次谏,次诗赋,次杂文,次传。"①《四库全书总目》著录曰:"凡分二十三门:曰'诏书',曰'教令',曰'表奏',曰'书疏',曰'谏净',曰'戒责',曰'荐称',曰'劝说',曰'对问',曰'议',曰'论',曰'书',曰'笺',曰'评',曰'檄',曰'盟',曰'序',曰'祝文',曰'祭文',曰'诔',曰'诗赋',曰'杂文',曰'传'。"②今《四库全书》本《三国志文类》正文分门别类二十二门。具体卷次分类情况如下:

卷次	门类	卷数	篇数	卷次	门类	卷数	篇数
卷1—6	诏书	6	51	卷49	笺	1	12
卷7—8	教令	2	16	卷50—53	评	4	87
卷9—12	表奏	4	23	卷54	檄	1	8
卷13—25	书疏	13	90	卷55	序	1	3
卷26—27	谏净	2	17	卷55	祝文	1	3
卷28	戒责	1	4	卷56	祭文	1	3
卷29—30	荐称	2	19	卷57	诔	1	1
卷31—32	劝说	2	18	卷58	诗赋	1	15
卷33—36	对问	4	34	卷59	杂文	1	3
卷37—38	议	2	20	卷60	传	1	3
卷39—42	论	4	13	总门类	魏文	蜀文	吴文
卷43—48	书	6	51	22类	328	85	109

从上表可以看出,《三国志文类》分二十二门。《善本书室藏书志》与《四库全书总目》中的"盟"类,概源于"檄"类所收吴国《盟

①(清)丁丙:《善本书室藏书志》卷38,第887页。
②(清)永瑢等:《四库全书总目》卷187,第1704页。

文》一篇文体归属问题,因此篇与前后篇目文体类别不同,故设"盟"类。《盟文》下题解:"权践位权,乃三分天下,豫青徐幽属吴,兖冀并凉属蜀,其司州之土以函谷关为界,造为盟曰。"①其文体属性已然清晰,当入"盟"体。《四库全书》本《三国志文类》将《盟文》置于"檄"下,从文体分类的角度来看,固有不妥,然考集中"檄"类所收之文,除《盟文》之外,《明帝露布天下并班告益州》《陈震移吴关侯文》可归为"露布""移"之属,故编者于"檄"类下收作品辨体并不明确,约为军事类文体概称。二十二门之中,诏书、教令、表奏、书疏、谏诤、荐称、对问、劝说、议、论、书、评类之文所收较多,约占全书篇目的六分之五。而从所收之文篇数来看,书疏、评、诏书、书类所收最多,占全书半数之多,加上对问、表奏、荐称、劝说、论、笺类,则占 80%。书疏、评、诏书、书、对问、表奏、荐称、劝说、论、笺,多为政令公文类文体,于此可见是书选文倾向。

《三国志文类》大致按文体分门别类,每类之中作品按先魏次蜀再吴之顺序编次。从门类设置看,一些门类较为常见。然谏诤、戒责、荐称、劝说四类,多从文体功用角度划分②;"评"类所

---

① (宋)无名氏:《三国志文类》卷 54,《景印文渊阁四库全书》集部,第 1361 册,第 757 页。

② "谏诤",即古人直言不讳、当仁不让地表明自己对君主或王侯的观点,并力争让对方接受。在《文苑英华》的分类上,"谏诤"不是一个独立的门类,而是隶属于"启"类,为其十二个子目之一。《文章辨体》59 类之中即有"论谏"类。在中国古代文体类目里,"谏诤"之所以逐渐被后人当成奏疏的一种,在于其以帝王为一般陈述的对象,也在于一直没有统一和确定文体的固定名称。然而作为各种奏疏中专门指摘现实的一种,谏诤类的文章有着鲜明的文风和补益时政的巨大意义,故独为一类。参见吴娱:《中国古代的"谏诤"类文体——从〈三国志文类〉和〈文苑英华〉的"谏诤"说起》,《太原师范学院学报(社会科学版)》,2009 年第 3 期。

收，多为"史评""史述赞"类作品；"序"类所收，《文帝自叙》《少帝自叙始生祯祥》可归为"传状"类，惟《卫恒撰四体书势序》为"序"体之文。《四库全书总目》评述其分类体例时颇有微词，曰："惟其中'劝说''对问'二门，皆当时口语，本非词翰，取盈卷帙，于义未安。又陈寿所评正犹马、班之赞，摘出别立篇名，亦乖体例。"①《三国志文类》摘录正史专书文章成集，在总集形态上与后世兼选多部史书文章成书的总集不同。然是集选文命篇，以及分体归类的标准、方式，一定程度上打破了《文选》以来的选文框架模式，为考察史部文章进入总集的体类形态提供了重要的参考。

《增注唐策》

《增注唐策》十卷，不录编者姓名。此书不见宋明书目记载，最早见于清《八千卷楼书目》著录，"《增注唐策》十卷，不著编辑者名氏，抄本"②，未详其版本。瞿镛《铁琴铜剑楼藏书目录》著录为明正德年间重刊本③。《四库全书总目》据书中魏征作"魏证"，与《古文集成》同，故断定"亦宋人作也"④。《四库全书》本为明正德中重刊，前有新安汪灿所作之序。清人倪灿据以补入《宋史·艺文志》⑤。

是集以"唐策"为名，然其所辑则兼有策论、书状、表奏之文，

---

①（清）永瑢等：《四库全书总目》卷187，第1704页。

②（清）丁立中：《八千卷楼书目》卷19，第603页。

③（清）瞿镛：《铁琴铜剑楼藏书目录》卷23，第670页。

④（清）永瑢等：《四库全书总目》卷187，第1704页。

⑤（清）倪灿撰，卢文弨订正：《宋史艺文志补》，北京：中华书局，1985年，第52页。

盖因"辑以备答策之用，从所重耳"①。总集"制之纯驳则在善
择"，究其所选，"略其体殊"，皆为"国家画奇吐良之远谋"②的唐
人名作。《增注唐策》所选"持择颇审，非明代坊选冗滥无序者比，
存之亦足备采择也"③。《增注唐策》"每篇略标其要语于上方，而
卷前目录又摘其所标之语于题下。中间注语有崇曰、张曰、李曰、
窦曰、董曰诸目"④。可知，是书通过选文与评注为一体的方式，
助力科考答策之用。

《增注唐策》以备答策之用，选唐人下对上谋略筹划之文十
卷，分门别类十五种加以编排，其分体情况如下：

卷次	门类	篇数（作者）	卷次	门类	篇数（作者）
卷1—2	策	5（裴垍、牛僧孺、元稹、白居易、刘蕡）	卷9	对	1（陈子昂）
卷3	论	3（李百药、徐彦伯、刘禹锡）	卷9	谏	2（朱敬则、薛登）
卷3	议	2（元结、杜佑）	卷10	言	2（高郢、杜牧）
卷3、4	书	13（于志宁、张玄素、韦承庆、陈子昂、袁楚客、李峤、姚班、宋务光、韩瑗、柳泽、孔璋、高郢、元稹）	卷10	封事	1（魏元忠）

①（清）永瑢等：《四库全书总目》卷187，第1704页。
②（明）汪灿：《〈增注唐策〉序》，《增注唐策》卷首，《景印文渊阁四库全书》集
　部，第1361册，第782页。
③（清）永瑢等：《四库全书总目》卷187，第1704页。
④（清）永瑢等：《四库全书总目》卷187，第1704页。

卷次	门类	篇数(作者)	卷次	门类	篇数(作者)
卷5—7	疏	22(马周、辛替否、张九龄各两篇;魏征、魏玄同、刘祥道、陈子昂、薛登、苏安恒、卢怀慎、韦嗣立、吴兢、张廷珪、于修烈、柳泽言、独孤及、陆贽、杜佑、元稹各一篇)	卷10	略	1(李翱)
卷8	表	4(房玄龄、敬晖一篇,韩愈两篇)	卷10	箴	2(张蕴古、李义府)
卷8、9	状	10(陆贽)	卷10	通类	2(孙伏、高冯)
卷9	奏	1(陈子昂)			

由上表可知,《增注唐策》实际所收策、论、议、书、疏、表、状、奏、对、谏、言、封事、略、箴、通类十五种,书、疏、状类选文较多,约占全书60%。从所选作者来看,除陆贽一人独选十一篇外,陈子昂、元稹选文三篇,韩愈、杜佑、辛替否、张九龄、马周选文两篇,其余选文一篇。陆贽选状十篇、疏一篇,陈子昂疏、奏、对各一篇,元稹策、疏、书各一篇,韩愈表两篇,杜佑议、疏各一篇,张九龄、马周疏各两篇。选文精审,取名家经典之作,且加训释,以明唐人撰文高超之处,亦具实用功能。

《十先生奥论》

《十先生奥论》,不著编辑者名氏。《宋会要辑稿件·刑法》载庆元二年(1196)六月十五日国子监上奏搜查并恳请劈毁的伪书中,即有《七先生奥论》。祝尚书疑《十先生奥论》即在《七先生奥论》基础之上增编而成。是书始集于庆元党禁之前,后又增后集、续集①。

是书不见宋元书目著录,《文渊阁书目》著录为"《十先生奥论》一部三册,阙"②,《宋史艺文志补》录其为"四十卷,程、张、朱、吕以下共十五人"③。传世之本,原目《前集》《后集》《续集》各十五卷,《续集》脱去前五卷,故《宋史艺文志补》著录为实有之数。《四库全书》本为浙江范懋柱家天一阁藏本四十卷:"验其版式,乃南宋建阳麻沙坊本也……前集第七卷以上,亦属后人抄补,其原注并佚去不存。所亡之卷,已无篇目可考,不知作者凡几。此四十卷中,核其所作者已十六人,但题曰'十先生',所未详也……宋人文集,名著史册者,今已十佚其八九,至于名姓无闻,篇章湮灭,如方恬诸人者,更指不胜屈。此书虽不出科举之学,而残编断简,得存于遗轶之余,议论往往可观;词采亦一一足取,固网罗放失者所不废也。"④《四库全书总目》对其辑采文献之功,持首肯态度。

《十先生奥论》四十卷中,收作者十六人,题曰"十先生",不知何据。今《前集》十五卷收吕祖谦、杨万里、胡寅、方恬、陈傅良、叶适、刘穆元、戴溪、张震九人之"论"八十三篇;《后集》十五卷收朱熹、程颐、张文潜、胡寅、张栻、陈傅良、杨时、杨万里、戴溪、叶适十人之"论"一百○五篇;《续集》十卷收吕祖谦、陈傅良、陈武、叶适、郑湜五人之"论"五十二篇,各卷之中所收之论分类编之并加以注释。

①祝尚书:《宋人总集叙录》,第346—348页。
②(明)杨士奇:《文渊阁书目》卷4,上海:商务印书馆,1937年,第51页。
③(清)倪灿撰,卢文弨订正:《宋史艺文志补》,北京:中华书局,1985年,第52页。
④(清)永瑢等:《四库全书总目》卷187,第1704页。

前集

卷次	作者	门类	篇数	卷次	作者	门类	篇数
1	吕祖谦	历代君主论	5	8	杨万里	六经论	6
2	杨万里	圣贤论	3	9	刘穆元	易统论	序、十章后题
3	胡寅	杂论	5	10	戴溪	西汉论	5
4	方怡	杂论	3	11	张震	五经论	5
5	陈傅良	古圣论	7	12—13	陈傅良	杂论	14
6	陈傅良	杂论	6	14	叶适	杂论	2
7	叶适	杂论	3	15	方恬	秦汉论	6

后集

卷次	作者	门类	篇数	卷次	作者	门类	篇数
1	朱熹	性理论	2	6—7	陈傅良	西汉臣论	13
1	程颐	性理论	12	8	陈傅良	杂论	6
1	张文潜	性理论	2	9	杨时	史论	10
2	胡寅	历代论	8	10—12	杨万里	圣贤论	14
3	张栻	汉晋论	9	13	戴溪	两汉论	8
4	陈傅良	五经论	5	14	叶适	五经论	5
5	陈傅良	七圣论	7	15	叶适	进论	4

续集

卷次	作者	门类	篇数	卷次	作者	门类	篇数
1—5	阙	阙	阙	10	陈傅良	西汉臣论	7

卷次	作者	门类	篇数	卷次	作者	门类	篇数
6	吕祖谦	考古论	6	11	陈武	考古论	6
7—8	吕祖谦	时政论	7	12—13	叶适	治道论	10
9	陈傅良	西汉论	9	14—15	郑湜	进论	7

　　三表可见，编者将各家之论分类编次，门类划分多以论文之主题内容为依据，同一集中同一作者之论，各按门类编次，如《前集》卷五收陈傅良"古圣论"文七篇，卷六、十二至十三收陈氏"杂论"二十篇；卷二收杨万里"圣贤论"文三篇，卷八收"六经论"六篇；卷四收方怡"杂论"三篇，卷十五收"秦汉论"六篇。《后集》卷四至八分别收陈傅良"五经论""七圣论""西汉臣论""杂论"文，《续集》卷六及卷七、八分别收吕祖谦"考古论""时政论"文。

　　十六家之中，陈傅良论文收录最多，分类最为丰富，"古圣论"七篇、"杂论"二十六篇、"五经论"五篇、"七圣论"七篇、"西汉论"九篇、"西汉臣论"二十篇，总分六类共七十四篇；其次为叶适，收有"杂论"五篇、"五经论"五篇、"进论"四篇、"治道论"十篇，共四类二十四篇；吕祖谦"历代君主论"五篇、"考古论"六篇、"时政论"七篇，收三类十八篇；杨万里"圣贤论"十七篇、"六经论"六篇，计有二类二十三篇；胡寅"杂论"五篇、"历代论"八篇；戴溪"西汉论"五篇、"两汉论"八篇。

　　宋人如方恬等诸人文集散佚多不存，"论"文多赖《十先生奥论》留存。此集所选诸家"论"作，概为科举之用；而其编次分类，大略以"论"文主题内容为依据，在"论"体分类上多有益于明清后出总集编次学习借鉴。

《中州集》

　　《中州集》又称《翰苑英华中州集》或《中州鼓吹翰苑英华集》，金元好问编，十卷，附《中州乐府》一卷。元好问（1190—1257），字裕之，号遗山，太原秀容（今山西忻州）人，《金史》卷一二六附传于元德明后①，著有《遗山先生文集》四十卷、《遗山乐府》三卷、《遗山先生新乐府》五卷及《壬辰杂编》《续夷坚志》等。金亡后，元好问欲以诗存史，在《国朝百家诗略》基础上，广搜博辑故国诗歌，编《中州集》十卷。晁瑮《晁氏宝文堂书目》"史"类有"《中州集》，元刻"之记载，"类书"类又著录"《中州集》，元刻，欠三、四、五、六、七、八"②，然皆不详具体卷数。明人书目《百川书志》卷十九、《文渊阁书目》卷二、《万卷堂书目》卷三著录此书，不详其版本。清人书目多著录为元刊、明刊本③，黄丕烈《士礼居藏书题跋记》卷六著录"《中州集》十卷（金本）"④。此书元本较多，蒙古海迷失后元年（1249），真定提学赵国宝出资锓木以传，元好问自序及张耀卿后序皆有提及；又元至大三年（1310）平水曹氏进德斋所刻"乙卯

----

①《金史》卷126，北京：中华书局，1975年，第2743页。

②（明）晁瑮：《晁氏宝文堂书目》卷上，第25、90页。

③"新刊《中州集》十卷，《中州乐府》一卷，明弘治刊本马笏斋藏书"，（清）丁丙：《善本书室藏书志》38，第888页；"汲古阁本，抄本，明刊本"，（清）丁立中：《八千卷楼书目》卷19，第604页；"《中州集》十卷，元刊本"，（清）瞿镛：《铁琴铜剑楼藏书目录》卷23，第672页。

④（清）黄丕烈著，潘祖荫辑，周少川点校：《士礼居藏书题跋记》卷6，北京：书目文献出版社，1989年，第304—307页。

新刊"本，傅增湘先生《题元刊本〈中州集〉》有论述①。现通行本有《四部丛刊》缩印董氏影元刊本，后有中华书局 1959 年排印本。

《中州集》首录显宗、章宗诗各一首，为"圣制"门，不计入卷。其余以十干纪之，分为十集，《甲集》至《庚集》，未有分类，以人序次，大致按时间先后顺序编次。《辛集》邢内翰具瞻上有"别起"二字，且余下诗人皆始金初，故有别起另编之意，特以为《甲集》至《庚集》为"正"编，《辛集》及后为"续""别"之编。《中州集》沿用《文选》以来选文体例，不录存世者之作，附宋遗民赵滋及好问父兄诗于末。

《中州集》总收录二百四十九人（显宗、章宗除外）两千多首诗歌，每人各为小传，详具始末，兼评其诗。《甲集》至《庚集》，以人叙次，以时间先后顺序排列。《辛集》始，似为《别编》，因其选录作家按时间先后以人叙次；《壬集》马舜卿后，自刘豫始，将作家以类相从。《癸集》亦标类目，选录作家从金始，按时间先后重新编次。

总体来看，《中州集》大致分《正编》（《甲集》至《庚集》）、别编（《辛集》至《癸集》）两个部分，《正编》和《别编》（《辛集》始至《壬集》马舜卿）各按作家生平先后叙次，作品系于人下。《别编》中《壬集》马舜卿后与《癸集》，将作家按身份分类，有"诸相""状元""异人""隐德""知己""南冠"等门目。具体分类如下：

《壬集》："诸相"门，列刘豫、杜充、虞仲文、张孝纯、张汝霖、刘长言、耶律履、张万公、董师中、孙铎等十六人。

"状元"门，列郑子聃、孟宗献、赵承元、张行简、李著等八人。

---

① 傅增湘：《藏园群书题记》卷 19，上海：上海古籍出版社，1989 年，第 964—966 页。

"异人"门,列王中立、王予可等四人。

"隐德"门,列薛继先、宋可、张潜、曹珏四人。

《癸集》:"知己"门,录辛愿、李汾、李献甫三人。

"南冠"门,收司马朴、滕茂实、何宏中、姚孝锡、朱弁五人诗。

《壬集》《癸集》诸门,皆以所录诗人之身份分类,"诸相"直接关涉仕历官职,"状元"以科举中第归类分之,"异人""隐德"以诗人特定行为方式和生活经历以及道德操守分类,"南冠"则以忠宋留金使节的仕旅生涯归类。

《中州集》十卷皆以"人"叙次,《正编》《别编》以时代先后编次作家作品。《别编》之中《壬集》马舜卿下以及《癸集》中虽分列诸门目,实际上却是在以"人"叙次之上,将相同身份经历的作家归类合并,以"诸相""状元""异人""隐德""知己""南冠"等门目统之,似有突出所录作家身份经历之意。究其本原,则与元好问编纂此集的宗旨与动机相关。

《中州集》十卷除"南冠"门中司马朴、滕茂实、何宏中、姚孝锡、朱弁为宋留金使节与官吏外,其他门类所录作品皆为金人所作。好问以史者之心,为防止因兵燹火厄而使仅存之诗湮灭无闻,故而博搜广辑前人之作,后偶得金人魏道明编、商衡增补的《国朝百家诗略》抄本,故将其所辑与《国朝百家诗略》合编为《中州集》十卷。元好问编纂此集,实欲保存金一代文献,故借诗存史,以人(时)叙次编排。以人(时)叙次,其关注的是每一个作家的创作个性和创作成就,将一个时代不同时期不同作家的作品依次编排,则从纵向上鲜明地体现了编纂者以诗存史的文学史建构。事实上,《中州集》也正是以金代诗歌史集为编辑目的,不仅选诗精审,且于每人之下各附小传,详其生平仕宦经历,重论诗歌创作成就,兼评艺术风格,将作家作品批评与作品遴选结合起来,在保存金代诗歌史料方面有重要价值。后清康熙年间编《全金诗》，即以此书为基础而增补。

《瀛奎律髓》

《瀛奎律髓》四十九卷，元方回（1227—1307）编。回，字万里，号虚谷，歙县人，著有《续古今考》《虚谷闲钞》《桐江集》《桐江续集》《瀛奎律髓》《文选颜鲍谢诗评》等①。《瀛奎律髓》成书后，历代书目题跋多有著录：明高儒《百川书志》卷十九、焦竑《国史经籍志》卷五、祁承㸁《澹生堂藏书目》卷十二、朱睦㮮《万卷堂书目》卷四皆著录其卷数，不详其版本；清人书目著录有明刊本、清刻本、巾箱本②等多种。具体说来，明刊本有两种：成化三年龙遵叙本和嘉靖建阳书林刘洪慎独斋刊本，此外苏杭坊间亦有众多刻本。清代康熙年间的两个刻本：康熙四十九年（1710）陈士泰据龙遵叙本和建阳本参校、屠守居士阅本重刊的苏州绿荫堂本，康熙五十二年（1713）石门吴之振据黄叶村庄私家藏本重校刊刻本，一时

---

① 詹杭伦在《方回的唐宋律诗学》的附录中有《方回著述考》，按照经史子集四部分类，计经部五种、史部五种、子部七种、集部七种。见詹杭伦：《方回的唐宋律诗学》，北京：中华书局，2002 年。

② 《日本访书志》卷十三："《瀛奎律髓》四十九卷，朝鲜重刊明成化本。"（清）杨守敬：《日本访书志》，《宋元明清善本书目题跋丛刊（十九）》，北京：中华书局，2006 年，第 236 页。《八千卷楼书目》卷十九集部："《瀛奎律髓》四十九卷，元方回编。康熙吴氏刊本。"（清）丁立中：《八千卷楼书目》，第 604 页。《天禄琳琅书目后编》卷十一："《瀛奎律髓》二函，十册，巾箱本。"（清）彭元瑞等：《天禄琳琅书目后编》，《中国历代书目题跋丛书（第二辑）》，上海：上海古籍出版社，2007 年，第 639 页。

"海内传布,奉为典型"①。此外,清人尚有评点本,李光垍于嘉庆五年(1800)刊印的纪昀《瀛奎律髓刊误》,《拜经楼藏书题跋记》卷五著录"二冯"评本②等,民国元年南宫邢氏刊行《桐城吴先生评选瀛奎律髓》四十五卷。至于元刻本,后世学者多有考辨③,今且不论。现通行本以李庆甲先生《瀛奎律髓汇评》较为常见。

　　方回以唐"十八学士登瀛洲"和宋"五星聚奎"之事,取"瀛奎"寓唐宋文治昌盛之意,以"文之精者为诗,诗之精者为律",专选两代五七言近体律诗之精髓汇于一编,并自序曰:"所选,诗格也。所注,诗话也。学者求之,髓由是可得也。"④就其所选,唐宋共三百八十五家,诗两千九百九十二首⑤。其中,唐人一百六十四家,诗作一千二百二十七首;宋人二百二十一家,诗作一千七百六十五首。是书诗以类编,每类一卷,各类前有序题,述其立类用意,诗后附评。《瀛奎律髓》共四十九卷,方回以类编次,分四十九类。具体编次情况如下(以卷一为例):

---

① (清)宋泽元:《〈瀛奎律髓刊误〉跋》,(元)方回选评,李庆甲集评校点:《瀛奎律髓汇评》(附录一),上海:上海古籍出版社,2005年,第1836页。

② (清)吴寿旸著,郭立暄校点:《拜经楼藏书题跋记》,《中国历代书目题跋丛书(第二辑)》,上海:上海古籍出版社,2007年,第180—181页。

③ 李笑莹《〈瀛奎律髓〉元代版本考》从方回自序、古今书目著录情况、历代版刻题跋以及陈栎的记录等多方面认证《瀛奎律髓》至元癸未刻本的存在可能性很小,而所见被认为是元刻本的本子,极有可能是明清书商据《瀛奎律髓》方回《序》的落款补写刊刻时间,以达到其商业目的。详见于《吉林师范大学学报(人文社会科学版)》,2011年第5期。

④ (元)方回:《〈瀛奎律髓〉序》,(元)方回选评,李庆甲集评校点:《瀛奎律髓汇评》,第1页。

⑤ 原有3014首,其中22首重出,今不计于内。

卷一：登览类

五言二十首

《度荆门望楚》(陈子昂)、《登襄阳城》(杜审言)、《临洞庭湖》(孟浩然)

《登岳阳楼》《登兖州城楼》《登牛头山亭子》(杜工部)

《秋登宣城谢朓北楼》(李太白)、《汉江临眺》(王右丞)

《登蒲涧寺后二岩》(李群玉)、《胜果寺》(僧处默)

《金山寺》(张祜)、《金山寺》(梅圣俞)

《登鹊山》《登快哉亭》(陈后山)

《甘露寺》(晁君成)、《登定王台(有庙)》(朱文公)

《渡江》(陈简斋)、《登越台》(宋之问)

《陪章留后侍御宴南楼得风字》(杜工部)、《登多景楼》(晁君成)

七言二十首

《登黄鹤楼》(崔颢)、《登金陵凤凰台》《鹦鹉洲》(李太白)

《登楼》《阁夜》(杜工部)

《登大茅山顶》《登中茅山》《登小茅山》《平山堂》《次韵平甫金山会宿寄亲友》(王介甫)

《金山同正之吉甫会宿作寄城中二三子》(王平甫)

《陪润州裴如晦学士游金山回作》《甘露上方》(杨公济)

《游庐山宿栖贤寺》(王平甫)、《登快阁》(黄山谷)

《和寇十一晚登白门》(陈后山)

《登岳阳楼》《与大光同登封州小阁》(陈简斋)

《鄂州南》(范石湖)、《过扬子江》(杨诚斋)

登览类诗，方回序之曰："登高能赋，于传识之。名山大川，绝景极目,能言者众矣。拔其尤者,以充隽永,且以为诸诗之冠。"①
可见登览类选唐宋诗人有关登高游览名山大川诗作之"尤"者,以
为"隽永",列为《瀛奎律髓》卷一。是卷共选唐宋"登览"类近体律
诗四十首,按"五言""七言"之体分为两小类,每类各二十首,小类
之中,大致按诗人时代世次先后编次。

一、诗以"题"分四十九类

除登览类外,另有朝省、怀古、风土、升平、宦情、风怀、宴集、
老寿、春日、夏日、秋日、冬日、晨朝、暮夜、节序、晴雨、茶、酒、梅
花、雪、月、闲适、送别、拗字、变体、着题、陵庙、旅况、边塞、宫阃、
忠愤、山岩、川泉、庭宇、论诗、技艺、远外、消遣、兄弟、子息、寄赠、
迁谪、疾病、感旧、侠少、释梵、仙逸、伤悼四十九类。观类目名称,
除卷二十五"拗字"与卷二十六"变体"类、卷二十七"着题"类外,
其余各卷所选律诗皆以诗歌题材内容划分。诸如"怀古"类序题
曰:"怀古者,见古迹,思古人,其事无他,兴亡贤愚而已。可以为
法而不之法,可以为戒而不知戒,则又以悲夫后之人也。齐彭殇
之修短,忘尧桀之是非,则异端之说也。有仁心者必为世道计,故
不能自默于斯焉。"②必以"怀古"为主题,而后可入选;然怀古之
作若沦为"流连光景、自矜神韵"则亦不可取,故而方回选文定篇
之作,必得"髓"之精魂。又方回述"释梵"类序题曰:"释氏之炽于
中国久矣。士大夫靡然从之,适其居,友其徒,或乐其说,且深好
之而研其所谓学,此一流也。诗家者流,又能精述其趣味之奥,使

---

① (元)方回选评,李庆甲集评校点:《瀛奎律髓汇评》卷1,上海:上海古籍出
　版社,2005年,第1页。
② (元)方回选评,李庆甲集评校点:《瀛奎律髓汇评》卷3,第78页。

人玩之而不能释,亦岂可谓无补于身心者哉?凡寺、院、庵、寮题咏皆附此。"①此卷所选皆为"释梵"题材,含括有关寺、院、庵、寮的题咏之诗。它如卷十八"茶"类,卷十九"酒"类,卷二十"梅花"类,卷二十一"雪"类,卷二十二之"月"类,皆以律诗所赋题材内容命名分类。

《瀛奎律髓》卷二十五方回序"拗字"曰:

> 拗字诗在老杜集七言律诗中谓之"吴体",老杜七言律一百五十九首,而此体凡十九出。不止句中拗一字,往往神出鬼没。虽拗字甚多,而骨骼愈峻峭。今"江湖"学诗者,喜许浑诗"水声东去市朝变,山势北来宫殿高"、"湘潭云尽暮山出,巴蜀雪消春水来",以为丁卯句法。殊不知始于老杜,如"负盐出井此溪女,打鼓发船何郡郎"、"宠光蕙叶与多碧,点注桃花舒小红"之类是也。如赵嘏"残星几点雁横塞,长笛一声人倚楼",亦是也。唐诗多此类,独老杜"吴体"之所谓拗,则才小者不能为之矣。五言律亦有拗者,止为语句要浑成,气势要顿挫,则换易一两字平仄,无害也,但不如七言"吴体"全拗尔。②

"拗字"类,实则为律体诗歌因特殊创作方法而产生的"拗格",方回指出此法实源于杜甫,后人继之。

又如"变体"类序题曰:"周伯弼《诗体》,分四实四虚、前后虚实之异。夫诗止此四体耶?然有大手笔焉,变化不同。用一句说景,用一句说情。或先后,或不测。此一联既然矣,则彼一联如何处置?今选于左,并取夫用字虚实轻重。外若不等,而意脉体格

---

① (元)方回选评,李庆甲集评校点:《瀛奎律髓汇评》卷47,第1620页。
② (元)方回选评,李庆甲集评校点:《瀛奎律髓汇评》卷25,第1107页。

实佳,与凡变例之一二书之。"①方回所言之"变体"实为律诗创作中因情景相生、虚实相接之法的运用,使诗歌具有别样的趣味,故汇选其优者为"变体"类一卷。

从方回对于二类的序引可知,二类划分不以诗歌题材内容为标准依据,"拗字"类诗歌多运用"拗"于常律的声律,以达"拗格"之趣;"变体"源于周伯弼"虚实"之说,意指通过诗歌中情景、虚实变化处理,从而产生别样旨趣。朱东润先生评价说:"变体者不拘律诗景一联、情一联之体,不拘虚实对称之体也。"②"拗字"与"变体"类是律诗创作中因创作方式不同而产生的诗体风格,或变其音律,或变其情景相连、虚实对称之法,皆是律诗求新求变的实践结果。

如果说,"拗字""变体"类是方回对于诗歌创作应注重求新求变的理念在律诗分类上的体现的话,那么"着题"的设置,则是方回对于诗歌创作切合题目要求的重视。此卷所选皆为方回体认的"着题"之作。"着题诗,即六义之所谓赋而有比焉,极天下之最难。石曼卿《红梅》诗有曰:'认桃无绿叶,辨杏有青枝。'不为东坡所取,故曰:'题诗必此诗,定知非诗人。'然不切题,又落汗漫。今除梅花、雪、月、晴雨为专类外,凡杂赋体物肖形,语意精到者,选诸此。"③方回所谓的"着题",不仅要求诗歌切合题目,还要达到图形写貌以传神达意的艺术效果。

总的来说,《瀛奎律髓》除"拗字""变体""着题"类外,其分类皆以诗歌"题材内容"区分,一卷一类。方回将诗歌分类编排,使

---

① (元)方回选评,李庆甲集评校点:《瀛奎律髓汇评》卷26,第1128页。
② 朱东润:《中国文学批评史大纲》,上海:上海古籍出版社,2005年,第206页。
③ (元)方回选评,李庆甲集评校点:《瀛奎律髓汇评》卷27,第1151页。

各类之间条理清晰，便于初学者取则学习；加之集中每类之下皆有序题，明确指出此类诗歌选录标准，各诗之后又有注评，体例较为完备。吴之振评《瀛奎律髓》诗歌分类曰："聚六、七百年之诗于一门一类，以观其意境之日拓，理趣之日生，所谓出而不匮，变而益新者，昭然于尺幅之间，则是编为独得已。"①

后世对于诗歌以题划分，多有异词。每病其门类设置不善，其门类过少，诗歌不能尽列门目之下；分类过多，则篇章收录未免重复；或病其门目命名未属同一级次，命名标准不甚统一，以致分类混乱之弊。总体说来，方回五七言律诗的分类，其题材划分应该说是相当完备的，具体门目设置也相对合理，涉及诗歌题材内容的多个方面。虽其中三卷并未一以贯之，采用其它分类方式，但其所立所选，则能标立诗歌创作主题之外的新变。值得注意的是，方回在具体分类编次操作中，极其注意细节，尽量注意避免篇目重复。如方回既立"梅花""雪""月""晴雨"，"着题"类中关涉此类题材的诗歌则一律不录②，由此可见方回分类体例精审之处。

二、"题"下"言（体式）"分

诚如卷一"登览"类诗歌的分类体例所示，方回于每类之下分五言、七言两类编次。方回选录唐宋"怀古"主题诗作一百一十首，其中五言律诗三十二首，七言律诗七十八首。五言选录唐陈子昂（《白帝怀古》《岘山怀古》）、刘禹锡（《金陵怀古》）、李商

---

① （清）吴之振：《〈瀛奎律髓〉序》，（元）方回选评，李庆甲集评校点：《瀛奎律髓汇评》（附录一），第 1813 页。

② "今除梅花、雪、月、晴雨为专类外，凡杂赋体物肖形，语意精到者，选诸此。"（元）方回选评，李庆甲集评校点：《瀛奎律髓汇评》卷 27，第 1151 页。

隐(《武侯庙古柏》《陈后主宫》)、吴融(《题豪家故池》)等十人十六首,宋宋祁(《怀古眺望》《长安道中怅然作三首》《过惠崇旧居》)、韩琦(《过故关》)、梅尧臣(七首)、张耒(《永宁遣兴》)等六人十六首;七言选录唐刘禹锡、皇甫冉、李商隐等十人三十七首,宋杨亿、钱惟演、梅尧臣等十六人四十一首。"释梵"选录五言二百〇五首,七言四十六首:五言选唐七十人一百三十七首,宋三十九人六十八首;七言选唐十三人二十一首,宋十九人二十四首。

从整体分类上看,方回并非预设五、七言为《瀛奎律髓》类下之二级类目,而是先以类选诗,再随类分体;若一类之中,方回选入作品全为五言或全为七言,则类下只列此类,无需为此类而凑选律诗。"老寿类""兄弟类""感旧类"五言不选,可见方回选诗,以"律髓"为第一标准,以"尤"者入,宁缺毋滥。简单比较一下各卷所录诗歌数量,亦可知方回的选者眼光。如"释梵"类选诗二百五十一首,"宫阙"类则只九首诗作入选。不仅如此,每个诗人选录作品数量也不一样,杜甫、黄庭坚、陈师道、陈与义相对较多,而一些作者只有一首诗歌存录。

三、具体作品按作家时代先后编次

《瀛奎律髓》的基本编纂体例是将分类编次与按作家时代先后编年结合起来,具体说来,各卷各类之中,分五言、七言两小类,小类作品按所系者时代先后顺序编次,没有厚此薄彼之分,且以时叙次,亦可见出诸家同类题材律诗之间的差异。

这样以时代顺序编次的方式在全书编纂中亦有一些例外,卷三"怀古"类七言先录《南朝四首》,分别为杨亿、钱惟演、刘子仪、李宗谔四人作,继而又录《汉武四首》,分别为杨亿、刘子仪、钱惟演、刁衎四人作,又录《明皇三首》,为杨亿、钱惟演、刘子仪三人作,此后又录《成都三首》,为杨亿、刘子仪、钱惟演所作,继而录《始皇三后》,分别为杨亿、刘子仪、钱惟演作。若按照时间顺次,应以《南朝(一)》《汉武(一)》《明皇(一)》《成都(一)》系于杨亿之下依次编排,后接钱惟演四首。方回此编,则尊重诗歌原先存录状态,此四组诗歌皆为同题之作,若将其拆开各系作者名下,则后人不知其由来出处,且将同一类别之下五言、七言同题应制或唱和之作编次一起,亦可便于读者比较各自特色及优劣。此为方回处理同题唱和之作的编次方式。

　　另一种不同于按时编次之例,大类之中按五七言律体分后,亦再分小类。此小类之分,亦可见方回编次之用心。如卷十六"节序"类,五言以王安石《冬至》为始,继而录陈师道、张耒、陆游诗作,后又录张耒、唐太宗、杜甫、戴叔伦、唐子西、陈师道、陈与义、赵仲白、宋之问、王安石、陈师道、梅尧臣、吕本中、陆游、范成大、杜甫、唐子西、苏味道……朱熹、唐太宗、宋之问、梅尧臣……陆游、沈佺期、孟浩然、陆游、杜甫、杜审言、梅尧臣、杜甫、王维、唐子西之作。就其编次唐宋诗人序次来看,首先宋人诗作中,张耒诗作后又录张耒诗作,张耒后接唐太宗、杜甫等人诗,后再编宋人诗作,再后为唐人诗歌,多有循环杂乱之病,与全书编排体例相违。然方回此编,自有其思虑。"或问节序诗以冬至为首,何也?古立法皆起于冬至,有一阳之复,然后又三阳之泰,故以此为首。"①观其所选篇目,首篇为《冬至》(王安石),其后为《和王子安至日》(陈师道)、《冬至后》(张耒)、《辛酉冬至》(陆游),此四首皆为"冬至"诗,故编次一起,按作家时代先后依次编排;此后录《腊

---

①(元)方回选评,李庆甲集评校点:《瀛奎律髓汇评》卷6,第565页。

日晚步》《腊日二首》(张耒),三首关涉"腊日"的诗歌编次一起;其
后录《守岁》(唐太宗)、《杜位宅守岁》(杜甫)、《除夜宿石头驿》(戴
叔伦)、《除夕》(唐子西)、《除夜》《除夜对酒赠少章》(陈简斋)、《除
夜》(陈简斋)、《岁除即事》(赵仲白)七人诗歌八首,皆为"除夕"之
诗,故作品编次依作家时代顺次先唐后宋。后录元日(新年)、人
日、正月十五日(夜游、观灯、夜月)、晦日、春社、寒食(壬辰、丙
寅)、清明、上巳、端午、七夕、重阳等节日之诗,各"节日"诗作皆按
作家时代先后编次,七言体亦如五言编次。因此,方回于"节序"
中,将所录律诗先分五、七言两类,各类中再按中国传统节日先后
之序分冬至、除夕、元日、人日、元宵、清明、端午、七夕、重阳等十
四类,关涉每个节日诗作,以诗人时代先后编次。"节序"类所分
十四节日,方回并未于篇章目录中细分门目,而是采用序题的方
式将其分类方式予以说明,既体现了方回分类时注重方便读者检
索学习的用心,又保持了全书体例的统一。总体来说,方回在分
类细节的处理和整体的把握上,都使得《瀛奎律髓》的文体分类相
对严谨。

《天下同文集》

　　《天下同文集》,元周南瑞撰。南瑞,字敬修,尝扁"濂溪"二字
于室①。元人刘将孙有《〈天下同文集〉序》②,可知是书元代即有

---

① (元)吴澄:《赠周南瑞序》,李修生主编:《全元文》(第十四册),南京:江苏
　　古籍出版社,1999年,第88页。
② (元)刘将孙:《〈天下同文集〉序》,《养吾斋集》卷9,《景印文渊阁四库全书》
　　集部,第1199册,第81页。

刊行。然四库馆臣以《序》"潦倒浅陋"，断其"似乎依托"①。原题
为《天下同文前甲集》，目录末又标："随有所传录，陆续刊行。"但
仅有此一集传世，故称《天下同文集》。叶盛《箓竹堂书目》著录
"《天下同文》，一册"②，可知五十卷之外未必再有乙丙诸集也。
清《八千卷楼书目》称："《天下同文集》四十四卷，元周南瑞编，抄
本，仿元抄本。"③缪荃孙《云自在龛随笔》卷三录为"大德刊本"④。
原书为五十卷，陆心源著录马寒中旧藏《天下同文集》四十四卷的
旧抄本，阙卷十七、十八、三十一、三十四、三十五、四十一⑤。《四
库全书》本《天下同文集》阙六卷。

　　《天下同文集》所收包括各体文章及诗词，虽"体例与今时庸
陋坊本无异"，然四库馆臣十分肯定《天下同文集》的文献价值，称
"其所载，颇有苏天爵《文类》所未收。而足资当日典故者"⑥。刘
将孙作序称："南瑞此编，又得之钜公大笔，选精刻妙，则观于此
者，岂可以寻行数墨之心胸耳目为足以领此哉！自《文选》来，唐
称《文粹》，宋称《文鉴》，皆类萃成书，他日考一代文章者，当于此
取焉。"⑦此将其比之以《文选》《文粹》等千古名作，其评价不可谓
不高。

---

①（清）永瑢等：《四库全书总目》卷188，第1708页。

②（明）叶盛编：《箓竹堂书目》，王云五主编：《丛书集成初编》，上海：商务印
　书馆，1935年，第57页。

③（清）丁立中：《八千卷楼书目》卷19，第604页。

④缪荃孙著，翟金明点校：《云自在龛随笔》卷3，北京：人民出版社，2013年，
　第56页。

⑤（清）陆心源：《皕宋楼藏书志》卷115，第1306页。

⑥（清）永瑢等：《四库全书总目》卷188，第1708页。

⑦（元）刘将孙：《〈天下同文集〉序》，《养吾斋集》卷9，第81页。

卷次	门类	卷数	篇数	卷次	门类	卷数	篇数
1	制诰	1	10	26—27	说	2	3
2	表笺	1	9	28—29	赞	2	9
3	献书	1	1	30	颂	阙	阙
4	歌颂	1	2	31	箴	阙	阙
5—8	记	4	10	32	铭	1	4
9—11	碑	3	3	33	题跋	1	2
12—15	序	4	8	34	祝文	阙	阙
16	赋	1	2	35—36	祭文	2	3
17	论	阙	阙	37	辞	1	1
18	传	阙	阙	38	志碣	1	1
19—21	书	3	5	39—40	墓志	2	2
22	启	1	2	41	杂著	阙	阙
23	牒	1	1	42—47	诗	6	118
24	状	1	2	48—50	词	3	25
25	议	1	1				

从上表可知,《天下同文集》分体编录,设有制诰、表笺、献书、歌颂、记、碑、序、赋、论、传、书、启、牒、状、议、说、赞、颂、箴、铭、题跋、祝文、祭文、辞、志碣、墓志、杂著、诗、词二十九种文体类目。"献书"与"牒"各收一篇,独为一卷,可见出周南瑞对于此类作品的重视,且前人总集中未有单列此类文体的方式,此点可参见第一章对于"牒"文入集的论说。另,《天下同文集》也是较早于断代文学总集中,为"词"设立文体类目的,从词体文学进入文章总集

的角度来看,也颇具意味。本书第一章略有考究,此点,本人将有专文论述。

《古赋辩体》

《古赋辩体》,十卷,元祝尧编。尧,字君泽,上饶人,延祐五年进士,为江山尹,后迁无锡州同知。是书最早见于明《晁氏宝文堂书目》著录,然惟录书名,不详作者版本卷数①。《世善堂藏书目录》《澹生堂藏书目》录“《古赋辩体》十卷”②,杨士奇《东里续集》卷十九载其为“元进士广信祝尧所辑”③。清人著录多为明刊本,《八千卷楼书目》著录“《古赋辩体》八卷,外集二卷。元祝尧编,明刊本,安南刊本”④。明刊本为成化年间淮阳金君宗润守信得原集于君泽家,命工复刻而成。前有明成化二年(1466)钱溥之叙,复旦大学和北京大学图书馆有藏。此外,国家图书馆藏有嘉靖十一年(1532)熊爵以成化本为底本的覆刻本,北京师范大学和中国人民大学藏有明嘉靖丁酉十六年(1537)刻本,《四库全书》即以嘉靖十六年补刻本为底本。

祝尧以古今之赋甚多,“因时代之高下而论其述作之不同,因体制之沿革而要其指归之当一”,选编楚辞以下,两汉、三国、六

---

① (明)晁瑮:《晁氏宝文堂书目》,上海:上海古籍出版社,2005 年,第 32 页。
② (明)陈第:《世善堂藏书目录》卷下,《宋元明清书目题跋丛刊(五)》,第 46 页;(明)祁承爜:《澹生堂藏书目》卷 12,《宋元明清书目题跋丛刊(五)》,第 253 页。
③ (明)杨士奇:《东里集·续集》卷 19,《景印文渊阁四库全书》集部,第 1238 册,第 620 页。
④ (清)丁立中:《八千卷楼书目》卷 19,第 604 页。

朝、唐、宋诸常所诵总六十一人一百二十七篇赋作,其选文定篇、分体编次、论注评析,处处彰显其"辨体"之意,以达"由今之体以复古之体"①之目的。

《古赋辩体》以"情"本位作为古赋区别于务于对偶的俳体赋、严于声律的律体赋以及以议论谈理为尚的文体赋的最主要标志,遴选历代古赋,将选赋编纂与辨体分类结合起来。

一、"古赋"历史演进与《正集》"五体"之分

《古赋辩体》正编之中,将历代古赋作为一个整体,汇编成集,在分类选文之中辨其源流、体格。具体篇章编次如下:

	卷次	体类	作家	作品
正集	1—2	楚辞体	屈原	《离骚》《九歌》《九章》
			宋玉	《九变》
			荀卿	《礼赋》《知赋》《云赋》《蚕赋》《箴赋》
	3—4	两汉体	贾生	《吊屈原赋》《鹏赋》
			司马长卿	《子虚赋》《上林赋》《长门赋》
			班婕妤	《自悼赋》《素赋》
			扬子云	《甘泉赋》《河东赋》《羽猎赋》《长杨赋》
			班孟坚	《西都赋》《东都赋》
			祢正平	《鹦鹉赋》

---

① (元)祝尧:《古赋辩体·目录》,(元)祝尧:《古赋辩体》卷首,《景印文渊阁四库全书》集部,第1366册,台北:台湾商务印书馆,1965年,第711页。

卷次	体类	作家	作品
		王仲宣	《登楼赋》
		陆机	《文赋》《叹逝赋》
		张茂先	《鹪鹩赋》
		潘安仁	《藉田赋》《秋兴赋》
		成公子安	《啸赋》
5—6	三国六朝体	孙兴公	《天台山赋》
		颜延年	《赭白马赋》
		谢惠连	《雪赋》
		谢希逸	《月赋》
		鲍照	《芜城赋》《舞鹤赋》《野鹅赋》
		江文通	《别赋》
		庾子山	《枯树赋》
		骆宾王	《萤火赋》
7	唐体	李太白	《大鹏赋》《名堂赋》《大猎赋》《惜余春赋》《愁阳春赋》《悲情秋赋》《剑阁赋》
		韩退之	《悯己赋》《别知赋》
		柳子厚	《悯生赋》《梦归赋》
		杜牧之	《阿房宫赋》
		宋子京	《园丘赋》
8	宋体	欧阳永叔	《秋声赋》
		苏东坡	《屈原庙赋》《前赤壁赋》《后赤壁赋》
		苏子由	《屈原庙赋》《黄楼赋》

(正集)

续表

	卷次	体类	作家	作品
正集	8	宋体	苏叔党	《飓风赋》
			黄山谷	《悼往赋》
			秦少游	《黄楼赋》《汤泉赋》
			张文潜	《病暑赋》《大礼庆成赋》
			洪舜俞	《老圃赋》

　　从上表来看,祝尧将元前的古赋分为楚辞体、两汉体、三国六朝体、唐体、宋体五类共三十五人七十六篇赋作,每类之中遴选数位赋家,作品各系其下;究其所选,多为历代名家名作,颇为精审。

　　从古赋"五体"类目命名设置上看,其分类方法以"代(时)"为序,将各时期赋家赋作汇编成集,分类方式略显简单,似难见出祝尧"辨体"之意。实际上,《古赋辩体》编纂时注重选、论、注、评四位一体;除总论外,各体各家每篇赋作皆有题注,将总集编选之以时分类、选文定篇与辨体批评结合起来,以达辨体之目的。具体说来,古赋"楚辞体""两汉体""三国六朝体""唐体""宋体"五分,虽在类目设置上以时代区分,然其分类标准则综合古赋题材内容、艺术成就和文体特征多方面,同时亦注意不同时代辞赋的发展流变特点。

　　祝尧以"骚者,诗之变也",合"本诗之义"立"楚辞体"为古赋第一类。楚辞虽不正名曰"赋",然其赋之本义"居多",故而选屈原、宋玉、荀卿三人赋作为一类,为"楚辞体",推崇"楚骚为赋之祖"[1],实有追源溯流之意。

①（元）祝尧:《古赋辩体》卷1,第718页。

　　《汉书·艺文志》批评宋玉、唐勒、枚乘、司马相如、扬雄诸人赋作"竞为侈丽闳衍之辞，没其讽喻之义"①，扬雄亦有"词人之赋丽以淫"之语。祝尧虽对汉兴诸家专取"六义"之"赋"以为赋，取"骚中赡丽之辞以为辞赋"等做法多有不满，批评赋作"不因于情，不止于理，而唯事于辞"等不足之处，却因词人之赋犹有"辞虽丽而义可则"的"古诗之义"而别为一类。祝尧所取，为贾谊、司马相如、扬雄、班固诸赋家之升堂入室者之作。然亦注意到汉赋之"丽"已不同于风骚之"丽"，固是编所取《长门》《自悼》等赋，皆因其"缘情发义、托物兴辞，咸有和平从容之意，而比兴之义未泯"而录之。"两汉体"取贾谊、司马相如、班婕妤、扬雄、班固、祢衡赋作，以"丽以则"衡之②。

　　三国六朝时期，赋作弃"情"就"辞"，遂使赋作有辞无情。建安七子中独王粲辞赋有古风，《登楼赋》因有得于"诗人之情，以为风比兴等义"，被祝尧誉为魏赋之"极"③。祝尧批评陆机辈等作以"辞"为要，徐、庾等愈演愈烈，"有辞无情，义亡体失"之弊尽出④。相对而言，陆机《叹逝》，张茂先《鹪鹩》，潘安仁《秋兴》，鲍照《芜城》《野鹅》等赋，犹有古诗之余情，尚可入三国六朝古赋之选。祝尧选王粲、陆机、张茂先、潘安仁、成公子绥、孙兴公、颜延年、谢惠连、谢希逸、鲍照、江淹、庾信十一人十六篇赋为"三国六朝体"。

　　唐以律赋取试，律盛而古衰，不仅如此，为古赋者亦不免受徐

---

① 《汉书》卷 30，第 1755 页。
② （元）祝尧：《古赋辩体》卷 3，第 747 页。
③ （元）祝尧：《古赋辩体》卷 5，第 778 页。
④ （元）祝尧：《古赋辩体》卷 5，第 779 页。

庾影响。李白天才英灵，所作古赋终类六朝赋；杜牧《阿房宫赋》虽古今脍炙人口，然专以"论"为主，不及古赋以"情"为本；唐人古赋可取者，惟韩愈、柳宗元尔，二人古赋以骚为宗，远超"俳""律"之外，唐赋之古莫古于此①。唐体选录陈子昂、李白、韩愈、柳宗元、杜牧五人十三篇赋作。

宋人厌俳律之赋，古赋以文为体，则"专尚于理，而遂略于词，昧于情矣"，"风之优柔，比、兴之假托，雅、颂之形容，皆不复兼矣"②。宋人以文为赋，《秋声赋》《赤壁赋》等作，若以文视之，皆为古今佳作，若以赋视之，则失赋本色。祝尧选录宋祁、欧阳修、苏轼、苏辙、苏洵、黄庭坚、秦观、张耒、洪舜俞九人十四篇赋作以为"宋体"。

《正集》将先秦至宋的辞赋发展演进脉络通过古赋分类清晰地呈现出来：骚赋（先秦）——散体大赋和抒情小赋（汉）——俳（骈）赋（三国六朝）——律赋（唐）——文赋（宋）。古赋之分"楚辞体""两汉体""三国六朝体""唐体""宋体"，是祝尧对古赋发展演变的历时阶段性特点的分类总结，在此基础上明确提出"赋以代变"的赋体发展流变思想。然这种"代"变绝不是截然割裂的，五体之间又体现了源流承接关系。祝尧以"代（时）"区分古赋，一方面"因时代之高下而论其述作之不同"，另一方面也"因体制之沿革而要其指归之当一"③。"重情"即为祝尧衡量古赋之第一标准。以"情"衡古赋，则"诗人所赋""骚人所赋"皆"有古诗之义者，

①（元）祝尧：《古赋辩体》卷7，第801—803页。
②（元）祝尧：《古赋辩体》卷8，第818页。
③（元）祝尧：《〈古赋辩体〉目录》，（元）祝尧：《古赋辩体》卷首，第711页。

亦以其发乎情也"①。汉代"词人之赋"可取者，"丽以则"尔；三国六朝之赋，一代工于一代，辞愈工则情愈短，情愈短则味愈浅，味愈浅则体愈下。宋唐以下则是词人之赋多，已失古诗之义，辞极而过淫伤，已非如骚人之赋，而况于诗人之赋。由此可见，祝尧在呈现"赋以代变"的同时，又进一步明确了"赋以代降"的特点。故而祝尧古赋"五分"亦有溯源明流之意，将"楚辞体"作为正宗，"骚体赋"变而为古赋范式。

二、古赋之流与《外录》"五体"之分

《古赋辩体·外录》二卷，分后骚、辞、文、操、歌等五大类录三十三人四十四篇作品，具体篇章编次如下：

	卷次	体类	作家	作品
外录	9	后骚	宋玉	《招魂》
			汉贾谊	《惜誓》
			汉庄忌	《哀时命》
			淮南小山	《招隐士》
			汉扬子云	《反骚》
			唐韩退之	《讼风伯》
			唐柳子厚	《享罗池》
			宋王介甫	《寄蔡氏女》
			宋黄鲁直	《毁璧》
			宋邢居实	《秋风三叠寄秦少游》

---

① (元)祝尧：《古赋辩体》卷3，第746页。

	卷次	体类	作家	作品
外录	9	辞	汉武帝	《秋风辞》
			汉息夫躬	《绝命辞》
			晋陶渊明	《归去来辞》
			宋黄鲁直	《濂溪辞》
			宋杨城斋	《延陵怀古辞》
	10	文	六朝孔德璋	《北山移文》
			唐李遐叔	《吊古战场文》
			唐韩退之	《吊田横文》
			唐柳子厚	《吊屈原文》《吊苌弘文》《吊乐毅文》
	10	操	尹伯奇	《履霜操》
			牧犊子	《雉朝飞操》
			唐韩退之	《将归操》《龟山操》《拘幽操》《残刑操》
			汉蔡文姬	《胡笳》
	10	歌	虞舜氏	《南风歌》
			箕子	《麦秀歌》
			伯夷	《采薇歌》
			孔子	《获麟歌》
			楚狂接舆	《凤兮歌》
			寡陶婴	《黄鹄歌》
			楚渔父	《渡伍员歌》

续表

	卷次	体类	作家	作品
外录	10	歌	榜枻越人	《越人歌》
			燕荆轲	《易水歌》
			汉项羽	《垓下帐中歌》
			汉高祖	《大风歌》
			武帝	《瓠子歌》
			乌孙公主	《乌孙公主歌》
			后汉梁鸿	《五噫歌》
			唐李太白	《鸣皋歌》
			唐韩退之	《盘谷歌》

　　自唐元稹有"《诗》讫于周，《离骚》讫于楚，是后诗人流而为二十四"①之说，宋晁补之持"诗之流至楚而为离骚，至汉而为赋，其后赋复变而为诗，又变为杂言、长谣、问、对、铭、赞、操、引"②之论，晁补之择"后世文、赋与《楚辞》类者"，自宋玉以下至宋王令共二十六人六十篇作品为《续楚辞》二十卷，又择《续楚辞》篇目之外"其余文、赋大意祖述《离骚》，或一言似之者"三十八人九十六篇

①二十四名为："赋、颂、铭、赞、文、诔、箴、诗、行、吟、咏、题、怨、叹、章、篇、操、引、谣、讴、歌、曲、词、调。自操以下八名皆是起于郊祭军宾吉凶等乐，由诗以下九名皆属事而作，虽题号不同，而悉谓之诗"。（元）祝尧：《古赋辩体》卷9，第835页。
②（宋）晁补之：《离骚新序（上）》，见《济北晁先生鸡肋集》卷36，《四部丛刊》本。

作品为《变离骚》二十卷①。祝尧以为元稹所谓"二十四名",皆源于诗,至于铭、赞、文、诔、箴之类,则不可与诗、赋例论。后代所出之赋本取"诗之义"以为赋名,虽题名为赋,而其"义"实出于诗,汉人遂以"古诗之流"名之;后代所出之文,其间取于"赋之义"而题文名,其"义"实出于赋,故晁补之以为"古赋之流"②。

1.非赋之义、有赋之义与"异同两辨"之法

祝尧以诗之"六义"角度辨诗、文体之别:

> 人徒见赋有铺叙之义,则邻于文之叙事者;雅有正大之义,则邻于文之明理者;颂有褒扬之义,则邻于文之赞德者;殊不知古诗之体,六义错综,昔人以风、雅、颂为三经,以赋、比、兴为三纬,经其诗之正乎,纬其诗之葩乎,经之以正,纬之以葩,诗之全体始见,而吟咏情性之作有,非复叙事、明理、赞德之文矣,诗之所以异于文者以此。③

既然赋源于诗,故为赋者必以"诗"为体,而不当以"文"为体。作赋者,不明"赋"体之本,反以为"文",则失其体要;又或作文者,不拘泥于"文"之体要,反而为"赋",则使"文""赋"体制杂糅,遂有"文中之赋""赋中之文",遂使赋家"高古之体"不复见于赋,而其支流逸出。故《古赋辩体·外录》所收,其名虽不曰赋,然其文则"有赋之义",以为"赋体之流"而分体录之。

祝尧于《正集》中敏锐发掘古赋在历史演进中的诸多变革,于其名曰赋之作中体察其"非赋之义",继而分楚辞体、两汉体、三国六朝体、唐体、宋体为五,各为之辨,此为祝尧"既分非赋之义于赋

---

① (宋)晁公武撰,孙猛校证:《郡斋读书志校证》卷17,第808—809页。
② (元)祝尧:《古赋辩体》卷9,第835页。
③ (元)祝尧:《古赋辩体》卷9,第836页。

之中"之说。诸如《秋声赋》、前后《赤壁赋》等作,祝尧对此多有"非赋本色"之微词,指摘诸作应当直述其事,而不应以"论理为体"。可见祝尧将《秋声赋》、前后《赤壁赋》等编入于《正集》之中,实乃突出古赋于宋代的发展演变特点。祝尧不因"名曰赋而遂不敢分"①,严辨"宋体"诸作与"楚骚""两汉""三国六朝""唐"其他古赋之体的差异之处,在于明其所分,最终指向古赋"祖骚宗汉"的意旨。

2."义"同"名"异与同源殊流

《外录》所收之文皆"历代祖述楚语者为本,而旁及他有赋之义者"②,诸如《秋风辞》《吊屈原文》之属,皆为"赋之本义见于他文者",祝尧仿晁补之"古赋之流"之义编之,分后骚、辞、文、操、歌五类,此为"取有赋之义于赋之外"③之说。

流者,同其源而殊流尔。祝尧采用"赋体之流,固当辨其异;赋体之源,又当辨其同",此种"异同两辩"④之法,方能尽赋之义、明赋之体,此为外录之辨的缘由。《外录》所选诸作,皆"名"虽"异",而"义"有"同"。祝尧将同与异、源与流、义与名三者结合起来,分后骚、辞、文、操、歌五类,各类皆有序题,选录作家以时代先后编排,作品系于人后,并一一为之注评。

祝尧于《正集》中惟载《离骚》《九歌》《九章》《九变》之作,故其所选是为了区分骚、赋之体,明确提出"骚为赋祖"。惟选屈原、宋玉之骚,又有"正赋之祖"之用。《外录》专选后世骚体之作,因

① (元)祝尧:《古赋辩体》卷9,第837页。
② (元)祝尧:《古赋辩体》卷9,第837页。
③ (元)祝尧:《古赋辩体》卷9,第837页。
④ (元)祝尧:《古赋辩体》卷9,第836页。

"赋"虽祖于"骚","骚"却未名"赋",若然全编骚赋不分,以骚为赋,则恐诸学者"泥图骏之间而不索骊黄之外"①。"后骚"录于"他文"之冠,则源委、祖述分明,遂显编者寄寓因委知源、因述知祖之意。"辞"与赋实为一名也,特名异尔,故古人合而名曰辞赋。骚名楚辞,《渔父》篇亦以"辞"称,故后世名为"辞"而"义"为"赋"者,归为"辞"类,以为赋之流尔。"文"类取历代"名则文而义则赋"②之作,实秉之于《续楚辞》录韩柳诸文以为楚声之续之意,认为"赋中有文"之作往往不及此等文,故而别录"文"类,以为"古赋之流"。"操"者,歌之别名耳。祝尧取晁氏之说,以"《三百篇》皆弦歌之操,亦弦歌之辞也"③,认为《离骚》原本古诗而衍,至汉愈极,《离骚》亡后,操与诗赋同出而异名。

虽《汉书·艺文志》言"不歌而诵谓之赋",然祝尧以为骚中《抽丝》、荀卿赋篇皆有少量可歌者,又《渔父》篇末引《沧浪孺子歌》,赋家亦用"歌"为辞推论不可拘于"不歌而诵"来定义赋。且后世赋作"多为歌以代乱,亦有中间为歌者"④,可见"歌"者与诗赋同出而异名。祝尧选历代本以"歌"为名而又有"六义"之作,汇为"歌"类,以助赋者。《外录》所分"古赋之流"者五类,各因其"名"不同,而皆有"赋"之"义",同中辨异,以明"古赋"之体,以通"古赋"之义。观其所录,"后骚"实源于"楚辞",而"辞"实为"赋"之别称;"文"乃名文而义为赋;"操"与"歌"与诗赋同出而有古义。祝尧所选皆严辨其体,于此可见古赋之流。

①(元)祝尧:《古赋辩体》卷9,第837页。
②(元)祝尧:《古赋辩体》卷10,第849页。
③(元)祝尧:《古赋辩体》卷10,第854页。
④(元)祝尧:《古赋辩体》卷10,第858页。

　　自先秦至元,辞赋文体发展体式竞相衍变,先秦的骚体赋、两汉的散体大赋和抒情小赋、六朝的骈赋、唐代的律赋、宋代的文赋等皆已出现。祝尧秉承元人文学复古思潮中重"情"的文学观念,对唐宋律赋、文赋多有不满,提倡复归楚骚"哀情"传统。自金亡后科举停考,再举之时废律赋考古赋,这在一定程度上也刺激了祝尧系统全面审视辞赋的发展历程,以期获得对古赋的文体认知与把握。祝尧在以"复古为新变"的发展道路中提倡以"古赋"为体,是个人和时代的双重选择。

　　祝尧《古赋辩体》系统总结元前辞赋发展概况,提出以复归古赋为辞赋的发展道路,并通过选、论、注、评之方式,将古赋正变源流的发展脉络清晰地呈现出来,以"情"为本、"祖骚宗汉",并提倡"楚骚"和"汉赋"为古赋经典范式,于论辩之中为学者提供可供取则的对象。《古赋辩体》文体分类突破前人赋体分类方式,先分赋为"古赋""俳赋""律赋""文赋"四类,将辞赋文体形态特征与辞赋发展流变结合起来,并站在赋史发展道路探索的基础上,以"复古为新变",提倡古赋。

　　祝尧《正集》《外录》之分,将古赋正体根据其内容、艺术、形体等因素在辞赋发展过程中的时代性差异五分,是建立在辞赋历史发展演进的过程中所形成"赋以代变"这一客观事实之上的。这种编次体例的设置,既避免了因编者主观臆测而造成的见仁见智以遭人诟病之处,同时在分类之中又注意到各体之间的源流承接关系,即祝尧始终贯彻"情"本位的思想。《外录》将后世续骚之作、辞赋之辞、名为文实为赋之作以及操、歌汇为一编,以为古赋之流。《外录》所收作品,虽不以"赋"名,然其皆有"赋"义,祝尧以"赋义"为选取标准,辨其体异。明人钱溥以"辨之甚严而取之甚确"①之评称誉此书辨体分类之功,四库馆臣以"严乎其体,通乎其义","于正变源流,亦言之最确"②之语赞之。《古赋辩体》的赋体辨析与分类在承继前人的基础之上多有创建,并成为中国古代总集赋体分类史上的力作,其影响亦为深远。

《宛陵群英集》

《宛陵群英集》,元汪泽民、张师愚编。泽民,字叔志,宣城人,官至平江路总管府推官、济宁路兖州知州,赠江浙行中书省左丞,追封谯国郡公,谥文节。师愚,字仲愚,宁国人。是书乃汪泽民晚年居宣城时与张师愚同辑。原书收录上起宋初,下迄元近二百人诗歌一千三百九十三首,分古今之体,厘为二十八卷,乡人施璇为之锓版,其后佚失不传,不见于宁国、宣城方志记载。今《文渊阁书目》卷二著录有《梅宛陵群英集》一部五册,孔凡礼称此即为《宛陵群英集》,此存一说③。清人书目皆著录为十二卷④,盖缘于《四库全书》辑录本。四库馆臣从《永乐大典》中辑出共一百二十九人七百四十六首诗歌,仍按原本古今体之分,厘为十二卷,作者之下可考者皆附简要事迹,而失名失题者,则附于各体诗后。现通行

①（明）袁黄:《增订群书备考》卷1,明崇祯五年刊本。
②（清）永瑢等:《四库全书总目》卷188,第1708页。
③傅璇琮、许逸民等主编:《中国诗学大辞典》,杭州:浙江教育出版社,1999年,第795页。
④丁仁《八千卷楼书目》卷十九、嵇璜《续文献通考》卷一百九十七、《续通志》卷一百六三、陆心源《皕宋楼藏书志》卷一百一十六皆著录为十二卷;倪灿《补辽金元艺文志》著录曰:"汪泽民、张师愚《宛陵群英集》二十八卷,今十二卷。"（清）倪灿:《补辽金元艺文志》,北京:中华书局,1985年,第114页。

版本为《四库全书》十二卷本。

　　宛陵,古县名,今安徽宣城。宛陵为江左大藩,山水之胜闻于东南,魁奇秀伟之士与清丽典雅之诗倍出,文风久盛。同里施璇因宣城诗人之集"年代浸远,散涣无统,沦亡者众",惧其"久而益泯,使后世无闻"①,故请汪泽民、张师愚辑众作为一集。

　　是编所辑诗人,必因籍贯隶属于宛陵,或曾仕宦于此,或因寓居于宣城而入选。都官之诗,因学宫有《宛陵先生集》刻本,故不复录。汪泽民以"诗所以咏情性而本乎风教之盛衰"之意,选录宋元宛陵可考"政教得失"之"风雅之作"②,张师愚亦称采宣城之士所作诸体诗"警策者"③入集,故以"宛陵群英"名集,有选而优则录之意。

　　《四库全书》辑录本十二卷,分"古""今"体,卷一至卷四录"古体"诗,卷五以后为"今体"。具体卷次编录方式如下所示:

　　卷一:古体(四言、五言)

　　宋

　　陈天麟:《青山辞》(四言)

　　梅询:《呼猿洞》(五言)、《曲水亭》(五言)

　　李兼:《寄题愚斋》(五言)《奉陪撄宁侍郎遊栢山寺谒梅公墓小憩行轩勉酬》(五言)

　　元

　　王璋:《题丛隐轩》(五言)

---

① (元)张师愚:《〈宛陵群英集〉叙》,(元)汪泽民、张师愚编:《宛陵群英集》卷首,《景印文渊阁四库全书》集部,第1366册,第957页。

② (元)汪泽民:《〈宛陵群英集〉序》,(元)汪泽民、张师愚编:《宛陵群英集》卷首,第957页。

③ (元)张师愚:《〈宛陵群英集〉叙》,第957页。

......

汪铢:《寄徐冰壑》(五言)

......

卷二:古体:五言【附:五言古诗(失名失题)】

卷三:古体:七言

卷四:古体:七言【附:七言古诗(失名失题)】

卷五:今体:五言律

卷六:今体:五言律【附:五言律(失名失题)】

卷七:今体:七言律

卷八:今体:七言律

卷九:今体:七言律

卷十:今体:七言律【附:七言律(失名失题)】

卷十一:今体:五言排律【附:联句二首】

今体:五言绝句【附:五言绝句(失名失题)】

卷十二:今体:七言绝句【附:七言绝句(失名失题)】

由上可知,《宛陵群英集》诗歌先以"古体""今体"两分,古体再分四言、五言、七言古诗,今体分五言律诗、七言律诗、五言排律(附联句)、五言绝句、七言绝句。类分胪列的诗歌体式之中,遵循先宋人、后元人的时间顺序编次作品,以人系诗。

是编虽为一郡之集,然却与一般地域诗集穷尽全录式的选文方式不同,避免了因追求作品广博无遗而导致的冗滥之弊;相反,《宛陵群英集》选诗却颇为精审。汪泽民、张师愚于《序》中将诗之"吟咏情性"与本乎"风教之盛衰"结合起来,以求诗之"六义",强调其所选多为关"政教"之"风雅""警策"之作,注重诗歌"嫩恶具存""感发惩创"的实用功能,突出《宛陵群英集》的诗教政治伦理色彩。

《宛陵群英集》现仅存十二卷，不及原书二分之一，然其所录却颇有四库馆臣称颂的"文献之征"①功用。集中所录如王圭等人，虽宣城旧志有载，然其诗篇存录无多，幸有此书存见。《宛陵群英集》是现存最早的宣城诗歌总集，后出诗歌总集多从此书采录文献，明清时期《宛雅》初编、二编、三编，多以此集为本。

《元文类》

《元文类》，又《国朝文类》，七十卷，元苏天爵编。天爵，字伯修，号滋溪先生，真定（今河北正定）人。

是书不见于元人书目著录。高儒《百川书志》有"《国朝文类》七十卷"②之记载，此外晁瑮《晁氏宝文堂书目》、焦竑《国史经籍志》卷五、祁承爜《澹生堂藏书目》卷十二、孙能传《内阁藏书目录》卷四、《万卷堂书目》卷四亦有记载，然皆不详版本。明人黄佐《南雍志》记载《国朝文类》七十卷，定其版本为"至元二年十二月刊行"③；叶盛《水东日记》著录"至正初浙省元刻大字本，有陈旅序"外，又疑为书坊"自增《考亭书院记》、《建阳县江源复一堂记》，并《高昌偰氏家传》"为《国朝文类》④。是书元刊本一为翠岩精舍小字本，一为西湖书院大字本⑤。清杨绍和《楹书隅录》卷五集部下著录另一元刊本，"元本《国朝文类》七十卷，二十四册，四函"，虽

---

① （清）永瑢等：《四库全书总目》卷 188，第 1709 页。

② （明）高儒：《百川书志》卷 19，第 285 页。

③ （明）黄佐：《南雍志·经籍考》卷 18，民国影印明嘉靖二十三年刻增修本。

④ （明）叶盛撰，魏忠平校点：《水东日记》卷 25，北京：中华书局，1980 年，第 248 页。

⑤ （清）杨绍和：《楹书隅录》卷 5，扬州：江苏广陵古籍刻印社，1987 年，第 66 页。

此本没有著明刊书年月，但其纸墨俱旧镂锲尤工，杨氏由此断定为元椠本，"可与翠岩、西湖相为鼎峙"①。叶氏《水东日记》"书坊"之说，概因所见仅西湖本，而不知《考亭书院记》翠岩本之故。况元刊诸本，互有差池，自是各从所据，非出一源，不得谓西湖本所无者，即属书坊妄益也。元版大字本，清人书目多有著录，丁立中《八千卷楼书目》、丁丙《善本书室藏书志》、瞿镛《铁琴铜剑楼藏书目录》、陆心源《皕宋楼藏书志》、缪荃孙《云自在龛随笔》、潘祖荫《滂喜斋藏书记》皆录有元至正二年西湖书院所刊大字本《国朝文类》。明代刊本，陆心源《皕宋楼藏书志》卷一百十六集部录"《元朝文类》七十卷，目录三卷，明刊本，元苏天爵编，王理序，王守诚跋"②，庆桂《国朝宫史续编》卷八十"鉴藏明版书"类录明版《元文类》七十卷③。此外，尚有晋藩刻本《海源阁书目》所收的修德堂本，以及张溥删本、清苏州书局刻本等。《四库全书》所收《国朝文类》刊于元统二年，翻刻至正二年西湖书院本，《四部丛刊》初编则影印元至正二年杭州路西湖书院刊本，前有监察御史王理和国子助教陈旅之《序》，目录三卷。

王理于《序》中称："庀文统事，太史之职也。史官放失而文学之士得以备其辞焉。"④伯修博学而文，于书无所不读，感"建国以来，列圣继作，以忠厚之泽涵育万物，鸿生俊髦出于其间，作为文

①（清）杨绍和：《楹书隅录》卷5，第67页。

②（清）陆心源：《皕宋楼藏书志》卷116，第1313页。

③（清）庆桂等辑：《国朝宫史续编》卷80，《续修四库全书》史部，第825册，第661页。

④（元）王理：《〈国朝文类〉序》，（元）苏天爵《元文类》卷首，《四部丛刊》初编，第329册，第4页。

章,庞蔚光壮",尽变"前世陋靡之风"①。从元朝文学发展的历史来看,"国初学士大夫祖述金人江左余风,车书大同,风气为一,至元大德之间,庠序兴、礼乐成,迄于延祐以来,极盛矣"②。伯修以史者之职,文者之心,以为"秦汉魏晋之文则收于《文选》,唐宋之文则载于《文粹》《文鉴》。国家文章之盛不采而汇之,将遂散轶沉泯,赫然休光弗耀于将来,非当务之大缺者欤",故"乃搜摭国初至今名人所作,若歌诗、赋颂、铭赞、序记、奏议、杂著、书说、议论、铭志、碑传,皆类而聚之,积二十年,凡得若干首,为七十卷,名曰《国朝文类》"③。苏天爵以二十年之力,选元初至延祐间诗文作品汇于一编,上嗣《文选》《文粹》《文鉴》,欲以编存诗文,彰元一代文章之盛貌。

《国朝文类》编出,在元代就受到了高度评价,赵汸《书苏参政所藏虞先生手帖跋》即赞:"所录当代名公言行词章,山林晚进得窥国朝文献之盛者。"④四库馆臣援引叶盛《水东日记》,称其编存元人诗文之功,"考胜国文章之盛,独赖是编而已",甚者,馆臣以"自元兴以逮中叶,英华采撷,略备于斯。论者谓与姚铉《唐文粹》、吕祖谦《宋文鉴》鼎立而三"⑤,将其与《唐文粹》《宋文鉴》并列。清人章学诚亦有发散:"萧统《文选》以还,为之者众,今之尤表表者,姚氏之《唐文粹》,吕氏之《宋文鉴》,苏氏之《元文类》,并欲包括全代,与史相辅,此则转有似乎言事分书,其实诸选乃是春

①(元)陈旅:《〈国朝文类〉序》,第7页。

②(元)王理:《〈国朝文类〉序》,第4页。

③(元)陈旅:《〈国朝文类〉序》,第8页。

④(元)赵汸:《书苏参政所藏虞先生手帖跋》,《东山存稿》卷5,《景印文渊阁四库全书》集部,第1221册,第293—294页。

⑤(清)永瑢等:《四库全书总目》卷188,第1709页。

华,正史其秋实耳。"①赞誉至此,可见出《元文类》选文精善处。

《元文类》"去取精详,有俾治道","虽文字固富于网罗,而去取多关于政治"②。马积高先生亦持此论,认为《元文类》的选文标准偏重于作品的文献史料价值和政治伦理意义,不大考虑其文学色彩。基于此,需弄清《元文类》编存诗文、分门别类的特点,方可理解前人之说正确与否。

《元文类》选元初迄于延祐时期的作品,分门别类为赋、骚、乐章、四言诗、五言诗、乐府歌行、七言古诗、杂言诗、杂体诗、五言律诗、七言律诗、五言绝句、七言绝句、诏赦、册文、制、奏议、表、笺、箴、铭、颂、赞、碑文、记、序、书、说、题跋、杂著、策问、启、上梁文、祝文、祭文、哀辞、谥议、行状、墓志铭、墓碑、墓表、神道碑、传四十三类。具体卷次分类,详见于下表:

序号	卷次	文体门类	篇数	序号	卷次	文体门类	篇数
1	卷1	赋	6	23	卷18	赞	18
2	卷1	骚	4	24	卷19—26	碑文	32
3	卷2	乐章	5	25	卷27—31	记	51
4	卷2	四言诗	2	26	卷32—36	序	64
5	卷3	五言诗	36	27	卷37	书	11
6	卷4	乐府歌行	33	28	卷38	说	6
7	卷5	七言古诗	23	29	卷38—39	题跋	22

①(清)章学诚著,叶瑛校注:《文史通义校注》,北京:中华书局,1985年,第40—41页。

②《国朝文类·公文》,(元)苏天爵编:《国朝文类》卷首,《四部丛刊》初编,第329册,第1—2页。

序号	卷次	文体门类	篇数	序号	卷次	文体门类	篇数
8	卷5	杂言诗	6	30	卷40—45	杂著①	15
9	卷5	杂体诗	2	31	卷46—47	策问	18
10	卷6	五言律诗	28	32	卷47	启	2
11	卷6—7	七言律诗	90	33	卷47	上梁文	6
12	卷8	五言绝句	13	34	卷48	祝文②	9
13	卷8	七言绝句	61	35	卷48	祭文	8
14	卷9	诏敕	26	36	卷48	哀辞	3
15	卷10	册文	16	37	卷48	谥议	4
16	卷11—12	制	54	38	卷49—50	行状	4
17	卷13—15	奏议③	10	39	卷51—54	墓志	31
18	卷16—17	表	26	40	卷55	墓碣	12
19	卷17	笺	4	41	卷56	墓表	12
20	卷17	箴	2	42	卷57—68	神道碑	40
21	卷17	铭	16	43	卷60—70	传	11
22	卷18	颂	4				

《元文类》基本按诗文体裁划分类目,四十三类中,先赋、骚、

---

① 卷四十:《经世大典序录(一)》,卷四十一:《经世大典序录(二)》,卷四十二:《经世大典序录(三)》,卷四十三:《四经序录》《三礼叙录》《春秋诸国统纪序录》,卷四十四:《读易私言》《东西周辨》《改月数议》,卷四十五:《故物谱》《辩辽宋金正统》《读药书漫记》《七观》《工狱》。
② 中有虞集《祭海神文》《祭伍子胥文》。
③ 中有"疏""状"。

诗，后文，亦是沿用《文选》以来文体类目排序之例。王理为《元文类》作序之时，将四十三类加以归类合并为十五大类，一一道其体类特点，具体论述如下：

大凡《国朝文类》，合金人、江左以考国初之作，述至元大德以观其成，定延祐以来以彰其盛，斯著矣。网罗放失，采拾名家，最以载事为首，文章次之，华习又次之，表事称辞者则读而知之者存焉。伯修于是亦勤矣哉，固忠厚之道也。文章之体备矣：因类物以知好尚，本敷丽以知情性，辞赋第一；备六体，兼百代，荟萃其言，乐章古今诗第二；本誓命，细训诰，申重其辞以宪式天下，万世则之，诏册制命第三；人臣告猷，日月献纳，有奏，有谏，有庆，有谢，奏议表笺第四；物有体，体以生义，以寓劝戒褒述，箴铭颂赞第五；圣贤之生，必有功德事业立于天下，后世法象之，古今圣哲碑第六；核诸实、显诸华，合斯二者，不诞不俚，记序第七；衷蕴之发，油然恢彻，其变不动者鲜矣，书启第八；物触则感，感则思，思则郁，郁则不可遏，有裨于道，杂说题跋第九；有事，有训，有言，有假，有类，不名一体，杂著第十；朝廷以群造士，先生以导学者，征诸古，策问第十一；尔雅其言，煜煜然归其辞，其事宣焉，诸杂文第十二；累其行事，不愁遗之意，其辞愁，哀辞谥议第十三；其为人也，没而不存矣，备述之，始终之，行状第十四；其为人也，没而不存矣，志其大者远者，将相大臣有彝鼎之铭，大夫士庶及妇人女子亦得以没而不朽者，因其可褒而褒焉，以为戒劝焉，墓志碑碣表传第十五。总七十卷。①

辞赋第一，乐章古今诗第二，诏册制命第三，奏议表笺第四，

<hr>

① (元)王理：《〈国朝文类〉序》，第4—5页。

箴铭颂赞第五,古今圣哲碑第六,记序第七,书启第八,杂说题跋第九,杂著第十,策问第十一,诸杂文第十二,哀辞谥议第十三,行状第十四,墓志碑碣表传第十五,王理《序》中将具有相似功能的文体合并,或详其文体源流,或强调文体特点,体现出王理的文体分类和分体归类观念。

《元文类》分类颇为详尽,如诗歌类分乐章、四言诗、五言诗、乐府歌行、七言古诗、杂言诗、杂体诗、五言律诗、七言律诗、五言绝句、七言绝句十一类。"乐章"类收录郊祀、太庙、社稷、先农、释奠乐章各一首,"杂体"中收录陈孚《入安南绝不作诗清明感事集句》和袁裒"远游联句"诗。所录诗歌之中,近体诗多于古体。七言律诗、七言绝句所收篇数,远远超过五言律诗、五言绝句作品。

自《文心雕龙·杂文》始,后人总集多设有杂文、杂著类目。《国朝文类》杂著类选录文章十五篇,有《经世大典序录》(一、二三)、《四经序录》、《三礼叙录》、《春秋诸国统纪序录》之序录文六篇,余为《读易私言》《东西周辨》《改月数议》《故物谱》《辩辽宋金正统》《读药书漫记》《七观》《工狱》,"有事、有训、有言、有假、有类,不名一体"①。"上梁文",宋前总集未见收录,自宋以来,总集多有收录俗文体,此集选录六篇。

各体之中,卷数多寡顺序依次为:神道碑十二卷、墓志墓表六卷、杂著六卷、碑文占五卷、序五卷、记五卷(诗不计入)。从选人篇数看,序六十四篇,制五十四篇,记五十一篇,神道碑四十篇,碑三十二篇,墓志三十一篇,表二十六篇,诏赦二十六篇,册文十六篇,策问十八篇。上例几类文体,多公文诏令和生活日用类文体,此类文体多重伦理政教,讲求实用价值,而文学性和审美性相对

———————
① (元)王理:《〈国朝文类〉序》,第4页。

不足。《元文类》所选,"重其辞以宪式天下""核诸实、显诸华"之
类作品,"圣贤之生,必有功德事业立于天下,后世法象之","其为
人也,没而不存矣,志其大者,远者将相大臣有彝鼎之铭,大夫士
庶及妇人女子亦得以没而不朽者,因其可褒而褒焉,以为戒劝
焉"①。因此,《元史辞典》也对该书保存文献,鉴别文章功能这一
方面给予高度评价。《元文类》文体分类及选文趋势与伯修史家
之身份所彰显的选文标准密切相关。

　　陈旅之序写于元统二年(1334),文中称编纂是书前后近二十
年。序中称苏天爵早年即有仿《昭明文选》《唐文类》《宋文鉴》选文
编纂之例,汇辑元一代典章文献的想法。苏天爵所选,分寸之中谨
守选文之则。《〈国朝文类〉序》曰:"然所取者,必其有系于政治,有
补于世教,或取其雅制之足以范俗,或取其论述之足以辅翼史氏,凡
非此者,虽好弗取也。"②此等标尺之下,去取之中,体现了伯修对于
诗文的认识,即重内容教化而不重审美形式,明治道、崇雅正、尚
实用。

　　伯修欲以《元文类》反映元一代文学之兴盛,上嗣《文选》《唐
文类》《宋文鉴》,故其分类大致沿用前人体例并结合元朝文学创
作实况,力求在明治道、崇雅正、尚实用的标准之下,全面真实客
观地做出总结,将一代文献全貌之保存与一代文学特色之彰显结
合起来。观其所选四十三类,基本反映当时文体发展概貌,一些
文体选文较少,然其所选皆为名家之作。《元文类》共收录一百五
十八人之诗文八百六十一篇,选文上将各个作家层结合起来,做
到选名家不遗小家。具体作家作品择选中,则力求选入精品,元

①(元)王理:《〈国朝文类〉序》,第4—5页。
②(元)陈旅:《〈国朝文类〉序》,第8页。

代的代表性作家作品,基本上网罗殆尽。《元文类》集中选虞集诗文一百一十三篇,姚燧七十五篇,刘因六十三篇,马祖常三十六篇,吴澄二十八篇,元明善二十七篇,赵孟頫二十三篇,袁桷二十一篇,元好问二十篇,及王士熙、欧阳玄、王构、宋本、程钜夫、阎复等人的不少作品,故此书可看做元代文学盛况的一个缩影。最为重要的是,伯修选文定篇之中,将诗文之集与政教实用结合起来,虽不免在一定程度削弱总集文学性和审美性,但在另一个层面上也彰显出裨益后代的一面。

《古乐府》

《古乐府》,十卷,元左克明辑。克明,豫章(今江西南昌)人,生卒年不详。据《古乐府·序》署名为"至正丙戌良月豫章后学左克明序"可知,序作于元至正六年(1346);虞集有《新编古乐府序》一文,该文作于至正八年,可见《古乐府》最先版本为元至正刻本,中国国家图书馆现藏有明方震孺题款,清黄丕烈、季锡畴、乔松年跋本。明清时期,《古乐府》刻本、抄本不断,现较为通行的版本为《四库全书》本①。

是编以《古乐府》为名,而其所录"独详于古"。左克明于《序》中源溯汉魏乐府发展演变时有云:

汉武帝立乐府官,采诗以四方之声,合八音之调,用之《甘泉》《圆丘》,此乐府之名所由始也。历世相承,古乐废缺,

----

① 关于《古乐府》版本流传存录情况,参见韩宁:《元至正刻本〈古乐府〉考述》,《文献》,2011年第2期,第29—36页;叶盈君:《左克明〈古乐府〉研究》,信阳师范学院2011年古代文学硕士学位论文,第15—17页。

虽修举不常,而日就泯没,博洽推究,师授莫明。于是凡其诸乐舞之有曲,与夫歌辞可以被之管弦者,通其前后,俱谓之乐府。上追三代,下逮六朝,作者迭兴,仿效继出,虽世降不同,而时变可考,纷纷沿袭,古意略存,或因意命题,或学古叙事,尚能原闺门衽席之遗,而达于朝廷宗庙之上,方《三百篇》之诗为近。而下视后世词章,留连光景者,有间矣。①

左克明以汉武帝采诗入乐为乐府文体产生之时,明确"诸乐舞之有曲,与夫歌辞可以被之管弦者"乃可谓之乐府。乐府于历世流传中"古乐废缺",唯三代六朝之间"古意略存",颇近《诗》旨。但乐府演变过程中古乐"日就泯没"之势却是不容置疑的事实。左克明所序,已然流露出其对于古乐渐废的忧患之意。故其所著,正因"乐府之流传也尚矣,风化日移,繁音日滋,愚惧乎此声之不作也"之故。左克明提出"欲世之作者溯流穷原而不失其本旨"②,将以此编恢复古乐府传统的编集宗旨和编纂目的。

左克明独录隋前古乐府辞为《古乐府》,分乐府为"古歌谣辞""鼓吹曲辞""横吹曲辞""相和曲辞""清商曲辞""舞曲歌辞""琴曲歌辞""杂曲歌辞"八类。《古乐府》采用集乐府分类序解、乐府歌辞题解与歌辞为一体的编录体例,八类之下各有总序,援引历代史志、乐书以及乐府题解等典籍文献,辨述各类乐府在国家礼乐制作以及音乐曲调变革中的源流演变;各类之中,每一曲调歌辞下亦有题解,释其本事本义以及后世流传之中拟作、演变的情况,同一曲调之中先录乐府古辞,再录拟作乐府,拟作按时间先后顺

①(元)左克明:《〈古乐府〉序》,(元)左克明:《古乐府》卷首,《景印文渊阁四库全书》集部,第1368册,第429页。

②(元)左克明:《〈古乐府〉序》,(元)左克明:《古乐府》卷首,第429页。

次分上古、三代、春秋战国、两汉、魏晋、南朝、北朝七段编排。

因《古乐府》后出于《乐府诗集》,故后人多将之与《乐府诗集》比较评定。清人冯班即有"郭茂倩《乐府诗集》为诗而作,删诸家乐志作序,甚明而无遗误,作歌行乐府者,不可不读。左克明《乐府》,只取堪作诗料者,可便童蒙学诗者读之"①之论。冯班以《乐府诗集》收录相对成熟乐府诗歌,后之"作歌行乐府者"必读此书,而《古乐府》则以录作诗材料而供"童蒙学诗者读之";二者收录乐府歌辞,前者注重成熟流变之作,后者注重本源古辞。《四库全书总目》认为"郭书务穷其流,故所收颇滥""此集务溯其源,故所重在于古题古词,而变体拟作,则去取颇慎,其用意亦迥不同"②;季锡畴于元刻本《跋》中指出"左氏此书与郭氏互有出入,郭下及于唐,此专取陈隋以上。一考其流,一溯其源也"③,亦论郭茂倩《乐府诗集》与左克明《古乐府》两集的编纂宗旨以及选文体例不尽相同之处。

《古乐府》收录隋以前古题乐府古辞以及古题变体拟作,分古歌谣辞、鼓吹曲辞、横吹曲辞、相和曲辞、清商曲辞、舞曲歌辞、琴曲歌辞、杂曲歌辞八类。类目既不同于吴兢《乐府古题要解》乐府相和歌、乐府鞞舞歌、乐府拂舞歌、乐府白纻歌、乐府铙歌、乐府横吹曲、乐府清商曲、乐府杂题、乐府琴曲、杂出诸家文集亦有非乐府所作者十类,又与《乐府诗集》郊庙歌辞、燕射歌辞、鼓吹曲辞、

---

① (清)冯班:《钝吟杂录·古今乐府论》,(清)王夫之等:《清诗话》,上海:上海古籍出版社,1978年,第39页。需要指出的是,雪山北樵将冯氏《钝吟文稿》及《钝吟杂录·正俗》(十卷本)中有关乐府之论,编为一卷,冠以《钝吟杂录》之名,编入《花熏阁诗述》。《清诗话》乃本此。

② (清)永瑢等:《四库全书总目》卷188,第1710页。

③ (清)季锡畴:《〈古乐府〉跋》,(元)左克明:《古乐府》,元至正刻本。

横吹曲辞、相和歌辞、清商曲辞、舞曲歌辞、琴曲歌辞、杂曲歌辞、近代曲辞、杂歌谣辞、新乐府辞十二类,以及元周巽《历代乐府诗辞》鼓吹曲辞、横吹曲辞、相和歌辞、清商曲辞、舞曲歌辞、琴曲歌辞、杂曲歌辞并近代新乐府辞①不相一致。

第一,从分类方法上来看,清人王谟言:"郭茂倩所编次《乐府诗集》一百卷,分十二门,包括传记辞曲,略无遗轶,大率据此书(注:《古今乐录》)及吴兢《乐府解题》为多。"②从《古乐府》的八个类目名称以及各类序题来看,左克明沿用晋宋以来的乐府分类传统,以乐府音乐曲调为基础加以分类。这种分类方法与吴兢《乐府古题要解》、郭茂倩《乐府诗集》颇相一致。

第二,从类目设置来看,《古乐府》八个类目,几乎全部来源于《乐府诗集》,唯一不同的是"杂歌谣辞"更名为"古歌谣辞",《乐府诗集》其他四类,《古乐府》未见著录,具体缘由如下:

《古乐府》重古辞古意而不录隋唐乐府。《古乐府》选录作品上溯三代歌谣,下迄陈隋,又独重乐府古题古辞,于拟作古题选录颇为精审,故分类相对于《乐府诗集》少了收录隋唐乐府的"近代曲辞""新乐府辞"。左克明称"唐人祖述尚多,非敢弃置,盖世传者众,弗赖于斯",以为六朝后之乐府"渐流于新声","留连光景者有间矣"③,与复古乐府古意之编纂宗旨不合,故不选。左克明

---

①《拟古乐府序》云:"余读太原郭茂倩所辑乐府诗,上自唐虞三代歌谣,下逮汉、魏、晋、宋、齐、梁、陈、隋、唐君臣所拟诸体乐曲歌辞,凡百卷,渊乎博哉,服膺岁久。粗会其意,因以汉鼓吹、横吹、相和、清商、舞曲、琴曲、杂曲并近代新乐府辞,仿其体制,杂以平昔见闻,积成百有五十四篇。"(元)周巽:《拟古乐府序》,《性情集》卷1,《景印文渊阁四库全书》集部,第1221册,第2页。

②(清)王谟辑:《古今乐录》卷首,《续修四库全书》子部,第1199册,第693页。

③(元)左克明:《〈古乐府〉序》,(元)左克明:《古乐府》卷首,第429页。

尚乐府古辞古意，与其同时代的吴莱亦有此意，其编《乐府类编》时于《序》中言唐人"欲求其如汉魏之古辞者少矣"，"诚以古辞重也"①。《古乐府》所录乐府歌辞、谣辞八百二十一首，其中古辞即有四百二十五首之多，可见左克明对于乐府古辞的重视。左克明以恢复古乐府传统为旨向，强调乐府古辞古意，隋唐以后的乐府概不收录，与《乐府诗集》相比，少了收录隋唐乐府的"近代曲辞"与"新乐府辞"两类。

《古乐府》弃郊庙歌辞、燕射歌辞之颂声而不录。自汉武帝立乐府承担郊祀之礼的配乐之职，采民歌之调制作颂神歌；至明帝，明确将典郊庙、上陵、殿诸食举的大予乐与典辟雍、乡射、六宗、社稷的周颂雅乐列入"汉乐四品"之中，"郊庙歌辞"与"燕射歌辞"即已成为乐府的重要组成部分。吴兢《乐府古题要解》即将"郊庙歌辞"剔除，郭茂倩《乐府诗集》乐府分类在音乐曲调的基础上兼采礼乐之作与乐器演奏实践，设有"郊庙歌辞"与"燕射歌辞"两类。左克明弃乐府"郊庙""燕射"歌辞不录，实际上是把先秦以来祭祀天地神明、宗族祠庙及辟雍燕射歌辞排除于乐府之外。

前文已述，左克明此编多与杨维桢、李孝先等倡导"古乐府运动"有直接的关联。杨维桢等将唐人自创新题乐府划入"古乐府"的概念范围之中，所创作的乐府诗歌体格"务造恢奇，无复旧格"，强调有悖于传统诗歌之雅道的个性化因素，给元中期所崇尚的"雅正"诗风带来极大的冲击。元代中期诗坛提倡的"雅正"之分，实际上正是"风雅之正"，戴良即有本朝"得夫风雅之正声，一扫宋

---

① （元）吴莱：《〈乐府类编〉后序》，（元）吴莱撰，（明）宋濂编：《渊颖集》卷12，《景印文渊阁四库全书》集部，第1209册，第205页。

人之积弊"①之说。总的来说,他们根据《诗经》的风雅传统要求诗"须要寓意深远,托词温厚,反复优游,雍容不迫。或感古怀今,或怀人伤己,或潇洒闲适。写景要雅谈,推人心之至情,写感慨之微意,悲怀含蓄而不伤,美刺婉曲而不露,要有《三百篇》之遗意方是"②。《毛诗序》所倡导的风、雅教化传统,历代为后世论诗所重,元中期以来的"雅正"之风,正是以《诗经》风、雅为标准的。

左克明《〈古乐府〉序》偏重乐府古辞古意,"凡其诸乐舞之有曲与夫歌辞可以被之管弦者,通其前后,俱谓之乐府",三代与六朝之间乐府"虽世降不同而时变可考,纷纷沿袭,古意略存","或因意命题,或学古叙事,尚能原闺门衽席之遗,而达于朝廷宗庙之上,方三百篇之诗为近"③。可知,左克明将古乐府的古意与《诗经》的风雅传统紧密结合起来,于取舍上相较于《乐府诗集》,删去郊庙歌辞和燕射歌辞,而保留鼓吹曲辞、横吹曲辞以及少量古歌谣辞中的雅诗,以及相和曲辞、清商曲辞、舞曲歌辞、琴曲歌辞和杂曲歌辞以及大部分古歌谣辞的风诗。

第三,从类目排列顺序上看,《乐府诗集》十二类先乐府古题后乐府新题,古题之中,先"鼓吹曲辞"后"横吹曲辞",先"相和歌辞"后"清商曲辞"的编排体例设置,盖因后者皆从前者独立而出,大致遵循歌辞产生先后顺序。另外一个层面上,虽然古题中郊庙歌辞、燕射歌辞、鼓吹曲辞、舞曲歌辞等皆上溯至先秦时期,然是

---

① (元)戴良:《〈皇元风雅〉序》,(元)戴良著,李军等校点:《戴良集》,长春:吉林文史出版社,2009年,第325页。

② (元)杨载:《诗法家数·五言古诗》,(清)何文焕:《历代诗话》,北京:中华书局,1981年,第731页。

③ (元)左克明:《〈古乐府〉序》,(元)左克明:《古乐府》卷首,第429页。

书却以郊庙、燕射居首，体现了郭茂倩是以礼仪性强弱顺次，兼顾礼乐之作官署与应用场合编排。郊庙歌辞、燕射歌辞多用于祭祀天地神明、宗庙社稷和朝廷燕飨大射之时，相对来说，鼓吹曲辞虽与朝廷仪仗之乐相关，然后渐用于朝廷节日之会与帝王出行道路等场合，其仪式性相对较弱。至于相和歌辞、清商曲辞，其本源于民间，故列于后。

《古乐府》大致以各类曲调产生的时代先后顺序编排。古歌谣辞产生最早，故而置于卷首，横吹曲辞、清商曲辞原出于鼓吹曲辞、相和歌辞，故而置于二者之后，舞曲歌辞、琴曲歌辞产生相对较晚，则居于清商曲辞之后。

《乐府诗集》并未强调古歌古辞，列"杂歌谣辞"一类，收录历代歌讴谣谶之作。《古乐府》"古歌谣辞"作品虽多见于《乐府诗集》"杂歌谣辞"，然诸如《子产歌》《五子歌》《庚癸歌》等系为左克明独录。《古乐府》将"古歌谣辞"置于卷首，除因产生时间最早外，左克明更以"贵其发乎自然"①而看重。左克明以复归古乐府传统为编纂宗旨，将"古歌谣辞"置于卷首，体现出崇尚古诗古歌原生态的乐府观念。

鼓吹曲辞、横吹曲辞、相和歌辞、清商曲辞、舞曲歌辞、琴曲歌辞之属，历代颇与音乐曲调与乐器演奏实践相关联，将其置于"古歌谣辞"与"杂曲歌辞"之中，并作为古乐府的主体部分，可见出左克明注重乐府古辞古调，强调古乐府延续《诗经》风雅传统的诗学理念。

"杂曲歌辞"收录历代"或心志之所存，或情思之所感，或宴游欢乐之所发，或忧愁愤怨之所兴，或叙离别悲伤之怀，或言征战行

---

① (元)左克明：《古乐府》卷1，第430页。

役之苦,或缘于佛老,或出自夷虏"①之作。因历代丧乱,声辞亡失既多,所录既有"名存义亡,不见所起,而有古辞可考者",又有"不见古辞,而后人继有拟述,可以概见其义者",或因意命题,或学古叙事。《古乐府》将其置于最末,因其不合"雅乐","新声炽而雅音废"之故②。

《古乐府》将"古歌谣辞"置于前,"杂曲歌辞"置于末这一古乐府类目排列方式,呈现出自然——古调——新声这一乐府曲调发展流变过程,同时突出了《古乐府》注重溯乐府之源,强调乐府古辞古意的编纂宗旨。

《古乐府》先"风"后"雅",注重风诗。左克明虽未如后人朱嘉征《乐府广序》那样明确地以风诗、雅诗、颂诗区分所录乐府③,然其弃颂不录,只录风雅,且以"古歌谣辞"之风诗为先,"鼓吹""横吹"曲辞居后,则体现了左克明重"风"之倾向。现《古乐府》所录,除"鼓吹""横吹"曲辞以及部分古歌辞属尚属"雅诗",其余皆为风诗,约占所录总数百分之八十。

《古乐府》在借鉴前人分类成果的基础上,通过对前人乐府类目的删减与排列顺序的调整,体现出左克明的编纂宗旨与乐府观念,即欲以恢复古乐府传统来纠正元代"古乐府运动"所带来的对于"雅正"诗风的偏离,以复归《诗经》风、雅传统为当下编集重任。

---

① (元)郭茂倩:《乐府诗集》卷 61,第 885 页。
② (元)左克明:《古乐府》卷 10,第 532—533 页。
③ 《乐府广序·题辞》云:"夫六义存则诗存,六义亡则诗亡,诗亡则乐亡","相和清商五调伎,以杂曲新曲系之,当风始;燕射鼓吹横吹舞曲,以散乐系之,当雅始;其郊祀庙祀五帝明堂配飨,更以历代封禅霉蜡逸颂系之,当颂始。"(清)朱嘉征:《乐府广序》卷首,《续修四库全书》集部,第 1590 册,济南:齐鲁书社,1997 年,第 362—363 页。

　　中国古代乐府的分类，经历了由汉魏以礼乐制作与乐器演奏为背景的分类，发展到魏晋以来以音乐曲调类型为标准区分，宋代及以后逐渐出现以风、雅、颂之六义流别观念类比区分乐府倾向。《古乐府》继承以音乐曲调为主要分类依据的乐府分类趋势的同时，充分尊重乐府曲调流变的历史，注重乐府古辞古意，溯乐府之源，以乐府比拟承继《诗经》。《古乐府》弃"郊庙""燕射"歌辞之颂声不录，风、雅之诗中，尤以"风"诗为重，则凸显左克明以风雅颂划分乐府之意，对后世乐府选家编录分类乐府产生重要影响。明末清初之时，盛行将乐府作为六义之遗的文学观念，以风、雅、颂类分乐府，并高度重视风诗的文学现象，皆与《古乐府》相关联。

参考文献

说明:参考文献主要分为两类:著作类和论文类。著作类包括古籍、研究著作,论文类包括硕士博士学位论文、博士后出站报告、学术期刊论文。各以著者姓氏拼音字母顺序排列。

一、著作类

B

班固撰,颜师古注:《汉书》,中华书局 1962 年版。

北京图书馆编:《北京图书馆古籍善本书目》,书目文献出版社 1989 年版。

卞东波:《南宋诗选与宋代诗学考论》,中华书局 2009 年版。

卞东波:《域外汉籍与宋代文学研究》,中华书局 2017 年版。

C

曹道衡:《中古文学史论集》,中华书局 1987 年版。

曹道衡、刘跃进:《先秦两汉文学史料学》,中华书局 2005 年版。

曹涤非:《汉魏六朝乐府文学史》,人民文学出版社 1984 年版。

曹之:《中国古籍编撰史》,武汉大学出版社 1999 年版。

晁瑮:《晁氏宝文堂书目》,上海古籍出版社 2005 年版。

[日]长泽规矩也:《和刻本汉籍分类目录》,汲古书院 1986 年版。

陈必祥:《古代散文文体概论》,河南人民出版社 1986 年版。

陈第:《世善堂藏书目录》,《宋元明清书目题跋丛刊(五)》,中华书局 2006 年版。

陈高华等点校:《元典章》,中华书局、天津古籍出版社 2011 年版。

陈寿著,裴松之注:《三国志》,中华书局 1982 年版。

陈振孙著,徐小蛮、顾美华点校:《直斋书录解题》,上海古籍出版社 1987 年版。

陈骙著,王利器校点:《文则》,人民文学出版社 1960 年版。

陈尚君:《唐代文学丛考》,中国社会科学出版社 1997 年版。

陈寅恪:《金明馆丛稿二编》,上海古籍出版社 1980 年版。

陈望道:《文法简论》,上海教育出版社 1978 年版。

陈彦辉:《春秋辞令研究》,中华书局 2006 年版。

程敏政:《皇明文衡》,《四部丛刊》初编本,商务印书馆 1936 年版。

程章灿:《魏晋南北朝赋史》,江苏古籍出版社 1993 年版。

褚斌杰:《中国古代文体概论》,北京大学出版社 1990 年版。

储欣:《唐宋八大家类选》,光绪元年(1875)湖北崇文书局刻本。

D

董诰等编:《全唐文》,中华书局 1983 年版。

杜文澜辑,周绍良整理:《古谣谚》,中华书局 1958 年版。

杜海军:《吕祖谦文学研究》,学苑出版社 2003 年版。

杜佑:《通典》,中华书局 1988 年版。

丁立中:《八千卷楼书目》,国家图书馆出版社 2009 年版。

邓国光:《文章体统:中国文体学的正变与流别》,上海古籍出版社 2013 年版。

邓国光:《挚虞研究》,香港学衡出版社 1990 年版。

[日]东英寿编:《宋人文集的编纂与传承》,中国书店 2018 年版。

F

范大成撰,陆振岳点校:《吴郡志》,江苏古籍出版社1986年版。

方苞编,王同舟、李澜校注:《钦定四书文校注》,武汉大学出版社2009年版。

范晔撰,李贤等注:《后汉书》,中华书局1965年版。

房玄龄等:《晋书》,中华书局1974年版。

方师铎:《传统文学与类书之关系》,天津古籍出版社1986年版。

傅璇琮:《唐代科举与文学》,陕西人民出版社1986年版。

傅璇琮主编:《唐人选唐诗新编》,陕西人民教育出版社1996年版。

[日]副岛一郎:《气与士风:唐宋古文的进程与背景》,上海古籍出版社2013年版。

傅增湘:《藏园群书经眼录》,中华书局1983年版。

傅增湘:《藏园群书题记》,上海古籍出版社1989年版。

傅刚:《〈昭明文选〉研究》,中国社会科学出版社2000年版。

傅修延:《文本学——文本主义文论系统研究》,北京大学出版社2004年版。

冯惠民、李万健:《明代书目题跋丛刊》,书目文献出版社1994年版。

冯其庸:《中国古代散文的发展——从先秦到南北朝时期》,北京出版社1964年版。

G

高棅编:《唐诗品汇》,上海古籍出版社1982年版。

郭铁:《石洞贻芳集》,《四库存目丛书》集部,第300册。

郭英德:《中国古代文体学论稿》,北京大学出版社2005年版。

郭预衡:《中国散文史》,上海古籍出版社2000年版。

郭茂倩:《乐府诗集》,中华书局 1979 年版。

郭绍虞、王文生编:《中国历代文论选》,上海古籍出版社 1979 年版。

郭绍虞:《中国文学批评史》,上海古籍出版社 1979 年版。

郭绍虞:《照隅室古典文学论集》,上海古籍出版社 1983 年版。

葛晓音:《汉唐文学的嬗变》,北京大学出版社 1990 年版。

葛晓音:《唐宋散文》,上海古籍出版社 1990 年版。

顾沅:《吴郡文编》,上海古籍出版社 2011 年版。

谷曙光:《贯通与驾驭:宋代文体学述论》,人民文学出版社 2016
　年版。

H

贺泰:《唐文鉴》,《四库存目丛书补编》,第 11 册。

何镇邦:《文体的自觉与抉择》,人民文学出版社 1995 年版。

贺复征:《文章辨体汇选》,《景印文渊阁四库全书》集部,第 1402—
　1410 册。

黄宗羲编:《明文海》,中华书局 1987 年版。

黄丕烈著,屠友祥校注:《荛圃藏书题识》,上海远东出版社 1999
　年版。

黄虞稷撰,瞿凤起、潘景郑整理:《千顷堂书目》,上海古籍出版社
　2001 年版。

胡应麟:《诗薮》,上海古籍出版社 1979 年版。

胡玉缙撰,吴格整理:《续四库提要三种》,上海书店出版社 2002
　年版。

胡仔纂集,廖德明校点:《苕溪渔隐丛话》,人民文学出版社 1962
　年版。

胡震亨著:《唐音癸签》,上海古籍出版社 1981 年版。

胡大雷:《宫体诗研究》,商务印书馆 2004 年版。

胡大雷:《〈文选〉编纂研究》,广西师范大学出版社 2009 年版。

弘法大师撰,王利器校注:《文镜秘府论校注》,中国社会科学出版社 1983 年版。

洪兴祖:《楚辞补注》,中华书局 1983 年版。

晁公武撰,孙猛校证:《郡斋读书志校证》,上海古籍出版社 1990 年版。

韩高年:《诗赋文体源流新探》,巴蜀书社 2004 年版。

J

蒋伯潜:《文体论纂要》,正中书局 1942 年版。

姜涛:《古代散文文体概论》,山西人民出版社 1990 年版。

姜亮夫:《文学概论讲述》,云南人民出版社 2000 年版。

贾奋然:《六朝文体批评研究》,北京大学出版社 2005 年版。

贾奋然:《文体观念与文化意蕴:中国古代文体学美学论集》,中国社会科学出版社 2016 年版。

金开诚、葛兆光:《古诗文要籍叙录》,中华书局 2005 年版。

蒋旅佳:《明清文章总集分体与分类研究》,台湾花木兰文化事业有限公司 2018 年版。

L

来裕恂著,高维国、张格注释:《汉文典注释》,南开大学出版社 1993 年版。

梁启超:《中国近三百年学术史》,东方出版社 2012 年版。

李昉等:《文苑英华》,中华书局 1966 年版。

李昉等:《太平御览》,中华书局 1960 年版。

李林甫等撰,陈仲夫点校:《唐六典》,中华书局 1992 年版。

李延寿:《北史》,中华书局 1974 年版。

李延寿:《南史》,中华书局 1975 年版。

李士彪:《魏晋南北朝文体学》,上海古籍出版社 2004 年版。

李建中:《体:中国文论元关键词解诠》,中国社会科学出版社 2014
　年版。

李兆洛:《骈体文钞》,《续修四库全书》集部,第 1610 册。

林表民:《赤城集》,《景印文渊阁四库全书》集部,第 1356 册。

林纾著,舒芜校点:《春觉斋论文》,人民文学出版社 1998 年版。

梁章钜:《制义丛话》,上海书店 2001 年版。

刘师培:《刘申叔遗书》,江苏古籍出版社 1997 年版。

刘将孙:《养吾斋集》,《景印文渊阁四库全书》集部,第 1199 册。

刘大櫆、吴德旋、林纾:《论文偶记》,人民文学出版社 1959 年版。

刘克庄撰,王秀梅点校:《后村诗话》,中华书局 1983 年版。

刘师培著,舒芜校点:《中国中古文学史·论文杂记》,人民文学出
　版社 1998 年版。

刘世生、朱瑞青编著:《文体学概论》,北京大学出版社 2006 年版。

刘向撰,向宗鲁校证:《说苑校证》,中华书局 1987 年版。

刘勰著,詹锳义证:《文心雕龙义证》,上海古籍出版社 1989 年版。

刘昫等:《旧唐书》,中华书局 1975 年版。

刘振东:《中国古代散文发展史》,中州古籍出版社 1991 年版。

龙启瑞:《经德堂文集》,《续修四库全书》集部,第 1541 册。

雷梦水:《古籍经眼录》,齐鲁书社 1984 年版。

罗大经撰,王瑞来点校:《鹤林玉露》,中华书局 1983 年版。

罗根泽:《中国文学批评史》,上海古籍出版社 1984 年版。

罗根泽:《乐府文学史》,东方文学社 1996 年版。

骆鸿凯:《文选学》,中华书局 1989 年版。

黎庶昌:《续古文辞类纂》,《续修四库全书》集部,第 1610 册。

陆游:《老学庵笔记》,上海古籍出版社 1993 年版。

陆心源:《皕宋楼藏书志》,《宋元明清善本书目题跋丛刊》,中华书局 2006 年版。

鲁铨、钟英修,洪亮吉、施晋纂:《嘉庆宁国府志》,《中国地方志集成(安徽府县志辑)》,江苏古籍出版社、上海书店、巴蜀书社 1998 年版。

吕祖谦编,齐治平点校:《宋文鉴》,中华书局 1992 年版。

吕思勉:《先秦学术概论》,云南人民出版社 2005 年版。

吕逸新:《汉代文体问题研究》,齐鲁书社 2011 年版。

逯钦立辑:《先秦汉魏晋南北朝诗》,中华书局 1983 年版。

M

马端临:《文献通考》,中华书局 1991 年版。

马守中:《中国古代诗歌体裁概论》,吉林大学出版社 1988 年版。

马建智:《中国古代文体分类研究》,中国社会科学出版社 2008 年版。

莫友芝撰,傅增湘订补:《邵亭知见传本书目》,中华书局 1993 年版。

缪荃孙:《艺风堂藏书记》,《清人书目题跋丛刊(七)》,中华书局 1993 年版。

N

倪士毅:《作义要诀》,《景印文渊阁四库全书》集部,第 1482 册。

[日]内山精也:《庙堂与江湖——宋代诗学的空间》,复旦大学出版社 2017 年版。

O

欧阳修、宋祁:《新唐书》,中华书局 1975 年版。

欧阳询撰,汪绍楹点校:《艺文类聚》,上海古籍出版社 1965 年版。

P

彭元瑞等:《天禄琳琅书目》《天禄琳琅书目后编》,《清人书目题跋丛刊》,中华书局 1995 年版。

彭定求等:《全唐诗》,中华书局 1960 年版。

彭玉平:《诗文评的体性》,北京大学出版社 2012 年版。

Q

祁承爜:《澹生堂藏书目》,《宋元明清书目题跋丛刊(五)》,中华书局 2006 年版。

[日]浅见洋二:《文本的密码——社会语境中的宋代文学》,复旦大学出版社 2017 年版。

钱曾撰,丁瑜点校:《读书敏求记》,书目文献出版社 1984 年版。

钱冬父:《唐宋古文运动》,上海古籍出版社 1979 年版。

钱锺书:《管锥编》,中华书局 1979 年版。

钱锺书:《谈艺录》,中华书局 1984 年版。

秦白秀:《文体学概论》,湖南教育出版社 1986 年版。

庆桂:《国朝宫史续编》,《续修四库全书》史部,第 825 册。

全祖望:《鲒埼亭集外编》,《四部丛刊》初编本。

R

任昉撰,陈懋仁注:《文章缘起》,《景印文渊阁四库全书》集部,第 1478 册。

任竞泽:《宋代文体学研究论稿》,商务印书馆 2011 年版。

任遂虎:《文体价值论》,青海人民出版社 1996 年版。

阮升基:《(嘉庆)宜兴县志》,成文出版社 1970 年版。

阮元撰,王爱亭、赵嫄点校,杜泽逊审定:《文选楼藏书记》,上海古籍出版社 2009 年版。

S

沈易:《幼学日诵五伦诗选》,《四库存目丛书》集部,第 290 册。

沈约:《宋书》,中华书局 1974 年版。

沈立岩:《先秦语言活动之形态观念及其文学意义》,人民出版社

2005 年版。

苏易简:《文选双字类要》,《四库全书存目丛书》子部,第 166 册。

苏轼著,孔凡礼点校:《苏轼文集》,中华书局 1986 年版。

苏天爵:《元文类》,《景印文渊阁四库全书》集部,第 1367 册。

孙梅:《四六丛话》,人民文学出版社 2010 年版。

孙殿起:《贩书偶记》,上海古籍出版社 1982 年版。

申丹:《叙述学与小说文体学研究》,北京大学出版社 2004 年版。

上海图书馆编:《中国丛书综录》,上海古籍出版社 1982 年版。

T

唐庚:《眉山文集》,《景印文渊阁四库全书》集部,第 1124 册。

单庆修,徐硕纂:《至元嘉禾志》,《宋元方志丛刊》(第 5 册),中华
书局 1990 年版。

唐顺之:《文编》,《景印文渊阁四库全书》集部,第 1377—1378 册。

脱脱等:《宋史》,中华书局 1985 年版。

陶东风:《文体演变及其文化意味》,云南人民出版社 1994 年版。

童庆炳:《文体与文体的创造》,云南人民出版社 1994 年版。

W

王立道:《具茨文集》,《景印文渊阁四库全书》集部,第 1277 册。

汪廷讷:《文坛列俎》,《四库全书存目丛书》集部,第 348 册。

王应麟:《玉海》,江苏古籍出版社、上海书店 1987 年版。

魏征等:《隋书》,中华书局 1973 年版。

吴承学:《中国古代文学风格学》,北京大学出版社 2011 年版。

吴承学:《中国古代文体学研究》,人民出版社 2011 年版。

吴承学、何诗海编:《中国文体学与文体史研究》,凤凰出版社 2011
年版。

吴承学:《中国古代文体形态研究》,北京大学出版社 2013 年版。

吴承学:《中国早期文体观念的发生》,三联书店(香港)2019年版。

吴曾祺:《涵芬楼古今文钞》,商务印书馆1910年版。

吴文治:《宋诗话全编》,江苏古籍出版社1998年版。

吴讷:《文章辨体》,《四库全书存目丛书》集部,第291册。

吴讷撰,于北山校点:《文章辨体序说》,人民文学出版社1962年版。

王重民:《中国善本书提要》,上海古籍出版社1983年版。

王重民:《中国善本书提要补编》,北京图书馆出版社1997年版。

王凯符:《古代文章学概论》,武汉大学出版社1983年版。

王立群:《〈文选〉成书研究》,商务印书馆2005年版。

王齐洲:《中国文学观念论稿》,湖北教育出版社2003年版。

王瑶:《中古文学史论》,北京大学出版社1998年版。

王运熙:《汉魏乐府诗》,上海古籍出版社1986年版。

王运熙:《乐府诗述论》,上海古籍出版社1996年版。

王运熙、顾易生主编:《中国文学批评史新编》,复旦大学出版社
　2001年版。

王运熙:《汉魏六朝唐代文学论丛》,复旦大学出版社2002年版。

王运熙:《中古文论要义十讲》,复旦大学出版社2008年版。

王之望:《文学风格论》,学海出版社2004年版。

X

萧统编,李善等注:《文选》,中华书局1987年版。

徐师曾:《文体明辩》,《四库全书存目丛书》集部,第310—312册。

徐师曾著,罗根泽校点:《文体明辩序说》,人民文学出版社1962
　年版。

徐陵著,吴兆宜注,程琰删补,穆可宏校注:《玉台新咏笺注》,中华
　书局1985年版。

徐松辑:《宋会要辑稿》,中华书局1957年版。

徐兴华:《中国古代文体总揽》,沈阳出版社 1994 年版。

许学夷撰,杜维沫校点:《诗源辨体》,人民文学出版社 1987 年版。

许嘉璐:《古代文体常识》,中华书局 2013 年版。

许云和:《汉魏六朝文学考论》,上海古籍出版社 2006 年版。

薛凤昌:《文体论》,商务印书馆 1947 年版。

熊礼汇:《中国古代散文艺术史论》,湖北人民出版社 2005 年版。

续修四库全书总目提要编纂委员会编:《续修四库全书总目提要(集部)》,上海古籍出版社 2014 年版。

Y

杨启高:《中国文学体例谈》,南京书店 1930 年版。

杨秉琪:《古代散文体裁简论》,内蒙古人民出版社 1986 年版。

杨庆存:《宋代散文研究》,人民文学出版社 2002 年版。

杨守敬:《日本访书志》,《宋元明清善本书目题跋丛刊》,中华书局 2006 年版。

杨仲义:《中国古代诗体简论》,中华书局 1997 年版。

杨士奇:《东里集・续集》,《景印文渊阁四库全书》集部,第 1358 册。

严可均辑:《全上古三代秦汉三国六朝文》,中华书局 1987 年版。

严羽著,郭绍虞校释:《沧浪诗话校释》,人民文学出版社 1983 年版。

姚名达:《中国目录学史》,商务印书馆 1936 年版。

姚鼐:《正续古文辞类纂》,浙江古籍出版社 1998 年版。

姚思廉:《陈书》,中华书局 1972 年版。

姚思廉:《梁书》,中华书局 1973 年版。

姚铉:《唐文粹》,《四部丛刊》初编本。

姚永朴:《文学研究法》,商务印书馆 1916 年版。

永瑢等:《四库全书总目》,中华书局1965年版。

袁说友编,赵玉兰整理:《成都文类》,上海古籍出版社2011年版。

余嘉锡:《四库提要辨证》,中华书局1980年版。

于景祥:《唐宋骈文史》,辽宁人民出版社1991年版。

于敏中:《天禄琳琅书目》,《宋元明清善本书目题跋丛刊》,中华书局2006年版。

袁行霈:《中国文学史》,高等教育出版社1999年版。

俞樾:《春在堂杂文》,《清代诗文集汇编》,上海古籍出版社2010年版。

Z

章如愚:《山堂考索续集》,中华书局1992年版。

章太炎撰,陈平原导读:《国故论衡》,上海古籍出版社2003年版。

章学诚撰,叶瑛校注:《文史通义校注》,中华书局1985年版。

张相:《古今文综》,中华书局1922年版。

张国淦:《中国古方志考》,中华书局1962年版。

张廷玉等:《明史》,中华书局1974年版。

张英、王士禛等编:《御定渊鉴类函》,《景印文渊阁四库全书》子部,第982册。

张寿康:《文章学概论》,山东教育出版社1983年版。

张涤华:《古代诗文总集选介》,上海古籍出版社1985年版。

张毅:《文学文体概说》,中国人民大学出版社1993年版。

张毅:《宋代文学思想史》,中华书局2006年版。

张伯伟:《中国古代文学批评方法研究》,中华书局2002年版。

张德禄:《功能文体学》,山东教育出版社1998年版。

张少康等:《文心雕龙研究史》,北京大学出版社2001年版。

真德秀:《文章正宗》,《景印文渊阁四库全书》集部,第1355册。

曾国藩纂,孙雍长标点:《经史百家杂钞》,岳麓书社1987年版。

郑樵:《通志》,中华书局1987年版。

钟嵘著,曹旭集注:《诗品》,上海古籍出版社1994年版。

钟涛:《六朝骈文形式及其文化意蕴》,东方出版社1997年版。

周中孚:《郑堂读书记》,商务印书馆1958年版。

周振甫:《中国文章学史》,江苏教育出版社2006年版。

周应治:《广广文选》,《四库存目丛书补编》,第19册。

朱熹撰,朱杰人等主编:《晦庵先生朱文公集》,上海古籍出版社、安徽教育出版社2002年版。

朱长文撰,金菊林校点:《吴郡图经续记》,江苏古籍出版社1999年版。

祝尧:《古赋辩体》,《景印文渊阁四库全书》集部,第1366册。

祝尚书:《宋人总集叙录》,中华书局2004年版。

赵宪章:《文体与形式》,人民文学出版社2004年版。

赵宪章编:《汉语文体与文化认同研究》,中华书局2008年版。

中国《文选》学研究会、郑州大学古籍研究所编:《文选学新论》,中州古籍出版社1997年版。

中国古籍善本书目编辑委员会编:《中国古籍善本书目》,上海古籍出版社1989年版。

二、论文类

B

卞东波:《关于〈论学绳尺〉的笺注者林子长》,《文学遗产》2006年第4期。

卞东波:《〈宋人总集叙录〉补遗》,《图书馆杂志》2008年第1期。

卞东波:《宋代诗歌总集新考》,《中国韵文学刊》2013年第2期。

C

曹道衡:《〈文选〉对魏晋以来文学传统的继承和发展》,《文学遗产》2000 年第 1 期。

曹道衡:《试论梁代学术文艺与〈文选〉》,《南京师范大学文学院学报》2003 年第 3 期。

陈林:《〈论学绳尺〉研究》,扬州大学硕士学位论文,2006 年。

陈尚君:《唐人编选诗歌总集叙录》,《中国诗学》1992 年第二辑。

陈赟:《〈尚书〉"十体"的文体学价值》,《湖南社会科学》2007 年第 3 期。

程民生:《略论宋代地域文化》,《历史研究》1995 年第 1 期。

崔军红:《论魏晋南北朝时期总集编纂文体分类之关系》,《图书馆理论与实践》2010 年第 10 期。

D

党圣元:《传统诗文评中的文章"体制"论》,《云南师范大学学报(哲学社会科学版)》2019 年第 2 期。

董芬芬:《春秋辞令的文体研究》,西北师范大学博士学位论文,2006 年。

杜海军:《"唐宋八大家"缘起》,《江海学刊》2003 年第 6 期。

段立超:《上古"颂类"文学精神及其体类特征》,东北师范大学博士学位论文,2007 年。

F

傅刚:《从〈文选序〉几种写、钞本推论其原貌》,《广西师范大学学报(哲学社会科学版)》2004 年第 1 期。

G

高黛英:《〈古文辞类纂〉的文体学贡献》,《文学评论》2005 年第 5 期。

郭宝军:《中古颂文研究》,广西师范大学硕士学位论文,2003 年。

郭绍虞:《提倡一些文体分类学》,《复旦学报(社会科学版)》1981
　　年第 1 期。

郭英德:《论中国古代文体分类的生成方式》,《学术研究》2005 年
　　第 1 期。

郭英德:《由行为方式向文本方式的变迁——论中国古代文体分
　　类的生成方式》,《陕西师范大学学报(哲学社会科学版)》2005
　　年第 1 期。

郭英德:《中国古代文体分类刍议》,《中山大学学报(社会科学
　　版)》2005 年第 3 期。

郭英德:《中国古代文体形态学论略》,《求索》2001 年第 5 期。

巩本栋:《〈文苑英华〉的文体分类及意义》,《中山大学学报(社会
　　科学版)》2015 年第 6 期。

巩本栋:《南宋古文选本的编纂及其文体学意义——以及〈古文关
　　键〉〈崇古文诀〉〈文章正宗〉为中心》,《文学遗产》2019 年第
　　6 期。

H

韩高年:《颂诗的起源与流变——三代诗歌主流的逻辑推演与实
　　证研究》,西北师范大学博士学位论文,2001 年。

黄静:《宋元目录著作与文学批评》,中山大学博士学位论文,
　　2015 年。

黄燕生:《宋代的地方志》,《史学史研究》1984 年第 3 期。

何寄澎:《唐文新变论稿(一)——记体的成立与开展》,《台大中文
　　学报》2008 年 6 月期。

何诗海:《从文章总集看清人的文体分类思想》,《中山大学学报
　　(社会科学版)》2012 年第 1 期。

何诗海:《〈古赋辩体〉与明代辨体批评》,《文艺理论研究》2013年第1期。

何新文:《从〈诗赋略〉到〈文集录〉——论两汉魏晋南北朝文学目录的发展变化》,《湖北大学学报(哲学社会科学版)》1996年第2期。

何新文:《〈隋书·经籍志〉在文学目录学史上的成就和影响》,《湖北大学学报(哲学社会科学版)》1997年第3期。

何新文、刘国民:《"集部"的确立和"文类"的产生——论隋唐宋代文学目录的发展变化》,《湖北大学学报(哲学社会科学版)》1999年第6期。

何新文:《论元明清时代的文学目录》,《湖北大学学报(哲学社会科学版)》2000年第6期。

何新文:《元明两代赋论述略》,《湖北大学学报(哲学社会科学版)》2006年第6期。

何新文:《从"辞赋不分"到"以赋论赋"——古代赋文体论述的发展趋势及当代启示》,《文学遗产》2015年第2期。

何新文、黄爱武:《中国古代散文史将赋纳入书写范围刍议——从古代赋文体论述的角度观照》,《湖北社会科学》2019年第1期。

洪本健:《从韩柳欧苏文看唐宋文的差异》,《文史哲》1990年第3期。

胡大海:《〈史记〉论赞研究》,安徽大学硕士学位论文,2001年。

胡大雷:《古代文体谱系论》,《中山大学学报(社会科学版)》2018年第1期。

胡吉星:《作为文体的颂赞与中国美颂传统的形成》,暨南大学博士学位论文,2009年。

胡元德:《古代公文文体流变论述》,南京师范大学博士学位论文,

2006 年。

侯体健:《南宋评点选本〈古文标准〉考》,《北京大学学报(哲学社会科学版)》2016 年第 5 期。

J

蒋瑜:《唐颂略论》,四川大学硕士学位论文,2006 年。

蒋旅佳:《〈文馆词林〉文体分类建树与影响》,《湖北民族学院学报(哲学社会科学版)》2013 年第 5 期。

蒋旅佳:《〈古赋辩体〉赋体辨析与分类》,《文艺评论》2013 年第 8 期。

蒋旅佳:《南宋方志与地域总集编纂关系论——以李兼台州、宣城地域文化建树为中心》,《文艺评论》2015 年第 4 期。

蒋旅佳:《论宋代地域总集编纂分类的地志化倾向》,《中山大学学报(社会科学版)》2016 年第 3 期。

蒋旅佳:《从地方志到地域总集——论〈吴郡文编〉的选文分类新变》,《学术研究》2016 第 6 期。

蒋旅佳、汪雯雯:《科考视野下南宋总集分类的文章学意义》,《海南大学学报(人文社会科学版)》,2017 年第 2 期。

蒋旅佳:《异同分体与体类并重——唐宋总集分类体例与文学观念研究新论》,《青海社会科学》2019 年第 6 期。

金信周:《两周颂扬铭文及其文化研究》,复旦大学博士学位论文,2006 年。

金振邦:《略论中国古代文体分类》,《东北师大学报(哲学社会科学版)》1989 年第 4 期。

L

李冠兰:《先秦礼文化与文体学研究》,中山大学博士学位论文,2015 年。

李弘毅:《〈文章正宗〉的成书、流传及文化价值》,《西南师范大学学报(哲学社会科学版)》1997年第2期。

李成荣:《先唐赞体文研究》,辽宁师范大学硕士学位论文,2006年。

李光辉:《〈墨子〉成书年代及著者考证综述》,《殷都学刊》2006年第4期。

李晓红:《中国古代诗歌文体研究》,中山大学博士学位论文,2010年。

李娜:《从班固的经学价值立场看〈汉书·艺文志〉赋之分类》,《中国语言文学研究》2019年春之卷。

李长徽:《〈文心雕龙〉文体论研究》,山东大学博士学位论文,2001年。

力之:《关于〈文选〉的选录范围与标准问题》,《河南大学学报(哲学社会科学版)》2005年第3期。

力之:《总集之祖辨》,《郑州大学学报(社会科学版)》2000年第2期。

刘成国:《宋代学记研究》,《文学遗产》2007年第4期。

刘家荣:《文体学方法论》,《西南师范大学学报(人文社会科学版)》2004年第3期。

刘湘兰:《中国古代散文文体概论》,中山大学博士后研究工作报告,2007年。

刘兴超:《论唐代厅壁记》,《四川大学学报(哲学社会科学版)》2008年第3期。

柳燕:《传统目录著作中总集类发展史略》,《海南大学学报(人文社会科学版)》2011年第3期。

陆银湘:《〈诗经〉"颂"诗的研究》,暨南大学硕士学位论文,2002年。

N

倪荣本:《论文学史的文体分类及其流变》,《江海学刊》1999 年第
　3 期。

P

潘慧琼:《南朝文体分类的思维特点》,《南京理工大学学报(社会
　科学版)》2007 年第 5 期

潘晓泉:《文体演变的内在动力》,《江淮论坛》1990 年第 2 期。

Q

钱穆:《杂论唐代古文运动》,《新亚学报》1957 年第 1 期。

钱志熙:《论中国古代的文体学传统——兼论古代文学文体研究的
　对象与方法》,《北京大学学报(哲学社会科学版)》2004 年第 5 期。

钱志熙:《再论古代文学文体学的内涵与方法》,《中山大学学报
　(社会科学版)》2005 年第 3 期。

钱志熙:《〈文选〉"次文之体"杂议——〈文选〉在文体学与文学史
　学上的贡献与局限》,《文艺理论研究》2009 年第 6 期。

渠晓云:《中国古代散文概念的变迁及散文范畴的界定》,《上海大
　学学报(社会科学版)》2006 年第 4 期。

R

任竞泽:《宋人总集编纂的文体学贡献和文学史意义》,《学术探
　索》2010 年第 2 期。

任竞泽:《〈文章正宗〉"四分法"的文体分类史地位》,《北方论丛》
　2011 年第 6 期。

任竞泽:《近 40 年中国古代辨体理论研究的回顾与反思(1978—
　2018)》,《云南师范大学学报(哲学社会科学版)》2019 年第
　2 期。

阮忠:《前散文时代的文化思潮与散文的萌生》,《华中师范大学学

报(人文社会科学版)》2001 年第 3 期。

闫清景：《文体特征与文化认知》，《河南师范大学学报（哲学社会科学版）》2008 年第 1 期。

S

沈国芳：《文体发展三律论》，《南京师大学报（社会科学版）》1994 年第 4 期。

孙小力：《论中国古代的文体分类观》，《上海大学学报（社科版）》1994 年第 4 期。

孙振玉：《山东大学图书馆藏〈风雅翼〉叙录》，《古籍整理研究学刊》2011 年第 6 期。

T

陶东风：《结构转化与文体演变》，《河北学刊》1993 年第 4 期。

陶东风：《历时文体学：对象与方法》，《文艺研究》1992 年第 5 期。

W

汪超：《论〈文选〉对两宋总集编纂的影响》，《沈阳师范大学学报（社会科学版）》2008 年第 4 期。

王齐洲：《文笔之分与六朝文学观念》，《南京师范大学文学院学报》2002 年第 2 期。

王齐洲：《雅俗观念的演进与文学形态的发展》，《中国社会科学》2005 年第 3 期。

王庆梅：《文章之鉴衡，著作之渊薮——总集探析》，《郑州大学学报》1995 年第 4 期。

王祥：《初盛唐文的演进与古文运动》，《文学遗产》1987 年第 1 期。

王晓鹃：《〈古文苑〉研究》，西北大学博士学位论文，2008 年。

王运熙：《唐人的诗体分类》，《中国文化》1995 年第 2 期。

王运熙：《总集与选本》，《古典文学知识》2004 年 5 月。

汪雯雯:《初唐总集编纂的大国气象与文化输出——以〈文馆词林〉版本环流与分类结构为中心》,《佳木斯大学社会科学学报》2016年第5期。

汪雯雯:《凡例——唐诗选本评注形态与评注观念的阐释指南》,《贵州师范大学学报(社会科学版)》2019年第6期。

邬志伟:《论宋人婚书的文体形态与文学性》,《暨南学报(哲学社会科学版)》2015年第8期。

邬志伟:《从公牍到私书:论唐宋启文的新变》,《海南大学学报(人文社会科学版)》2016年第6期。

邬志伟:《论宋代奏事制度中的奏劄写作》,《南京大学学报(哲学·人文科学·社会科学)》2018年第1期。

邬志伟:《宋代笏记的文体考察》,《学术研究》2018年第2期。

邬志伟:《宋文文体新变研究》,中山大学博士学位论文,2018年。

吴承学、陈赟:《对"文本于经"说的文体学考察》,《学术研究》2006年第1期。

吴承学、何诗海:《贺复征与〈文章辨体汇选〉》,《学术研究》2005年第5期。

吴承学、李晓红:《任昉〈文章缘起〉考论》,《文学遗产》2007年第4期。

吴承学、沙红兵:《中国古代文体学学科论纲》,《文学遗产》2005年第1期。

吴承学、沙红兵:《中国古代文体学研究展望》,《中山大学学报(社会科学版)》2005年第3期。

吴承学:《文体形态:有意味的形式》,《学术研究》2001年第4期。

吴承学:《中国古代文体风格学的历史发展》,《中山大学学报(社会科学版)》1993年第1期。

吴承学:《明代文章总集与文体学——以〈文章辨体〉等三部总集为中心》,《文学遗产》2008 年第 6 期。

吴承学:《宋代文章总集的文体学意义》,《中国社会科学》2009 年第 2 期。

吴承学、何诗海《文章总集与文体学研究》,《古典文学知识》2013 年第 4 期。

吴承学、何诗海:《〈古文辞类纂〉编纂体例之文体学意义》,《北京大学学报(哲学社会科学版)》2015 年第 3 期。

吴承学、李冠兰:《命篇与命体——兼论中国古代文体观念的发生》,《中国社会科学》2015 年第 1 期。

吴承学、刘湘兰:《乐府诗的演进与分类》,《古典文学知识》2018 年第 4 期。

吴承学:《中国文体学研究的百年之路》,《华东师范大学学报(哲学社会科学版)》2019 年第 4 期。

X

郗文倩:《文体功能——中国古代文体分类的基本参照标准》,《福建师范大学学报(哲学社会科学版)》2009 年第 6 期。

郗文倩:《中国古代文体功能研究——以汉代文体为中心》,河北大学博士学位论文 2007 年。

夏静:《真德秀文学思想论》,《北方论丛》2007 年第 2 期。

徐艳:《晚明小品文体研究》,复旦大学博士学位论文,2003 年。

薛慧卿:《中国方志源流探论》,《河南社会科学》2003 年第 6 期。

Y

杨春燕:《清代文体分类论》,《长沙大学学报》1998 年第 3 期。

杨东林:《汉魏六朝文体论与文体观念的演变》,中山大学博士学位论文,2004 年。

杨果:《唐宋时期诏令文书的主要类型》,《文史杂志》2000年第2期。

叶素青:《文体分类趋向论——兼为"师范文体"正名》,《福建师范大学学报(哲学社会科学版)》1991年第2期。

叶晔:《拐点在宋:从地志的文学化到文学的地志化》,《文学遗产》2013年第4期。

尹伟:《〈文心雕龙〉与〈文选〉文体分类辨析》,《西藏大学学报(社会科学版)》2009年第3期。

于文哲:《试析玄言诗的雅颂文学特征》,宁夏大学硕士学位论文,2005年。

于雪棠:《〈尚书〉文体分类及行为与文本的关系》,《北方论丛》2006年第2期。

于雪棠:《〈周易〉的占问与上古文学的问对体》,《东北师大学报(哲学社会科学版)》2001年第2期。

于雪棠:《先秦两汉文体研究》,北京师范大学博士后研究工作报告,2002年。

余恕诚:《中国古代散文发展述论》,《安徽师范大学学报(人文社会科学版)》2005年第2期。

余膺雄:《论李充〈翰林论〉的学术渊源与文学观念》,《中国典籍与文化》2003年第3期。

刘跃进:《〈独断〉与秦汉文体研究》,《文学遗产》2002年第5期。

Z

张海鸥、孙耀斌:《〈论学绳尺〉与南宋论体文及南宋论学》,《文学遗产》2006年第1期。

张海鸥:《宋代谢表文化和谢表文体形态研究》,《学术研究》2014年第5期。

张超:《唐代诏敕研究》,郑州大学硕士学位论文,2007年。

张剑华:《论"总集"的演变》,《晋图学刊》2010 年第 1 期。

张可礼:《别集述论》,《山东大学学报(哲学社会科学版)》2004 年第 6 期。

张立兵:《论先秦两汉的颂、赞、箴、铭》,西北师范大学硕士学位论文,2004 年。

张巍:《论唐宋时期的类编诗文集及其与类书的关系》,《文学遗产》2008 年第 3 期。

赵彩花:《前四史论赞文体艺术及其文化内涵》,复旦大学博士学位论文 2004 年。

赵敏俐:《汉代乐府官署兴废考论》,《文献》2009 年第 3 期。

赵英哲:《颂文文体与唐前颂文概说》,辽宁师范大学硕士学位论文,2007 年。

仲晓婷:《〈文章辨体〉的文体分类数目考》,《上饶师范学院学报》2005 年第 5 期。

曾军:《从经史到文苑——"记"之文体内涵的源流及变迁》,《江汉大学学报(人文科学版)》2007 年 2 月期。

曾枣庄:《古籍整理中的总集编纂》,《四川大学学报(哲学社会科学版)》1986 年第 3 期。

曾主陶:《论文章分类学》,《图书馆建设》1988 年第 4 期。

朱广成:《古今散文概念与文体的发展》,《杭州师范学院学报(社会科学版)》1994 年第 5 期。

朱迎平:《唐代散文家开拓散文体裁的贡献》,《文学遗产》1990 年第 1 期。

朱迎平:《唐宋散文研究刍议》,《上海财经大学学报》2000 年第 1 期。

朱迎平:《宋文文体演变论略》,《中山大学学报(社会科学版)》2007 年第 5 期。

朱迎平:《单体总集编纂的文体学意义——以唐宋元时期为例》,
《中山大学学报(社会科学版)》2013 年第 5 期。

朱迎平:《宋代文体类聚及相应文体学的兴起》,《中山大学学报
(社会科学版)》2014 年第 5 期。

祝尚书:《宋代科举与理学——兼论理学对科场时文的影响》,《社
会科学研究》2005 年第 3 期。

祝尚书:《南宋古文评点缘起发覆——兼论古文评点的文章学意
义》,《四川大学学报(哲学社会科学版)》2005 年第 4 期。

祝尚书:《论宋代科举时文的程式化》,《厦门大学学报(哲学社会
科学版)》2005 年第 5 期。

祝尚书:《论宋元时期的文章学》,《四川大学学报(哲学社会科学
版)》2006 年第 2 期。

祝尚书:《论宋元文章学的"认题"与"立意"》,《文学遗产》2009 年
第 1 期。

祝尚书:《论文章学视野中的宋代记序文》,《江西师范大学学报
(哲学社会科学版)》2010 年第 5 期。

后　记

一

在康乐园漫长的雨季中,完成了博士论文最后的章节整合和文献校对。趁着外审,回安徽享受了几日明媚的阳光。待回校时,暴雨又倾注直下,毫不停歇。接下来便日日对着成堆的文字,慌乱如水。这期间,图书馆的木棉花起初蓓蕾新出,含苞待放,后便过早地结束了本来就不长的花期,而此刻,已是满树新绿。再过几日,这雨也就该停了吧?是时候于博士正文之外,寻一幽静之处,细数这过往岁月的点滴。是时候在学术科研之外,以后记的名义,感恩这三年的人情温暖。

许是多年不曾这样动笔,那些年少温润的情感和细腻流沙的文字,已渐行渐远,到如今,执笔直抒时,曾经无数次闪现脑海中的思绪,毫无止尽地一再推迟阻滞,漫无边际。和所有的预期设想不同的是,当我开始写下"后记"两个字的时候,陪伴我的不是心平气和,恰是初来中大时的惶恐和不安。

本硕七年,绝大数青春的美好回忆,都留在安庆那座龙山凤水的校园中了。数年中,导师方锡球教授的悉心引导、鞭策和鼓励,以至于身体不适还为我考博手写推荐信的场景,至今仍历历在目。读博期间，先生来穗参会，不忘叮嘱教诲，临近毕业，又为我就职忧虑担心，此情没齿难忘。

曾以为，除了北京、成都外，再不会有那么一座城，可以承载得了那么厚重的情感，经得住我苛刻的挑剔。而第一次踏入康乐园时，那种意料之外的亲切，让我瞬间觉得，我是离不开这个地方了。我时常想，我该用什么样的文字，来形容康乐园的味道，才能让园外的人深知园内人的欢喜？而当离别逼近，我又如何才能像用一张图片，或一些文字那样，轻易记录这过往的回忆，来挽留这令人着迷的味道？

这篇论文凝聚着恩师吴承学教授太多的心血。我常想，若不是先生随和温蔼，关怀无微不至，这三年的求学生活断不会如此幸福快乐。刚一入学报到，先生便告知，事先已帮我申请到《中山大学学报(社会科学版)》的勤工俭学岗位，一来希望我通过校对刊用论文的引文文献，尽快熟悉图书馆的藏书情况，方便日后读书查阅资料；二来又可贴补生活费用，缓解经济压力。一次偶然的交谈中，先生得知我的电脑老旧，不便使用，随即将手头轻便快捷的笔记本赠于我。三年中，大到我的家庭状况，毕业去向，先生都一一关照；小到服饰鞋帽，零食饰件，先生都相与赠送。我很小的时候，父母就离乡背井，外出打工，有时三两年才能团聚几日。早已习惯父母粗枝大叶的爱和付出，当老师细致入微的关怀来临时，我竟然幸福得忘乎所以。得意之时最易忘形，第一次体会到老师的严厉，是在第一学期二次由乡返校的那天下午。那次，老师收起一向温和的笑容，严肃地说：对你而言，现在最宝贵的，是时间。我当时害怕内疚极了。先生与我的第一次长谈，让我记下了博士生涯中的第一个关键词："时间"。后来又陆续记下了"学术眼光""持之以恒""严谨细微""从容"等受用终生的关键词。那些与老师交谈的短信文字,我都一一整理记录,视为珍宝。

感谢先生对我的信任,交予我"中国古代总集文体分类研究"这个宏大的选题。如今对着这草草之文,心中不免有愧。我曾为论文设计了近乎壮观的框架,以至于开题答辩时,张海鸥教授戏称要多留我几年才可以完成。期间先生根据我写作的进度,建议圈定宋元总集为限,只怪我盲目固执、贪博骛远,最终在预答辩时换成"宋元文章总集分体与分类研究"。在此,向恩师吴承学教授致以最崇高的敬意和感谢。

中文系彭玉平教授治学堂庑阔大,其人又特具才情。三年中,彭老师每每谆谆教导,屡赐大作督促勉励。张海鸥教授在我硕士论文答辩时曾面授教诲,至今不敢忘怀。虽不善篮球运动,每每观摩张老师球场风采,又不免心向往之。孙立教授为这篇论文提出详细中肯的修改意见,让我受益匪浅。感谢武汉大学尚永亮教授不嫌我资质鲁钝,许我跟随,进站学习。华南师范大学戴伟华教授、中山大学许云和教授为论文提出宝贵的评阅意见,广东外语外贸大学陈桐生教授、暨南大学赵维江教授不辞辛苦,为我审阅论文并主持答辩,在此一并感谢。

博士同学严寅春、莫尚葭、鹿苗苗、罗婵媛、方隽、杨波,三年里,我们学习上相互砥砺,生活上相互帮扶。承蒙同门师兄王法敏、何诗海、林少琴、马将伟、张鹏飞、常恒畅等,师姐刘湘兰、翁筱曼、张慕华、李晓红、李冠兰等悉心照顾,让我在温馨的学习生活中完成论文的写作。感谢杨昊鸥师兄于繁忙的工作之际,一直心系我的毕业去向,两年来照顾有加。感谢师弟顾浙秦、张宁、赵宏祥、徐瑞,师妹邬志伟、黄静、金莹,忙碌中不辞辛苦,为我校对论文。感恩仇江老师、徐镜昌老师带领我走进杨氏太极拳的世界,每个黄昏得与吴老师及同修们相约马岗顶,享受内心的宁静。

二十余年前，淳朴善良的父母迫于压力，离家外出打工，供我和弟弟读书，他们至今仍在北漂。感谢我的家人，他们无私地付出和鼓励，一直支撑着我任性固执地走在求学道路上。

感谢是份无休止的名单列表，为避冗长，我只能在心中一一默念。眼下，天渐放晴，那些温润潮湿的记忆依次浮现，那么远，又那么近。我仿佛又看到了那个在烈日下奔跑的我，追逐着整个世界的夏日香气。

甲午夏于广州康乐园

二

五年前，康乐园的雨季，见证了这篇论文的最后合篇过程。此刻，后乐园大雨倾盆，不舍昼夜。我于中日友好会馆校读旧文，仿佛置身往日的羊城。

本书是我的博士论文。起初，论文的选题是"中国古代总集文体分类研究"，设想从文体分类的视角切入，透过总集纷繁复杂的文体分类现象和体例结构，挖掘其中的分类思想、文体观念以及文学意义。后来，我关注到总集"分体"之外的其他分类方式，并一一为之撰写叙录。待及积累到一定篇章后，便与吴老师商量，一方面缩小研究范围，以宋元总集为限；另一方面丰富研究视角，关注"分体"与"分类"两个维度。此次出版，我重新撰写了绪论，增添了一些研究章节，并改正了一些文字上的错误。但整体的章节设置与主要观点，一依其旧。为此，我曾一度忧虑不安，自知文中阙疏挂漏，不一而足。幸有早稻田大学内山精也教授一直鼓励，让我勇于示人，方可在接受批评中不断地反思成长。在此，非常期望专家读者就文中不足，赐示高见，以补未逮。

云间方见月，前遇贵人钦。这条于东京浅草寺求得的吉签，真切地应验了我在早稻田大学的访学生活。感恩内山精也教授和益西拉姆老师的悉心照顾，一年中，我时时感受到来自他们家人般的问候和关心。江湖派读书会上，早稻田大学河野贵美子教授、庆应义塾大学種村和史教授、东洋大学坂井多穗子教授等前辈惠赐读书经验，使我认识到只有靠近文本，抱着敬畏的姿态，与各种版本和相关注释展开对话，才可以追求语法句意层面的"正确性"。感谢大阪大学浅见洋二教授、同志社大学副岛一郎教授、九州大学东英寿教授不嫌我驽钝，许我参加日本宋代文学学会第六回大会，并就我汇报的论文提出宝贵的审读意见。正是以上诸多前辈的殷切关怀，使我在异国他乡，一直收获着温情。

拙著得以在中华书局出版，主要得益于陕西师范大学文学院的鼎力推荐。中华书局葛洪春老师为此书的编辑出版工作，付出了大量艰辛而琐碎的劳动，谨此一并致谢。

夏雨如注，但不能阻碍后乐园的稻花抽穗，以及我对晴日收割的向往。是为后记。

己亥夏于东京后乐园